ARABE
PRATIQUE DE BASE

METHODE 90

ARABE
PRATIQUE DE BASE

(arabe littéral)

par

Michel Neyreneuf, Christine Canamas
et Mohammad Bakri

Le Livre de Poche

Les auteurs

Christine Canamas (professeur agrégé d'arabe), Michel Neyreneuf et Mohammad Bakri (professeurs certifiés d'arabe) ont été membres d'une équipe de l'I.N.R.P. (Institut National de Recherche Pédagogique) qui a mis au point des documents pour l'enseignement de l'arabe dans les collèges et lycées français.

Remerciements

M. Ghalib Al-Hakkak, professeur agrégé d'arabe, a bien voulu nous aider de ses judicieux conseils. Nous tenons à l'assurer de notre profonde gratitude.

Merci aussi aux collègues avec lesquels nous travaillons pour essayer de rendre l'arabe plus facilement accessible à ceux qui souhaitent l'apprendre.

Merci enfin à tous les élèves qui sont passés dans nos classes et sans les réactions desquels nous n'aurions pu mettre au point ce livre !

Mise en page et composition bilingue réalisées par Michel Neyreneuf.

La collection « Les Langues Modernes » n'a aucun lien avec l'A.P.L.V. et les ouvrages qu'elle publie le sont sous sa seule responsabilité.

SOMMAIRE

Les titres en *italique* signalent les leçons en dialecte.

Page

Présentation 11

• ECRITURE ET PREMIERS ENONCES

Leçon 1 - *Comment vas-tu ?* 16

Leçon 2 - *J'étais à Paris* 20

Leçon 3 - *La capitale du Liban* 24

Leçon 4 - ECRITURE 28

Leçon 5 - Karim et Karima 32

Leçon 6 - Où habites-tu ? 36

Leçon 7 - Mon père travaille en Europe 40

Leçon 8 - Je parle arabe 44

Leçon 9 - Savez-vous où est Jamal ? 48

Leçon 10 - Visite du roi de Jordanie 52

Leçon 11 - Arrivée du Président algérien 56

Leçon 12 - Le Royaume d'Arabie Saoudite 60

Leçon 13 - La République du Yémen 64

Leçon 14 - Il travaille dans une société saoudienne 68

Leçon 15 - TEST 72

• SE PRESENTER

Leçon 16 - La famille Mansouri 76

Leçon 17 - Discussion à l'aéroport 80

Leçon 18 - *Au bureau de placement* 84

Leçon 19 - *Je ne travaille pas* 88

Leçon 20 - *Où est le directeur de la société ?*......... 92
Leçon 21 - Il y a un homme dans mon bureau 96
Leçon 22 - Il sera là... 100
Leçon 23 - Mounir travaille dans le journalisme .. 104
Leçon 24 - Carte de débarquement 108
Leçon 25 - Où était le voyageur ?...................... 112
Leçon 26 - Passionnés de correspondance 116
Leçon 27 Demande d'emploi (1) 120
Leçon 28 Demande d'emploi (2) 124
Leçon 29 - TEST 128
Leçon 30 - Demande de mariage 132
Leçon 31 - Disparu (1) 136
Leçon 32 - Disparu (2) 140
Leçon 33 - L'homme de mes rêves 144
Leçon 34 - Avez-vous trouvé quelque chose ?....... 148
• ANECDOTES
Leçon 35 - L'homme et les ânes 152
Leçon 36 - Les voitures renversées (1) 156
Leçon 37 - Les voitures renversées (2) 160
Leçon 38 - L'enfant et sa mère 164
Leçon 39 - Le villageois (1) 168
Leçon 40 - Le villageois (2) 172
Leçon 41 - Il a oublié son enfant (1) 176
Leçon 42 - Il a oublié son enfant (2) 180
Leçon 43 - Un agneau appelé Loulou (1) 184
Leçon 44 - Un agneau appelé Loulou (2) 188
Leçon 45 - *Jeha et le savant* 192
Leçon 46 - *Goha et la clé* 196
Leçon 47 - *Jihy et le chat* 200
Leçon 48 - Je suis l'hôte de Dieu (1) 204
Leçon 49 - Je suis l'hôte de Dieu (2) 208

Leçon 50 - TEST 212
• PRESSE
Leçon 51 - Sourire 216
Leçon 52 - Les jeunes filles et la radio 220
Leçon 53 - Un métier pour chaque jeune 224
Leçon 54 - La plainte 228
Leçon 55 Appel 232
Leçon 56 Si j'étais... 236
Leçon 57 - Le chômage 240
Leçon 58 - Comment passes-tu tes vacances ?...... 244
Leçon 59 - Le problème du transport public 248
Leçon 60 - Le plus dur travail que je fais (1) 252
Leçon 61 - Le plus dur travail que je fais (2) 256
Leçon 62 - Un médecin chez vous (1) 260
Leçon 63 - Un médecin chez vous (2) 264
Leçon 64 - Bienvenue... mais doucement ! 268
Leçon 65 - Menacé de renvoi 272
Leçon 66 - Tué par le courant électrique 276
Leçon 67 - La catastrophe de la pollution 280
Leçon 68 - Le mariage d'Oum Kalthoum 284
Leçon 69 - Le chanteur triste des Arabes 288
Leçon 70 - Une actrice qui combat la drogue 292
Leçon 71 - Horoscope (1) 296
Leçon 72 - Horoscope (2) 300
Leçon 73 - TEST 304
• TITRES ET CALLIGRAPHIE
Leçon 74 - Quelques titres de journaux 308
Leçon 75 - Souhaits 312
Leçon 76 - Félicitations ! 316
Leçon 77 - Deux annonces 320
Leçon 78 - Verres de contact pour Asiatiques 324

• LETTRES
Leçon 79 - Pourquoi n'es-tu pas rentré aussitôt ?.... 328
Leçon 80 - Au secours ! 332
Leçon 81 - Merci de ton aide ! 336
Leçon 82 - Pourquoi ce silence ? 340
Leçon 83 - Oublions ce qui s'est passé ! 344
• UNE NOUVELLE EN 7 LEÇONS
Leçon 84 - SE SERVIR DU DICTIONNAIRE 348
Leçon 85 - Nouvelle (1) 352
Leçon 86 - Nouvelle (2) 356
Leçon 87 - Nouvelle (3) 360
Leçon 88 - Nouvelle (4) 364
Leçon 89 - Nouvelle (5) 368
Leçon 90 - LEXIQUE de la nouvelle 372

ANNEXES
- Corrigé des Exercices 383
- Mémento grammatical 427
(cf. sommaire détaillé page 427)
- Lexique 463
- Eléments bibliographiques 474
- Index grammatical 475

PRESENTATION

L'apprentissage de l'arabe est une entreprise passionnante : c'est la découverte d'une langue utilisée par près de 250 millions d'habitants de notre planète, c'est la plongée dans un univers de pensée et une façon de se situer dans le monde façonnés par une langue sémitique, c'est aussi une aptitude plus grande à comprendre la civilisation arabo-islamique riche de plusieurs siècles d'histoire...

Mais si le but de cette aventure en vaut la peine, encore faut-il bien préciser quel est l'objet de cet apprentissage et prendre ensuite les moyens adaptés pour y parvenir. Préciser l'objet, c'est définir quel arabe on se propose d'enseigner ici. Une fois cette option bien éclaircie, on détaillera quelques aspects de la méthode retenue.

1. Quel arabe apprendre ?

Tous les pays arabes pratiquent une *diglossie* (c'est-à-dire la coexistence dans un même pays soit de deux langues soit de deux états de la même langue) entre l'arabe *littéral* et un arabe *dialectal* régional. Chacune de ces deux variétés de la langue prévaut dans un secteur précis de la communication, chacune existe dans des registres et des niveaux extrêmement variés, sans qu'existe une frontière entre les deux, et les influences réciproques sont multiples, permanentes et fécondes.

Le *littéral* est commun à tous les pays arabes. C'est la langue principale de l'écrit (journaux, littérature, correspondance, écriteaux de la vie quotidienne, etc.). Mais elle est aussi vivante à l'oral, notamment dans les médias (radio et télévision) et dans des situations un peu formelles (conférences, discours, etc.).

Le *dialectal* ou plutôt *les* dialectes arabes diffèrent d'un pays à l'autre et même d'une région ou d'une ville à l'autre. On peut cependant regrouper les dialectes en plusieurs grands groupes où les points communs sont nombreux : le maghrébin, l'égyptien, le syro-libanais, l'irakien, etc. La communication orale entre deux arabophones de pays différents parlant chacun son dialecte se fera plus ou moins facilement. Si les dialectes font partie du même groupe, si les interlocuteurs possèdent bien le littéral, si l'un des interlocuteurs parle un des dialectes les plus connus (comme l'égyptien, très connu grâce aux nombreux films et chansons diffusés dans l'ensemble du monde arabe), alors la communication se fera sans trop de problèmes, chacun essayant de gommer les particularités de son dialecte pour mieux se faire comprendre. A l'opposé, un Irakien et un Marocain peu lettrés auront beaucoup plus de difficulté à se comprendre.

Les *dialectes* sont donc essentiellement utilisés à l'oral mais aussi parfois à l'écrit : c'est le cas des caricatures de presse, de certains dialogues inclus dans les romans contemporains, etc.

Les liens entre le *littéral* et les *dialectes* sont si forts qu'on peut dire qu'on a affaire dans les deux cas à *de l'arabe*, mais, en même temps, les différences phonétiques, lexicales, morphologiques ou syntaxiques sont si importantes qu'il serait illusoire de penser qu'en apprenant l'un, on sait l'autre...

Il faut donc choisir un point de départ et s'y tenir, tout en se disant qu'on n'aborde qu'un des éléments de la langue arabe et qu'il restera par la suite un autre élément à étudier (ce qui se fera bien sûr plus facilement). Il n'existe pas d'arabe *médian*. On commence soit par le littéral, soit par *un* dialecte. Les deux parcours sont valables, mais il faut choisir.

Cette méthode propose de commencer l'étude de l'arabe par l'apprentissage de l'arabe *littéral moderne*.

Toutefois, 9 des 90 leçons sont consacrées à des textes en dialecte (maghrébin, égyptien et syro-libanais). Ceci, afin de ménager un premier contact avec les langues parlées et la découverte des liens, des passerelles et des différences entre le *littéral* et les *dialectes*, ainsi qu'entre les *dialectes* eux-mêmes et susciter le goût d'aller plus loin dans l'apprentissage d'un dialecte.

2. Conséquences méthodologiques

• *Lecture :* l'apprentissage de la lecture est au centre de notre méthode. En effet, l'arabe *littéral* étant surtout *écrit*, il est primordial de savoir lire aisément. Le lecteur sera donc placé dès le début en situation réelle de lecture, c'est-à-dire face à des textes *non vocalisés* (en effet, comme les autres écritures sémitiques, l'arabe ne note pas - dans son usage normal - les voyelles brèves) tels qu'on les trouve dans la vie quotidienne. Seuls les textes sacrés, les dictionnaires et... les manuels scolaires notent ce vocalisme. Autant acquérir dès le début les bons réflexes. L'usage des voyelles brèves sera réservé à l'apprentissage du lexique (il faut bien savoir comment se prononce un mot pour pouvoir l'apprendre ; mais une fois qu'il est appris, il est *reconnu*, *lu* sans avoir recours aux voyelles brèves écrites) et à des exercices de vérification grammaticale.

• *Ecriture :* le lecteur sera confronté à divers styles d'écriture (calligraphies) que l'on trouve dans de nombreux documents aujourd'hui : titres de la presse, annonces, ou même écritures manuscrites (sensiblement différentes des caractères "standard").

• *Choix des textes :* à la différence de la plupart des autres méthodes de langue, on trouvera très peu de dialogues. La raison en est simple : ils seraient trop factices car ils se font généralement en dialecte. Par contre, nous avons puisé dans la presse (titres, annonces, articles), la littérature (anecdotes, nouvelles) et d'autres écrits qui expriment les réalités de la vie quotidienne.

• *Usages grammaticaux :* notre but n'est pas d'enseigner de façon académique l'arabe littéral *classique* mais l'arabe littéral *moderne*. Aussi avons-nous eu recours à ce que d'aucuns pourraient appeler des *licences* mais qui sont tout simplement des pratiques évolutives de la langue très largement répandues aujourd'hui, à savoir notamment :

- l'utilisation des prononciations dialectales des chiffres,

- l'usage fréquent - et systématique quand il s'agit de noms propres - de la pause (c'est-à-dire la non-vocalisation de la voyelle de déclinaison finale),

- et un certain nombre de modifications syntaxiques de la

langue (souvent dues à l'influence de l'anglais ou du français qui dominent les agences de presse).

CHAQUE LEÇON SE PRESENTE AINSI :

• 1re page :
  - le TEXTE en caractères arabes (non vocalisés),
  - les NOTES (lexicales ou grammaticales).

• 2e page :
  - la transcription PHONETIQUE du texte,
  - la TRADUCTION mot à mot du texte,
  - la fin des NOTES de la 1re page,
  - le LEXIQUE

• 3e page :
  - GRAMMAIRE

• 4e page :
  - EXERCICES

QUELQUES CONSEILS

• Jusqu'à la leçon 21, vous allez mener de pair l'apprentissage des lettres et signes de l'alphabet arabe avec celui de quelques structures fondamentales de la langue. N'abordez pas la leçon suivante sans bien posséder les nouveaux signes présentés.

• La transcription phonétique de chaque texte n'est là que pour vous être utile en cas de nécessité majeure. N'y ayez pas souvent recours, sinon vous ne saurez jamais lire.

• Faites systématiquement tous les exercices proposés.

• Ne passez à la leçon suivante que quand vous savez lire sans difficultés le texte proposé.

• Ne vous butez pas sur la prononciation. Faites les efforts nécessaires mais sachez que votre gorge et vos cordes vocales ne sont pas préparées à prononcer certains sons propres à l'arabe. Cela viendra peu à peu si vous pratiquez un entraînement régulier. Pour cela, travaillez d'abord beaucoup votre oreille (grâce à la cassette) : si vous ne discernez pas bien les sons, vous ne pourrez jamais bien les prononcer.

• Enfin, une des difficultés importantes de l'arabe est la profusion du lexique. Apprenez systématiquement tous les mots nouveaux, leçon par leçon. Vous en aurez peu au début, et un maximum de 16 à partir de la moitié du livre.

REMARQUE SUR L'ALPHABET PHONETIQUE

Pour diverses raisons historiques, les arabisants français utilisent un alphabet phonétique qui leur est propre, et ne se sont pas ralliés à l'alphabet phonétique international.
Nous ferons de même ici, car les grammaires, dictionnaires et autres livres d'apprentissage utiles font appel à ce même alphabet phonétique (cf. page 428).

1 ← ١ - كيف حالك ؟

Dialogue en arabe dialectal maghrébin
(transcription phonétique)

kiyf ḥaâl-ək

1. – 'ahlan, ya samiyr... tfəḍḍəl !
2. – baâraka l-laâhu fiy-k !
3. – kiyf ḥaâl-ək, yaâ samiyr ? laâ baâs ?
4. – laâ baâs, əl-ḥamdu l-laâh !

Phonétique

• *Les voyelles :* on distingue deux sortes de voyelles, les brèves et les longues. Les trois *voyelles brèves* sont le [a], le [i] et le [u], cette dernière étant toujours prononcée comme le son *ou* du français *mou*. Dans les dialectes, on aura en plus une voyelle très brève, qui n'a pas de *couleur* (ce n'est ni [a], ni [i], ni [u]) et que l'on transcrira par un petit [ə]. C'est essentiellement un support vocalique qui permet de séparer un mot en syllabes. Pour transcrire les trois *voyelles longues*, on prolongera le [a] par un [â], le [i] par un [y] et le [u] par un [w], ainsi transcrits : [aâ], [iy] et [uw].

• *Les consonnes :* on trouve dans ce dialogue trois sons inexistant en français et transcrits par les signes phonétiques [h], [ḥ] et [ḍ]. Le [h] se prononce du fond de la gorge, en laissant passer l'air sans contracter (un peu comme le *h* anglais de *home*). Le [ḥ] se prononce aussi du fond de la gorge mais en la contractant. Le [ḍ] est un *d* emphatisé, c'est-à-dire prononcé en faisant une caisse de résonance entre le palais et la langue.

Le signe ['] indique que l'on doit attaquer la voyelle qui suit de façon nette et la détacher de ce qui précède (un peu comme le *a* de *assez !*). Quant au [r], il est toujours roulé.

Enfin, notez qu'une consonne redoublée doit être prononcée deux fois, une fois en finale de la syllabe qui précède et une deuxième fois en début de la syllabe qui suit.

Comment vas-tu ?

1. - Bienvenue, Samir... Je t'en prie ! 2. - Merci ! (= Dieu te bénisse !) 3. - Comment vas-tu ? (= Comment est ton état ?) Çà va ? (= pas de mal ?) 4. - Çà va, louange à Dieu !

(N.B. : le trait d'union n'a aucune influence sur la prononciation. Il indique uniquement que les deux mots forment un bloc).

Notes

• *Situation du dialogue :* Samir frappe à la porte de son ami. Celui-ci lui ouvre... (Ce dialogue est composé de formules classiques de salutation prononcées à la dialectale.)

• ['ahlan] : *bienvenue !* Formule prononcée par celui qui accueille. Prononcez nettement l'attaque vocalique. On aura tendance à allonger la dernière syllabe (si on se veut très chaleureux). De plus, le [a] tend dans ce mot vers le son [é].

• [tfəḍḍəl] : *donne-toi la peine (d'entrer, de t'asseoir, etc.).* Prononcez deux fois le [ḍ] : [tfəḍ / ḍəl] en emphatisant.

• [baâraka l-laâhu fiy-k] : *Dieu te bénisse* (en remerciement). La prononciation de cette formule religieuse est classique. Respectez le rythme (brèves et longues, lettres redoublées) et prononcez comme s'il s'agissait d'un seul mot en six syllabes : [baâ / ra / kal / laâ / hu / fiyk]. Emphatisez un peu les [l].

• [kiyf ḥaâl-ək] : *comment est ton état ?* Prononcez bien le [ḥ]. [laâ baâs] : *pas de mal.* Le [aâ] de [baâs] tend vers le son [èè].

• [əl-ḥamdu l-laâh] : *louange à Dieu !* Formule religieuse à prononciation classique. N'emphatisez pas le [l] et prononcez comme s'il s'agissait d'un seul mot : [əl / ham / dul / laâh].

Voici la transcription du dialogue en caractères arabes.
Vous pourrez vous y reporter plus tard :

1. - أهلاً ، يا سمير ... تفضّل ! 2. - بارك اللّه فيك ! 3. - كيف حالك يا سمير ؟ لا بأس ؟

4. - لا بأس ، الحمد للّه !

• Tunis se prononce [tuwnis] et s'écrit : تونس ⟵

• Le mot arabe est écrit avec 4 lettres correspondant à [twns].

تـ / و /نـ / س ⟵

s / n / w / t ⟵

• Remarquez que deux lettres ont dans ce mot exactement la même forme: le [t] et le [n]. C'est le nombre de points qui permet de les différencier (1 pour le [n] et 2 pour le [t]).

تـ / نـ

• Remarquez aussi que, d'un point de vue graphique, le mot se présente en 2 parties: en effet, une de ses lettres (la deuxième: [w]) n'accroche pas la lettre qui la suit.

نس	تو

• C'est sous cette forme تونس que vous trouverez le mot dans la plupart des textes, c'est-à-dire sans les voyelles. Si on les écrit (ce qu'on trouvera notamment dans les manuels scolaires), le mot se présente ainsi:

تُـ/و/نِـ/س ⟵ تُونِس ⟵

s/ni/w/tu ⟵

• Ces deux voyelles se mettent au-dessus ou au-dessous des lettres, mais ce ne sont pas des lettres. On les appelle *voyelles brèves* qui peuvent être *prolongées* par certaines lettres qui ont la même sonorité.

C'est le cas ici de la voyelle brève [u] ـُ (rappel: prononcez *ou*) qui est prolongée par la lettre[w] :

[uw] = ـُو

N.B. : Prenez l'habitude de lire la transcription phonétique de gauche à droite et l'arabe de droite à gauche.

Dans ce mot, on a donc une voyelle brève [u] prolongée par la lettre [w] et une voyelle brève [i] non prolongée. Le temps d'émission de la voyelle prolongée devra être au moins deux fois plus long que celui de la voyelle brève seule.

• Cependant, prenez dès maintenant l'habitude de lire de façon globale, sans avoir recours aux voyelles brèves.

Exercices (corrigé p. 384)

A. Retrouvez le plus rapidement possible le nom de la ville que vous avez appris. Combien de fois figure-t-il ?

تونس بيروت تونس لبنان يونس

تنس لبنان

لبس بيروت باريس تونس

B. Même exercice avec les phrases suivantes :

1. يسكن أخي في تونس .
2. ذهبت إلى تونس مع أخي يونس .
3. لعبت التنس في باريس .
4. هذا الولد تونسيّ .
5. إنّ مدينة تونس أصغر من مدينة باريس .

C. Faites des exercices d'écriture pour habituer votre main à écrire dans le bon sens sans lever la main. Respectez scrupuleusement les flèches :

D. Ecrivez le mot. Procédez en deux temps: d'abord la forme du mot, puis revenez au début et placez les points en commençant par la droite :

E. Mettez les voyelles brèves aux lettres pour obtenir les syllabes notées en transcription :

س	س	نـ	نـ	تـ	تـ	←
si	su	ni	nu	ti	tu	

٢ - كنت في باريس ←

Dialogue en arabe dialectal égyptien (transcription phonétique)

kunt f-baâriys

1. - ḥusniy !
2. - məḥammad ! ezzayy-ak ?
3. - əl-ḥamdu li-l-laâh ! enta feên ya raâgel ?
4. - kuntə f-baâriys.
5. - u-rge‘tə emta ?
6. - embaâreḥ... futt-ak be-‘aâfya !
7. - ma‘a s-salaâma !

Phonétique

• Prononcez le [e] comme un [é] tendant vers le [i].

• *Les consonnes :* on trouve dans ce dialogue un nouveau son inexistant en français et transcrit par le signe phonétique [‘]. Il s'agit d'une véritable consonne qui se prononce en contractant le fond de la gorge tout en faisant vibrer les cordes vocales. Ecoutez la cassette si vous l'avez ou demandez à un arabophone de vous prononcer des mots qui contiennent cette lettre (qui s'appelle [‘ayn], et s'écrit ع ; cf. ligne 5 : [rge‘tə] - رجعت). Le signe [g] transcrit le son *g* du français *gare*.

Notes

• *Situation du dialogue :* Mohammad, assis à une terrasse de café, aperçoit son ami Hosni qui passe dans la rue. Ils ne se sont pas vus depuis longtemps. Hosni a l'air pressé.

• [ezzayy-ak] = (mot à mot) *comment [es-]tu ? = comment vas-tu ?* Prononcez bien les deux consonnes redoublées : [ez / zay / yak]. On a affaire à deux mots collés : l'interrogatif purement égyptien [ezzayy], *comment ?* et le pronom suffixe de la 2e personne du masculin singulier [ak], *toi.*

• [əl-hamdu li-l-laâh] : même formule que dans le dialogue de la

J'étais à Paris

1. - Hosni ! 2. - Mohammad ! Comment vas-tu (es-tu) ? 3. - [Bien] Louange à Dieu. Qu'est-ce que tu deviens (où es-tu) l'ami ? 4. - J'étais à Paris. 5. - Et quand es-tu revenu ? 6. - Hier. Au revoir (Je t'ai laissé en bonne santé) ! 7. - Au revoir (Avec le salut) !

---

leçon 1 (= *louange à Dieu !*). Remarquez cependant ici la voyelle [i] dans [li-l-laâh], prononciation conforme au classique.

• [enta feên] = (mot à mot) *toi où ? = où es-tu ? = qu'est-ce que tu deviens ?* [enta] : pronom isolé de la 2e personne du masculin singulier (= *toi, tu*). En littéral on a ['anta]. [feên] : interrogatif dialectal (= *où ?*).

• [ya raâgel] : [ya] ne se traduira pas en français. Ce mot se met devant les noms des personnes appelées (cf. dans le dialogue précédent [ya səmiyr]). Quant à [raâgel] qui signifie *homme*, il a le sens familier ici de *l'ami*. En littéral, ce mot se prononce [rajul]. Notez les changements et la transformation propre à l'égyptien du [j] en [g], son inexistant en littéral.

• [kuntə f-baâriys] = *j'étais à Paris*. Pas de *p* en arabe : on a [b] ici à sa place. [f-] : préposition *à, dans* (lieu où l'on est).

• [u-rge'tə emta] = *et tu es revenu quand ?* [u], *et* : devant une consonne, sinon on a [w]. [rge'tə], *tu es revenu* : verbe au passé comprenant le sujet *tu*. L'interrogatif [emta] est en fin de phrase (construction caractéristique de l'égyptien).

• [emta], [embaâreḥ], *hier* et l'expression [futt-ak be-'aâfya], *je t'ai laissé en bonne santé* sont propres à l'égyptien.

Transcription du dialogue en caractères arabes.
(les expressions purement dialectales sont entre crochets)

1. – حسني ! 2. – محمّد ! [إزّيك ؟] 3. – الحمد
لله ! [إنت فين يا راجل ؟] 4. – كنت [فـ]باريس .
5. – ورجعت [امت] ؟ 6. – [إمبارح . فتّك بعافية] .
7. – مع السلامة !

Ecriture

• Paris se prononce [baâriys] et s'écrit :

باريس ←

(il n'y a pas de [p] en arabe et le [r] est roulé)

• Le mot arabe est écrit avec 5 lettres correspondant à [bârys].

س / يـ / ر / ا / بـ ←

s / y / r / â / b ←

• Remarquez que deux lettres ont dans ce mot encore exactement la même forme: le [b] et le [y]. Comme pour le [n] et le [t], c'est le nombre de points et leur localisation (au-dessous ou au-dessus) qui permettent de les différencier.

يـ / بـ / نـ / تـ ←

y / b / n / t ←

• Là encore, d'un point de vue graphique, le mot se présente en plusieurs parties: en effet, deux de ses lettres ([â] et [r]) n'accrochent pas les lettres qui les suivent (comme le [w] vu à la leçon 1). (Retenez-les. Il y en a en tout six, et vous en connaissez déjà trois.)

يـس	ر	بـا

• Si on écrit les voyelles, le mot se présente ainsi:

س / يـ / رِ / ا / بَـ ← بَارِيس ←

s / y / ri / â / ba ←

• Retenez les 3 voyelles brèves:

[u] (appelée ḍamma) = un petit 9 sur la lettre ـُ

[a] (appelée fatḥa) = un petit trait sur la lettre ـَ

[i] (appelée kasra) = un petit trait sous la lettre ـِ

• Retenez aussi comment on prolonge ces 3 voyelles:

avec un [w] pour [u] : ـُو

avec un [â] pour [a] : ـَا

avec un [y] pour [i] : ـِيـ

Exercices (corrigé p. 384)

A. Retrouvez le plus rapidement possible les 2 noms de ville que vous avez appris. Combien de fois figure chacun d'eux ?

تنس   لبنان   ياسين   باريس

باريس   تونس   بيروت   لبنان

لبس   ياسين   لبس   تونس

B. Même exercice avec ces phrases :

1. إنّ باريس عاصمة فرنسا .
2. مدينة باريس بعيدة عن مدينة تونس .
3. لا تقع مدينة تونس على شاطئ البحر .
4. يسكن ياسين التونسيّ في باريس .
5. متى تسافرون إلى باريس ؟

C. Faites des exercices d'écriture pour habituer votre main à écrire dans le bon sens sans lever la main. Respectez scrupuleusement les flèches :

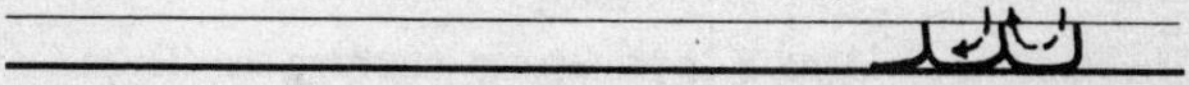

D. Ecrivez le mot. Procédez en deux temps : d'abord la forme du mot, puis revenez au début et placez les points en commençant par la droite :

E. Mettez les voyelles brèves aux lettres pour obtenir les syllabes notées en transcription :

← بـ بـ بـ ر ر ر

ru   ra   ri   bu   ba   bi

3 ← ٣ - عاصمة لبنان

Dialogue en arabe dialectal syro-libanais
(transcription phonétique)

ʻaâṣmət lubnaân

1. – šuw ʻaâṣmət lubnaân, yaâ saliym ?
2. – maâ baʻrəf !
3. – kiyf ? maâ btaʻrəf ʻaâṣmət balad-ak ? w-ənta, yaâ saâmiy ?
4. – ʻaâṣmət lubnaân bayruwt.

Phonétique

• *Les consonnes :* on trouve dans ce dialogue un nouveau son inexistant en français et transcrit par le signe phonétique [ṣ]. Le [ṣ] est un *s* emphatisé, c'est-à-dire prononcé en faisant une caisse de résonance entre le palais et la langue.

Le signe [š] transcrit le son *ch* du français *chat.*

Notes

• *Situation du dialogue :* le professeur interroge ses élèves.

• Dans ce dialogue, il y a trois expressions purement dialectales :

- l'interrogatif [šuw] = *quoi, qu'est-ce que, quel ?* (propre au syro-libanais),

- deux formes du verbe qui signifie *savoir* ou *connaître*, toutes deux à la forme négative du singulier d'un temps équivalent au présent. Une fois à la 1re personne : [maâ baʻrəf] = *je ne sais pas*, et une autre fois à la 2e personne : [maâ btaʻrəf] = *tu ne sais pas* (ou plutôt ici *tu ne connais pas*).

• A part cela, l'ensemble du dialogue est bâti sur des constructions et du vocabulaire existant en littéral. Cependant, à l'oreille, la façon de prononcer les mots (notamment les voyelles brèves qui disparaissent ou sont *incolores*) sera aussi caractéristique du dialectal.

• [ʻaâṣmət lubnaân], *la capitale du Liban. Le Liban* se dit

La capitale du Liban

1. - Quelle est la capitale du Liban, Salim ? 2. - Je ne sais pas. 3. - Comment ? Tu ne connais pas la capitale de ton pays ? Et toi, Sami ? 4. - La capitale du Liban, c'est Beyrouth.

[lubnaân] sans article (pensez à l'anglais *Lebanon*). Il n'y a pas de préposition entre le premier nom et son complément. De plus, le premier nom n'a pas d'article. Cette construction comparable à notre groupe [nom + complément] s'appelle une *annexion*. Vous la retrouverez en littéral.

• [šuw ʻaâṣmət lubnaân], *quelle [est] la capitale du Liban ?* : cette phrase n'a pas de verbe. C'est une *phrase nominale* au présent, tout comme la dernière phrase du dialogue [ʻaâṣmət lubnaân bayruwt], *la capitale du Liban [est] Beyrouth.*

• Les sujets des deux verbes sont des pronoms (*je* pour le premier et *tu* pour le deuxième). En arabe, le pronom sujet d'un verbe n'est pas exprimé de façon isolée (sauf si on veut insister) mais on trouve des indices de ces pronoms sujets dans le verbe conjugué lui-même (ex. : la marque de *tu* est le [t] de [btaʻrəf]).

• [maâ] : c'est la négation du verbe. Purement dialectale si elle est utilisée ainsi (devant un verbe au présent).

• [kiyf], *comment?* : interrogatif existant en littéral sous la forme [kayfa].

• [balad-ak], *ton pays* : on a encore ici une annexion, mais, cette fois, le complément du nom est le pronom suffixe [ak] (2e personne du masculin singulier) : *le pays de toi = ton pays.*

Transcription du dialogue en caractères arabes.
(les expressions purement dialectales sont entre crochets)

1. - [شو] عاصمة لبنان ، يا سليم ؟ 2. - [ما بعرف.] 3. - كيف ؟ [ما بتعرف] عاصمة بلدك ؟ وأنت ، يا سامي ؟ 4. - عاصمة لبنان بيروت .

• Le Liban se dit [lubnaân] et s'écrit : لبنان ←
Avec les voyelles:

ن / ا / نَـ / بْـ / لُـ ← لُبْنَان ←

n / â / na / b / lu ←

• Beyrouth se prononce [bayruwt] et s'écrit : بيروت
Avec les voyelles:

ت / و / رُ / يْـ / بَـ ← بَيْرُوت ←

t / w / ru / y / ba ←

• Le nouveau signe de vocalisation que vous trouvez sur le [b] de [lubnaân] et sur le [y] de [bayruwt] (ـْ) s'appelle sukuwn (que l'on écrira francisé en *soukoun*). Ce signe indique :

- que la lettre n'a pas de voyelle

- qu'elle *ferme* la syllabe qui précède, c'est-à-dire qu'elle constitue une seule syllabe avec la lettre précédente (et sa voyelle).

Ex : رُوت/بَيْـ - نَان/لُبْـ ←

ruwt / bay naân / lub ←

• Remarquez que dans [bayruwt], la voyelle qui précède le [y] est une fatḥa et non une kasra. On n'a donc pas affaire à une lettre de prolongation de la voyelle (cf. leçon 2) pour obtenir le son [iy] (= [i] long). Par contre, on obtiendra ici la diphtongue [ay]. Si l'on devait mettre la voyelle sur le [w] de [bayruwt] ou de [tuwnis], ou sur le [a] ou le [y] de [baâriys] (ou de [lubnaân]), ce serait aussi un soukoun.

Les tois syllabes fermées (ou longues) sont donc composées de la même façon :

lettre avec voyelle + lettre avec soukoun

Ex : [tuw] تُوْ/[bay] بَيْـ/[lub] لُبْـ ←

• Remarquez aussi qu'en finale de mot, les lettres (qui accrochent) ont une forme différente de celle qu'elles ont lorsqu'elles sont suivies d'une autre lettre. Ex:

[t] بيروت تونس / [n] لبنان ←

Exercices (corrigé p. 384)

A. Vous devez lire les mots suivants d'un seul coup d'œil:

← بيروت   تونس   باريس   لبنان

- Récapitulez maintenant le nombre de lettres différentes qu'ils contiennent à eux quatre (n'oubliez pas qu'une même lettre peut avoir plusieurs formes).
- Quelles sont les lettres que l'on retrouve 3 fois? et 2 fois?

B. Entourez les mots que vous connaissez dans les titres de journaux suivants:

1. اجتماع لوزراء الخارجيّة العرب عن لبنان .
2. تأجيل بطولة تونس للشبّان إلى آخر الشهر الحاليّ .
3. جديد : ربط تونس بالعالم عن طريق المينيتيل .
4. الرئيس اللبنانيّ يغادر باريس اليوم .
5. إلين حاجّ : أجمل وجه تيليفيزيونيّ في بيروت .

C. Entraînez-vous à écrire les deux mots de la leçon. Ecrivez tout le corps du mot, avant de revenir mettre les points des lettres, *de la droite vers la gauche* (c'est important pour la rapidité ultérieure de votre écriture). Respectez bien la hauteur relative de chaque élément. N'hésitez pas à écrire gros au début.

D. Reliez les énoncés à leur traduction, sur la base de tous les indices dont vous disposez déjà:

A. C'est Nabil	1. هو من باريس
B. Il est de Tunis	2. هذا نبيل
C. Karim est du Liban	3. بيروت عاصمة لبنان
D. C'est Yacine	4. هذا ياسين
E. Il est de Paris	5. هو من تونس
F. Beyrouth est la capitale du Liban	6. كريم من لبنان
G. Paris est plus grand que Tunis	7. باريس أكبر من تونس

4 ٤ - بيروت ... ←

بيروت تونس لبنان باريس

N.B. : cette leçon porte uniquement sur les lettres. Ne l'abordez que si vous connaissez parfaitement les quatre mots vus dans les trois premières leçons, ce qui signifie : les reconnaître au premier coup d'œil, savoir les écrire, et savoir sans hésitation à quoi correspond chaque élément graphique.

• Il y a deux sortes de lettres :

a. celles qui accrochent la suivante (la majorité).

Elles se composent d'une forme de base et d'un trait de liaison sur la ligne d'écriture:

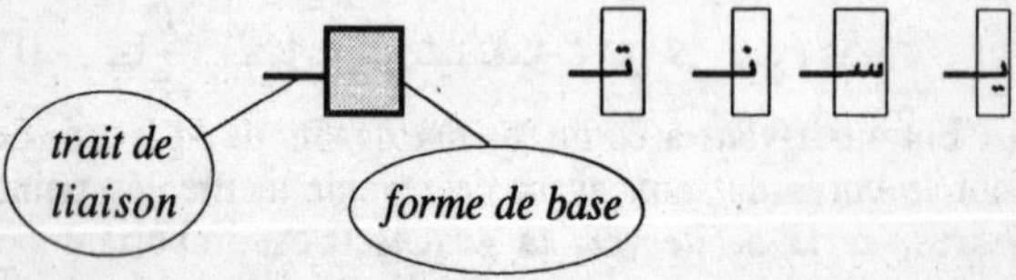

Si elles sont en fin de mot, ce trait de liaison se transforme en un véritable appendice plus ou moins important qui peut en modifier l'aspect de façon significative.

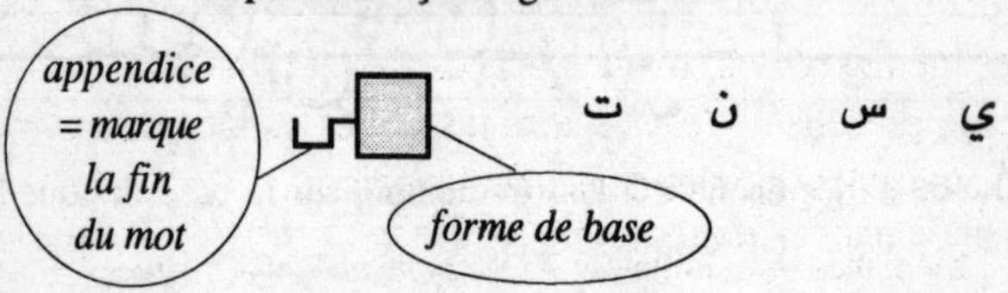

b. celles qui n'accrochent pas la suivante (6 lettres).

Elles n'ont ni trait de liaison ni appendice. Elles sont donc suivies d'un petit espace. Vous en avez déjà vu trois : [w - â - r] .

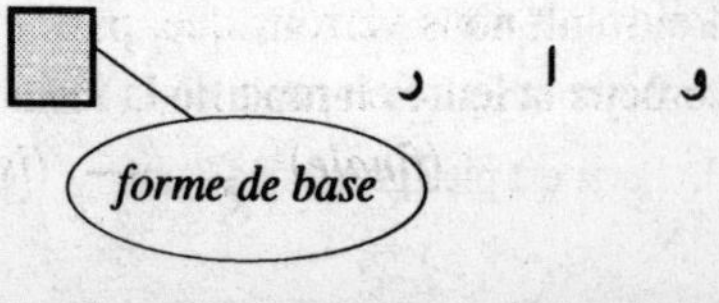

• Il vous faudra donc retenir deux formes essentielles pour chaque lettre *qui accroche* et une forme pour chaque lettre *qui n'accroche pas.*

Cependant, remarquez qu'à l'intérieur d'un mot:

- une lettre *qui accroche* peut se trouver dans 4 positions différentes (isolée, initiale, médiane ou finale). Ex. :

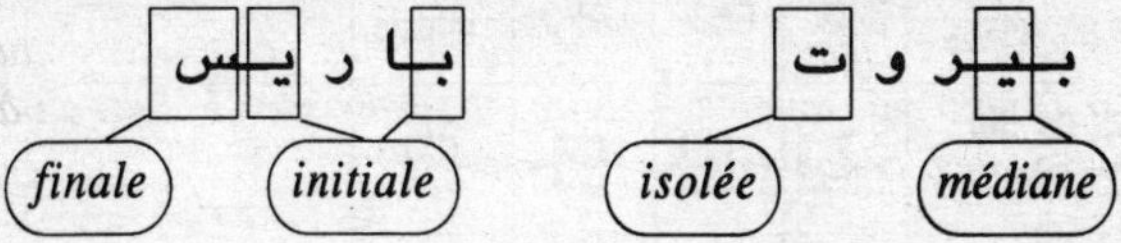

- une lettre *qui n'accroche pas* peut se trouver dans 2 positions différentes (isolée ou finale). Ex. :

N.B.: Ne confondez pas : position finale ne veut pas dire forcément à la fin d'un mot, ni position initiale au début d'un mot. Observez bien les exemples.

• Les formes de base de chaque lettre (isolée et initiale pour les lettres *qui accrochent* et isolée pour celles *qui n'accrochent pas*) se retrouvent souvent telles quelles quand ces mêmes lettres sont accrochées par un trait de liaison à la lettre précédente (c'est-à-dire quand les isolées deviennent finales et les initiales deviennent médianes).

Médianes ←	Initiales
ـبـ	بـ
ـسـ	سـ

Finales ←	Isolées
ـب	ب
ـس	س

• Pourtant, nous verrons que, parfois, ce trait de liaison qui accroche la lettre en modifie la forme. Ex. :

(finale) ـي ← *(isolée)* ي

Voilà pourquoi, à partir de maintenant, chaque fois que nous étudierons des lettres, nous en verrons les variations graphiques dans toutes les positions. Récapitulons donc de cette façon les 9 lettres déjà rencontrées :

Nom de la lettre et valeur phonétique		Position isolée	finale	médiane	initiale	Exemples
Lettres qui accrochent						
taâ'	t	ت	ـت	ـتـ	تـ	تونس
nuwn	n	ن	ـن	ـنـ	نـ	لبنان
siyn	s	س	ـس	ـسـ	سـ	باريس
baâ'	b	ب	ـب	ـبـ	بـ	بيروت
yaâ'	y	ي	ـي	ـيـ	يـ	باريس
laâm	l	ل	ـل	ـلـ	لـ	لبنان
Lettres qui n'accrochent pas						
waâw	w	و	ـو			بيروت
raâ'	r *(roulé)*	ر	ـر			باريس
'alif	â	ا	ـا			لبنان

Attention aux lettres qui ont la même forme, mais se distinguent par les points : apprenez-les dans le contexte des mots connus. Ne tentez pas de les récapituler !

Exercices (corrigé p. 385)

A. Répétez les dialogues des leçons 1 à 3. Repérez dans le texte correspondant *en caractères arabes* les mots grâce aux lettres que vous connaissez.

B. Combinez les lettres. On vous donne 3 lettres et vous faites les 6 combinaisons possibles pour que chacune se retrouve dans toutes les positions. Par convention, vous prononcez toujours la voyelle [a] . Ex : س + ل + ن

← سلن سنل لسن لنس نسل نلس

nalasa nasala lanasa lasana sanala salana

Pour que cet exercice soit efficace, prononcez en même temps ce que vous écrivez. Ecrivez le pseudo-mot obtenu d'une traite. Ne levez la main que si une lettre l'exige et ne mettez les points qu'une fois la forme générale du mot dessinée. Respectez bien la hauteur relative de chaque lettre. En cas de doute, référez-vous aux leçons ou au tableau récapitulatif en annexe. Faites bien attention aux lettres qui n'accrochent pas.

A vous : combinez de cette façon les lettres suivantes :

1. س + ي + ل 2. ب + ن + ي 3. ب + ن + ت 4. س + ت + ر

Vous pouvez en inventer d'autres, mais n'utilisez pas le 'alif.

C. Déchiffrez (attention: quand vous déchiffrez, *ne nommez pas les lettres* ; on ne vous demande pas d'épeler) :

- 3 prénoms : نَبيل - ياسين - نوري
- 5 noms de lieux (villes ou pays) :

ليبيا - بون - روسيا - ليبيريا - ليون

D. Reliez les adjectifs suivants à leur traduction (procédez par repérage et par hypothèse puisque vous ne connaissez pas toutes les lettres). *A faire le plus rapidement possible!*

A. tunisien	F. espagnol
B. soudanais	G. koweïtien
C. japonais	H. syrien
D. allemand	I. libyen
E. brésilien	J. yéménite

1. يمني	6. ليبي
2. ياباني	7. ألماني
3. كويتي	8. برازيلي
4. تونسي	9. سوداني
5. سوري	10. إسباني

5 ← ٥ - كريم وكريمة

1. كريـم وكريـمة في باريس .

2. كريـم لبنانيّ .

3. هو من بيـروت .

4. كريـمة تونسيّة .

5. هي من سوسة .

• Dans ces phrases, l'arabe n'utilise pas de verbe.

• Repérez les deux nouvelles lettres de la leçon : [k] ك et [m] م ou مـ .

• كريم وكريمة : la particule de coordination و [wa], *et* forme *un seul mot graphique* avec le mot qui la suit.

• في [fiy] : apprenez ce mot globalement. Cette préposition indique le lieu où l'on se trouve : *dans* .

• هو [huwa], *lui* / هي [hiya], *elle* : apprenez ces mots globalement (le [h] se prononce comme le [h] anglais de *home*). Ce sont les pronoms personnels de la 3e personne du singulier (masculin et féminin).

• من [min], *de* : cette préposition indique la provenance, l'origine.

• كريمة est le féminin de كريم, tout comme تونسيّة est le féminin de تونسيّ . La marque du féminin est la lettre ـة que l'on voit à la fin. Attention : cette lettre *n'est pas* un [a], mais elle est automatiquement précédée de la voyelle [a]. Tels que nous prononçons les mots pour le moment, elle est *muette* (cela ne sera pas toujours le cas). Ex. :

كريـمَـ(ـة)

• تونسيّة : le signe ـّ sur le yaâ' indique que la lettre est redoublée, c'est-à-dire prononcée deux fois, une fois avec kariym wa-kariyma

1. kariym wa-kariyma fiy baâriys. 2. kariym lubnaâniy. 3. huwa min bayruwt. 4. kariyma tuwnisiyya. 5. hiya min suwsa.

Karim et Karima

1. Karim et Karima [sont] à Paris. 2.Karim [est] libanais. 3.Il [est] de Beyrouth. 4.Karima [est] tunisienne. 5.Elle [est] de Sousse

---

un soukoun et une deuxième fois avec une voyelle. Ce signe s'appelle [šadda] (qu'on francisera en *chadda*).

تونسيّة ← تونسيْيَة

• سوسة = Sousse, grande ville de la côte tunisienne.

Vous avez lu le texte ci-dessus et ses explications. Pouvez-vous en déduire les affirmations suivantes ? Mettez une croix dans la colonne convenable (à faire très rapidement) :

oui نعم	non لا	
		1. كريمة في سوسة ....
		2. كريم في باريس ....
		3. كريمة من باريس ....
		4. كريم في بيروت ....
		5. كريمة لبنانيّة ....
		6. كريم لبنانيّ ....
		7. كريمة من سوسة ....
		8. كريمة وكريم في باريس ....
		9. بيروت في لبنان ....
		10. سوسة في لبنان ....

Quand vous avez fait ce travail de lecture rapide (et seulement après l'avoir fait), relisez ces phrases à voix haute. Vérifiez votre prononciation et l'exactitude de vos réponses (cf. p. 385). Vous n'avez pas besoin de traduction.

Grammaire

• La phrase nominale

كريم من بيروت kariym min bayruwt *Karim* [est] *de Beyrouth*

كريمة تونسيّة kariyma tuwnisiyya *Karima* [est] *tunisienne*

Bien que ces deux énoncés ne comportent pas de verbe, ce sont bien deux phrases complètes. Ce type de phrase (qu'on appelle phrase nominale), très fréquemment utilisé en arabe, fonctionne généralement ainsi :

la 2e partie de la phrase ← comporte l'information que l'on donne sur le terme de départ. On l'appelle: [ḫabar]	*le terme de départ* est un nom défini sur lequel on attire l'attention. On l'appelle: [mubtada']
من بيروت ← تونسيّة	كريم كريمة

Ecriture

• miym الميم [m]

Attention au sens des flèches

isolée finale médiane initiale

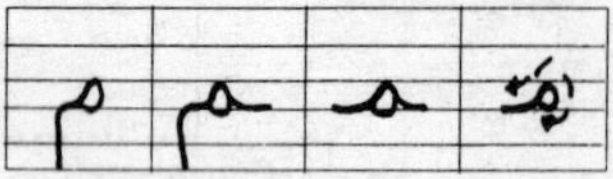

• kaâf الكاف [k]

A faire en 2 fois.

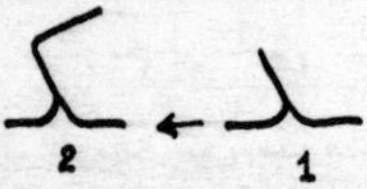

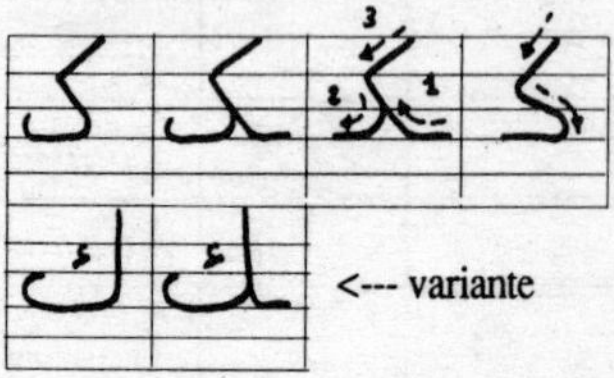

<--- variante

Revenir mettre la barre en même temps que les points sur les autres lettres.

• Taâ' marbuwṭa التاء المربوطة : la marque la plus courante du féminin. Elle ne se prononce pas à la pause, mais la lettre qui la précède porte automatiquement la voyelle [a]. Deux formes seulement (ـة / ة) puisqu'elle ne peut se trouver qu'à la fin d'un mot.

Samira سميرة ← *Samir* سمير – كريمة ← كريم

Exercices (corrigé p. 384)

A. Recopiez le texte en essayant de comprendre ce que vous écrivez. Puis, mettez les voyelles en vous aidant de la transcription (mais ne mettez rien sur les dernières lettres des mots, et surtout pas de soukoun). Essayez d'arriver à l'autodictée (sans voyelles).

B. Combinez les lettres (pour l'efficacité de l'exercice, respectez bien les conseils donnés à la leçon précédente) :

1. ك + ل + م   2. م + ر + س   3. ك + و + ب   4. ن + م + ي

C. Voici des mots dont le féminin se forme en ajoutant la marque du féminin [taâ' marbuwṭa]. Complétez le tableau en écrivant le masculin ou le féminin suivant le cas :

féminin	*masculin*	*féminin*	*masculin*
............= 5 *Samira*	samiyr سمير *Samir*	............= 1 *chienne*	kalb كلب *chien*
kaâtiba كاتبة *écrivain* ou *secrétaire*	............= 6	malika ملكة *reine*	............= 2 *roi*
kabiyra كبيرة *grande*	............= 7 *grand*	تونسيّة *tunisienne*	............= 3 *tunisien*
saliyma سليمة *Salima*	............= 8 *Salim*	............= 4 *libanaise*	لبنانيّ *libanais*

D. Identifiez les pays ou les villes qui s'écrivent ainsi en arabe :

1. روما   2. مرسيليا   3. موسكو   4. موناكو   5. رومانيا
6. سورية   7. كولومبو   8. كيوتو   9. بكين   10. تلمسان
11. مالي   12. كينيا   13. بَنما   14. ناميبيا   15. كوبا
16. ليما   17. كولمبيا   18. كستاريكا

٦ - أين تسكن ؟ ←

1. - أين تسكن يا فريد ؟
2. - أسكن في أميريكا .
3. - أين تسكنين يا منيرة ؟
4. - أسكن في إسبانيا .

• Deux nouvelles lettres : فـ [f] et د [d].

• أين ['ayna] , *où?* . La première lettre de ce mot n'est pas le 'alif, mais le signe ء sur ce 'alif (cf. Ecriture). Cette lettre, qui est une véritable consonne, s'appelle hamza . Cf. aussi أسكن et أميريكا .

• تسكن / أسكن [taskunu / 'askunu], *tu habites* (masculin), *j'habite* : le verbe est conjugué au muḍaâri‘ (équivalent ici du présent). Cf. Grammaire.

• يا فريد [yaâ fariyd] : ce يا qui précède le prénom est une particule de vocatif. Elle n'a rien de solennel et est même quasiment obligatoire (rien à voir avec le français *ô Farid*).

• أميريكا ['amiyriykaâ], *Amérique* . En arabe, un mot ne peut pas commencer par une voyelle. Pour transcrire le [a] initial de *Amérique*, on utilise donc la consonne hamza sur laquelle on met la voyelle [a] (fatḥa) : أميريكا .

• تسكنين [taskuniyna], *tu habites* (féminin) : repérez le suffixe du féminin ين pour la 2e personne du singulier.

• إسبانيا ['isbaâniyaâ], *Espagne* : les sons [é] et [p] n'existant pas en arabe, ils sont transcrits à l'approchant, soit respectivement [i] et [b]. Comme pour أميريكا, la voyelle initiale [i] a besoin d'une hamza. La hamza est cette fois *sous* le 'alif.

'ayna taskun ?

1. –'ayna taskun(u) yaâ fariyd ? 2. –'askun(u) fiy 'amiyriykaâ
3. –'ayna taskuniyn(a) yaâ muniyra ? 4. –'askun(u) fiy 'isbaâniyaâ.

Où habites-tu ?

1. - Où habites-tu Farid ? 2. - J'habite en Amérique.
3. - Où habites-tu Mounira ? 4. - J'habite en Espagne.

• La voyelle finale [u] ou [a] des verbes au muḍaâri' ne se prononce pas à la pause. Au milieu d'une phrase, dans une lecture *allégée*, on pourra ne pas la prononcer quand elle est suivie d'une lettre portant une voyelle. Elle sera mise alors entre parenthèses dans la transcription phonétique.

Vous avez lu le texte et ses explications. Complétez le tableau de conjugaison suivant :

	2e personne	*1re personne*
masculin	....	أ سكن
féminin	....	

Vérifiez page suivante.

Complétez le tableau suivant avec le mot qui convient :

1 . أين .... يا كريم ؟ = أسكن في فرنسا .
2 . أين .... يا كريمة ؟ = أسكن في ليبيا .
3 . أين .... يا سليمة ؟ = أسكن في سورية .
4 . أين .... يا منير ؟ = أسكن في تونس .
5 . أين تسكنين يا .... ؟ = ... في إسبانيا .
6 . أين تسكن يا ....؟ = ... في أميريكا .

Lisez ces phrases à voix haute, après les avoir comprises et complétées. Vérifiez immédiatement compréhension et prononciation (cf. p. 385).

Grammaire

• **Conjugaison du muḍaâri‘** (1re et 2e personnes)

Le verbe employé ici l'est à un "temps" qui s'appelle muḍaâri‘ المضارع et qui, dans ce contexte, correspond au présent. A la 2e personne, on fait la distinction entre le masculin et le féminin. C'est le préfixe (ici : أ ou تـ) qui est la marque du muḍaâri‘ et qui indique le pronom sujet. Le suffixe ـين permet de distinguer masculin et féminin à la 2e personne. Le *radical* du verbe employé ici est donc سْكُن .

	2e personne	*1re personne*
masculin	تَسْكُنُ *tu habites*	أسْكُنُ *j'habite*
féminin	تَسْكُنِينَ *tu habites*	

Ecriture

• faâ' الفاء [f]

isolée finale médiane initiale

• daâl الدال [d]

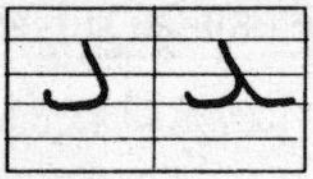

C'est l'une des 6 lettres qui n'accrochent pas ce qui suit. Attention à la tracer correctement. Ce n'est pas ل ni ⊃ mais د .

• hamza الهمزة ['] : phonétiquement, la hamza est un "coup de glotte". Graphiquement, c'est un parasite : elle a presque toujours besoin d'un support et s'écrit sur ou sous d'autres lettres. Sa forme est toujours ء . En début de mot, elle a toujours un 'alif comme support. Si sa voyelle est [i], elle se met sous le 'alif, sinon, elle se met sur le 'alif.

Ex : إسبانيا ['isbaânya] / أميريكا ['amiyriykaâ]

Exercices (corrigé p. 385)

A. Recopiez le texte en essayant de comprendre ce que vous écrivez. Ecrivez-le d'abord sans les voyelles, puis mettez-les en vérifiant la transcription. A la fin, vous devez arriver à l'autodictée.

B. Combinez les lettres (pour l'efficacité de l'exercice, respectez bien les conseils donnés à la leçon 4) :

1. ف + ر + د   2. ر + و + د   3. ف + ل + ك   4. ء + م + ن

N.B. : vous écrirez la hamza sur le 'alif dans toutes les positions. Ce sera juste pour l'exercice, mais n'en déduisez pas que la hamza s'écrit toujours sur le 'alif.

C. Déchiffrez les noms géographiques suivants :

1. داكار   2. فرنسا   3. ألمانيا   4. دانمارك   5. فينلندا

6. إيران   7. أمستردام   8. أندورا   9. إيرلندا   10. لندن

D. Complétez la conjugaison des verbes suivants au muḍaâri' :

Sens du verbe	*2e pers. fém.*	*2e pers. masc.*	*1re personne*
étudier	....	....	أَدْرُسُ
écrire	....	تَكْتُبُ	....
se taire	تَسْكُتِينَ	....	....
parler	....	....	أَتَكَلَّمُ

E. Traduisez, d'abord oralement, de l'arabe au français (en cachant la colonne du français), puis par écrit du français à l'arabe. Mettez toutes les voyelles, sauf sur la dernière lettre des noms.

1. Où habites-tu Farida ?	1. أَيْنَ تَسْكُنِينَ يَا فَرِيدَة ؟
2. J'habite en France.	2. أَسْكُنُ فِي فَرَنْسَا .
3. Elle est libanaise.	3. هِيَ لُبْنَانِيَّة .
4. Il est de Tunis.	4. هُوَ مِنْ تُونِس .
5. Samir est de Beyrouth.	5. سَمِير مِنْ بَيْرُوت .

1. أنا سليمة . أسكن مع أمّي في تونس .

2. يعمل أبي في أوروبا .

3. ويعمل أخي عليّ في ليبيا .

4. وتدرس أختي نفيسة في أميريكا .

• Deux nouvelles lettres : عـ [‘] et خـ [ẖ]. La première a déjà été vue dans la leçon 2. Attention, ces deux consonnes n'existent pas en français. Pour leur prononciation et leur graphisme, cf. Ecriture.

• Repérez bien les mots qui commencent par une hamza. Attention : trois de ces mots portent la voyelle [u] sur la hamza ! Il s'agit de : أمّي ['umm-iy], *ma mère*, أوروبا ['uwruwbaâ], *l'Europe*, et أختي ['uẖt-iy], *ma sœur*.

• أنا سليمة ['anaâ saliyma], *je suis Salima* : phrase nominale .

• مع [ma‘a] : préposition indiquant l'accompagnement : *avec.*

• أمّي ['umm-iy] : le yaâ' final est un pronom indiquant la première personne *("mère à moi" = ma mère).* De même pour أبي , أخي et أختي. Les mots "nus" sont donc :

أمّ = *mère* / أب = *père* / أخ = *frère* / أخت = *sœur.*

• Notez l'ordre des mots : verbe + sujet + compléments.

• Repérez le radical des verbes nouveaux utilisés : عمل *(travailler)* et درس *(étudier).*

• Notez que dans la transcription phonétique la voyelle finale [u] des verbes est mise entre parenthèses : dans une lecture courante on peut ne pas la prononcer.

ya'mal(u) 'ab-iy fiy 'uwruwbaâ

1. 'anaâ saliyma. 'askun(u) ma'a 'umm-iy fiy tuwnis.
2. ya'mal(u) 'ab-iy fiy 'uwruwbaâ.
3. wa-ya'mal(u) 'aḫ-iy 'aliy fiy liybiyaâ.
4. wa-tadrus(u) 'uḫt-iy nafiysa fiy 'amiyriykaâ.

Mon père travaille en Europe.

1. *Je suis Salima. J'habite avec ma mère en Tunisie.*
2. *Mon père travaille en Europe.*
3. *Et mon frère Ali travaille en Libye.*
4. *Et ma sœur Nafissa étudie en Amérique.*

Vous avez lu le texte et ses explications. Complétez le tableau de conjugaison suivant (verbe *étudier*) :

<table>
<tr><th>3e personne</th><th>2e personne</th><th>1re personne</th><th></th></tr>
<tr><td>يَدْرُسُ</td><td>..................</td><td rowspan="2">أَدْرُسُ</td><td>masculin</td></tr>
<tr><td>..................</td><td>..................</td><td>féminin</td></tr>
</table>

Quand vous avez fini, vérifiez page suivante.

Vrai ou faux ?

Toutes ces phrases se réfèrent à la situation définie ci-dessus. Mettez une croix dans la bonne colonne :

non/لا	oui/نعم	
		1. تسكن سليمة في فرنسا
		2. يعمل عليّ في ليبيا
		3. تدرس نفيسة في أميركا
		4. يسكن عليّ مع سليمة
		5. تسكن نفيسة مع عليّ

Lisez ces phrases à voix haute, après les avoir comprises. Vérifiez immédiatement compréhension et prononciation (cf. p. 386).

Grammaire

• Phrase verbale - Ordre des mots

La phrase verbale commence par un verbe.

← يعمل أبي في أوروبا

← verbe + sujet + complément(s)

• Conjugaison du muḍaâri‘ (singulier)

Voici le tableau complet de la conjugaison du singulier du muḍaâri‘ . Faites bien attention : la 2e personne du masculin a exactement la même forme que la 3e personne du féminin. En contexte, il ne peut y avoir de confusion.

3e personne	*2e personne*	*1re personne*	
يَسْكُنُ	تَسْكُنُ	أَسْكُنُ	*masculin*
تَسْكُنُ	تَسْكُنِينَ	*(j'habite)*	*féminin*

Ecriture

• ‘ayn العين [‘]

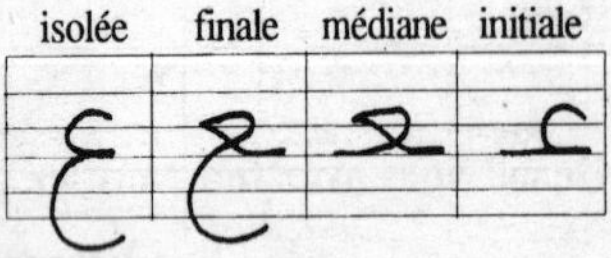

Se prononce en serrant le fond de la gorge. Demandez à un arabophone de prononcer les noms suivants : <u>A</u>li, <u>O</u>mar, l'<u>I</u>raq, Isma<u>ï</u>l. La forme de base عـ est modifiée quand elle est accrochée à une lettre précédente : ـعـ .

- ḫaâ' الخاء [ḫ]

Se prononce en raclant au fond de la gorge (proche de la *jota* espagnole ou du *ch* allemand). Elle est transcrite de façon courante en français par *kh* : Khaled, Khadija, Khartoum. Attention : en positions médiane ou finale, on sera souvent obligé de lever le stylo pour l'écrire (Cf. exercice).

- hamza الهمزة ['] : c'est uniquement si la hamza est sous le 'alif initial d'un mot que l'on connaît à coup sûr sa voyelle : [i]. Sinon, si elle est sur le 'alif initial, seule la connaissance du mot peut nous permettre de savoir si c'est [a] ou [u].

Cf. : أُمّ / أُخت ['umm/'uḫt] mais أَب / أَخ ['ab/'aḫ] .

Exercices (corrigé p. 386)

(corrigé p. 386)

A. Recopiez le texte, vocalisez-le (= avec toutes les voyelles, sauf à la fin des mots) et faites-le en autodictée (sans voyelles).

B. Exercez-vous à écrire le ـخ en position finale :

C. Combinez les lettres (cf. conseils des leçons précédentes) :

1. ع + م + ل   2. ع + و + د   3. ف + ع + ل

4. خ + د + م   5. خ + ي + ل

D. Déchiffrez les noms géographiques ou prénoms suivants :

1. سعيد 2. عمر 3. عمّان 4. خالد 5. سيدي بلعباس

6. مختار 7. سعيدة 8. بعلبك 9. نعيمة 10. معمّر

E. Complétez la conjugaison des verbes suivants au muḍaâri‘:

Sens :	*3e p. fém.*	*3e p. masc.*	*2e p. fém.*	*1re pers.*
jouer	....	....	....	أَلْعَبُ
entrer	تَدْخُلُ	....	....	....
entendre	....	....	تَسْمَعِينَ	....
faire	....	يَفْعَلُ	....	....

F. Traduisez. Mettez toutes les voyelles sauf sur la dernière lettre des noms (même consigne qu'à la leçon 6) :

1. Il est tunisien. — 1. هُوَ تُونِسِي .
2. Il travaille à Sousse. — 2. يَعْمَلُ فِي سُوسَة .
3. Elle est libanaise. — 3. هِيَ لُبْنَانِيَّة .
4. Elle étudie en Europe. — 4. تَدْرُسُ فِي أُورُوبَا .
5. Je suis Salima. — 5. أَنَا سَلِيمَة .
6. J'habite avec ma sœur. — 6. أَسْكُنُ مَعَ أُخْتِي .

8 ← ٨ - أتكلّم العربيّة

1. - أنت سوريّ ؟

- نعم

(هو من سورية . يتكلّم العربيّة)

2. - أنت سوريّة ؟

- لا ... أنا فرنسيّة .

(هي من فرنسا . تتكلّم الفرنسيّة)

Entraînez-vous à prononcer le titre :

أ تـكـلّـم ا لـعـر بـيّـة ['atakallamu l-'arabiyya]

Commençons par la fin :

- ـيّـة [iy-ya] : prononcez bien 2 fois le [y], c'est le sens de la chadda (ـّ) placée sur le ـيـ dans l'écriture arabe.

- ـر بـيّـة [rabiyya] : roulez bien le [r].

- ـعـر بـيّـة ['arabiyya] : prononcez bien le ['ayn] au fond de la gorge.

- لـعـر بـيّـة [l-'arabiyya] : le [l] que vous prononcez correspond à l'article défini *(l'arabe).*

- ـم ا لـعـر بـيّـة [mu l-'arabiyya] : vous liez les deux mots, comme s'ils n'en faisaient qu'un phonétiquement. Le 'alif ne se prononce pas mais la voyelle finale [u] du muḍaâri' doit se prononcer pour la liaison.

- كـلّـم ا لـعـر بـيّـة [kal-lamu l-'arabiyya] : prononcez bien 2 fois le [l] (remarquez la chadda).

- أ تـكـلّـم ا لـعـر بـيّـة ['atakallamu l-'arabiyya] : vous voilà au bout de vos peines. Prononcez bien la hamza initiale.

Apprenez ce titre par cœur et prononcez-le d'une traite *en respectant le rythme*. Puis, voyez les explications.

'atakallamu l-'arabiyya.

1. - 'anta suwriy ? - na'am.
(huwa min suwriya. yatakallamu l-'arabiyya)
2. - 'anti suwriyya ? - laâ... 'anaâ firansiyya.
(hiya min firansaâ. tatakallamu l-firansiyya)

Je parle l'arabe.

1. - Tu es syrien ? - Oui. (Il est de Syrie. Il parle l'arabe)
2. - Tu es syrienne ? - Non... je suis française.
(Elle est de France. Elle parle le français)

Relevez dans l'ensemble du texte les éléments qui vous indiquent que l'interviewé est un homme ou une femme.

• Pas de lettre nouvelle dans cette leçon mais notez déjà le graphisme particulier du groupe laâm-'alif : لا [laâ].

• Repérez le verbe utilisé dans ce dialogue. Son radical est تكلّم [takallam], *parler*. Il se conjugue normalement.

• Notez la présence de l'article ال . Rappelez-vous l'exercice de prononciation (ici, le 'alif de l'article ne se prononce pas. Cf. Grammaire).

• عربيّة ['arabiyya], *[langue] arabe* : l'adjectif عربيّ est au féminin car le nom *langue* (féminin en arabe) est sous-entendu. De même pour فرنسيّة [firansiyya], *[langue] française*, et toutes les langues.

• أنتَ ['anta] = *toi* au masculin / أنتِ ['anti] = *toi* au féminin. Sans voyelles, à l'écrit, on ne distingue pas les deux genres. C'est le contexte qui vous permettra de lire ['anta] ou ['anti].

• سوريّ [suwriy], *syrien* / سوريّة [suwriyya], *syrienne* / فرنسيّة [firansiyya], *française* : cf. Grammaire.

• Distinguez bien le nom du pays : سورية [suwriya], *Syrie*, et l'adjectif féminin correspondant : سوريّة [suwriyya], *syrienne* (une chadda de différence).

Grammaire

• Les pronoms isolés (singulier)

Vous connaissez tous les pronoms isolés du singulier, dans leur emploi de mubtada' dans la phrase nominale. Récapitulons-les :

3e personne	*2e personne*	*1re personne*	
هُوَ	أنْتَ	أنَا	*masculin*
هِيَ	أنْتِ		*féminin*

• L'article (1)

Retenez pour le moment :

- que l'article défini s'écrit 'alif+laâm, qu'il s'accroche au nom, qu'il est invariable (الـ quel que soit le genre ou le nombre) et qu'il *définit* le nom :

la ville : المدينة ['al-madiyna] / *une* ville : مدينة [madiyna]

- qu'en début de phrase, ou après une pause de la voix, il se prononce hamza+laâm, mais que, au milieu d'un groupe de mots prononcés sans pause, la hamza ne se prononce pas:

يتكلّمُ العربيّة [yatakallamu l-'arabiyya]

العربيّة ['al-'arabiyya]

La hamza de l'article est *instable*. D'habitude, on ne l'écrit pas.

• La chadda

Ce signe sur une lettre indique qu'on doit la prononcer deux fois. Une fois portant un soukoun et une fois avec une voyelle. Ex. :

أتكلّم ← أتكلْلَم

• La nisba (adjectif de relation)

On appelle ainsi l'adjectif formé sur un nom (propre ou commun), en ajoutant le suffixe [iyy] ـيّ au masculin et [iyya] ـيّة au féminin. Ex. :

تونس ← تونسيّ ، تونسيّة

tunisienne, tunisien ← Tunisie

Si le nom se termine par un ـا, par un ي ou un ة, on ne tient pas compte de ces lettres. Ex. :

فرنسا ← فرنسيّ ، فرنسيّة

française, français ← France

Exercices (corrigé p. 386)

A. Recopiez le texte. Vocalisez-le et faites-le en autodictée.

B. Lisez rapidement les phrases ci-dessous, repérez l'indice du genre (masculin ou féminin) et mettez la bonne voyelle au pronom أنت :

1. أنت تونسيّ ؟
2. أنت تونسيّة ؟
3. أنت فرنسيّ ؟
4. أنت لبنانيّ ؟
5. أنت من لبنان ، يا كريمة ؟
6. أنت من لبنان ، يا كريم ؟
7. وأنت ، تتكلّم العربيّة ؟
8. وأنت ، تتكلّمين الفرنسيّة ؟

C. Formez la nisba (masculin et féminin) des noms suivants:

1. باريس 2. ألمانيا 3. إسبانيا 4. أميريكا 5. ليبيا

D. Présentez les personnages suivants en utilisant les éléments donnés (prénom, ville, nationalité et langues). N'oubliez pas le و de coordination :

4	3	2	1
أردنيّة (3)	الألمانيّة	سليمة	فريد
العربيّة	عليّ	العربيّة	سوريّ
مليكة	العربيّة	باريس	عنّابة (1)
عمّان (4)	سعوديّ (2)	الفرنسيّة	العربيّة
	بون	لبنانيّة	الفرنسيّة

(1) = *Annaba* (port de l'Est algérien) (2) = [saʻuwdiy], *saoudien*

(3) = ['urduniyya], *jordanienne* (4) = *Amman* (Jordanie)

Présentez-vous (même s'il vous manque quelques éléments) :

أنا .... أسكن في .... أتكلّم الـ........... والـ..........

E. Traduisez (faites attention à la hamza de l'article) :

1. Je suis libyen. Je parle l'arabe. — 1. أَنَا لِيبِيّ . أَتَكَلَّمُ الْعَرَبِيَّة .
2. Tu es soudanaise. Tu parles l'arabe. — 2. أَنْتِ سُودَانِيَّة . تَتَكَلَّمِينَ الْعَرَبِيَّة .
3. Tu es jordanien. Tu habites à Amman. — 3. أَنْتَ أُرْدُنِيّ . تَسْكُنُ فِي عَمَّان .

← ٩ - هل تعرف أين جمال ؟

1. – عفواً ، يا سيّدي ، أنت أبو جمال ؟

– نعم ... من أنت ؟

2. – أنا مجيد ، أخو كمال ...

هل تعرف أين جمال ؟

– هو في الخليج .

3. – ومتى يرجع ؟

– بعد أسبوع .

• Une nouvelle lettre : جـ [j], et un autre graphisme pour le 'alif ى : متى [mataâ] . Cf. Ecriture.

• Notez les 3 interrogatifs utilisés dans ce dialogue :

هل ؟ [hal] = *est-ce que ?* / من ؟ [man] = *qui ?*

متى ؟ [mataâ] = *quand ?*

• تعرف [ta'rifu], *tu sais* : un nouveau verbe. Exercez-vous à le conjuguer au singulier du muḍaâri'.

• عفواً ['afwan], *pardon!* : le 'alif final de ce mot indique le son [an] (nous reviendrons plus tard sur ce point).

• أنت ['anta], *vous* (singulier de politesse) ou *tu* : il n'y a pas de vouvoiement en arabe courant.

• أبو جمال ['abuw jamaâl], *le père de Jamal* : le deuxième nom est complément du premier.

Cf. : أخو كمال ['aḫuw kamaâl], *le frère de Kamal.*

• الخليج ['al-ḫaliyj] = *le Golfe* (arabo-persique). La voyelle prolongée [iy] de la préposition [fiy] est abrégée en [i] devant l'article. On prononcera donc [fi l-ḫaliyj] et non [fiy l-ḫaliyj], la syllabe étant *fermée* par le [l] de l'article.

• يرجع [yarji'u], *il revient.* Le muḍaâri' a ici un sens

hal ta'rif(u) 'ayna jamaâl ?

1. - 'afwan, yaâ sayyid-iy, 'anta 'abuw jamaâl ? - na'am... man 'anta ? 2. - 'anaâ majiyd, ahuw kamaâl... hal ta'rif(u) 'ayna jamaâl ? - huwa fi l-haliyj. 3. - wa-mataâ yarji' ? = ba'da 'usbuw'.

Est-ce que vous savez où est Jamal ?

1. - Pardon, Monsieur, vous êtes le père de Jamal ? = Oui... Qui es-tu ? 2. - Je suis Majid, le frère de Kamal... Est-ce que vous savez où est Jamal ? = Il est dans le Golfe. 3. - Et quand reviendra-t-il ? = Dans une semaine.

---

de futur : *quand reviendra-t-il?* C'est le contexte du dialogue qui l'indique.

• بعد أسبوع [ba'da 'usbuw'] = (mot à mot) *après une semaine*. Ici : *dans une semaine.*

Vrai ou faux?

A faire après avoir lu les explications. Toutes ces phrases se réfèrent à la situation définie ci-dessus. Mettez une croix dans la bonne colonne : نعم / *oui* , لا / *non* ou لا أعرف / *je ne sais pas* (si aucun élément du texte ne permet de trancher) :

لا أعرف	لا	نعم	
			1. مجيد هو أخو جمال ....
			2. جمال في الخليج ....
			3. يعمل جمال في الخليج ....
			4. يسكن أبو جمال في فرنسا .
			5. يرجع جمال بعد أسبوع ......
			6. كمال هو أخو جمال ....
			7. جمال لبنانيّ ....

Lisez ces phrases à voix haute, après les avoir comprises. Vérifiez aussitôt compréhension et prononciation (cf. p. 387).

Grammaire

• Consonnes et semi-consonnes

Toutes les lettres arabes sont des consonnes sauf trois :

- le و [waâw] et le ي [yaâ'] qui sont des *semi-consonnes* car elles jouent tantôt le rôle exact d'une consonne (Ex. : le ي de يرجع ou le و de عفوا) et tantôt elles servent à *prolonger* une voyelle brève (Ex. : le ي de مجيد ou le و de أسبوع).

- le ا ['alif] qui ne sert qu'à *prolonger* la voyelle [a] (Ex. : كمال) et qui portera donc toujours un soukoun (que l'on n'écrit pas). Sur le plan graphique, le 'alif peut aussi être support de la hamza (Ex. : أسبوع) ou, dans certaines conditions, à la fin de certains mots, indication du son [an] (Ex. : عفواً ['afwan]).

• Prosodie : les syllabes

L'arabe est une langue rythmique avec deux types de syllabes:

- *brève* = consonne ou semi-consonne + voyelle (dans l'écriture : lettre portant voyelle),

- *longue* = consonne ou semi-consonne + voyelle + consonne ou semi-consonne ou 'alif (dans l'écriture : lettre portant voyelle + lettre portant soukoun).

Conséquences :

- un mot ne peut pas commencer par une voyelle (cf. le rôle de la hamza pour transcrire les mots étrangers : أميركا / etc.).

- un mot ne peut pas commencer par une lettre portant soukoun, donc jamais de 'alif au début d'un mot (sauf comme support de la hamza).

- deux lettres portant soukoun ne peuvent se succéder.

- une chadda marque la fin d'une syllabe longue et le début d'une autre syllabe.

Ecriture

- jiym - الجيم [j] :

même forme que le ḫaâ' mais avec le point sous la lettre. Se prononce [dj] en Irak et parfois en Algérie et [g] en Egypte.

isolée finale médiane initiale

- 'alif maqṣuwra الألف المقصورة [â] :

autre forme graphique du 'alif n'existant qu'à la fin de certains mots (donc qu'en finale ou isolée). Sa forme : comme un yaâ' sans points.

isolée finale

Exercices (corrigé p. 387)

A. Recopiez le texte. Vocalisez-le et faites-le en autodictée.

B. Combinez les lettres :

1. ج + ي + ل   2. ع + ج + م   3. ر + ج + ل

C. Déchiffrez les noms géographiques ou prénoms suivants :

1. موسى   2. نجمة   3. جدّة   4. جربة   5. بجاية

6. وجدة   7. جنيف   8. خديجة   9. جميلة   10. ليلى

D. Découpez en syllabes les mots suivants. Utilisez le symbole " / " pour les lettres portant voyelle et le symbole "o" pour les lettres portant soukoun (une syllabe brève = " / " , une syllabe longue = " o / ").

Attention : à part les verbes, ne tenez pas compte de la dernière lettre dont la voyelle ne se prononce pas à la pause, mais qui existe bel et bien. Vous verrez cela à la prochaine leçon. En attendant, mettez un point d'interrogation mais jamais de soukoun.

Ex. :

أ | سْ | بُـو | ع   جَـ | مَـا | ل   يَـ | تَـ | كَـ | لَّـ | مُ

/ | / | o/ | / | /   ? | o / | /   ? | o / | o /

1. تَـسْـكُـنِـيـنَ   2. سَـيِّـدِي   3. تُـو نِـس   4. كَـمَـا ل

5. مُـنِـيـرَة   6. أ لْـخَـلِـيـج

E. Traduisez :

1. Est-ce qu'il habite dans le Golfe ?	1. هَلْ يَسْكُنُ فِي الْخَلِيج ؟
2. Sait-il où est le père de Jamal ?	2. هَلْ يَعْرِفُ أَيْنَ أَبُو جَمَال ؟
3. Quand reviens-tu Salima ?	3. مَتَى تَرْجِعِينَ يَا سَلِيمَة ؟
4. Qui êtes-vous Monsieur ?	4. مَنْ أَنْتَ يَا سَيِّدِي ؟
5. Majid est le frère de Kamal.	5. مَجِيد هُوَ أَخُو كَمَال .
6. Je reviens dans une semaine.	6. أَرْجِعُ بَعْدَ أُسْبُوع .

زيارة ملك الأردنّ * في دولة الكويت

يزور ملك الأردنّ * دولة الكويت * اليوم ...

Attention: la syntaxe se complique...

Nous sommes ici dans le genre journalistique : titre + première phrase de l'article reprenant la même information.

Le signe * indique les endroits où la voix peut marquer une pause. Nous n'allons pas procéder comme d'habitude pour "décortiquer" ces énoncés. Suivez bien les indications :

1) L'ACTION :

- Repérez dans le texte arabe le mot زيارة (une nouvelle lettre : ز [z]). La dernière lettre est un taâ' marbuwṭa mais dans cet énoncé, il ne sera pas muet (Cf. leçon 5).

- Repérez le verbe " يزور " (en bonne traduction on dirait : *il se rend en visite*, mais gardons la construction directe calquée sur l'arabe : *il visite*). Le mot زيارة est le nom de l'action correspondant au verbe يزور . Avec un peu d'habitude, vous vous rendrez compte que ce sont des mots de la même "famille". On dira de la même *racine*.

2) LES LIEUX :

- Repérez dans le titre, grâce à la préposition في où a lieu cette visite : [fiy dawlati l-kuwayt] في دولة الكويت, *dans l'Etat du Koweït*. La voyelle [i] à la fin du mot [dawla] est la *voyelle de déclinaison* (cf. Grammaire).

- Ce groupe de 2 noms dont le second définit le premier forme un tout indissociable. On ne peut rien intercaler entre ces 2 noms, pas même une respiration. Cela implique qu'on prononce la voyelle de déclinaison [i] (le taâ' marbuwṭa qui précède cette voyelle n'est plus muet mais se prononce [t] puisqu'il n'est plus *à la pause*) et qu'on ne prononce pas le 'alif de l'article du second (Cf. leçon 8).

- Retrouvez ce même groupe de mots dans la phrase qui suit : il n'est plus introduit par une préposition, mais complément direct du verbe يزور . La voyelle de déclinaison est alors [a]

ziyaâratu l-malik.
ziyaârat(u) maliki l-'urdunn * fiy dawlati l-kuwayt.
yazuwr(u) maliku l-'urdunn * dawlata l-kuwayt * 'al-yawm.
(sans pause:) yazuwru maliku l-'urdunni dawlata l-kuwayti l-yawm.
Visite du roi.
Visite du roi de (la) Jordanie dans l'Etat du Koweït.
Le roi de (la) Jordanie visite l'Etat du Koweït aujourd'hui...

(Regardez la transcription).

- Enfin notez que dans ce groupe, le premier nom n'a pas d'article : il n'en a pas besoin car il est défini par le deuxième nom (son complément).

3) LES PERSONNAGES:

- Repérez dans la phrase le *sujet* du verbe يزور :

le roi de (la) Jordanie [maliku l-'urdunn] ملك الأردنّ

La voyelle [u] à la fin de [malik] est la voyelle de déclinaison. Comme pour دولة الكويت, le deuxième nom الأردنّ définit le premier ملك et ces deux noms forment un groupe indissociable (donc on doit prononcer la voyelle de déclinaison du premier mot et ne pas prononcer le 'alif de l'article du deuxième mot). Là encore, le premier nom n'a pas d'article.

• Regardez maintenant le titre. Sa structure est :

visite du roi de (la) Jordanie [ziyaâratu maliki l-'urdunn]

زيارة ملك الأردنّ

La liaison est obligatoire entre ces mots : c'est le même phénomène que ci-dessus mais "en cascade". Le 3e mot الأردنّ définit le 2e ملك qui lui même définit le 1er زيارة.

• Repérez les voyelles de déclinaison : [u] pour زيارة et [i] pour ملك.

• Regardez la 2e transcription de la phrase (sans pause) et notez la voyelle de déclinaison [i] à la fin des mots الأردنّ et الكويت ainsi que le 'alif de اليوم qui ne se prononce pas.

le Koweït الكُوَيْت	*la Jordanie* الأُرْدُنّ	*visite* زِيارة
il visite يَزُورُ	*Etat* دَوْلة	*roi* مَلِك
aujourd'hui اليَوْمَ		

• Prosodie : la pause

Chaque fois que la voix s'arrête, on ne prononce pas la voyelle finale des mots. C'est une règle essentielle de l'arabe standard. Mais on ne peut pas marquer de pause n'importe où : il y a des groupes de mots entre lesquels elle est impossible.

C'est pourquoi vous voyez apparaître la déclinaison dans cette leçon, alors qu'on n'en avait pas eu besoin jusqu'à maintenant.

Outre la règle de la pause, la prononciation ou non-prononciation des voyelles de déclinaison est fonction du niveau de langue. Celles-ci n'existent pas en arabe dialectal et l'arabe standard oral a de plus en plus tendance à en faire l'économie (cf. plus de détails page 198).

• Déclinaison : les 3 cas

- *Cas sujet* (dont une des marques est la voyelle [u]) : c'est le cas du *nom non régi* (c'est-à-dire non complément), en particulier le *sujet d'un verbe* ou le *mubtada'* :

يزور ملكُ الأردنّ ...

- *Cas direct* (dont une des marques est la voyelle [a]) : c'est le cas du *complément direct* d'un verbe (= construit sans préposition) :

يزور دولةَ الكويت

- *Cas indirect* (dont une des marques est la voyelle [i]) : c'est le cas du *complément indirect* (après une préposition) ou du *complément du nom* :

زيارة ملكِ الأردنّ في دولةِ الكويت

Répétons que ces voyelles de déclinaison *existent toujours*, mais qu'elles sont *latentes* à la pause.

Ecriture

- zaây - الزاي [z] :
même forme que le raâ' mais avec un point. La 5e des six lettres qui n'accrochent pas ce qui suit (après : د – و – ا – ر).

isolée	finale
ز	ـز
لا	ـلا

- laâm-'alif : quand un 'alif suit un laâm, le groupe de ces deux lettres a alors une graphie particulière. Cf. :

الـ + أردنّ ← الأردنّ

Exercices (corrigé p. 387)

A. Recopiez le texte. Vocalisez-le et faites-le en autodictée.

B. Combinez les lettres :

1. م + ل + أ   2. خ + ب + ز   3. ز + ب + ل

4. أ + ل + ف   5. ع + ج + ز

C. Ajoutez l'article aux mots suivants (attention au laâm-'alif). Ex. : أمّ *(une mère)* → الأمّ *(la mère).*

1. أب ['ab] *un père*   3. أخ ['ah̠] *un frère*

2. أخت ['uh̠t] *une sœur*   4. أمير ['amiyr] *un prince (émir)*

D. Déchiffrez les noms géographiques ou prénoms suivants :

1. زُليخة 2. الأرجنتين 3. ماليزيا 4. تانزانيا 5. البرازيل

6. عزيز 7. نيوزيلندا 8. الإسكندريّة 9. ميلانو 10. زينة

E. Mettez la voyelle de déclinaison qui convient là où il faut faire la liaison :

1. تعمل أخت كمال * في دولة الكويت

2. يزور أمير الكويت * مدينة تونس

3. زيارة أمير الكويت * في مدينة تونس

F. Traduisez (sans mettre de voyelle de déclinaison aux noms propres - sauf s'ils sont précédés de l'article comme الكويت - ni à la pause) :

1. يَزُورُ فَرِيد مَدِينَةَ بَارِيس . — 1. Farid visite la ville de Paris.

2. أَسْكُنُ فِي مَدِينَةِ بَيرُوت . — 2. J'habite dans la ville de Beyrouth.

3. أَزُورُ مَدِينَةَ عَمَّان الْيَوم . — 3. Je visite la ville d'Amman aujourd'hui.

4. تَعْمَلُ أُخْتُ كَمَال فِي الْخَلِيج . — 4. La sœur de Kamal travaille dans le Golfe.

5. يَزُورُ أَمِيرُ الْكُوَيتِ أُورُوبَا . — 5. L'Emir du Koweït visite l'Europe.

6. تَدْرُسُ زِينَة فِي الأُرْدُنّ . — 6. Zina étudie en Jordanie.

1. وصول رئيس الجزائر * إلى بلادنا

يصل رئيس الجزائر* إلى بلادنا * مساء اليوم ...

2. رجوع سفير المغرب * إلى عاصمتنا

يرجع سفير المغرب * إلى عاصمتنا * اليوم ...

3. زيارة رئيس مصر * في مدينتنا

اليوم * يزور رئيس مصر * مدينتنا ...

4. عودة رئيس الوزراء * من مدينة بغداد

يعود رئيس الوزراء * من مدينة بغداد * اليوم ...

• Deux nouvelles lettres : صـ [ṣ] et غـ [ġ]. Notez aussi les différents supports de la hamza (Cf. Ecriture).

• إلى ['ilaâ], *dans, à* = préposition indiquant *le lieu où l'on va.* من [min], *de* = préposition indiquant *le lieu d'où l'on vient.*

• بلادنا [bilaâdi-naâ], *notre pays* : le suffixe ـنا est un pronom (= *nous*). De même pour عاصمتنا , *notre capitale* et مدينتنا , *notre ville*. Ces 2 mots se terminent par un ة qui se transforme en ـتـ pour accrocher le pronom suffixe.

Nous allons recommencer avec ces titres suivis de la 1re phrase de l'article la même démarche que dans la leçon précédente :

1) L'ACTION : pour chaque groupe, repérez le nom d'action du titre et le verbe correspondant de la phrase. Ils sont à chaque fois de la même racine (notez les différences, notamment pour le premier groupe : يصل / وصول).

2) LES LIEUX : repérez les lieux grâce aux prépositions : في , إلى et من . Notez s'il s'agit d'un *lieu où l'on est*, d'un *lieu où l'on va* ou d'un *lieu d'où l'on vient*. Faites attention aux voyelles de déclinaison. Voyez aussi la transformation dans le 3e groupe entre le titre في مدينتنا (complément indirect) et

wuṣuwlu r-ra'iys

1. wuṣuwl(u) ra'iysi l-jazaâ'ir * 'ilaâ bilaâdi-naâ.
yaṣil(u) ra'iysu l-jazaâ'ir * 'ilaâ bilaâdi-naâ * masaâ'a l-yawm...
2. rujuw'(u) safiyri l-maġrib * 'ilaâ 'aâṣimati-naâ.
yarji'(u) safiyru l-maġrib * 'ilaâ 'aâṣimati-naâ * 'al-yawm...
3. zyaârat(u) ra'iys(i) miṣr * fiy madiynati-naâ.
'al-yawm * yazuwr(u) ra'iys(u) miṣr * madiynata-naâ...
4. 'awdat(u) ra'iysi l-wuzaraâ' * min madiynati-baġdaâd.
ya'uwd(u) ra'iysu l-wuzaraâ' * min madiynati baġdaâd * 'al-yawm...

Arrivée du Président

1 - Arrivée du Président de l'Algérie dans notre pays. / Le Président de l'Algérie arrive dans notre pays ce soir... 2 - Retour de l'Ambassadeur du Maroc dans notre capitale. / L'Ambassadeur du Maroc revient dans notre capitale aujourd'hui... 3 - Visite du Président de l'Egypte dans notre ville. / Aujourd'hui, le Président de l'Egypte visite notre ville... 4 - Retour du Premier Ministre de la ville de Bagdad. / Le Premier Ministre revient de la ville de Bagdad aujourd'hui...

---

la phrase مدينَتَنا (complément direct). Cf. leçon 10.

3) LES PERSONNAGES : repérez les personnages (complément du nom d'action dans le titre et sujet du verbe dans la phrase). Les phénomènes observés dans la leçon 10 se reproduisent ici.

4) LE TEMPS : notez la place de l'indication de temps dans les 4 phrases. La voyelle de déclinaison du mot مساء dans la 1re phrase est [a] puisque le complément de temps n'est pas introduit par une préposition (donc complément direct).

N.B. : Dans une lecture *allégée*, la voyelle de déclinaison d'un nom 1er terme d'une annexion suivi d'un nom ne commençant pas par l'article peut ne pas se prononcer. Mais si ce mot se termine par ة , on prononce le [t]. Cf. [zyaârat(u) ra'iys(i) miṣr]

capitale	عاصِمة	*l'Algérie*	الجَزائِر	*arrivée*	وُصُول
président	رَئِيس	*le Maroc*	المَغْرِب	*il arrive*	يَصِلُ
ambassadeur	سَفِير	*l'Egypte*	مِصْر	*retour*	رُجُوع
ministres	وُزَراء	*Bagdad*	بَغْداد	*retour*	عَوْدة
soir	مَساء	*pays*	بِلاد	*il revient*	يَعُودُ

• Mot graphique

Plusieurs éléments peuvent s'agglutiner pour former un seul *mot graphique* :

بلاد – البلاد – والبلاد – بلادنا

notre pays - et le pays - le pays - un pays

Comme il n'y a pas de trait d'union en arabe, ces ensembles graphiques (composés du nom auquel peut s'accrocher l'article ou la coordination ou le pronom suffixe) ne doivent jamais être coupés. De même, ils se prononcent d'un trait.

Si le nom se termine par un ة , celui-ci se transforme en ـتـ pour accrocher le suffixe. Ex. :

notre ville (la ville de nous) = مدينة + نا ← مدينتنا

• Indication de temps

Nous avons vu (leçon 7) l'ordre des mots dans la phrase verbale. Notez cependant que l'indication de temps peut être placée soit avant le verbe, soit avec les autres compléments. Ex. :

يزور الملك مدينتنا اليوم = اليوم يزور الملك مدينتنا

le roi visite notre ville aujourd'hui

N.B. : c'est l'opposition complément direct / indirect qui est fondamentale et non l'opposition objet / circonstanciel.

Ecriture

- ġayn - الغين [ġ] :

isolée finale médiane initiale

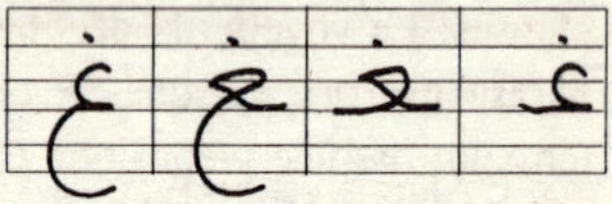

Cette lettre se prononce comme un [r] non roulé (r *grasseyé*) à la mode parisienne. A bien différencier du raâ' ر (r *roulé*) et du ḫaâ' خ (*raclé*). Transcrit en français *gh* : *Maghreb* . Même forme que le ʻayn avec un point au-dessus.

- ṣaâd - الصاد [ṣ] :

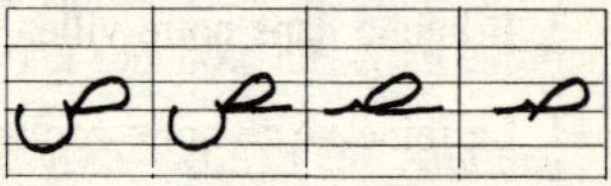

C'est le son [s] prononcé avec emphase (en formant une caisse de résonance avec la bouche). Cf. l'exercice d'écriture.

- Support de la hamza : au début d'un mot, c'est toujours un 'alif. Mais ailleurs, cela peut être soit ئ / ـئـ (yaâ' sans points), soit ؤ , soit أ, soit rien du tout. Apprenez à l'usage. C'est l'un des rares problèmes d'orthographe en arabe. Ex. :

un responsable [mas'uwl] رئيس / الجزائر / وزراء / مسؤول

Exercices (corrigé p. 388)

A. Recopiez le texte. Vocalisez-le et faites-le en autodictée.

B. Lisez à haute voix (avec un ton de journaliste) d'abord la transcription, en marquant les pauses, puis de la même façon à partir du texte en écriture arabe.

Attention à la prononciation particulièrement du mot مغرب :
La suite ġ + r demande de l'entraînement. Commencez par la 2e syllabe : rib- maġ, et prononcez cela plusieurs fois à la suite jusqu'à ce que ce voisinage ne vous gêne plus : → maġrib.

N.B. : المغرب sans plus de précision désigne le Maroc, c'est-à-dire le pays arabe le plus à l'ouest. Pour le Maghreb, on utilise l'expression المغرب العربيّ ['al-maġribu-l-'arabiy].

C. Ecriture du ص : exercez-vous!

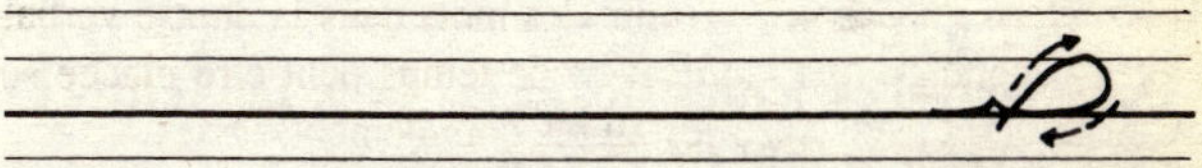

D. Combinez les lettres :

1. غ + ر + ب 2. و + ص + ل 3. ص + غ + ر 4. ر + غ + م

E. Déchiffrez les noms géographiques ou prénoms suivants :

1. منصور 2. غرداية 3. غانا 4. الموصل 5. صنعاء
6. أفغانستان 7. مستغانم 8. صوفيا 9. زائير 10. البصرة

F. Traduisez (même consigne qu'à la leçon 10) :

1. L'Algérie est un Etat.	1. الْجَزَائِر دَوْلَة .
2. Alger est une ville.	2. الْجَزَائِر مَدِينَة .
3. Il habite dans notre ville.	3. يَسْكُنُ فِي مَدِينَتِنَا .
4. La reine visite notre capitale.	4. تَزُورُ الْمَلِكَة عَاصِمَتَنَا .
5. Notre président arrive ce soir.	5. يَصِلُ رَئِيسُنَا مَسَاءَ الْيَوْم .
6. Il revient dans la ville de Tunis.	6. يَعُودُ إِلَى مَدِينَةِ تُونِس .

N.B. : les mêmes mots الجزائر / تونس désignent à la fois la capitale et le pays (*Tunis* et *Tunisie*, *Alger* et *Algérie*).

1. السعوديّة	المملكة العربيّة السعوديّة	ملك
2. المغرب	المملكة المغربيّة	ملك
3. الأردنّ	المملكة الأردنيّة الهاشميّة	ملك
4. الجزائر	الجمهوريّة الجزائريّة	رئيس
5. تونس	الجمهورية التونسيّة	رئيس
6. سورية	الجمهوريّة العربيّة السوريّة	رئيس

• Deux nouvelles lettres: le ش [š] (= le son [ch] - Cf. هاشميّ) et le ه [h] (Cf. جمهوريّة).

• المملكة العربيّة السعوديّة : ce titre est composé d'un nom accompagné de 2 épithètes. Cela constitue encore un groupe de mots entre lesquels on ne peut pas faire de pause

• Deux lectures sont possibles quand un mot se terminant par ة est suivi d'un adjectif épithète :

- *allégée* : ['al-mamlaka l-ʻarabiyya s-saʻuwdiyya]. On supprime le ة et la liaison se fera entre la [fatḥa] qui est avant le ة et le mot suivant. Par contre, le [t] se prononcera toujours si le nom est le premier terme d'une annexion. Cf. [zyaârat(u) ra'iys(i) miṣr].

- *plus formelle* : ['al-mamlakatu l-ʻarabiyyatu s-saʻuwdiyya]. On prononce le ة avec la voyelle de déclinaison qui fait la liaison avec le mot suivant.

Remarquez que les trois mots ont l'article, mais observez dans la transcription ce que devient l'article placé devant سعوديّة . Prononcez plusieurs fois très vite ['al-saʻuwdiyya] et vous arriverez automatiquement à ['as-saʻuwdiyya].

• Remarquez : *le* Président tunisien الرئيس التونسيّ

mais : *un* président arabe رئيسٌ عربيّ

'al-mamlaka(tu) l-‘arabiyya(tu) s-sa‘uwdiyya

1. 'as-sa‘uwdiyya /
   'al-mamlaka(tu) l-‘arabiyya(tu) s-sa‘uwdiyya / malik
2. 'al-maġrib / 'al-mamlaka(tu) l-maġribiyya / malik
3. 'al-'urdunn /
   'al-mamlaka(tu) l-'urduniyya(tu) l-haâšimiyya / malik
4. 'al-jazaâ'ir / 'al-jumhuwriyya(tu) l-jazaâ'iriyya / ra'iys
5. tuwnis / 'al-jumhuwriyya(tu) t-tuwnisiyya / ra'iys
6. suwriya /
   'al-jumhuwriyya(tu) l-‘arabiyyatu s-suwriyya / ra'iys

Le Royaume d'Arabie Saoudite (= le royaume arabe saoudite)

1. (l'Arabie) Saoudite	*le royaume arabe saoudite*	*un roi*
2. le Maroc	*le royaume marocain*	*un roi*
3. la Jordanie	*le royaume jordanien hachémite*	*un roi*
4. l'Algérie	*la république algérienne*	*un président*
5. la Tunisie	*la république tunisienne*	*un président*
6. la Syrie	*la république arabe syrienne*	*un président*

• سعوديّ [sa‘uwdiy] et هاشميّ [haâšimiy] sont des adjectifs de relation (nisba - cf. leçon 8) formés sur les noms des fondateurs de ces dynasties, Saoud et Hachem.

Exercice à faire en *lecture rapide:*

Parmi les expressions ci-dessous, entourez celles qui sont conformes à la liste (établie en 1991) et corrigez les erreurs, en tenant compte du dernier mot.
Repérez bien les groupes *nom + épithète*. Cf. corrigé p. 388.

1. الملك الجزائريّ
2. الجمهوريّة المغربيّة
3. الملك السعوديّ
4. الجمهوريّة الجزائريّة
5. المملكة الأردنيّة السعوديّة
6. المملكة العربيّة السوريّة
7. الرئيس السوريّ
8. الجمهوريّة التونسيّة
9. الرئيس الجزائريّ
10. الملك المغربيّ
11. الملك السوريّ
12. الرئيس التونسيّ

république	جُمْهُورِيّة	*royaume*	مَمْلَكة

• L'article (2)

- Le laâm de l'article est *assimilé* par 14 lettres (= toutes celles qui, comme lui, se prononcent avec le bout de la langue).

Voici celles que vous connaissez : ت د ر ز س ش ص ل.

C'est le mot شمس [šams], *soleil* qui sert traditionnellement de modèle pour l'assimilatioin de l'article. Voilà pourquoi on appelle ces 14 lettres *solaires* (cf. plus de détails p. 430).

Dans ce cas, au lieu de prononcer [l], on redouble la première lettre du mot qui suit (mais on écrit toujours le laâm : c'est l'un des rares cas en arabe où l'on ne prononce pas ce qui est écrit).

Ex. : *le président* ['ar-ra'iys] (الرّئيس) الرئيس

mais *le roi* ['al-malik] (الْملك) الملك

- Quand il y a liaison, le 'alif support de la hamza instable de l'article porte un signe appelé waṣla (= *liaison*) : ٱ

Ex. : ٱلْمَلِكُ ٱلسَّعُودِيّ ['al-maliku-s-sa'uwdiy]

N.B. : la waṣla et le soukoun sur l'article ou la chadda sur la 1re lettre d'un nom après l'article ne s'écriront que lors d'exercices grammaticaux *pointus* où l'on demande de *tout* vocaliser.

• L'épithète

Elle est *toujours* placée *après* le nom. Elle s'accorde en *genre*, en *cas* et en *définition* (= si le nom est défini, l'épithète prend l'article) avec lui. Ex. : *un président arabe* = رئيس عربيّ

le président tunisien = الرّئيس التّونسيّ

la république arabe syrienne = الجمهوريّةُ العربيّةُ السوريّة

Ecriture

- haâ' - الهاء [h] :

Se prononce comme le [h] anglais. Graphiquement, c'est celle qui diffère le plus suivant les positions. Isolée et finale, elle a la même forme que le ة , sans les points.

isolée finale médiane initiale

- šin - الشين [š] :

Même forme que le س avec 3 points. Equivaut au [ch] français.

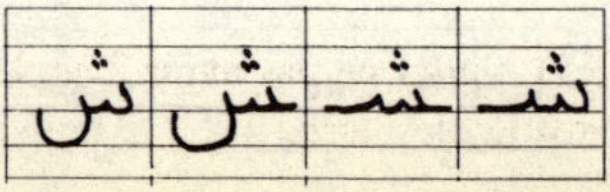

Exercices (corrigé p. 388)

A. Exercez-vous à écrire le هـ :

B. Combinez les lettres. Attention aux diverses formes du ه . N'oubliez pas de contrôler soigneusement sur le corrigé. Ne laissez pas s'installer des habitudes erronées d'écriture :

1. ف + ه + م 2. ع + ه + د 3. ش + ه + ر 4. ه + ش + م

C. Déchiffrez les noms géographiques ou prénoms suivants :

1. الهادي 2. وهران 3. هولندا 4. هامبورغ 5. شهرزاد

6. إصفهان 7. رشيد 8. تشاد 9. جوهانسبورغ

D. Complétez la transcription du nom écrit en arabe avec l'article (on vous donne sa traduction et sa transcription sans article). Attention à l'assimilation de l'article !

la Somalie	[.....-ṣuwmaâl]	1. الصومال
la Chine	[.....-ṣiyn]	2. الصين
l'Inde	[.....-hind]	3. الهند
le Sénégal	[.....-siniġaâl]	4. السنغال
le Niger	[.....-niyjar]	5. النيجر
le Mexique	[.....-maksiyk]	6. المكسيك

E. Traduisez (mettez *toutes* les voyelles - sauf à la pause - et les signes en rapport avec l'article : waṣla, soukoun et chadda) :

1. Le président français. — 1. أَلرَّئِيسُ ٱلْفِرَنْسِي .

2. Le président français visite le Royaume d'Arabie Saoudite (= arabe saoudite). — 2. يَزُورُ ٱلرَّئِيسُ ٱلْفِرَنْسِيُّ ٱلْمَمْلَكَةَ ٱلْعَرَبِيَّةَ ٱلسَّعُودِيَّة .

3. Le roi du Maroc (marocain) revient du Royaume jordanien hachémite. — 3. يَرْجِعُ ٱلْمَلِكُ ٱلْمَغْرِبِيُّ مِنَ ٱلْمَمْلَكَةِ ٱلأُرْدُنِيَّةِ ٱلْهَاشِمِيَّة .

N.B. : pour ne pas avoir 2 soukouns qui se suivent, on ajoute la voyelle de liaison [a] à la préposition من devant l'article.

← ١٣ - جمهوريّة مصر العربيّة

1. جمهوريّة مصر العربيّة	رئيس	القاهرة
2. الجمهوريّة العراقيّة	رئيس	بغداد
3. دولة الكويت	أمير	الكويت
4. سلطنة عمان	سلطان	مسقط

• Deux nouvelles lettres : le ق [q] (attention à la prononciation) et le ط [ṭ] ([t] emphatisé).

• Dans cette liste des noms officiels de certains pays, repérez les groupes :

- formés par un nom et un complément du nom, ceux formés par un nom et une épithète,
- formés par un mélange de ces deux constructions.

Rappelez-vous que l'épithète s'accorde en cas, en genre et en définition avec le nom.

• جِمهوريّة مصرَ العربيّة : dans ce groupe, le mot مصر est complément du nom جمهوريّة. On s'attendrait donc à trouver une voyelle [i] à la fin (Cf. leçon 10). Il est bien au cas indirect. Notez simplement que la voyelle [i] est *une* des marques du cas indirect. Le mot مصر est l'un de ceux qui a une autre marque du cas indirect quand il est inéfini.

Cependant, on négligera souvent la prononciation de cette voyelle de déclinaison car مصر est un nom propre. On fera alors une pause après مصر et on prononcera : [jumhuwriyyat(u) miṣr * al-ʻarabiyya]. La voyelle de déclinaison [u] peut ne pas se prononcer (dans une lecture *allégée*) puisque le nom qui suit ne commence pas par un article. Elle est par contre obligatoire dans [dawlatu l-kuwayt] à cause de l'article. Quant à العربيّة , il est épithète du nom جمهوريّة (lui-même défini par son complément مصر) : voilà pourquoi l'adjectif prend l'article.

jumhuwriyyatu miṣra l-‘arabiyya

ou jumhuwriyyat(u) miṣr * al-‘arabiyya

1. jumhuwriyyat(u)-miṣra l-‘arabiyya 2. 'al-jumhuwriyya(tu) l-‘iraâqiyya 3. dawlatu l-kuwayt 4. salṭanat(u) ‘umaân	ra'iys ra'iys 'amiyr sulṭaân	'al-qaâhira baġdaâd 'al-kuwayt masqaṭ

La république arabe d'Egypte

1. la République arabe d'Egypte *2. la République irakienne* *3. l'Etat du Koweït* *4. le Sultanat d'Oman*	*un président* *un président* *un émir (= prince)* *un sultan*	*Le Caire* *Bagdad* *Koweït* *Mascate*

Exercice à faire *en lecture rapide:*

Parmi les expressions ci-dessous, entourez celles qui sont conformes à la liste (établie en 1991) et corrigez les erreurs en tenant compte du dernier mot (cf. corrigé p. 389).

1. أمير دولة الكويت
2. أمير عمان
3. رئيس الجمهوريّة العراقيّة
4. الملك المصريّ
5. سلطنة الكويت
6. عاصمة الكويت هي مسقط
7. بغداد في الجمهوريّة العراقيّة
8. القاهرة هي عاصمة مصر

Repérez bien les groupes :
- nom + épithète : *le Président irakien* الرئيس العراقيّ
- nom + complément du nom :
le Président de l'Irak رئيس العراق

sultan, roi	سُلْطان	*prince (émir)*	أمِير

Grammaire

• L'annexion ('iḍaâfa)

Ce terme désigne le groupe correspondant au français *nom + complément du nom.* Mais il fonctionne différemment. Rien ne peut s'intercaler entre les deux termes (et donc pas de préposition, pas de pause). Le 2e nom *définit* le 1r et comme un nom ne peut être défini que d'une seule façon, le 1r nom n'a jamais d'article. Le 2e nom est toujours au cas indirect. Ex. :

. أمير *un émir* ['amiyr]
(nom indéfini)

. الأمير *l'émir* ['al-'amiyr]
(nom défini par l'article)

. أمير الكويت *l'émir du Koweït* ['amiyru l-kuwayt]
(nom défini par un complément)

. أمير الدولة الكويتيّة
l'émir de l'Etat koweïtien ['amiyru d-dawlati l-kuwaytiyya]
(nom défini par un complément ayant une épithète)

. أمير دولة الكويت
l'émir de l'Etat du Koweït ['amiyru dawlati l-kuwayt]
(nom défini par un complément défini par un complément)

• Annexion et épithète

Si un nom complété par un autre a aussi une épithète, celle-ci se met après le complément du nom. Rien ne doit séparer le nom et son complément. L'épithète prend alors l'article (puisque le nom dont il est épithète est défini par l'annexion) et se met au même cas que le nom qu'il détermine. Ex. :

la République arabe d'Egypte = جمهوريّةُ مصر العربيّة

Ecriture

- qaâf - القاف [q] :

C'est un [k] qui se prononce du fond de la gorge. Voyez les noms Ira<u>k</u>, Abdel<u>k</u>ader, <u>Q</u>atar,... Différent du ف (en finale ou isolée).

- ṭaâ' - الطاء [ṭ] :

[ṭ] prononcé avec *emphase* (comme le ص pour le son [s]). Faire le corps de la lettre, puis mettre la barre verticale en même temps que les points.

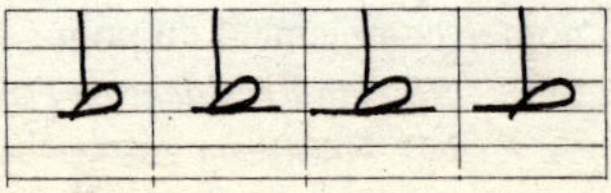

Exercices (corrigé p. 389)

A. Exercez-vous à écrire le ط :

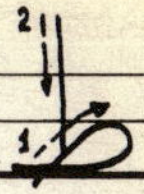

B. Combinez les lettres (attention à différencier la finale du ق de la finale du ف - formez bien le ط en 2 temps) :

1. ط + ر + ق   2. ط + ه + ر   3. ق + ل + م
4. ط + ل + ب   5. ق + ف + ل

C. Déchiffrez les noms géographiques ou prénoms suivants :

1. صفاقس 2. فاطمة 3. قسنطينة 4. دمشق 5. الرباط
6. عبد الرزّاق 7. قادر 8. طنجة 9. قابس 10. الأقصر
11. نواكشوط 12. إسطنبول 13. فلسطين 14. طهران
15. تطوان 16. عائشة 17. أنقرة 18. الأغواط

D. Traduisez (mettez bien toutes les voyelles ainsi que les signes autour de l'article : chadda, soukoun et waṣla) :

1. Le Président de la République syrienne.	1. رَئِيسُ ٱلْجُمْهُورِيَّةِ ٱلسُّورِيَّةِ
2. La capitale du Royaume marocain.	2. عَاصِمَةُ ٱلْمَمْلَكَةِ ٱلْمَغْرِبِيَّةِ
3. La visite du Sultan d'Oman.	3. زِيَارَةُ سُلْطَانِ عُمَانَ
4. Le Président syrien visite la République arabe d'Egypte.	4. يَزُورُ ٱلرَّئِيسُ ٱلسُّورِيُّ جُمْهُورِيَّةَ مِصْرَ ٱلْعَرَبِيَّةَ
5. Tu habites dans la ville du Caire.	5. تَسْكُنُ (تَسْكُنِينَ) فِي مَدِينَةِ ٱلْقَاهِرَةَ

N.B. : *tu habites* peut se traduire soit تسكن soit تسكنين puisqu'il n'y a pas d'indication concernant le sexe de l'interlocuteur.

→ ١٤ - يعمل في شركة سعوديّة

1. هذا هو السيّد عبد اللّه الـمكّيّ .

2. هو رجل أعمال سعوديّ .

3. يعمل في شركة بترول .

4. يسافر اليوم إلى أميريكا مع وزير البترول .

• Une lettre nouvelle : le d̲aâl ذ [d̲]. Cf. Ecriture.

• Notez la construction de la 1re phrase (nominale) : ... هذا هو . Le démonstratif هذا est repris par le pronom هو . Au féminin, cela donnerait: ... هذه هي . Prononcez bien [haâd̲aâ] comme s'il était écrit هاذا .

• عبد اللّه : un des nombreux prénoms masculins formés d'une annexion. Le 1r nom signifie *adorateur* et le 2e est un des attributs de Dieu : ici le nom الله qu'il faut prononcer ['al-laâh]) comme s'il était écrit اللاه et dont il faut *emphatiser* le [l] . Abdallah = *"adorateur de Dieu"*, Abdelqader = *"adorateur du Puissant"*... Théoriquement, on devrait prononcer ['abdu l-laâhi l-makkiy], mais pratiquement, on entendra ['abda l-laâh 'al-makkiy] puisqu'il s'agit de noms propres, comme si ['abda-l-laâh] était *figé* d'un seul bloc.

• مكّيّ [makkiy] : ce nom est la nisba tiré du nom مكّة [makka] (= *La Mecque*). Cf. leçon 8.

• رجل أعمال سعوديّ : le premier nom est complété par un nom indéfini أعمال. C'est donc le groupe tout entier qui est indéfini : *un homme d'affaires*. L'épithète سعوديّ n'a donc pas d'article. Les voyelles de déclinaison peuvent être négligées puisqu'elles ne sont pas suivies d'un article.

• وزير [waziyr], *ministre*, est le singulier de وزراء (Cf. leçon 11). Pensez au mot *vizir*.

ya'mal(u) fiy šarika(tin) sa'uwdiyya.

1. haâḏaâ huwa s-sayyid(u) 'abda-l-laâh 'al-makkiy. 2. huwa rajul(u) 'a'maâl(in) sa'uwdiy. 3. ya'mal(u) fiy šarikat(i) bitruwl. 4. yusaâfiru l-yawm(a) 'ilaâ 'amiyriykaâ ma'a waziyri l-bitruwl.

Il travaille dans une société saoudienne.

1. Voici (C'est lui) monsieur Abdallah Al-Makki. 2. C'est un homme d'affaires saoudien. 3. Il travaille dans une société pétrolière (de pétrole). 4. Il voyage aujourd'hui en Amérique avec le ministre du pétrole.

Dans une lecture *allégée* :

- on peut supprimer le ة , sauf si le mot est le 1er terme d'une annexion. Dans ce cas, on prononcera un [t] à la fin du 1er nom. Ex. :

fiy šarika sa'uwdiyya *mais* fiy šarika<u>t</u> bitruwl

- on doit prononcer la voyelle de déclinaison du nom et la voyelle finale du muḍaâri' si le mot qui suit commence par un article, sinon, on peut la négliger. Ex. :

ya'mal fiy šarika *mais* ya'mal<u>u</u> l-yawm

huwa rajul 'a'maâl *mais* huwa rajul<u>u</u> l-'a'maâl

fiy šarikat bitruwl *mais* fiy šarikat<u>i</u> l-bitruwl

- on laisse les noms propres sans voyelle finale. Quant aux noms formés par une annexion, ils restent *figés*. Ex. :

'abda-l-laâh 'al-makkiy

Les autres voyelles de déclinaison se prononcent normalement, comme dans une lecture plus formelle. On indiquera donc entre parenthèses les voyelles qu'on peut ne pas prononcer en lecture *courante* ou *allégée*.

ministre	وَزِير	*société*	شَرِكة
il voyage	يُسافِرُ	*monsieur*	سَيِّد
un homme d'affaires	رَجُل أعْمال	*homme*	رَجُل
		pétrole	بِتْرول

Grammaire

• Les démonstratifs au singulier (1)

masculin : هذا [haâḏaâ]   féminin : هذه [haâḏihi]

c'est Samir = هذا سمير   *c'est Samira* = هذه سميرة

• Indéfinition et tanwiyn

La marque d'indéfinition (appelée tanwiyn) consiste :

- graphiquement : à écrire 2 fois la voyelle de déclinaison.
- phonétiquement : à prononcer en principe un [n] après cette voyelle (sauf à la pause, bien sûr). Ex. :

c'est une société saoudienne = هذه شركةٌ سعوديّةٌ -

[haâḏihi šarikatun sa‘uwdiyya]

il visite une société saoudienne = يزور شركةً سعوديّةً -

[yazuwru šarikatan sa‘uwdiyya]

= يعمل في شركةٍ سعوديّةٍ -

il travaille dans une société saoudienne

[ya‘malu fiy šarikatin sa‘uwdiyya]

• L'annexion indéfinie

Dans une annexion ['iḍaâfa] , le deuxième terme définit le premier. Donc *le premier terme n'a ni article ni tanwiyn*. Mais, suivant le deuxième terme, l'ensemble peut être :

- indéfini : *un président de (la) république* = رئيس جمهوريّةٍ
  un homme d'affaires saoudien = رجل أعمال سعوديٍّ
- défini : *le président de la république* = رئيس الجمهوريّةِ
  l'homme d'affaires saoudien = رجل الأعمال السعوديِّ

Ecriture

- ḏaâl - الذال [ḏ] :

isolée   finale

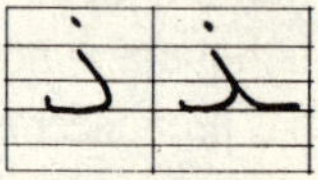

Même forme que le [daâl] mais avec un point. Se prononce comme le [th] anglais de *this*. La 6e (et dernière) lettre qui n'accroche pas ce qui suit : ز - ر - ا - و - ذ - د .

- 'alif suscrit : dans quelques mots, le 'alif ne s'écrit plus mais se prononce: (هاذا) هذا [haâḏaâ] - (اللاّه) الله ['al-laâh]

Si on veut l'écrire, on le met au-dessus de la lettre :

اللّٰه - هٰذا

- le tanwiyn [un] peut s'écrire soit ainsi ـٌ soit ainsi ـُ .

Exercices (corrigé p. 389)

A. Recopiez le texte, vocalisez-le et faites-le en autodictée.

B. Combinez les lettres :

1. ذ + ه + ب 2. ذ + ك + ر 3. ع + ذ + ب 4. ق + ذ + ف

C. Déchiffrez les prénoms suivants :

1. عبد القادر 2. عبد الكريم 3. عبد العزيز 4. عبد السلام

5. عبد الملك 6. نور الدين 7. خير الدين 8. عزّ الدين

9. جمال الدين 10 بدر الدين

D. Complétez les phrases suivantes suivant le cas par :

هذه هي ... ou هذا هو ...

1. .... الرئيس التونسيّ 6. .... أمّ الوزير

2. .... عزيزة 7. .... أبو الملكة

3. .... السيّد المكّيّ 8. .... ملك البلاد

4. .... ليلى 9. .... السيّدة المكّيّ

5. .... أمّي 10. .... أخو فاطمة

E. Traduisez :

1. رَجُلُ أَعْمَالٍ جَزَائِرِيٌّ .
2. رَجُلُ ٱلْأَعْمَالِ ٱلتُّونِسِيّ .
3. شَرِكَةُ ٱلْبِتْرُول .
4. شَرِكَةُ بِتْرُول .
5. هٰذِهِ هِيَ ٱلْمَلِكَة .
6. تَدْرُسُ ٱلسَّيِّدَةُ ٱلْمَكِّيُّ فِي دَوْلَةٍ عَرَبِيَّة .
7. أُسَافِرُ إِلَى أُورُوبَا مَعَ وَزِيرٍ أَمِيرِكِيّ .

1. Un homme d'affaires algérien.
2. L'homme d'affaires tunisien.
3. La société pétrolière (de pétrole).
4. Une société pétrolière.
5. C'est la reine.
6. Madame Al-Makki étudie dans un pays (Etat) arabe.
7. Je voyage vers l'Europe avec un ministre américain.

15 TEST

(corrigé p. 389)

A. Formez avec chacun de ces groupes de lettres un mot, puis traduisez-le (N.B. : quand deux lettres identiques se suivent, réfléchissez pour savoir s'il faut mettre une chadda ou non !) :

1. ب + ي + ر + و + ت = ...
2. و + ص + و + ل = ...
3. أ + م + ي + ر + ي + ك + ا = ...
4. إ + س + ب + ا + ن + ي + ا = ...
5. أ + و + ر + و + ب + ا = ...
6. أ + س + ب + و + ع = ...
7. ز + ي + ا + ر + ة = ...
8. ا + ل + ج + ز + ا + ئ + ر = ...
9. ا + ل + و + ز + ر + ا + ء = ...
10. ب + غ + د + ا + د = ...
11. س + ع + و + د + ي + ي = ...
12. ج + م + ه + و + ر + ي + ي + ة = ...
13. ش + ر + ك + ة = ...
14. س + ل + ط + ا + ن = ...
15. ر + ئ + ي + س = ...
16. م + م + ل + ك + ة = ...
17. ع + ا + ص + م + ة = ...
18. ا + ل + أ + ر + د + ن + ن = ...
19. س + ل + ط + ن + ة = ...
20. م + د + ي + ن + ة = ...

B. Trouvez dans la liste ci-dessous le nom de chacun des pays indiqués par une lettre sur la carte :

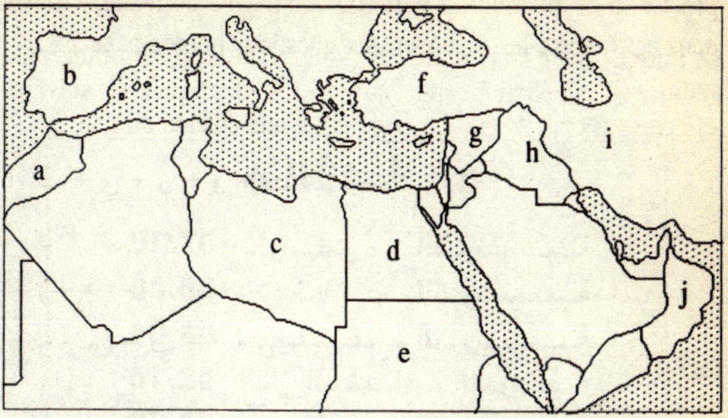

1. إيطاليا 2. السودان 3. ليبيا 4. لبنان 5. عمان

6. تونس 7. إسبانيا 8. فرنسا 9. إيران 10. العراق

11. تركيا 12. الجزائر 13. مصر 14. سورية 15. المغرب

Lettre sur la carte :	a	b	c	d	e	f	g	h	i	j
Numéro dans la liste :										

C. Trouvez dans la liste ci-dessous la capitale de chacun des pays de ce tableau :

	٦ - رومانيا		١ - أستراليا
	٧ - سورية		٢ - بولندا
	٨ - العربيّة السعوديّة		٣ - المكسيك
	٩ - كوبا		٤ - كندا
	١٠ - تشاد		٥ - السويد

1. ستوكهولم 2. هافانا 3. الرياض 4. كنبيرا

5. أوتاوا 6. وارسو 7. أنجامينا 8. مكسيكو

9. دمشق 10. بوخاريست

D. Voici l'horaire de départ des avions de l'aéroport de Tunis tel que l'a publié la presse locale. Après l'heure du décollage, il précise la destination du vol et la compagnie aérienne. Trouvez dans cet horaire les réponses aux questions posées page 75 :

* الذهاب *

07.20: طرابلس - التونسية

08.00: روما - التونسية

08.05: جينيف - التونسية

08.10: الدار البيضاء - التونسية

08.30: ميلانو - التونسية

08.35: نيس - التونسية

12.00: اثينا/ اسطنبول - التونسية

12.30: فرانكفورت - لوفتهانزا

12.50: مرسيليا - التونسية

13.00: باريس - التونسية

13.10: عمان - الاردنية

13.30: القاهرة/ جدة/ الخرطوم - التونسية

14.55: مدريد - التونسية

15.00: ليون - الفرنسية

15.15: الدار البيضاء - العراقية

15.50: الجزائر - الجزائرية

16.05: مرسيليا - الفرنسية

18.20: باريس - الفرنسية

18.55: روما - الايطالية

21.00: جربة - التونسية

1. A quelle heure part l'avion pour Nice ? Quelle compagnie assure le vol ?
2. Combien de compagnies différentes assurent un vol pour Rome ? Lesquelles ?
3. Pour quelle autre ville d'Italie est-il annoncé un vol ?
4. Combien de compagnies différentes assurent un vol pour Paris ? Lesquelles ?
5. La compagnie *Tunis-Air* assure-t-elle un vol pour Amman ?
6. Quelle compagnie peut vous emmener en Suisse ? A quelle heure est le départ ?
7. Quelle compagnie peut vous emmener en Allemagne ? Pour quelle ville ?
8. Quelles sont les villes françaises (en plus de Paris et Nice) pour lesquelles des vols sont annoncés ce jour-là ?
9. Est-il prévu un départ pour l'Arabie Saoudite ? Si oui, le vol est-il direct ?
10. Pour quelle ville tunisienne est-il annoncé un vol ?

E. Conjuguez à toutes les personnes du singulier du muḍaâri' ces trois verbes :

1. يَرْجِعُ   2. يُسافِرُ   3. يَتَكَلَّمُ

F. Précisez, pour chacun de ces groupes nominaux, s'il s'agit d'une annexion (A) ou d'un nom avec une épithète (E) et traduisez :

	6. أخت كمال		1. أبو كريم
	7. وزير كويتيّ		2. الرئيس الجزائريّ
	8. شركة أميريكيّة		3. مدينة الجزائر
	9. الجمهوريّة الفرنسيّة		4. مدينة جزائريّة
	10. عاصمة مصر		5. رجل أعمال

G. Lisez la transcription en caractères arabes du dialogue en syro-libanais de la leçon 3. Cela ne doit pas vous poser problème.

← ١٦ - عائلة المنصوري

1. الوالدان يعملان : هما مهندسان
(الأب مهندس والأمّ مهندسة) .

2. الأولاد يدرسون : الابن الكبير طالب في
الجامعة . الابنتان تدرسان في مدرسة ثانويّة .
الابن الصغير يدرس في مدرسة ابتدائيّة .

3. يسكنون في بيت كبير بالقاهرة .
بعد أسبوعين يسافرون إلى أميريكا .

• Une nouvelle lettre : ثـ [ṯ].

• الوالدان = (الأمّ) الوالدة + (الأب) الوالد . والد [waâlid], *géniteur* est ici au duel de même que le verbe qui suit : *les (2) parents travaillent*. Notez la terminaison : ان .

• هما مهندسان [humaâ muhandisaâni], *ils sont (les 2) ingénieurs* : toute la phrase est également au duel. Remarquez la forme du pronom هما . Au singulier, *ingénieur* se dirait مهندس [muhandis].

• أولاد ['awlaâd] est le pluriel de ولد [walad] , *enfant* . Ne pas confondre avec والد [waâlid]. Le verbe qui suit est au pluriel : يدرسون [yadrusuwna], *ils étudient* .

• ابن [ibn], *fils* est l'un des rares noms commençant par une hamza instable (comme celle de l'article). On ne l'écrit pas d'habitude. Théoriquement, comme pour l'article, on ne la prononce qu'en début de phrase. Si le 'alif est précédé d'un soukoun, on prononce la voyelle de liaison [i] : ['al-ibn]. En fait, il est très courant aujourd'hui de l'entendre prononcer comme une hamza stable : ['al-'ibn].

• ابنتان est le duel de ابنة , *fille*. Notez que, dès qu'il y a 'aâ'ilatu-l-manṣuwriy

1.'al-waâlidaân(i) ya'malaân : humaâ muhandisaân (al-'ab(u) muhandis(un) wa-l-'umm(u) muhandisa).

2.'al-'awlaâd(u) yadrusuwn : 'al-ibnu l-kabiyr(u) ṭaâlib(un) fi l-jaâmi'a. 'al-ibnataân(i) tadrusaân(i) fiy madrasa(tin) ṯaânawiyya. 'al-ibnu ṣ-ṣaġiyr(u) yadrus(u) fiy madrasa(tin) ibtidaâ'iyya.

3. yaskunuwn(a) fiy bayt(in) kabiyr(in) bi-l-qaâhira. ba'da 'usbuw'ayn(i) yusaâfiruwn(a) 'ilaâ 'amiyriykaâ.

La famille Mansouri

1. *Les (deux) parents travaillent : ils [sont] (deux) ingénieurs (le père [est] ingénieur et la mère [est] ingénieur).* ***2.*** *Les enfants étudient : le fils aîné [est] étudiant à l'Université. Les deux filles étudient dans une école secondaire. Le (plus) jeune fils étudie dans une école primaire.* ***3.*** *Ils habitent dans une grande maison au Caire. Dans deux semaines, ils iront (voyageront) en Amérique.*

---

un suffixe, le ة perd la forme spéciale qu'il a en finale. Le verbe qui suit est au duel féminin : تدرسان [tadrusaâni] .

• بالقاهرة [bi-l-qaâhira], *au Caire* : notez le sens de la préposition بـ [bi] = *dans, à,* pour indiquer un lieu. Cette préposition n'étant composée que d'une seule lettre, elle s'accroche au mot qui suit القاهرة.

• بعد أسبوعين [ba'da 'usbuw'ayni] : أسبوع ['usbuw'], *semaine* est au duel, mais au cas indirect *(après deux semaines)* et non au cas sujet comme précédemment. Notez la terminaison ـين [ayni]. Le contexte suffit pour donner au verbe un sens de futur (Cf. leçon 17).

petit	صَغير	*enfants*	أَوْلاد	*famille*	عائلة
école	مَدْرَسة	*il étudie*	يَدْرُسُ	*parent*	والِد
maison	بَيْت	*fils*	اِبْن	*il travaille*	يَعْمَلُ
après	بَعْدَ	*grand*	كَبير	*ingénieur*	مُهَنْدِس
semaine	أُسْبوع	*étudiant*	طالِب	*père*	أَب
		université	جامِعة	*mère*	أُمّ

• Le duel

A côté du singulier et du pluriel, l'arabe utilise le duel (المثنّى) lorsqu'il veut désigner deux personnes ou deux choses. Dans le texte de la leçon, on trouve les mots suivants au duel :

- un pronom : هما , *eux deux* .

- des noms au cas sujet : الوالدان , *les (deux) parents*

مهندسان , *deux ingénieurs* - الابنتان , *les deux filles*

- des noms au cas indirect :

بعد أسبوعين , *dans deux semaines.*

Les noms au duel sont reconnaissables par le suffixe ان ou ين .

• cas sujet : الأسبوعَانِ – أسبوعَانِ

• cas direct et indirect : الأسبوعَيْنِ – أسبوعَيْنِ

- des verbes au muḍaâriʻ : يعملان , *(eux deux) travaillent* - تدرسان , *(elles deux) étudient* . Au muḍaâriʻ, les verbes au duel sont reconnaissables par le suffixe ان.

• La 3e personne (Récapitulation : pronom et muḍaâriʻ)

Les formes du pluriel masculin et du pluriel féminin sont bien distinctes. Dans le texte de la leçon, l'ensemble des formes n'apparaît pas. Voici cependant les tableaux complets des pronoms et de la conjugaison du muḍaâriʻ à la 3e personne :

3e personne : Pronom isolé et Muḍaâriʻ			
pluriel	*duel*	*singulier*	
(هُمْ) يَدْرُسُونَ	(هُما) يَدْرُسَانِ	(هُوَ) يَدْرُسُ	*masculin*
(هُنَّ) يَدْرُسْنَ	(هُما) تَدْرُسَانِ	(هِيَ) تَدْرُسُ	*féminin*

Ecriture

- ṯaâʼ - الثاء [ṯ] :

se prononce comme le *th* anglais de *thing* (la langue entre les dents). Même forme que le ت avec trois points.

isolée	finale	médiane	initiale
ث	ـث	ـثـ	ثـ

Exercices (corrigé p. 390)

A. Recopiez le texte, vocalisez-le et faites-le en autodictée.

B. Combinez les lettres :

1. ث + و + م   2. ث + ب + ت

C. Réécrivez ces phrases en mettant les mots soulignés au duel et en faisant les accords nécessaires :

1. هو مهندس 2. هي مع الولد 3. الابن الكبير طالب
4. الابنة الصغيرة مع المهندس 5. السفير مع الوزير

D. Complétez le tableau suivant (3e personne) :

Pluriel	*Duel*	*Singulier*
....	....	تَدْرُسُ
....	يَعْرِفَانِ	....
يَفْعَلُونَ	....	....
....	تَرْجِعَانِ	....
يَعْمَلْنَ	....	....
....	....	يُسَافِرُ

E. Traduisez :

1. أَلِابْنَانِ طَالِبَانِ فِي ٱلْجَامِعَةِ ، يَدْرُسَانِ ٱلْعَرَبِيَّةَ .

1. Les deux fils sont étudiants à l'Université; ils étudient l'arabe.

2. أَلْأَوْلَادُ مَعَ ٱلْمُهَنْدِسِ ، يَزُورُونَ ٱلشَّرِكَةَ .

2. Les enfants sont avec l'ingénieur, ils visitent la société.

3. بَعْدَ أُسْبُوعَيْنِ ، يَرْجِعُونَ إِلَى ٱلْقَاهِرَةِ .

3. Dans deux semaines, ils reviendront au Caire.

4. - أَيْنَ ٱلْوَالِدَانِ ؟
- هُمَا فِي ٱلْبَيْتِ . - وَٱلْأَوْلَادُ ؟
- هُمْ فِي ٱلْمَدْرَسَةِ .

4. - Où sont les parents?
- Ils sont à la maison.
- Et les enfants?
- Ils sont à l'école.

← ١٧ - حديث في المطار

1. السؤال : إلى أين تسافرون ؟

الجواب : إلى أميريكا .

2. س : لماذا ؟

ج : نحن مهندسان . نسافر للعمل .

3. س : والأولاد ؟

ج : سيدرسون هناك .

4. س (للابن الكبير) : ماذا ستفعل أنت ؟

ج : سأدرس الإعلاميّات في جامعة أميريكيّة .

5. س (للابنتين) : وأنتما ؟ ماذا تفعلان ؟

ج : سندرس في مدرسة أميريكيّة ونتعلّم الإنكليزيّة .

6. الابن الصغير : وأنا سأتعلّم الإنكليزيّة مع الأولاد في الشارع .

• Une nouvelle lettre : حـ [ḥ] . Notez aussi l'écriture du couple ـلـ = ـلـ + مـ au lieu de لـمـ : لماذا au lieu de لـماذا .

• تسافرون : ce verbe est à la 2e personne du masculin pluriel (notez le préfixe تـ et le suffixe ون).

• Deux nouveaux interrogatifs : لماذا ؟ [li-maâḏaâ], *pourquoi ?* et ماذا ؟ [maâḏaâ], *qu'est-ce que ? quoi ?*

• نحن : pronom de la 1re personne du duel et du pluriel. Le verbe qui suit est à la même personne : نسافر (préfixe : نـ et pas de suffixe). Cf. سندرس ، نتعلّم .

• Notez la préposition لِـ : formée d'une seule lettre, elle ḥadiyṯ(un) fi-l-maṭaâr.

1. 'as-su'aâl : 'ilaâ 'ayna tusaâfiruwn? 'al-jawaâb : 'ilaâ 'amiyriykaâ. **2.** S : li-maâḏaâ? J : naḥnu muhandisaân. nusaâfir(u) li-l-'amal. **3.** S : wa-l-'awlaâd ? J : sa-yadrusuwn(a) hunaâk. **4.** S (li-l-ibni l-kabiyr) : maâḏaâ sa-taf'al ? J : sa-'adrusu l-'i'laâmiyyaât fiy jaâmi'a(tin) 'amiyriykiyya. **5.** S (li-l-ibnatayn) : wa-'antumaâ ? maâḏaâ taf'alaân? J: sa-nadrus(u) fiy madrasa(tin) 'amiyriykiyya wa-nata'allamu l-'inkiliyziyya. **6.** 'al-ibnu ṣ-ṣaġiyr: wa-'anaâ sa-'ata'allamu l-'inkiliyziyya ma'a l-'awlaâd(i) fi š-šaâri'.

Discussion à l'aéroport

***1.** Question: Où voyagez-vous ? Réponse : En Amérique. **2.** Q : Pourquoi? R : Nous [sommes] ingénieurs. Nous voyageons pour le travail. **3.** Q : Et les enfants ? R : Ils étudieront là-bas. **4.** Q : (au fils aîné) : Que vas-tu faire, toi ? R : Je vais étudier l'informatique dans une université américaine. **5.** Q (aux deux filles) : Et vous deux? Qu'allez-vous faire? R : Nous allons étudier dans une école américaine et nous apprendrons l'anglais. **6.** Le (plus) jeune fils : Et moi, je vais apprendre l'anglais avec les enfants dans la rue.*

---

s'accroche au mot qui suit. Cf. لماذا . Son sens : *à, pour* . Attention, le 'alif de l'article qui suit لـ disparaît. Ex. :

لـ + العمل ← للعمل   لـ + الابن ← للابن

• سيدرسون [sa-yadrusuwna], *ils étudieront* : le verbe يدرسون est précédé de la marque du futur سـ [sa-] (id. pour : سأتعلّم ، سندرس ، سأدرس ، ستفعل).

• أنتما : pronom de la 2e pers. du duel . Le verbe qui suit est à la même pers. : تفعلان (préfixe : تـ et suffixe : ان).

	الإعْلاميّات	*travail*	عَمَل	*discussion*	حَديث
l'informatique		*là-bas*	هُناك	*aéroport*	مَطار
il apprend	يَتَعَلَّمُ	*quoi?*	ماذا	*question*	سُؤَال
rue	شارِع	*qu'est-ce que?*		*réponse*	جَواب
		il fait	يَفْعَلُ	*pourquoi?*	لِماذا

Grammaire

• **1re et 2e personnes** (récapitulation)
Dans le texte de la leçon, l'ensemble des formes n'apparaît pas. Voici cependant les tableaux complets des pronoms et de la conjugaison du muḍaâri‘ à la 1re et à la 2e personnes :

1re et 2e personnes : Pronom isolé et Muḍaâri‘				
pluriel	*duel*	*singulier*		
(نَحْنُ) نَدْرُسُ		(أنا) أَدْرُسُ	*masc / fém.*	*1*
(أَنْتُمْ) تَدْرُسُونَ	(أَنْتُما)	(أَنْتَ) تَدْرُسُ	*masculin*	2
(أَنْتُنَّ) تَدْرُسْنَ	تَدْرُسَانِ	(أَنْتِ) تَدْرُسِينَ	*féminin*	

• **Expression du futur**
Quand nous avons étudié le muḍaâri‘ (leçons 6 et suivantes), nous avons précisé qu'il exprimait alors dans les textes présentés le présent. Mais, dans un contexte de futur (comme c'est le cas ici), il pourra exprimer le futur. En français, on appelle souvent ce temps *inaccompli* = valable pour toute action non accomplie. Si l'on veut insister sur le futur, on fera précéder le muḍaâri‘ de la marque du futur : سَـ . Ex :

ستفعل ، سأدرس ، سندرس ، سأتعلّم ، ...

• **Les interrogatifs** (récapitulation)

où ? (sans mouvement)	أين ؟	*qui ?*	من ؟
où ? (avec mouvement)	إلى أين ؟	*quoi ?*	ماذا ؟
d'où ?	من أين ؟	*est-ce que ?*	هل ؟
quand ?	متى ؟	*pourquoi ?*	لماذا ؟

Ecriture

- ḥaâ' - الحاء [ḥ] :
se prononce du fond de la gorge. Bien la distinguer du هـ . Cf. la prononciation des prénoms Mo<u>h</u>ammad, A<u>h</u>mad et Ma<u>h</u>moud. Même forme que le جـ ou le خـ mais sans point.

Exercices (corrigé p. 391)

A. Recopiez le texte, vocalisez-le et faites-le en autodictée.

B. Combinez les lettres:

1. ح + م + د   2. ر + و + ح

C. Voici des verbes avec ou sans la marque du futur. Retrouvez rapidement à quel pronom ils correspondent :

1. ستسافرين (......) - 2. أسكن (......) - 3. ستفعلن (......)

4. تدرسان (......) - 5. ستتعلّمون (......) - 6. سنزور (......)

D. Complétez le tableau suivant (1re et 2e personnes) :

Pluriel	*Duel*	*Singulier*
تَفْعَلْنَ	....	....
....	....	أَتَعَلَّمُ
....	....	تَدْرُسِينَ
نَسْكُنُ	....	....
تَعْمَلُونَ	....	....
....	....	تُسَافِرُ

E. Traduisez :

1. (aux enfants) : Qu'est-ce que vous faites?	1. (لِلْأَوْلَادِ) : مَاذَا تَفْعَلُونَ ؟
- Nous apprenons l'anglais.	- نَتَعَلَّمُ ٱلْإِنْكِلِيزِيَّةَ .
2. (aux deux parents) : Où travaillez-vous?	2. (لِلْوَالِدَيْنِ) : أَيْنَ تَعْمَلَانِ ؟
- Nous travaillons dans une société pétrolière.	- نَعْمَلُ فِي شَرِكَةِ بِتْرُولٍ .
3. (au jeune fils) : Et toi, que feras-tu en Amérique?	3. (لِلِابْنِ ٱلصَّغِيرِ) : وَأَنْتَ ، مَاذَا سَتَفْعَلُ فِي أَمِيرِيكَا ؟
- J'étudierai dans une école américaine.	- سَأَدْرُسُ فِي مَدْرَسَةٍ أَمِيرِيكِيَّةٍ .

18 ← ١٨ - في مكتب الشغل

1. - أهلاً وسهلاً ... تفضّل !

2. - شكراً .

3. - ما اسمك ؟

4. - اسمي حسن محمّد .

fiy maktabi š-šuġl

1. 'ahlan wa-sahlan ... tafaḍḍal ! 2. šukran .
3. ma smu-ka [*ou* maâ 'ismu-ka] ?
4. 'ism-iy ḥasan muḥammad

Dialogue en syro-libanais

fiy maktab eš-šuġl

1. - ahlan wa-sahlan... tfaḍḍal !
2. - šukran .
3. - šuw ism-ak ?
4. - ism-iy ḥasan muḥammad.
5. - enta suwriy ?
6. - laâ, anaâ muš suwriy, anaâ lubnaâniy.
7. - šuw bədd-ak taštaġal ?
8. - sekrəter.
9. - tfaḍḍal : ʻabbiy ha-l-war'a.
10. - šukran !

Au bureau de placement (du travail)

__1.__ Bonjour (à quelqu'un qui arrive) ... Je vous en prie! __2.__. Merci. __3.__ Comment vous appelez-vous? (Quel est votre nom?) __4.__ Je m'appelle (mon nom est) Hassan Mohammed. __5.__ Vous êtes syrien? __6.__ Non, je ne suis pas syrien, je suis libanais. __7.__ Quel emploi voulez-vous? (que voulez-vous travailler?) __8.__ Secrétaire. __9.__ S'il vous plaît, remplissez cette feuille. __10.__ Merci !

• Une nouvelle lettre : ض [ḍ].

• سهلا / شكرا : le 'alif de la fin est la marque du tanwiyn [an] (cf. Grammaire). Théoriquement, à la pause, on devrait prononcer le tanwiyn comme une voyelle prolongée [sahlaâ]. Mais dans la lecture courante, on prononce [an] chaque fois qu'il s'agit d'*expressions adverbiales* [sahlan / šukran].

• تفضّل [tafaḍḍal] est un impératif (2e personne du singulier). Notez qu'on n'utilise presque pas le vouvoiement.

• ما est un interrogatif : *quoi, qu'est-ce que ?* . Cf. ماذا .

• اسم [ism], *nom* : théoriquement, ce nom commence (comme ابن) par une hamza instable : ما اسمك ؟ [ma smu-ka ?]. Par contre, au début d'une phrase on aurait: اسمي ['ism-iy] même si on n'écrit pas la hamza. En fait, on entendra souvent prononcer aujourd'hui une hamza stable [maâ 'ismu-ka ?].

• اسمي / اسمك : à chaque fois un seul mot graphique mais deux éléments : le nom اسم et un pronom suffixe.

Notes sur le dialogue en syro-libanais

• Notez la disparition des voyelles de déclinaison des mots [maktab] et [ism-ak] ainsi que celle de la hamza des mots [ahlan], [enta], [anaâ] et [ism-iy].

• [šuw] : interrogatif = *quoi ?* , *qu'est-ce que ?*

• [muš] : négation de la phrase nominale.

• [bədd-ak] = *tu veux* . Il ne s'agit pas d'un verbe mais d'une expression signifiant à peu près *ton souhait, ton désir.* On retrouve à la fin le pronom suffixe. Cf. [bədd-iy] = *je veux*, etc.

• [sekrəter] : emprunt au français *secrétaire.*

• [ha] : démonstratif (Cf. : هذا).

• [war'a] = ورقة , *feuille* . Notez la prononciation du ق comme une hamza .

quoi? qu'est-ce que?	ما	*bureau*	مَكْتَب
nom	اِسْم	*travail*	شُغْل
bienvenue!	أَهْلاً وَسَهْلاً	*je vous en prie*	تَفَضَّلْ
bonjour!		*merci!*	شُكْراً

Grammaire

• **Le tanwiyn [an]**

Quand un nom est au cas direct indéfini, on rajoute à la fin un 'alif, marque du tanwiyn (sauf si le mot se termine par ة ou par ى . Cf. exemples ci-dessous).

• **Expressions adverbiales :** شكراً – سهلاً – أهلاً

Ces expressions adverbiales sont au cas direct indéfini. Remarquez le 'alif, support du tanwiyn. (Cf. عفواً - leçon 9).

• **Pronom suffixe après un nom** (1)

mon nom	اسمِي	←	اسمُ + ي
ton nom (masc.)	اسمُكَ	←	اسمُ + كَ
ton nom (fém.)	اسمُكِ	←	اسمُ + كِ

Mot à mot : *"le nom de moi, le nom de toi, ..."* Il s'agit de véritables pronoms personnels qui ont ici la fonction du deuxième terme de l'annexion.

Remarque : la voyelle de déclinaison du nom doit se prononcer (ici [u] puisque le nom au cas sujet). Une exception cependant : le pronom ي de la 1re personne du singulier masque complètement cette voyelle.

il sait ton nom	ya'rifu sma-ka	يعرف اسمَك
il sait mon nom	ya'rifu sm-iy	يعرف اسمِي

Rappel : si le pronom suffixe s'accroche comme tout suffixe à un nom terminé par ة, cette dernière se transforme en تـ , tout en restant précédée de la voyelle [a] .

Ex : ... مدينَتي / مدينَتُك . Cf. leçon 11.

Ecriture

- ḍaâd - الضاد [ḍ] :

c'est le son [d] prononcé avec emphase. Même forme que le صـ , mais avec un point. Dans certains pays (Tunisie, Irak), on la prononce comme un ذ emphatique.

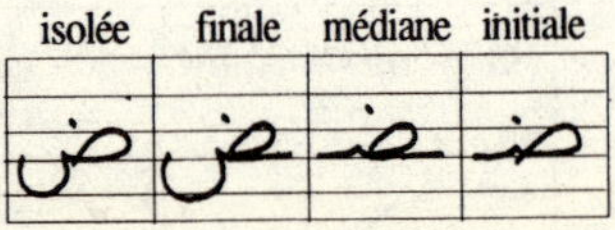

Exercices (corrigé p. 391)

A. Recopiez le texte, vocalisez-le et faites-le en autodictée.

B. Combinez les lettres :

1. ض + ر + ب   2. م + ر + ض

C. Rajoutez le pronom suffixe ك aux noms suivants :

Ex. : *ton nom* = اسمُك ← *(nom)* اسم

1. ابن *(fils)*   2. ابنة *(fille)*   3. مدينة *(ville)*

4. بيت *(maison)*   5. مدرسة *(école)*   6. أولاد *(enfants)*

D. Rajoutez le pronom suffixe ي à ces mêmes mots :

Ex. : *mon nom* = اسمِي ← *(nom)* اسم

E. Réécrivez les mots suivants en supprimant les pronoms suffixes :

1. أختك 2. أمّي 3. سيّدي 4. أبي 5. أخي 6. بلادك

7. عودتك 8. مملكتي 9. شركتك 10. بيتك 11. سيّدتي

N.B. : attention au ـتـ *qui précède le pronom. S'il n'est pas précédé d'une* fatḥa*, c'est automatiquement un* ت *. Dans le cas contraire, vous avez la quasi-certitude que c'est un* ة *.*

F. Vocalisez ces phrases, puis traduisez-les :

1 . ماذا تفعلين في مكتبك ؟

2. ماذا تفعل في مكتبك ؟

3. هذا ابنك يا سيّدي ؟

4. هذا ابنك يا سيّدتي ؟

5. ما اسمك يا ولد ؟

6. ما اسمك يا سيّدتي ؟

3. - ماذا تشتغل ؟

4. - أنا لا أشتغل !

5. - هل تبحث عن شغل ؟

6. - لا ، لا أبحث عن شيء .

laâ 'aštaġil

3. maâḏaâ taštaġil ?
4. 'anaâ laâ 'aštaġil .
5. hal tabḥaṯ(u) ʻan šuġl ?
6. laâ, laâ 'abḥaṯ(u) ʻan šay'.

Dialogue en égyptien

1. – ezzayy-ak yaâ raâgel ?
2. – bi-ḫiyr, wa-l-ḥamdu li-l-laâh !
3. – bitištaġal eh ?
4. – 'anaâ maâ-baštaġal-š .
5. – yaʻniy beddawwar ʻalaâ šuġl ?
6. – laâ, ma-badawwar-š wa-laâ ʻaâyez 'aštaġal !
7. – u-bitwakkel ʻeyaâl-ak ezzaây ?
8. – diy l-ʻeyaâl hiyya lliy bitwakkel-niy .
9. – enta ma-teḫtešiy-š yaâ raâgel ?

1. Comment vas-tu l'ami ?
2. Bien, grâce à Dieu !
3. Quel est ton travail (que travailles-tu) ?
4. Je ne travaille pas.
5. Donc (C'est-à-dire que) tu cherches un travail ?
6. Non, je ne cherche pas et je ne veux pas travailler .
7. Et comment nourris-tu tes enfants ?
8. Ce sont les enfants qui me nourrissent .
9. Tu n'as pas honte ?

• لا أشتغل : attention, ici لا est la négation du verbe au muḍaâri‘ *(= je ne travaille pas)*. Cf. Grammaire.

• Notez la construction indirecte du verbe يبحث avec la préposition عَنْ : يبحث عن *(= il cherche qqch ou qqn)*.

• لا ، لا أبحث : le premier لا (contraire de نعم) est la réponse à la question هل *(est-ce que.....? non...)*, alors que le second لا est la négation du verbe *(= ne... pas...)*. On peut s'arrêter après le premier لا mais il ne doit y avoir aucune pause entre le second لا et le verbe.

• شيء *(= chose)* : ce mot associé à une négation se traduit par *ne... rien...*

Notes sur le dialogue en égyptien :

• Notez la place des interrogatifs en fin de phrase : [eh] = *quoi ?* , [ezzaây] = *comment ?*

• Notez aussi la prononciation du ج = [g] (*gu* comme dans *guide*). Cf. [raâgel] (راجل).

• [maâ-...-š] = négation du verbe.

• [b- / bi- / be-] : préfixe rajouté au muḍaâri‘ du verbe (sauf s'il est précédé d'un autre verbe) quand il correspond à notre indicatif. Cf. [bitištaġal, baštaġal,...] A ne pas confondre avec la préposition [bi]. Cf. [bi-ḫiyr] = *avec bien.*

• [ya‘niy] = *c'est-à-dire* : littéral, très utilisé en dialecte avec le sens de *donc, alors,...*

• [bedawwar] : forme verbale composée du préfixe [be-] suivi de la marque de la personne [t] qui se transforme en [d] par assimilation avec la 1re lettre du radical du verbe [dawwar] (purement dialectal) qui se construit avec la préposition [‘alaâ].

• [‘aâyez] : participe actif *(= qui veut)*. Ici, dans le contexte, avec la négation [laâ] = *je ne veux pas.*

• [‘eyaâl] : pluriel de [‘aiyyel] *(enfant, gosse)*; [bitwakkel] *(tu donnes à manger, tu nourris)*; [maâ-teḫtešiy-š] *(tu n'as pas honte)* : expressions purement dialectales.

quelque chose	شَيْءٌ	*il travaille*	يَشْتَغِلُ
rien	لا ... شَيْءٌ	*il cherche*	يَبْحَثُ عَنْ

• Négation du verbe au présent

En arabe, les formes des négations varient suivant le type de phrase (nominale ou verbale) et les temps des verbes. Vous trouverez ici la négation du verbe au présent (muḍaâri').

je ne travaille pas لا أشتغل ← *je travaille* أشتغل

je ne cherche pas لا أبحث ← *je cherche* أبحث

Absolument rien ne peut s'intercaler (pas même une respiration) entre ce لا et le verbe.
A ne pas confondre avec لا *(non)* :

non, je ne travaille pas = لا ، لا أشتغل

• *Quelque chose / rien*

Le mot شَيْء (qui s'écrit شَيْئاً au cas direct indéfini), utilisé dans des phrases affirmatives, signifie *chose, quelque chose* :

sais-tu quelque chose ? = هل تعرف شيئاً ؟

Dans les phrases négatives, cela signifie *rien* :

je ne cherche rien = لا أبحث عن شيء

• *Quelqu'un / personne*

Le mot أَحَد fonctionne de la même façon :

est-ce que tu connais quelqu'un ? = هل تعرف أحداً ؟

je ne cherche personne = لا أبحث عن أحد

• Les chiffres indiens

Récapitulons les chiffres indiens que vous voyez aux titres des leçons. Ce sont ceux utilisés au Moyen-Orient, à partir de l'Egypte. Ils n'ont jamais été utilisés au Maghreb. Ils représentent une version chronologiquement postérieure des chiffres transmis par les Arabes à l'Europe au Moyen Age. Ils fonctionnent exactement de la même façon.

٩	٨	٧	٦	٥	٤	٣	٢	١	٠
9	8	7	6	5	4	3	2	1	0

Ex. : 1990 = ١٩٩٠ / 857 = ٨٥٧ / 62 = ٦٢ / 43 = ٤٣

Exercices (corrigé p. 392)

A. Recopiez le texte, vocalisez-le et faites-le en autodictée.

B. Retrouvez ces dates célèbres:

١٩١٤ .5 ١٩٤٥ .4 ١٩٤٠ .3 ٧٣٢ .2 ١٥١٥ .1

١٨٠٢ .10 ١٧٨٩ .9 ١٤٩٢ .8 ٢٠٠٠ .7 ١٩٥٦ .6

C. Répondez par la négative à ces questions :

1. هل تسكن في السعوديّة ؟
2. هل يتكلّم السفير العربيّة ؟
3. هل تشتغلين ؟
4. هل تبحث أختك عن شغل ؟
5. هل تبحثون عن شيء ؟
6. هل تعرف أحداً ؟

D. Reconstituez les questions qui ont pu amener ces réponses (il peut y avoir plusieurs possibilités) :

1. - لا ! لا أتعلّم شيئاً .
2. - لا ! لا ندرس الألمانيّة .
3. - لا ! لا تشتغل أمّي .
4. - لا ! لا يسكن أحدٌ هنا .
5. - لا ! لا يعرف ابني أحداً .

E. Traduisez (et vocalisez) :

1. - Est-ce que tu cherches quelqu'un, Karima ?
   - Non, je ne cherche personne: je vais dans mon bureau.
2. - Est-ce que ton frère travaille ?
   - Non, il ne fait rien.
   - Et vous, qu'est-ce que vous faites ?
   - Nous ne faisons rien.
3. - Est-ce que tu voyages pour ton travail ?
   - Non, je ne voyage jamais (1).

(1) *ne... jamais...* - لا ... أبَداً

← ٢٠ - أين مدير الشركة ؟

1. - أين المدير ؟
2. - ليس في مكتبه .
3. - وكاتبته ؟
4. - ليست في مكتبها أيضاً .
5. - ما العمل إذاً ؟
6. - انتظر قليلاً من فضلك .
7. - شكراً !

'ayna mudiyru š-šarika ?

1. 'ayna l-mudiyr? 2. laysa fiy maktabi-hi. 3. wa-kaâtibatu-hu ? 4. laysat fiy maktabi-haâ 'ayḍan. 5. ma l-'amal(u) 'iḏan ? 6. 'intaẓir qaliylan min faḍli-ka. 7. šukran !

Dialogue en maghrébin

1. - wiyn huwwa l-mudiyr ?
2. - ma-huš fiy məktab-u .
3. - w-əs-səkrətar nta'-u ?
4. - ḥətta hiyya ma-hiš fiy məktab-ha.
5. - əmmala, waâš ndiyr?
6. - astənna šwiyya mən fəḍl-ək .
7. - ṣaḥḥa !

1. *Où est le directeur ?* ***2.*** *Il n'est pas dans son bureau.* ***3.*** *Et sa secrétaire ?* ***4.*** *Elle non plus (aussi) n'est pas dans son bureau.* ***5.*** *Alors, que faire ?* ***6.*** *Attendez un peu, s'il vous plaît.* ***7.*** *Merci !*

• La dernière lettre nouvelle : ظ [ẓ].

• ليس [laysa] *(il n'est pas)* est la négation de la phrase

nominale. Se conjugue. Cf. aussi ليست : *elle n'est pas.*

• مكتبه = ه + مكتب (nom + pronom suffixe 3e personne du masculin singulier). كاتبتُهُ = ه + كاتبةُ. La voyelle du pronom change. Cf. Grammaire.

• كاتبة = *secrétaire* (en Algérie). On trouvera souvent ailleurs سكرتيرة [sikritiyra]. كاتب veut dire alors *écrivain.*

• مكتبها : ها = pronom suffixe 3e pers. du féminin singulier.

• ما العمل ؟ = *que faire ?* (mot à mot = *quelle est l'action ?*).

• Notez les expressions adverbiales nouvelles : أيضاً ['ayḍan], *aussi* - إذاً ['iḏan], *donc* - قليلاً [qaliylan], *un peu* .

• انتظر [intaẓir] : impératif = *attends* .

• من فضلك [min faḍli-ka], *(s'il vous plaît)* : préposition + nom + pron. suffixe. Mot à mot : *(j'attends) de ton obligeance.*

Notes sur le dialogue en maghrébin

• [wiyn] : interrogatif = *où ?* On trouvera parfois [fiyn].

• [mudiyr] = *directeur*. Emprunt au littéral, très fréquent dans ce type de lexique (administratif, politique, etc.).

• [ma-huš, ma-hiš] = *il* (ou *elle) n'est pas* , qui peuvent devenir [muš] invariable, en passant par [muš / miš].

• Notez la forme du pronom suffixe de 3e personne du masculin singulier : [u] . Cf. [məktab-u].

• [əs-səkrətar nta'-u] : à la place de l'annexion, le dialecte aura souvent recours à une préposition. Ici : [nta'] = *la secrétaire de lui.* On trouvera aussi [mta'] ou [dyaâl]. [səkrətar] est un emprunt au français, autre alternative dans ce type de lexique.

• [ḥətta hiyya] = *même elle* = *elle aussi* .

• [ndiyr] *(je fais)* . Notez le préfixe [n] utilisé pour la 1re personne du singulier du muḍaâri' au lieu de ['] en littéral.

• [əmmala], *donc*, [astənna], *attends*, [šwiyya], *un peu*, [ṣaḥḥa], *merci* : expressions dialectales.

un peu	قَليلاً	*aussi*	أَيْضاً	*directeur*	مُدِير
s'il te plaît	مِنْ فَضْلَك	*donc*	إِذاً	*secrétaire*	كاتِب
		il attend	يَنْتَظِرُ	*ou écrivain*	

Grammaire

• Négation de la phrase nominale

Pour la négation d'une phrase nominale au présent, on utilise une sorte de verbe: ليس (voir sa conjugaison au singulier dans le tableau ci-dessous) . Ex :

هو في المكتب ≠ لَيْسَ في المكتب

il n'est pas dans le bureau *il est dans le bureau*

كريمة في المكتب ≠ لَيْسَتْ كريمة في المكتب

Karima n'est pas dans le bureau *Karima est dans le bureau*

(هو) لَيْسَ	(أنتَ) لَسْتَ	(أنا) لَسْتُ
(هي) لَيْسَتْ	(أنتِ) لَسْتِ	

• Pronom suffixe après un nom (2)

son bureau (masculin) مكتبُهُ ← مكتبُ + هُ

son bureau (féminin) مكتبُها ← مكتبُ + ها

Mais attention : si le nom se termine par le son [i] (une kasra ou un yaâ'), le pronom suffixe هُ (3e personne du masculin singulier) devient هِ . Ex. :

في مكتبِ + هُ = في مكتبِهِ

Ecriture

- ẓaâ' - الظاء [ẓ] :

c'est le son [ḏ] prononcé avec emphase. Même forme que le ط , mais avec un point. En Tunisie et en Irak, on confond phonétiquement le ظ et le ض .

isolée	finale	médiane	initiale
ظ	ـظ	ـظـ	ظـ

L'apprentissage de l'alphabet est terminé. Voyez-en la liste complète page 428 et apprenez-le par cœur.

Exercices (corrigé p. 392)

A. Recopiez le texte, vocalisez-le et faites-le en autodictée.

B. Combinez les lettres :

1. ظ + ل + م   2. ظ + ر + ف

C. Vocalisez chacune des trois phrases suivantes, puis réécrivez-les en changeant le mot مدير par son féminin مديرة et en faisant les transformations nécessaires :

1. هذا مكتب المدير . هذا مكتبه .
2. المدير ليس في مكتبه .
3. يعرف المدير مكتبه الجديد   (*nouveau* = جَدِيد)

D. Complétez ces phrases avec les pronoms isolés qui conviennent, puis vocalisez :

1. .... اسمك كريم .
2. .... اسمها سميرة .
3. .... اسمي جميلة .
4. .... اسمك فريدة .
5. .... اسمه محمّد .
6. .... اسمي عمر .

E. Ecrivez le pronom isolé correspondant à la personne concernée par chacune de ces phrases, puis vocalisez et traduisez :

1. لست في مكتبك اليوم .   ...
2. لست في مكتبي اليوم .   ...
3. ليست في مكتبها.   ....
4. مدرستها في أميركا .   ...
5. ابنته اسمها جميلة .   ...
6. مديرها اسمه السيّد عليّ .   ...

21 ← ٢١ - في مكتبها رجل .

1. - آلو !... عمر ؟

2. - نعم ! من يتكلّم ؟

3. - لا تعرفني ؟ أنا ليلى ...

4. - ماذا تريدين ؟

5. - المدير معك ؟

6. - لا ، ليس معي : أنا وحدي .

7. - هل تعرف أين هو الآن ؟

8. - لا ! لماذا تبحثين عنه ؟

9. - هناك رجل ينتظره .

• Une nouvelle forme de 'alif : la madda (ou "'alif mamduwda") : ce 'alif se pose couché sur un autre 'alif (ce dernier étant support de la hamza). Quand un 'alif (support de hamza) est suivi d'un autre 'alif, on écrit alors la madda.

Ex. : الآن = الأان ['al-'aân], *maintenant*. Cf. aussi آلو .

• لا تعرفني [laâ ta'rifu-niy] : le verbe يعرف signifie *savoir, connaître* ou comme ici *reconnaître (tu ne me reconnais pas)*. Notez la forme du pronom suffixe : ني

تعرف + ني .

• أنا وحدي ['anaâ waḥd-iy] : *je suis seul*. Cette expression se construit avec un pronom suffixe :

هي وحدَها - هو وحدَهُ - أنت وحدَكَ

• تبحثين عنه [tabḥaṯiyna 'an-hu], *tu le cherches* : rappelez-vous la construction indirecte du verbe يبحث en arabe, avec la préposition عن .

fiy maktabi-haâ rajul.
1. - 'aâluw !... ‘umar ? 2. - na‘am ! man yatakallam ? 3. - laâ ta‘rifu-niy ? 'anaâ laylaâ... 4. - maâḏaâ turiydiyn ?
5. - 'al-mudiyr(u) ma‘a-ka? 6. - laâ, laysa ma‘-iy : 'anaâ waḥd-iy. 7. - hal ta‘rif(u) 'ayna huwa l-'aân ? 8. - laâ ! li-maâḏaâ tabḥaṯiyn(a) ‘an-hu? 9. - hunaâk(a) rajul(un) yantaẓiru-hu.

Il y a un homme dans son bureau.
1. *- Allo!... Omar?* ***2.*** *- Oui! Qui parle?* ***3.*** *- Tu ne me (re)connais pas? C'est Leïla...* ***4.*** *- Que veux-tu?* ***5.*** *- Le directeur est avec toi?* ***6.*** *- Non, il n'est pas avec moi: je suis seul.* ***7.*** *- Est-ce que tu sais où il est maintenant?* ***8.*** *- Non! Pourquoi le cherches-tu?* ***9.*** *- Il y a un homme qui l'attend.*

Il cherche quelque chose = يبحث عن شيء

• هناك رجل ينتظره [hunaâka rajul yantaẓiru-hu] : *il y a ici un homme qui l'attend*. Il s'agit d'une phrase de localisation (هناك رجل = *ici est un homme*) suivie d'une expansion (رجل ينتظره = *un homme* ***qui l'attend***). Ce qui fait ici le lien entre ce qui est "l'antécédent" en français (رجل) et la relative (ينتظره) c'est le pronom de conjugaison du verbe (هو ينتظره), ce هو "caché" qui reprend le mot رجل qui précède.

N.B. : la voyelle finale des pronoms suffixes ك et ه ne se prononce pas théoriquement à la pause. Cependant, dans une lecture courante, on l'entendra (c'est ici la lecture courante qui ajoutera des voyelles par rapport à la règle classique). Aussi, nous la marquerons toujours sans parenthèses. Ex. : ['al-mudiyr(u) ma‘a-ka ?]

seul (moi)	وَحْدِي	*il veut*	يُرِيدُ
seul (toi) ...	... وَحْدَكَ	*maintenant*	الآنَ

• Phrase de localisation (*il y a un...*)

Ce genre de phrases correspondant au français *il y a un...* se construit obligatoirement ainsi :

• هناك رجل *il y a un homme*

• في مكتبها رجل *il y a un homme dans son bureau*

= le lieu *défini* + la chose ou la personne localisée *indéfinie*. En effet, rappelez-vous qu'une phrase nominale doit commencer par un élément défini. Ne confondez pas avec :

• الرجل هناك *l'homme est là*

• الرجل في مكتبها *l'homme est dans son bureau*

• Pronom suffixe après un verbe

Accrochés à un verbe, les pronoms suffixes ont la fonction de complément d'objet direct:

• *il te connaît :* يعرفكَ / يعرفكِ

• *il le/la connaît :* يعرفهُ / يعرفها

• *il me connaît :* يعرفني

Dans le cas du pronom suffixe ي, on intercale un نـ pour éviter de masquer la voyelle de terminaison du verbe :

يعرفُ + ي ← يعرفُـ + نـ + ي ← يعرفُني

• Pronom suffixe après une préposition

Accrochés à une préposition, les pronoms suffixes ont la fonction de complément indirect:

masculin	*avec lui* معَهُ	*avec toi* معَكَ	*avec moi* معِي
féminin	*avec elle* معَها	*avec toi* معَكِ	

Comme après un nom, la voyelle finale de la préposition disparaît devant le pronom suffixe ي. De même, si le pronom suffixe هُ est précédé du son [i], il devient هِ. Ex :

في + هُ ← فيهِ / بِـ + هُ ← بِهِ

D'autres phénomènes phonétiques se produisent avec certaines prépositions. Nous les verrons au fur et à mesure.

Exercices (corrigé p. 393)

A. Recopiez le texte, vocalisez-le et faites-le en auto-dictée.

B. Inventez un contexte aux phrases suivantes en remplaçant à votre guise les pronoms (exprimés ou "cachés" dans le verbe) par un nom adéquat. Ex. : يبحث عنها *il la cherche*

← يبحث الرجل عن المديرة = *l'homme cherche la directrice*

← يبحث المدير عن المدرسة = *le directeur cherche l'école*

1. هي في مكتبها 2. لا يعرفه 3. لا يعرفها 4. ينتظره

5. ليست معه 6. مدرسته في أميركا 7. يدرس معه

8. يتكلّم معها 9. يعود منها 10. يشتغل فيه

C. Répondez aux questions suivantes par la négative. *Rappelez-vous que la négation n'est pas la même pour une phrase verbale ou pour une phrase nominale.* Ex. :

هل يعرفك ؟ ← – لا ، لا يعرفني .

هو معي ؟ ← – لا ، ليس معك .

1. هل تذهبين معي إلى المدرسة ؟
2. هي في بيتك ؟
3. هل ينتظرك ؟
4. هل تعرفينها ؟
5. أنت معه ؟

D. Traduisez ces phrases, puis vocalisez :

1. Il y a un président en Algérie et un roi en Jordanie.
2. Il y a des enfants dans la rue.
3. Il y a dans ma société une secrétaire qui ne travaille pas.
4. Dans mon école, il y a un Français qui sait l'arabe.
5. Il y a un homme qui cherche son fils.
6. Tu es seule? Ta sœur n'est pas avec toi?
7. Il y a une école américaine dans ma ville.
8. Il y a un homme dans mon bureau que je ne connais pas.
9. Est-ce que tu m'attends? Je pars avec toi.

1. تفتح الكاتبة مذكّرة المدير وتقول :

2. " - في الصباح ، كان في المصنع والآن عنده موعد مع رئيس البلديّة وسيكون هنا بعد ساعة ...

3. - ومساعدته ؟

4. - كانت معه في المصنع ولا أعرف أين هي الآن ... ولكن ، ستكون هنا قبل رجوع المدير ، ولاشكّ .

5. - شكراً . "

• مذكّرة [muḏakkira] , *agenda* : à noter que si l'on met la kasra au ك qui porte la chadda, on peut soit la mettre sous le ك (مذكِّرة) , soit sous la chadda (مذكّرة) .

• في الصباح : l'article, dans cette expression, a valeur de démonstratif *(ce matin)*. Cf. اليوم = *ce jour, aujourd'hui.*

• كان في المصنع : *il était à l'usine*. C'est le verbe être au passé كان qui donne le sens de passé à la phrase. Au présent, on aurait la phrase nominale : هو في المصنع

• عنده موعد [ʻinda-hu mawʻid] : *il a un rendez-vous*. Mot à mot : *chez lui [est] un rendez-vous* . Cf. Grammaire.

• رئيس البلدية [ra'iysu l-baladiyya] : *le maire*. Mot à mot : *le président de la municipalité*; une des expressions utilisées dans certains pays arabes pour nommer le *maire*.

• سيكون هنا [sa-yakuwnu hunaâ] : *il sera ici*. C'est le verbe être au futur qui donne le sens de futur à la phrase. Au sa-yakuwn(u) hunaâ...

1. taftaḥu l-kaâtiba muḏakkirata l-mudiyr wa-taquwl:
2. "- fi ṣ-ṣabaâh, kaâna fi l-maṣna' wa-l-'aân, 'inda-hu maw'id(un) ma'a ra'iysi l-baladiyya wa-sa-yakuwn(u) hunaâ ba'ada saâ'a...
3. - wa-musaâ'idatu-hu?
4. - kaânat ma'a-hu fi-l-maṣna' wa-laâ 'a'rif(u) 'ayna hiya l-'aân... wa-laâkin, sa-takuwn(u) hunaâ qabla rujuw'i l-mudiyr, wa-laâ šakk. 5. - šukran."

Il sera ici....

1. *La secrétaire ouvre l'agenda du directeur et dit:* ***2.*** *"- Ce matin, il était à l'usine et maintenant, il a un rendez-vous avec le maire; il sera ici dans une heure...* ***3.*** *- Et son adjointe?* ***4.*** *- Elle était avec lui à l'usine, et je ne sais pas où elle est maintenant... Mais, elle sera ici avant le retour du directeur, c'est sûr.* ***5.*** *- Merci. "*

---

présent, on aurait la phrase nominale : هو هنا .

• بعد ساعة : rappelez-vous le sens de cette expression dans une phrase au futur *(dans une heure)*. Mot à mot : *après une heure.*

• كانت / ستكون : 3e personne du féminin singulier du verbe *être* au passé et au muḍaâri'.

• لا أعرف أين هي : *je ne sais pas où elle est.* Phrase construite à partir de la question أين هي ؟ . Cf. de même : هل المدير هنا ؟ *(est-ce que le directeur est ici?).*

mais	لكِنْ	*usine*	مَصْنَع	*ici*	هُنا
avant	قَبْلَ	*rendez-vous*	مَوْعِد	*il ouvre*	يَفْتَحُ
sans doute, sûrement	لا شَكَّ	*municipalité*	بَلَدِيَّة	*agenda*	مُذَكِّرة
		heure	ساعة	*il dit*	يَقُولُ
		assistant	مُساعِد	*matin*	صَباح

• Expression du temps dans la phrase nominale

- présent : هو في المصنع / المدير في المصنع

هي في المصنع / المديرة في المصنع

- passé : pour mettre ce type de phrase au passé, on introduit le verbe *être* au passé :

كان في المصنع / كان المدير في المصنع

كانت في المصنع / كانت المديرة في المصنع

→ le pronom isolé qu'on trouvait au présent n'est plus nécessaire puisque, comme tout verbe, كان ou كانت comporte toutes les indications de personne. On peut le trouver mais il donne à la phrase une autre valeur :

كان هو في المصنع / هو كان في المصنع

il était dans l'usine, lui / c'est lui qui était dans l'usine

- futur : on introduira كان au muḍaâri‘, en en renforçant éventuellement le sens de futur par la particule سـ (cf. p. 82) :

سيكون في المصنع / سيكون المدير في المصنع

ستكون في المصنع / ستكون المديرة في المصنع

• Conjugaison du verbe كان au singulier

Passé

كانَ	كُنْتَ	كُنْتُ
كانَت	كُنْتِ	

Muḍaâri‘

يكونُ	تكونُ	أكونُ
تكونُ	تكونينَ	

• L'expression de la possession

il a un rendez-vous = عنده موعد

(mot à mot : *chez lui un rendez-vous*).

Avec certaines prépositions (لـ / عند / مع), la phrase de localisation (cf. leçon 21) sert à exprimer la possession. Ex. :

il a des enfants = لَهُ أولاد / *tu as une société* = لَكَ شركة

elle a un rendez-vous = عندها موعد

j'ai un agenda (à la main) = معي مذكّرة

Ce type de phrase peut naturellement se mettre au passé ou au futur. Ex. : *j'avais un rendez-vous* = كان عندي موعد

Exercices (corrigé p. 393)

A. Recopiez le texte, vocalisez-le et faites-le en autodictée.

B. Mettez ces phrases au présent :

1. كان أبي في البيت
2. كنتُ في تونس
3. كانت في مكتبها
4. كانت أختي في العراق
5. كنتَ مع أبيكَ في المصنع
6. كان الرئيس في عاصمة البلاد

C. Mettez ces mêmes phrases au futur.

D. Mettez ces phrases au passé :

1. أختي في بيروت
2. هي في مصر
3. أنا في مكتبي
4. ملكة إنكلترا في باريس
5. رئيس الجمهوريّة مع سفير الأردن
6. أنتِ مع المدير

E. Traduisez ces phrases, puis vocalisez :

1. Elle est à l'usine.
2. J'étais dans mon bureau.
3. Je serai à la maison avant ton retour.
4. Ils ont une maison en Algérie.
5. J'ai une fille qui travaille dans ton usine.
6. Elle était là.
7. Le directeur était dans son bureau.
8. Il avait avec lui une secrétaire qui ne savait pas l'arabe.
9. Je ne sais pas où il sera dans une heure.
10. Est-ce que ta mère sera à la maison le matin?
11. Je ne sais pas si la directrice était ici ce matin.

23 ← ## ٢٣ - يشتغل منير في الصحافة

1. فريد : - فيمَ تشتغل الآن ؟

2. منير : - أشتغل في الصحافة .

3. فريد : - وماذا تكتب في الصحف ؟

4. منير : - أكتب في باب الإعلانات .

5. فريد : - في باب الإعلانات ؟

6. منير : - نعم ، كلّ يوم أنشر إعلاناً أطلب فيه عملاً .

• الصحافة ['aṣ-ṣaḥaâfa], *le journalisme, la presse.*

• Notez la construction du verbe يشتغل avec la préposition في . D'où la question في + ما = فيم où ما est abrégé en م . Les interrogatifs ماذا / ما et من se combinent souvent avec des prépositions. Ex : لماذا *(pourquoi?)* , لمن *(à qui?)*, مع من ou معمن *(avec qui?)* , etc.

• صحف [ṣuḥuf] est le pluriel de صحيفة [ṣaḥiyfa], *journal* .

• باب signifie au sens propre *porte*. Ici, au sens figuré : *rubrique, chapitre.*

• إعلانات ['i'laânaât] est le pluriel de إعلان ['i'laân], *annonce* (masculin en arabe).

• كلّ يوم [kulla yawm], *chaque jour*. Notez que كلّ est un nom. يوم est donc complément de كلّ. Si on le vocalisait, on aurait [yawmin]. كلّ est au cas direct, car c'est un complément construit directement, sans préposition.

• La proposition أطلب فيه عملاً est une relative se rapportant à l'antécédent indéfini إعلاناً . C'est le pronom suffixe ه (dans فيه) qui fait le lien avec l'antécédent. Traduction mot à mot : *chaque jour, je publie une annonce* yaštaġil(u) muniyr fi ṣ-ṣaḥaâfa.

1. fariyd : - fiy-ma taštaġilu l-'aân ? 2. muniyr : - 'aštaġil(u) fi ṣ-ṣaḥaâfa. 3. fariyd : - wa-maâḏaâ taktub(u) fi ṣ-ṣuḥuf ? 4. muniyr : - 'aktub(u) fiy baâbi l-'i'laânaât. 5. fariyd : - fiy baâbi l-'i'laânaât ? 6. muniyr : - na'am, kulla yawm 'anšur(u) 'i'laânan 'aṭlub(u) fiy-hi 'amalan.

Mounir travaille dans la presse.

***1.** Farid : - Dans quoi travailles-tu maintenant?* ***2.** Mounir : - Je travaille dans le journalisme.* ***3.** Farid : - Et qu'est-ce que tu écris dans les journaux ?* ***4.** Mounir : - J'écris dans la rubrique des annonces.* ***5.** Farid : - Dans la rubrique des annonces ?* ***6.** Mounir : - Oui, chaque jour je publie une annonce dans laquelle je demande un emploi.*

---

j'y (= dans elle) demande un emploi.

• أطلب ['aṭlubu], *je demande* (au sens de *rechercher, réclamer,...* et non *interroger*).

N.B. : nous avons vu que dans la lecture courante, on prononce généralement toujours le tanwiyn [an] à la fin des formes adverbiales. Il en sera de même pour ce tanwiyn quand il est à la fin d'un mot ne se terminant pas par ة . Ex. :

['anšur 'i'lân<u>an</u> 'aṭlub fiy-hi 'amal<u>an</u>]

Complétez ce commentaire du dialogue (à la 3e personne) en rajoutant les mots qui conviennent, puis répondez par un seul mot aux questions (cf. corrigé p. 394) :

.... منير في .... الإعلانات . ... يوم ،

.... إعلاناً .... فيه ....

1. هل يكتب منير في الصحف ؟

2. هل يشتغل في الصحافة ؟ 3. ماذا ينشر في الصحف ؟

4. ماذا يطلب في الإعلانات ؟ 5. هل يشتغل إذن ؟

tout, chaque	كُلّ	*porte, rubrique*	باب	*presse*	صَحافة
il publie	يَنْشُرُ	*annonce*	إِعْلان	*il écrit*	يَكْتُبُ
il demande	يَطْلُبُ	*annonces*	إِعْلانات	*journaux*	صُحُف

Grammaire

• Pluriel des noms

Il existe deux manières de former le pluriel des noms:

1) par suffixe (pluriel *externe*):

• ات pour des féminins de personnes et pour beaucoup de noms de choses (qu'ils soient de genre masculin ou féminin).

• ين / ون pour des masculins de personnes.

Ex. :

(cas sujet) مُهَنْدِسون		مُهَنْدِس
(cas direct et indirect) مهندسين	←	
مهندسات		مهندسة
إعلانات		(masc.) إعلان

N.B. : le suffixe ة au singulier est remplacé par le suffixe ات au pluriel.

2) par modification de la structure interne du mot (pluriel *interne* ou *brisé*) mais en conservant les 3 consonnes de base du mot . Ex. :

(ص ح ف)	صُحُف		صَحيفة
(و ل د)	أَوْلَاد	←	وَلَد
(و ز ر)	وُزَرَاء		وَزير

C'est par l'usage que vous apprendrez ces pluriels. Mais on identifiera rapidement des modèles courants.

N.B. : Par convention, quand on donne un nom et son pluriel, on fait précéder le pluriel de ج (1re lettre du mot جمع qui signifie *pluriel*. Cf. : *pl.* en français). Ex. : إعلان ج إعلانات

• Les nombres de 0 à 10 (en dialecte)

En littéral, les nombres suivent des règles très compliquées (cf. page 460). C'est pourquoi, ils sont souvent prononcés à la *dialectale*. Dans tous les dialectes, ces nombres se prononcent à peu près de la même façon :

ṣifr	٠	0
waâḥid	١	1
ṯniyn	٢	2
ṯlaâṯa	٣	3
'arb‘a	٤	4
ḫamsa	٥	5

sitta	٦	6
sab‘a	٧	7
ṯmaâniya	٨	8
tis‘a	٩	9
‘ašra	١٠	10

Exercices (corrigé p. 394)

A. Recopiez le texte, vocalisez-le et faites-le en autodictée.

B. Mettez ces mots au pluriel (ils ont tous un pluriel *externe*) :

1. جزائريّ *(Algérien)* 2. تونسيّة *(Tunisienne)*
3. زيارة *(visite)* 4. مطار *(aéroport)*
5. فرنسيّ *(Français)* 6. مذكّرة *(agenda)*

C. Voici des noms et leur pluriel *interne*. Retrouvez les trois lettres de base de chacun. Ex. :

وَلَد ج أوْلاد *enfant* (و ل د)

1. بِلاد ج بُلْدان *pays* (..........)
2. دَوْلة ج دُوَل *Etat* (..........)
3. مَلِك ج مُلوك *roi* (..........)
4. رَئيس ج رُؤَساء *président* (..........)
5. مَدينة ج مُدُن *ville* (..........)
6. طالِب ج طَلَبة *étudiant* (..........)
7. جَواب ج أجْوِبة *réponse* (..........)
8. سُؤال ج أسْئِلة *question* (..........)
9. عَمَل ج أعْمال *travail* (..........)
10. شُغْل ج أشْغال *travail* (..........)

D. Traduisez ces phrases, puis vocalisez :

1. Tous les jours, nous publions quelque chose dans les journaux.
2. Le directeur n'écrit rien dans les journaux.
3. Mon annonce était dans le journal du matin.
4. Je ne sais pas si le directeur écrit tous les jours dans le journal.
5. Nous ne savons pas ce que Mounir publie chaque jour dans son journal.
6. Chaque directeur sait ce qu'il y a dans son journal.

24 ← ٢٤ - بطاقة الدخول

المملكة المغربيّة - الأمن الوطني - الدخول
1. اللقب : الهلالي زوجة : الاسم : أحمد الرباط 91/4/28 2. تاريخ الولادة : 35/4/3 3. مكان الولادة : تونس 4. الجنسيّة : جزائريّ 5. المهنة : طبيب 6. العنوان : شارع الجمهوريّة – رقم 145 باريس – فرنسا 7. ذاهب إلى (العنوان) : نزل هيلتون الرباط .

• La première ligne est en écriture *kûfique*. Voici le même texte avec d'autres écritures :

المملكة المغربيّة – الأمن الوطنيّ – الدخول

المملكة المغربية ـ الأمن الوطني ـ الدخول

• Tous les titres des rubriques de la carte sont définis. Là où le français dit *Profession*, l'arabe dit *la profession* (المهنة) . Le mot زوجة est défini aussi car il appelle un complément *(épouse de...)* .

• اللقب والاسم : adaptation au système "nom-prénom" de la manière traditionnelle de nommer quelqu'un en arabe.

• ذاهب [ḏaâhib] est le participe actif du verbe يذهب *(il va, il part).*

biṭaâqatu d-duẖuwl.
(mamlakatu l-maġrib - 'al-'amnu l-waṭaniy - 'ad-duẖuwl)
1. 'al-laqab : 'al-hilaâliy - zawjat... - 'al-ism : 'aḥmad **2.** taâriyẖu l-wilaâda : 3/4/35. **3.** makaânu l-wilaâda : tuwnis. **4.** 'al-jinsiyya : jazaâ'iriy. **5.** 'al-mihna : ṭabiyb. **6.** 'al-'unwaân : šaâri'u l-jumhuwriyya raqam 145 - baâriys - firansaâ. **7.** ḏaâhib(un) 'ilaâ ('al-'unwaân) : nuzl(i) "hiyltuwn" - 'ar-ribaâṭ .

Carte d'entrée (de débarquement).
Royaume marocain - Sûreté Nationale - Entrée.
***1.** Nom : Hilali. Epouse de... Prénom : Ahmad. **2.** Date de naissance : 3/4/35. **3.** Lieu de naissance : Tunis. **4.** Nationalité : Algérien. **5.** Profession : Médecin. **6.** Adresse : Avenue de la République, numéro 145 - Paris - France. **7.** Allant à (adresse) : Hôtel Hilton - Rabat.*

Vrai, faux ou "on ne sait pas" ? (corrigé p. 394)

Mettez une croix dans la bonne case. A faire rapidement.

صحيح vrai	خطأ faux	لا نعرف on ne sait pas	
			1. المسافر* تونسيّ ....
			2. يذهب إلى الرباط ....
			3. يسكن في الجزائر ....
			4. سيقيم * في نزل هلتون .....
			5. هو متزوّج * ....
			6. هو مهندس ....
			7. سيقيم أسبوعا في الرباط...

marié = مُتَزَوِّج / *il séjourne* = يُقيم / *voyageur* = مُسافِر (*)

profession	مِهْنة	*date*	تاريخ	*carte*	بِطاقة
adresse	عُنْوان	*naissance*	وِلادة	*entrée*	دُخول
qui va, allant	ذاهِب	*lieu*	مَكان	*nom*	لَقَب
hôtel	نُزْل	*nationalité*	جِنْسِيّة	*époux*	زَوْج

• **Formation des mots : racine et schème**

Vous avez appris dans la leçon précédente à repérer les 3 lettres fondamentales des noms en comparant leur singulier et leur pluriel. Ces 3 lettres constituent la *racine* du mot qui n'a pas de sens précis mais contient une idée commune à tous ses dérivés. Ex. : les 3 lettres د + ل + و prises dans cet ordre (sens de l'arabe) contiennent l'idée de base de *enfanter*. Vous connaissez déjà plusieurs mots de cette racine : ولد ج أولاد *(enfant)* / والد *(parent = qui enfante)*. Vous trouverez ici : وِلادة *(naissance, enfantement)*. Vous avez encore : مولود *(né)*, etc. La forme du mot donne une autre partie du sens *(celui qui fait..., l'action de...,* etc.*)*. Sur le même modèle ou *schème* que وِلادة *naissance*, on trouve des mots comme :

• كتب *écrire* → كتابة *écriture*
• درس *étudier* → دراسة *étude*
• صنع *fabriquer* → صناعة *industrie*
• زرع *semer* → زراعة *agriculture*
• قرأ *lire* → قراءة *lecture*, etc.

et pour parler de ce *schème*, au lieu de dire : "on met une kasra à la 1re consonne, une fatḥa à la 2e qu'on prolonge par un 'alif, une fatḥa à la 3e et on ajoute un ة ", on dira conventionnellement que le mot est construit sur le schème فِعَالَة en prenant pour modèle la racine فعل qui signifie *faire*.

N.B. : la grosse majorité des racines a 3 lettres. Il en existe aussi de 4 lettres et quelques-unes de 2 lettres.

• **Le participe actif** (verbes simples sains)

Pour les verbes de trois lettres (comme: يذهب ، يكتب ، يسكن), le participe actif se forme sur le schème فاعِل (féminin فاعِلة) = *celui qui fait*. Cf. dans la fiche: ذاهب إلى = *allant à...*

Ex. : (يذهب) ذاهِب – (يكتب) كاتِب – (يسكن) ساكِن

Tout naturellement, ce schème donne souvent naissance à des noms de métier (cf. en français *un enseignant*).

Ex.: كاتِب = *écrivain* ou *secrétaire*, عامِل = *ouvrier*

La connaissance de ces schèmes vous permettra de structurer le vocabulaire, de le mémoriser et de ne pas confondre ولد et والد.

Exercices (corrigé p. 394)

A. Recopiez les phrases de l'exercice "vrai/faux...", vocalisez-les et faites-les en autodictée.

B. Voici des renseignements dans le désordre. Essayez de reconstituer la carte du voyageur dont il s'agit en plaçant ces données dans la rubrique qui convient :

51/9/5 – أردنيّة – محمّد بن عليّ – مديرة شركة – نزل السلام (فاس) – شارع الحرية رقم 87 تونس – الشامي – عمّان – فاطمة .

1. اللقب : .... زوجة :	
الاسم :	
2. تاريخ الولادة :	
3. مكان الولادة :	
4. الجنسيّة :	
5. المهنة :	
6. العنوان :	
7. ذاهب إلى :	

C. Voici un autre voyageur dont les renseignements vous sont donnés dans le désordre. Ecrivez le titre de la rubrique en voyellant. Ex : محمّد ← محمّد : الاِسْم

1 .... مصريّ

2 .... 52/3/2

3 .... القاهرة

4 .... أبو صالح

5 .... نزل الحمراء (مرّاكش)

6 .... مهندس

7 .... ساحة الاستقلال

رقم 2 – الإسكندريّة (مصر)

1. هذا المسافر اسمه أحمد الهلالي .
يذهب إلى الرباط .
هو طبيب جزائريّ .
يسكن في باريس .
ولد سنة 1935 بتونس .
عمره إذن 56 سنة .

2. هذا المسافر كان اسمه أحمد الهلالي .
كان يذهب إلى الرباط .
كان طبيبا جزائريّا .
كان يسكن في باريس .
كان عمره 56 سنة .

N.B. : dans le texte 1, on se place à la date du voyage (28 avril 1991) alors que dans le texte 2, on se place à une date postérieure.

Texte 1

• هذا est suivi d'un nom défini par l'article. On le traduira alors par un adjectif démonstratif *(ce voyageur).*

• Notez la construction de la phrase nominale : *ce voyageur son nom est Ahmad...* Le ḫabar est à son tour une phrase nominale.

• ولد [wulida] : ce verbe est non seulement au passé mais aussi à la voix passive. Retenez-le tel quel. Traduction littérale : *il a été enfanté.* Au féminin : ولدت [wulidat].

man kaâna l-musaâfir?

1. haâḏa l-musaâfiru smu-hu 'aḥmad 'al-hilaâliy (*ou* haâḏa l-musaâfir(u) 'ismu-hu...). yaḏhab(u) 'ila r-ribaâṭ. huwa ṭabiyb(un) jazaâ'iriy. yaskun(u) fiy baâriys. wulida sanata *'alf u-tis'a miyya u-ḫamsa u-ṯlaâṯiyn* bi-tuwnis. 'umru-hu 'iḏan *sitta u-ḫamsiyn* sana.

2. haâḏa l-musaâfir(u) kaâna smu-hu (*ou* kaâna 'ismu-hu...) 'aḥmad 'al-hilaâliy. kaâna yaḏhab(u) 'ila r-ribaâṭ. kaâna ṭabiyban jazaâ'iriyyan. kaâna yaskun(u) fiy baâriys. kaâna 'umru-hu *sitta u-ḫamsiyn* sana.

Qui était le voyageur?

1. Ce voyageur s'appelle Ahmad Al-Hilali. Il va à Rabat. C'est un médecin algérien. Il habite à Paris. Il est né l'année 1935 à Tunis. Il a donc 56 ans (son âge est donc 56 ans).

2. Ce voyageur s'appelait Ahmad Al-Hilali. Il allait à Rabat. C'était un médecin algérien. Il habitait à Paris. Il avait 56 ans (son âge était 56 ans).

• ... سنة [sanata...] est au cas direct (complément direct de temps) défini par l'année qui suit (1935).

• سنة 55 : le nom compté (سنة) est ici au singulier (règle valable au-delà de 10).

• إذن : autre façon d'écrire إذاً *(donc, aussi)*. Cf. leçon 20.

Texte 2

Comparez phrase à phrase : le verbe كان est utilisé pour renvoyer ces phrases dans le passé.

Avec كان ce qui était le ḫabar se met au cas direct. Ex. : كان طبيبا جزائريّاً. Cf. Grammaire.

N.B. : dans la transcription phonétique, les nombres sont écrits selon leur prononciation dialectale (écriture en italique).

année سَنَة	*médecin* طَبيب	*voyageur* مُسافِر
âge عُمْر	*il est né* وُلِدَ	*il part* يَذْهَبُ
donc إِذَنْ = إِذاً		

• **Les phrases avec كان**

هو في الرباط ← كان في الرباط *il était à Rabat*

يذهب إلى الرباط ← كان يذهب إلى الرباط *il allait à Rabat*

هو طبيب ← كان طبيباً *c'était un médecin*

- l'utilisation de كان dans une phrase correspond toujours à des énoncés français à l'imparfait (كان يذهب = *il allait* et non *il est allé* ou *il alla*). Naturellement, il se conjugue (cf. leçon 22).

كنتَ في الرباط = *tu étais à Rabat*

كانت تذهب إلى الرباط = *elle allait à Rabat*

كنتُ طبيباً = *j'étais médecin*

- dans le cas d'une phrase nominale d'identification *(il est médecin)* , c'est-à-dire où on emploie un attribut en français, كان met l'attribut (le ḫabar) au cas direct.

هو طبيب ← كان طبيباً

• **Les chiffres** (les dizaines en dialectal)

sab'iyn	٧٠	70	'ašriyn	٢٠	20
ṯamaâniyn/ṯmaâniyn	٨٠	80	ṯalaâṯiyn/ṯlaâṯiyn	٣٠	30
tis'iyn	٩٠	90	'arb'iyn	٤٠	40
miyya	١٠٠	100	ḫamsiyn	٥٠	50
'alf	١٠٠٠	1000	sittiyn	٦٠	60

Les nombres se présentent de la même façon dans les écritures latine et arabe, mais en arabe, on énonce les unités avant les dizaines. Ex. : 1935 / ١٩٣٥ = 'alf u-tis'a miyya u-ḫamsa u-ṯlaâṯiyn. (Au Moyen Age, on énonçait dans le sens de l'arabe : unité, dizaine, centaine, etc.)

• **Les démonstratifs** (2)

Si le démonstratif est suivi d'un nom défini par l'article, il se traduira par un adjectif démonstratif. Ne confondez pas :

هذا مسافر *c'est un voyageur* - هذا المسافر *ce voyageur*

هذه بنت *c'est une fille* - هذه البنت *cette fille*

(هذا مسافر est une phrase nominale, alors que هذا المسافر est un groupe nominal où المسافر est en apposition à هذا).

Exercices (corrigé p. 395)

A. Recopiez à la suite les phrases au présent et au passé. Vocalisez-les et faites-les en autodictée.

B. Traduisez et mettez un trait entre le mubtada' et le ḫabar. Soyez très attentif à l'article.

1. هذا مسافر .
2. هذا مسافر فلسطينيّ . *(palestinien)*
3. هذا المسافر الفلسطينيّ يسكن في تونس .
4. هذا فلسطينيّ .
5. هذا الفلسطينيّ يسافر إلى الأردنّ .
6. هذا فلسطينيّ يسافر إلى الأردنّ .

C. Mettez ces phrases au présent :

1. كنتُ مهندسا .
كان عمري 30 سنة .
كنت أسافر إلى أميريكا .
2. كانت مديرة شركة .
كان اسمها مريم .
كانت تسكن في عمّان .

D. Mettez ces phrases au passé :

1. هي مهندسة . اسمها دليلة .
تسكن بروما .
تسافر إلى مصر
2. أنا مدير شركة . عمري 45 سنة .
أسكن في دمشق .
أسافر إلى الجزائر .

E. Prenez les personnages des exercices B et C de la leçon 24 et présentez-les au présent et au passé, en utilisant les renseignements essentiels les concernant (inutile d'être exhaustif).

← ٢٦ - هواة المراسلة .

1. الاسم : حسن محمّد عليّ

العمر: ٤٥ سنة المهنة : موظّف

الهواية : المراسلة وكرة القدم

العنوان : قطر - الدوحة - ص ب ٩٦٥

2. حسن محمّد عليّ موظّف . عمره ٤٥ سنة .

هو قطريّ . يحبّ المراسلة وكرة القدم .

3. الاسم : سميرة إبراهيم محمّد

العمر: ١٧ سنة المهنة : بدون عمل

الهواية : المراسلة والقراءة وجمع الطوابع

العنوان : السودان - الخرطوم - البريد العامّ - بواسطة الحاجّ العجب عليّ

• Voici des extraits d'une rubrique "correspondance". En arabe, le titre signifie mot à mot *les passionnés de la correspondance* [huwaâtu l-muraâsala]. Le premier nom de l'annexion est un pluriel. Le 2e est un maṣdar.

• On a ici deux annonces (§1 et 3). Une des rubriques des annonces a pour titre un mot de la même racine que هواة : الهواية ['al-hiwaâya], *la passion, le "hobby"*.

• Les "hobbies" énumérés ici sont : كرة القدم [kuratu l-qadam], *le football* (mot à mot: *la balle au pied*), القراءة ['al-qiraâ'a], *la lecture* et جمع الطوابع [jam'u ṭ-ṭawaâbi'], *la collection de timbres* . قراءة et جمع sont aussi des maṣdar-s.

• Les professions : le premier correspondant est موظّف ,

huwaâtu l-muraâsala

1. 'al-ism : ḥasan muḥammad ʻaliy / 'al-ʻumr : *ḫamsa u-'arbaʻiyn* sana / 'al-mihna : muwaẓẓaf / 'al-hiwaâya : 'al-muraâsala wa-kuratu l-qadam / 'al-ʻunwaân: qaṭar - 'ad-dawḥa - ṣunduwqu l-bariyd *tisʻa miyya u-ḫamsa u-tisʻiyn.* **2.** ḥasan muḥammad ʻaliy muwaẓẓaf. ʻumru-hu *ḫamsa u 'arbaʻiyn* sana. huwa qaṭariy. yuḥibbu l-muraâsala wa-kurata l-qadam. **3.** 'al-ism : samiyra 'ibraâhiym muḥammad / 'al-ʻumr : *sabaʻaṭaʻaš* sana / 'al-mihna : bi-duwn(i) ʻamal / 'al-hiwaâya : 'al-muraâsala(tu) wa-l-qiraâ'a(tu) wa-jamʻu t-ṭawaâbiʻ / 'al-ʻunwaân : 'as-suwdan - 'al-ḫurṭuwm - 'al-bariydu l-ʻaâmm - bi-waâsiṭati l-ḥaâjj 'al-ʻajab ʻaliy.

Les passionnés de correspondance

1. Nom: Hassan Mohammad Ali / Age: 45 ans / Profession: fonctionnaire / Hobby: correspondance et football / Adresse: Qatar - Doha - BP 965 2. Hassan Mohammad Ali est fonctionnaire. Il a 45 ans. Il est du Qatar (Il est Qatari). Il aime la correspondance et le football. 3. Nom: Samira Ismaili / Age: 17 ans / Profession: sans travail / Hobby: correspondance, lecture et collection de timbres / Adresse: Soudan - Khartoum - Poste publique - aux bons soins (par l'intermédiaire) du Hajj Al-Ajab Ali.

---

fonctionnaire, et la deuxième est بدون عمل, *sans travail.*

• Les adresses : le premier habite à ['ad-dawḥa], la capitale du Qatar et a une *boite postale* (ص ب = abréviation de صندوق البريد [ṣunduwqu-l-bariyd]), alors que la 2e est domiciliée à la *poste publique* (البريد العامّ ['al-bariydu l-ʻaâmm]) *par l'intermédiaire* (بواسطة [bi-waâsiṭa]) d'un homme *qui a fait le pèlerinage à La Mecque* (حاجّ [ḥaâjj]).

timbres	طَوابِع	*football*	كُرة القَدَم		مُراسَلة
B. P.	ص ب	*il aime*	يُحِبُّ	*correspondance*	
poste	بَريد	*sans*	بِدُونِ		مُوَظَّف
public	عامّ	*lecture*	قِراءَة	*fonctionnaire*	
pèlerin (hajj)	حاجّ	*collection*	جَمْع	*passion*	هِوايَة

• **Le Maṣdar**

Le maṣdar (المصدر) est un nom lié de très près à un verbe. Il exprime l'action. On l'appelle aussi *nom d'action* ou *nom verbal*.

l'arrivée الوصول ← *il arrive* يصل

le retour الرجوع ← *il revient* يرجع

la visite الزيارة ← *il visite* يزور

En arabe, chaque verbe a systématiquement son (ou ses) maṣdar(s), qui peuvent être remplacés par des propositions verbales. Cette forme est naturellement très employée dans le contexte de ces annonces. A chaque maṣdar correspond un verbe :

la correspondance المراسلة → يُراسِلُ

la lecture القراءة → يقرأ

Il y a des schèmes très précis de maṣdar-s que vous apprendrez à l'usage. Pour certains verbes, il y a correspondance parfaite entre la forme du verbe et celle du maṣdar.

• **Les chiffres de 11 à 19** (en dialectal)

siṭṭa'aš	١٦	16	ḥda'aš	١١	11
saba'aṭa'aš	١٧	17	ṯna'aš	١٢	12
ṯamaânṭa'aš	١٨	18	ṯlaṭṭa'aš	١٣	13
tisa'aṭa'aš	١٩	19	'arba'aṭa'aš	١٤	14
			ḫamsṭa'aš	١٥	15

Le suffixe ['aš] est la contraction de عشر *(dix)*. Le tableau donné ci-dessus est recevable dans la plupart des dialectes avec quelques nuances selon le pays et la région. La syntaxe des nombres en arabe littéral est très compliquée. Nous y reviendrons notamment en annexe (pages 460 à 462).

• **L'objet compté**

A partir de 10, le nom compté reste au singulier (en arabe littéral comme dans les dialectes). On n'utilise le pluriel après un chiffre qu'entre 3 et 10 (puisqu'il y a le duel pour 2). Ex. :

(1) مسافرة – (2) مسافرتان

3 مسافرات ... 10 مسافرات / 11 مسافرة – 123 مسافرة ...

Exercices (corrigé p. 395)

A. Recopiez le deuxième paragraphe. Vocalisez-le et faites-le en autodictée.

B. Recopiez ce même paragraphe en le mettant tour à tour :

1. à la 1re personne du singulier :

- أنا ....

....

....

2. au passé :

- كان حسن ....

....

....

3. au féminin (en remplaçant حسن par فاطمة) :

- فاطمة ....

....

....

C. Présentez de la même façon (en rédigeant un petit paragraphe) le personnage de la deuxième annonce.

....

....

....

D. Comptez en arabe (ne pas écrire les chiffres en toutes lettres mais les prononcer mentalement en dialecte) :

1. un journal — 2. deux journaux
3. cinq journaux — 4. quinze journaux

E. Traduisez ces phrases :

1. Cet homme s'appelle Ali. Il est fonctionnaire. Il aime le football et la lecture.
2. J'étais au Soudan sans travail.
3. - Quelle est la profession de ton fils?
   - Il est ingénieur.
   - Quel est son "hobby"?
   - Il aime faire la collection de timbres.

«الجمهوريّة»

الخميس ١٠ شباط/ فبراير

"شابّ لبنانيّ يبلغ من العمر ٢٨ عاما - صحفيّ مع خبرة عامين - العمل السابق : مدير إعلانات - العمل المطلوب : محرّر في صحيفة - الهاتف : ٤٢٣٣٠ "

هيثم الشاميّ - ص ب ١٤١ - بيروت

• On a affaire ici à une petite annonce de recherche d'emploi (طلب عمل) tirée du journal الجمهوريّة .

• الخميس ['al-ḫamiys] = *jeudi* (sous-entendu : يوم الخميس).

• Le nom du mois est écrit de deux façons différentes : فبراير utilisé à l'ouest du Monde arabe et شباط à l'est. Tous deux signifient *février*.

• يبلغ [yabluġu] = *il atteint* / من العمر = *en fait d'âge*. On prononce une voyelle de liaison devant l'article pour éviter la rencontre de 2 soukouns : [mina l-'umr].

• ٢٨ عاما : عام est un synonyme de سنة , *année*. Le nom compté est ici au cas direct (ce qui ne se voyait pas avec سنة du fait du ة final).

• شابّ يبلغ ... : on a affaire ici à une relative dont l'antécédent شابّ est indéfini.

• صحفيّ [ṣuḥufiy], *journaliste* : ce mot est une nisba formée sur le pluriel صحف que vous connaissez.

• مع خبرة عامينْ [ma'a ḫibrati 'aâmayn], *avec une expérience de deux ans*. عامين est au duel, cas indirect.

• سابق [saâbiq], *précédent* : participe actif de يسبق .

ṭalab(u) ʻamal (1)

"'al-jumhuwriyya" - 'al-ḫamiys ʻašra šubaâṭ/fabraâyir "šaâbb(un) lubnaâniy yabluġ(u) mina l-ʻumr 28 ʻaâman - ṣuḥufiy maʻa ḫibrat(i) ʻaâmayn - 'al-ʻamalu s-saâbiq : mudiyr(u) 'iʻlaânaât - 'al-ʻamalu l-maṭluwb : muḥarrir fiy ṣaḥiyfa - 'al-haâtif : 42330".

haytam aš-šaâmiy - ṣunduwqu l-bariyd 141 - bayruwt

Demande d'emploi (1)

"La République" - Jeudi 10 février - "Jeune Libanais de 28 ans - journaliste avec deux ans d'expérience - travail précédent : directeur de publicité (des annonces) - travail demandé : rédacteur dans un journal - téléphone : 42330". Haytam Alchami - BP 141 - Beyrouth

---

• مطلوب [maṭluwb], *demandé* = participe passif.

• محرر [muḥarrir], *rédacteur* = participe actif d'un verbe dérivé. Cf. grammaire.

Fiche à remplir d'après l'annonce (corrigé p. 396)

الاسم : ....
اللقب : ....
تاريخ الولادة : ....
الجنسيّة : ....
الخبرة : ....
العمل السابق : ....
العمل المطلوب : ....
العنوان : ....

demandé	مَطْلوب	*année*	عام	*demande*	طَلَب
rédacteur	مُحَرِّر	*journaliste*	صُحُفِيّ	*jeudi*	الخَميس
journal	صَحيفة	*expérience*	خِبْرة	*jeune homme*	شابّ
هاتف = تِلِفون *téléphone*		*précédent*	سابِق	*il atteint*	يَبْلُغُ

• Le participe passif des verbes simples

Vous connaissez le verbe يَطْلُبُ, *il demande*. Le radical de ce verbe est formé uniquement des 3 lettres de la racine (طلب). C'est donc un *verbe simple*.

Son *participe passif* , comme celui de tous les verbes simples, est formé sur le schème مَفْعُول : مَطْلُوب, *demandé* .

N.B. : le participe actif de ce même verbe est طالب.

Autre exemple: يكتب, *il écrit* → مَكْتوب, *écrit.*

Bien sûr, seuls les verbes transitifs ont un participe passif.

• Les verbes dérivés

A la notion de verbe *simple* s'oppose celle de verbe *dérivé*, c'est-à-dire dont le radical se compose des 3 lettres de la racine augmentées de 1, 2 ou 3 lettres. Par exemple, le verbe simple يشغل, *occuper* dont vous connaissez le maṣdar شغل, *occupation, travail*, a parmi ses verbes dérivés يشتغل, *s'occuper, travailler*. La racine est شغل et la lettre ajoutée est un ت intercalé entre la 1re et la 2e lettre de la racine.

Le schème de ce verbe au muḍaâri' est يَفْتَعِلُ.

• Participes des verbes dérivés

Les schèmes فاعل et مفعول ne concernent que les verbes simples. Pour les verbes dérivés, vous avez déjà rencontré les participes suivants:

Racine	Verbe	Sens	Participe	Schème	*Mot :*
سفر	يُسافِرُ	*voyageur*	*actif*	مُفاعِل	مُسافِر
حرر	يُحَرِّرُ	*rédacteur*	*actif*	مُفَعِّل	مُحَرِّر
وظف	يُوَظِّفُ	*fonctionnaire*	*passif*	مُفَعَّل	مُوَظَّف

• Les dictionnaires

En général, les dictionnaires arabes classent les mots par racines. Vous chercherez donc les mots طالب et مطلوب à la racine طلب , les mots مسافر et يسافر à la racine سفر et le mot محرّر à la racine حرر .

Exercices (corrigé p. 396)

A. Recopiez le texte. Vocalisez-le et faites-le en autodictée.

B. Formez les participes actif et passif des verbes suivants :

Part. passif	Part. actif	Verbes
....	....	يَنْشُرُ
publié	*éditeur*	*publier*
....	....	يَعْرِفُ
connu	*qui connaît, qui sait*	*savoir*
....	....	يَفْتَحُ
ouvert	*qui ouvre, conquérant*	*ouvrir*
....	....	يَدْرُسُ
étudié	*qui étudie*	*étudier*
....	....	يَكْتُبُ
écrit	*qui écrit, écrivain*	*écrire*

C. Précisez pour chacun de ces verbes s'il est simple (S) ou dérivé (D) :

1. يتعلّم (.....)   2. يزور (.....)   3. يعمل (.....)

4. يشتغل (.....)   5. يسافر (.....)   6. يتكلّم (.....)

7. يطلب (.....)   8. ينتظر (.....)   9. يبحث (.....)

D. Traduisez :

1. C'est un jeune homme libanais qui a deux années d'expérience.

2. Ce jeune homme est rédacteur au journal "La République".

3. Je ne sais pas le travail qu'il faisait avant (= son travail précédent).

4 . - Quelle est son adresse?
- B.P. 350 à Beyrouth.

← ٢٨ - طلب عمل (٢)

«الشعب» - الجمعة 3 نوفمبر :

" فـتـاة مـغـربيّة تبلغ من العـمـر 24 عـامـاً - مـسـتـواهـا الدراسيّ البكالوريا - حـاصلة على شـهادة في الإعـلاميّات - ترغب في الـعمل بأيّة دولة عربيّة - رقم هاتفها : 556.072 "

منيرة المسعوديّ - زنقة الزيتون - الرقم 17
الدار البيضاء

- Nouvelle petite annonce de recherche d'emploi tirée du journal الشعب .
- الجمعة ['al-jum'a *ou* 'al-jumu'a] = *vendredi.*
- Le nom du mois est écrit d'une seule façon نوفمبر [nuwfambir], *novembre* : le journal vient du Maghreb.
- فتاة [fataât] = *jeune fille*. Dans un mot comme celui-ci qui se termine par un 'alif suivi d'un ة, on entendra toujours un [t] à la fin (même sans voyelle finale).
- مستواها [mustawaâ-haâ] = *son niveau.* Le nom sans pronom suffixe est مستوى . Notez la transformation du 'alif maqṣuwra en 'alif (appelé ṭawiyla) à cause du suffixe ajouté (on ne peut trouver un ى qu'à la fin d'un mot).
- دراسي [diraâsiy] : nisba tirée du mot دراسة, *étude*, lui-même maṣdar du verbe يدرس . L'adjectif دراسي est précédé de l'article puisqu'il qualifie un nom défini par le pronom suffixe : مستواها .
- ... حاصلة على [ḥaâṣila 'alaâ...], *ayant obtenu* : participe actif du verbe يحصل qui se construit dans ce sens toujours avec la préposition على .
- ... ترغب في [tarġabu fiy...], *elle souhaite, désire.*

ṭalab(u) ʻamal (2)

"'aš-šaʻb" - 'al-jumʻa ṯalaâṯa nuwfambir

"fataât(un) maġribiyya tabluġ(u) mina l-ʻumr 24 ʻaâman - mustawaâ-ha d-diraâsiy : 'al-bakaâluwriyaâ - ḥaâṣila ʻalaâ šahaâda fi l-'iʻlaâmiyyaât - tarġab(u) fi l-ʻamal bi-'ayyati dawla(tin) ʻarabiyya - raqm(u) haâtifi-haâ : 556.072"

muniyra l-masʻuwdiy - zanqatu z-zaytuwn - 'ar-raqm(u) 17 - 'ad-daâra-l-bayḍaâ'

Demande d'emploi (2)

"Le Peuple" - Vendredi 3 novembre

"Jeune fille Marocaine de 24 ans - son niveau d'étude: baccalauréat - ayant obtenu un diplôme en informatique - désire travailler dans n'importe quel pays arabe - son numéro de téléphone : 556.072"

Mounira Messaoudi - Rue des oliviers - numéro 17 - Casablanca

---

Notez la construction du verbe. Ici, le maṣdar العمل a tout son sens verbal : *elle désire travailler...*

• أيّة ['ayya], *n'importe quelle.* S'accorde en genre avec le mot qui suit et qui lui est annexé. Au masculin : أيّ . Dans une phrase interrogative, ce mot signifie *quel ?* ou *quelle ?*

• رقم هاتفها [raqmu haâtifi-haâ], *son numéro de téléphone* ; mot à mot : *le numéro de son téléphone.* Rien ne pouvant s'intercaler entre les deux termes d'une annexion, le pronom suffixe s'accroche au second. Notez les différences qu'il y a entre رقم الهاتف *(le numéro de téléphone)*, رقم هاتف *(un numéro de téléphone)* et رقم هاتفه *(son numéro de téléphone à lui).*

• زنقة [zanqa], *rue ;* signifie aussi : *impasse.*

• زيتون [zaytuwn], *olives, oliviers.* Collectif.

	أيّ		حاصِل على	*vendredi*	الجُمْعة
n'importe quel		*qui obtient*		*jeune fille*	فَتاة
numéro	رَقْم	*diplôme*	شَهادة	*niveau*	مُسْتَوى
olives	زَيْتُون	*il désire*	يَرْغَبُ في	*d'étude*	دِراسيّ

• Les jours de la semaine

jeudi	'al-ḫamiys	الخميس	*dimanche*	'al-'aḥad	الأحد
vendredi	'al-jumu'a *ou* 'al-jum'a	الجمعة	*lundi*	'al-iṯnayn	الاثنين
			mardi	aṯ-ṯulaâṯa'	الثلاثاء
samedi	'as-sabt	السبت	*mercredi*	'al-'arbi'aâ'	الأربعاء

Ces noms sont des abréviations de يوم الأحد ، يوم الاثنين ، .. La semaine commence par le dimanche. Les noms des cinq premiers jours sont dérivés des noms de nombre. Le *vendredi* est le jour de l'assemblée (à la mosquée جامع = *qui rassemble*). Le *samedi* est le nom sémitique du jour de sabbat.

• Les noms des mois et le calendrier

Les mois solaires (calendrier grégorien) ont deux sortes de noms: des noms romains (du Maroc en Egypte) et des noms orientaux dans le reste du Monde arabe (cela, sans compter le calendrier musulman dit *hégirien*, lunaire, qui fonctionne parallèlement - cf. p. 194). De plus, en Algérie et en Tunisie, on a adopté des formes calquées sur le français :

جانفي ، فيفري ، ... أفريل ، ماي ، جوان ، ...

Voici les deux séries des noms de mois dans l'ordre :

تَمُّوز	7. يُوليو	كانون الثاني	1. يَنايِر
آب	8. أغُسْطُس	شُباط	2. فَبْرايِر
أيْلول	9. سِبْتَمْبِر *	آذار	3. مارس
تِشْرين الأوّل	10. أُكْتوبِر *	نيسان	4. أبْريل
تِشْرين الثاني	11. نوفَمْبِر *	أيّار	5. مايو
كانون الأوّل	12. دِيسَمْبِر *	حزيران	6. يُونيو

La presse arabe publiée en Europe mentionne les deux formes des noms de mois (plus le calendrier musulman hégirien).

* On trouve aussi : سبتمبَر / أكتوبَر / نوفمبَر / ديسمبَر .

Exercices (corrigé p. 396)

A. Recopiez le texte. Vocalisez-le et faites-le en autodictée.

B. A l'aide des annonces de cette leçon et de la précédente, rédigez-en une correspondant à la fiche suivante (rédigée en 1991) :

الاسم : عبد الله اللقب : التلمساني
تاريخ الولادة : 22 يونيو 1949
مكان الولادة : وهران *
المهنة : مهندس الخبرة : 15 سنة
العمل السابق : مهندس في صناعة الحديد *
العمل المطلوب : أيّ عمل في الصناعة
العنوان : شارع الزيتون رقم 16 – وهران
رقم الهاتف : 912-305

(*) وهران = *Oran* / صناعة الحديد = *sidérurgie*

C. Soulignez dans ce texte ce qui ne correspond pas à l'annonce de la leçon :

تطلب منيرة المسعودي وهي فتاة جزائريّة أيّ عمل في أيّة دولة عربيّة . لها خبرة عامين في الإعلاميّات و هي حاصلة على البكالوريا . تسكن بوهران . عمرها ٢٣ عاما . رقم هاتفها ٠٧٢-٥٥٢ .

D. Voici l'explication des erreurs de l'exercice précédent. Traduisez :

1. ليست الفتاة جزائريّة بل * هي مغربيّة
2. ليس لها خبرة في الإعلاميّات بل لها شهادة فقط *
3. ليس لها شهادة البكالوريا بل مستوى البكالوريا فقط
4. لا نعرف هل ترغب في أيّ عمل
5. ليس عمرها 23 سنة بل 24 سنة
6. ليس رقم هاتفها 072-552 بل 072-556
7. لا تسكن بوهران بل بالدار البيضاء

(*) بل = *mais au contraire* / فقط = *seulement*

29

TEST

(corrigé p. 397)

Voici un large extrait de la rubrique "correspondance" d'un journal. Parcourez-la, puis répondez aux questions de la page 129.

(N.B. : سَفَر = *voyage* / تَبادُل = *échange* / صُوَر = *photos*)

1
الاسم : عائشة الخالد
العمر : ١٨ سنة
المهنة : طالبة
الهواية : تبادل الصور
العنوان : السودان – الجزيرة

2
الاسم : عبد العزيز القومي
العمر : ٢٢ سنة
المهنة : طالب
الهواية : المراسلة
العنوان : الجديدة – المغرب

3
الاسم : أسماء الأمين
العمر : ٢٧ سنة
المهنة : موظّفة
الهواية : جمع الصور
العنوان : عمّان – الأردنّ

4
الاسم : يحيى محمّد موسى
العمر : ٢٩ سنة
المهنة : مهندس
الهواية : السفر وكرة القدم
العنوان : العراق – بغداد

5
الاسم : رياض شبيل
العمر : ٢٦ سنة
المهنة : صحفيّ
الهواية : المراسلة والقراءة
العنوان : فاس – المغرب

6
الاسم : فريدة الجبليّ
العمر : ٢٨ سنة
المهنة : طالبة
الهواية : القراءة وجمع الصور
العنوان : البليدة – الجزائر

7
الاسم : عليّ البشري
العمر : ٢٣ سنة
المهنة : بدون عمل
الهواية : جمع الطوابع
العنوان : روما – إيطاليا

8
الاسم : منير الموصلي
العمر : ٣٠ سنة
المهنة : طبيب
الهواية : المراسلة
العنوان : الإسكندريّة – مصر

A. Répondez à ces questions :

1. Combien d'annonces de femmes sont publiées ?
2. Quel est le plus âgé des hommes ?
3. Quelle est la plus âgée des femmes ?
4. Classez les huit prénoms par ordre alphabétique.
5. Faites de même avec les villes sans tenir compte de l'article.

B. Trouvez de qui parle chacune de ces phrases :

1. تدرسان .
2. يسكن في أوروبا .
3. يشتغلون ولا يسكنون في الأردنّ .
4. لا تدرس .
5. تسكن في عاصمة عربيّة .
6. يسكن في عاصمة عربيّة .
7. تدرس وتحبّ القراءة .
8. يشتغلان ويحبّان المراسلة .
9. يشتغل ويحبّ المراسلة ولا يسكن في مصر .
10. لا يشتغل ولا يدرس .

C. Complétez les phrases suivantes :

1. عبد العزيز القومي ....
.... ٢٢ سنة . ... المراسلة .
.... في الجديدة . ... مغربيّ .
2. عليّ البشري لا .... و ...... يدرس .
.... ٢٣ سنة . ... كرة القدم .
لا .... في بلاد ....
3. أسماء الأمين .... ٢٧ سنة .
.... جمع ....
.... أردنيّة . ... في .... الأردنّ .

D. Conjuguez ces trois verbes au muḍaâri' :

- à toutes les personnes du pluriel,
- puis à toutes les personnes du duel.

1. يَرْجِعُ   2. يُسافِرُ   3. يَتَكَلَّمُ

E. Réécrivez ces phrases en remplaçant le mot souligné par le nom ou le pronom proposé (et dans ce dernier cas, laissez le pronom sous-entendu) :

كانت <u>المهندسة</u> تسافر لعملها .

1. (أنا) ← ....

2. (أنتِ) ← ....

3. (المهندس) ← ....

4. (أنتَ) ← ....

ليس <u>المدير</u> في مكتبه .

5. (أنتِ) ← ....

6. (المديرة) ← ....

7. (أنا) ← ....

8. (أنتَ) ← ....

F. Réécrivez ces phrases en les mettant au temps demandé :

عندها موعد .

1. (passé) ← ....

2. (futur) ← ....

كنتُ في السينما .

3. (futur) ← ....

4. (présent) ← ....

ستكونين مع أمّك .

5. (présent) ← ....

6. (passé) ← ....

G. Traduisez ces phrases :

1. هذا هو المدير .
2. هذه هي أمّ كريمة .
3. هذا الولد ابن الطبيب .
4. هذه ابنة طبيب .
5. ليس هذا الولد ابني .
6. هذا المسافر مدير شركة البترول السعوديّة .
7. ليست هذه المسافرة مديرة شركة .
8. هذا الرجل ذاهب إلى المغرب .
9. ليس عنده موعد مع الوزير الفرنسيّ .
10. هل تعرف ابنة المدير الكبيرة ؟

H. Classez ensemble les mots qui ont la même racine :

1. درس 2. مطلوب 3. طالب 4. مسافر 5. مدرّس
6. مطلب 7. مدرسة 8. طلاّب 9. سفير 10. يدرس
11. كاتب 12. دارس 13. مكتبة 14. سفراء 15. كتب
16. مكتوب 17. دراسة 18. كتابة 19. سفارة 20. دروس

I. Savez-vous traduire ces mots rapidement ?

1. année 2. il atteint 3. jeune homme 4. expérience 5. numéro 6. diplôme 7. il désire 8. vendredi 9. niveau 10. famille 11. après 12. petit 13. semaine 14. il apprend 15. là-bas 16. réponse 17. discussion 18. aéroport 19. je vous en prie! 20. merci! 21. il cherche 22. un peu 23. aussi 24. il attend 25. il veut 26. assistant 27. il dit 28. matin 29. annonce 30. il est né.

J. Lisez la transcription en caractères arabes des dialogues en maghrébin et en égyptien des leçons 1 et 2. Cela ne doit pas vous poser de problème.

« الدستور » - الاثنين ١٣ سبتمبر / أيلول

"فتاة أردنيّة تبلغ من العمر ٢٦ عاما - متديّنة - حسنة الأخلاق والسمعة - جميلة - بيضاء البشرة - لا تزال تتابع دراستها - ترغب في الزواج من شابّ عربيّ لا يتجاوز عمره ٣٨ عاما ، مثقّف ، له عمل مهمّ ، حسن الأخلاق والسمعة ، أبيض البشرة ."

• Voici maintenant une petite annonce "mariage" tirée du journal ['ad-dustuwr], *la Constitution.* Elle fait appel à un certain nombre d'expressions toute faites.

• متديّنة [mutadayyina], *pieuse, religieuse.* Participe actif du verbe dérivé يتديّن .

• حسنة الأخلاق والسمعة [ḥasanatu l-'aẖlaâqi wa- s-sum'a], *de bonnes mœurs et réputation* (mot à mot : *bonne de mœurs et de réputation*). On a affaire à une *annexion de qualification* où le 1er terme est un adjectif, ici : حسنة (cf. Grammaire). Quant à أخلاق , c'est un pluriel interne qui est toujours utilisé comme tel dans ce sens.

• بيضاء البشرة [bayḍaâ'u l-bašara], *blanche de peau* : autre annexion de qualification. بيضاء est le féminin de l'adjectif de couleur أبيض (cf. Grammaire) et s'accorde comme حسنة avec فتاة .

• لا تزال تتابع [laâ-tazaâlu tutaâbi'u], *elle ne cesse de poursuivre = elle poursuit toujours.* Cf. Grammaire. Le verbe qui suit (تتابع) est dérivé (racine : تبع).

• الزواج من شابّ ['az-zawaâj min šaâbbin], *le mariage avec* ṭalab(u) zawaâj

"'ad-dustuwr" - 'al-iṯnayn 13 sabtambir/'ayluwl : "fataât(un) 'urdunniyya tabluġ(u) mina l-'umr 26 'aâman - mutadayyina - ḥasanatu l-'aḫlaâq(i) wa-s-sum'a - jamiyla - bayḍaâ'u l-bašara - laâ tazaâl(u) tutaâbi'(u) diraâsata-haâ - tarġab(u) fi z-zawaâj min šaâbb(in) 'arabiy laâ yatajaâwaz(u) 'umru-hu 38 'aâman, muṯaqqaf, la-hu 'amal(un) muhimm, ḥasanu l-'aḫlaâq(i) wa-s-sum'a, 'abyaḍu l-bašara"

Demande de mariage

"La Constitution" - Lundi 13 septembre : "Jeune fille jordanienne de 26 ans - pieuse - de bonnes mœurs et réputation - jolie - blanche de peau - qui poursuit toujours ses études - désire se marier avec un jeune homme arabe dont l'âge n'excède pas 38 ans, cultivé, qui a un bon travail, de bonnes mœurs et réputation, blanc de peau"

---

un jeune homme : notez la construction du maṣdar زواج avec la préposition من .

• لا يتجاوز عمره [laâ-yatajaâwazu 'umru-hu], *(dont) l'âge ne dépasse pas...* C'est ici le début d'une relative dont l'antécédent شابٌ est indéfini (repris par le pronom suffixe ه de عمره). Le sujet du verbe dérivé يتجاوز est عمره .

• مثقّف [muṯaqqaf], *cultivé* : participe passif du verbe dérivé ثقّف .

• له عمل مهمّ [la-hu 'amalun muhimm], *(qui) a un travail important*. C'est encore une relative dont l'antécédent est شابٌ , repris par le pronom suffixe ه de له . La voyelle de la préposition لـ [li] suivie d'un pronom suffixe est une fatḥa au lieu d'une kasra : لَهُ [la-hu] .

étude	دِراسة	*beau*	جَميل	*mariage*	زَواج
il dépasse	يَتَجاوَزُ	*blanc*	أَبْيَض	*pieux*	مُتَدَيِّن
cultivé	مُثَقَّف	*blanche*	بَيْضاء	*beau, bon*	حَسَن
important	مُهِمّ	*peau*	بَشَرة	*mœurs*	أَخْلاق
		il suit	يُتابِعُ	*réputation*	سُمْعة

• Les adjectifs de couleur

Les principaux adjectifs de couleur sont construits sur le schème أَفْعَل (au masculin) et فَعْلاء (au féminin). Ex. :

← أَبْيَض م بَيْضاء

(le م est l'abréviation de مؤنّث [mu'annat̲], *féminin = fém.*).

	féminin	*masculin*		*féminin*	*masculin*
bleu	زَرْقاء	أَزْرَق	*blanc*	بَيْضاء	أَبْيَض
vert	خَضْراء	أَخْضَر	*noir*	سَوْداء	أَسْوَد
jaune	صَفْراء	أَصْفَر	*rouge*	حَمْراء	أَحْمَر

• L'annexion de qualification

L'annexion de qualification sert notamment à décrire quelqu'un ou quelque chose (cf. en français : *grand de taille,...)* . Le 1er terme en est un adjectif complété par un nom. L'adjectif s'accorde bien sûr au nom auquel il se rapporte, mais il est toujours défini puisqu'il a un complément. Ex. :

شابٌّ حسنُ السمعة / فتاةٌ حسنةُ السمعة

un jeune homme (une jeune fille) de bonne réputation
= bon (ou bonne) de réputation

• *Toujours, encore* (لا يزال)

Le verbe يزال signifie *cesser*. Avec la négation, on a donc *ne cesser de*, donc *être toujours* ou *encore*. لا يـزال est suivi d'un verbe au muḍaâri', les deux verbes s'accordant avec le sujet.

Ex. : (الشابّ) لا يزال يتابع دراسته

(الفتاة) لا تزال تتابع دراستها

le jeune homme (la jeune fille) poursuit toujours ses études

• La préposition لِـ devant un pronom suffixe

La préposition لِـ (*à, pour* - qui sert aussi à exprimer la possession) devient لَـ devant un pronom suffixe sauf devant celui de la 1re personne du singulier (ي) . Ex. :

لِمحمّد *(à Mohammed)* mais : لَهُ *(à lui)* (لِي ، لَكَ ، لَكِ ، لَها)

Exercices (corrigé p. 398)

A. Recopiez le texte. Vocalisez-le et faites-le en autodictée.

B. Réécrivez l'annonce en remplaçant فتاة par شابٌ et vice-versa (en faisant les transformations nécessaires) :

» شابٌ أردنيّ يبلغ ....

....

....

....

....

....

«..

C. Transformez les phrases qui suivent sur le même modèle que l'exemple. Ex. :

له بشرة بيضاء <- هو أبيض البشرة

1. لكَ سمعة حسنة　　　　2. لها بشرة بيضاء

3. لكِ بشرة سوداء　　　　4. لي سمعة حسنة

D. Réécrivez les phrases suivantes en les faisant précéder de l'expression لا يزال (en l'accordant comme il convient), puis traduisez les phrases ainsi obtenues :

1. أتابع دراستي في الجامعة .　　　　2. تسكن مع أمّها .

3. يشتغل بالصحافة .　　　　4. أبحث عن شابٍّ مثقّف .

5. تنتظرين مساعدة المدير .

E. Traduisez :

1. un ballon rouge
2. la maison * blanche.
3. Il désire toujours épouser une jeune fille jordanienne.
4. J'ai un bon travail dans le pétrole.

(*) 2 possibilités: avec دار (féminin), vous obtiendrez le nom d'une grande ville marocaine et de l'aéroport d'Alger et avec بيت (masculin), vous obtiendrez le nom arabe de la Maison Blanche (USA).

«الوطن» - الثلاثاء ٢٨ حزيران (يونيو)

نتوجّه إليكم بهذا النداء للبحث عن عمّنا «عبد الرحمن حسن» الذي غادر الخرطوم إلى ليبيا في عام ١٩٨٧ ...

(تابع)

• Enfin, voici une petite annonce "disparu" tirée du journal ['al-waṭan], *la Patrie* et présentée sur deux leçons.

• مفقود [mafquwd], *perdu, disparu.* Participe passif du verbe simple يفقد .

• نتوجّه إليكم بـ [natawajjahu 'ilay-kum bi...], *nous vous adressons...* (mot à mot : *nous nous tournons vers vous avec...*). Attention ici à la construction du verbe dérivé يتوجّه avec les deux prépositions إلى et بـ . Notez aussi la transformation du 'alif maqṣuwra final de إلى suivi du pronom suffixe كم (2e personne du masculin pluriel. Cf. Grammaire).

• هذا النداء [haâḏa n-nidaâ'], *cet appel.* Rappel : le démonstratif suivi d'un article correspond en français à l'adjectif.

• للبحث [li-l-baḥti], *pour la recherche* : بحث est ici le maṣdar du verbe يبحث . Il se construit comme lui avec la préposition عن . Notez la disparition du 'alif de l'article à chaque fois qu'il est précédé de la préposition لـ [li] .

• عن عمّنا ['an 'ammi-naâ] : notez le pronom suffixe 1re personne du pluriel après le nom عمّ , *oncle paternel* (cf. Grammaire).

• عبد الرحمن ['abda-r-raḥmaân] : un autre prénom

mafquwd (1)
"'al-waṭan" - 'aṯ-ṯulaâta' 28 ḥaziyraân/yuwniyuw
"natawajjah(u) 'ilay-kum bi-haâḏa n-nidaâ' li-l-baḥṯ(i) ʻan ʻammi-naâ ʻabda-r-raḥmaân ḥasan 'allaḏiy ġaâdara l-ḫurṭuwm 'ilaâ liybiyaâ fiy ʻaâm(i) 1987..."

(taâbiʻ)

Disparu (1)
"La Patrie" - Mardi 28 juin
"Nous vous adressons cet appel pour rechercher notre oncle Abderrahman Hassan qui a quitté Khartoum pour la Libye en 1987..."

(A suivre)

---

formé par une annexion (cf. leçon 14) . A noter l'écriture du mot الرحمن : le 'alif qui prolonge la fatḥa du mim ne s'écrit plus dans le corps du mot. C'est un 'alif suscrit (cf. aussi leçon 14). Dans la religion musulmane, cet attribut de Dieu est rappelé au début de toute récitation du Coran par la phrase بسم اللّه الرحمن الرحيم [bismi l-laâhi r-raḥmaâni r-raḥiym], *au nom de Dieu clément et miséricordieux*. Ce prénom a été transcrit de façon figée alors qu'il devrait se prononcer [ʻabdi r-raḥmaân].

• الذي [allaḏiy] : c'est le relatif masculin singulier. On doit l'utiliser ici car l'antécédent عمّنا est défini (cf. Grammaire).

• غادر [ġaâdara], *il a quitté*. Ce verbe dérivé est ici au passé (3e personne du masculin singulier) . Au muḏaâriʻ, on aurait يغادر [yuġaâdiru] comme يسافر [yusaâfiru].

• ليبيا , *la Libye* : pas d'article en arabe .

il a quitté غَادَرَ	*recherche* بَحْث	*disparu, perdu* مَفْقُود
il quitte يُغادِرُ	*oncle paternel* عَمّ	*il se dirige* يَتَوَجَّهُ
à suivre تابِع	*qui* الَّذِي	*appel* نِداء

• Les pronoms suffixes (au pluriel)

Voici le tableau des pronoms suffixes au pluriel. Il existe comme au singulier deux pronoms pour la 2e personne (masculin et féminin)

* هُم -	كُم -	نا -
* هُنَّ -	كُنَّ -	

(*) ces deux pronoms deviennent هِم et هِنَّ après le son [i] (comme le pronom ه)

Ex. : مدرستُهُم *(leur école)* / في مدرستِهِم *(dans leur école).*

• La préposition إلى avec un pronom suffixe

Le ʾalif maqṣuwra de la préposition إلى se transforme en yaâʾ devant un pronom suffixe. Ex. :

إلى المدرسة ⟵ إلَيْها

Avec les pronoms ه , هم et هنّ , on aura إلَيْهِ , إلَيْهِمْ et إلَيْهِنَّ .

De plus, إلى avec le pronom suffixe ي donne : إليَّ .

Il en sera de même pour la préposition على (عليَّ ، علَيْك ، ...) .

• L'article après la préposition لـ

Quand la préposition لـ est suivie d'un mot précédé de l'article, on n'écrit pas le ʾalif de cet article. Ex. :

لـ + البحث ⟵ للبحث

• Le relatif

On ne l'utilise que si l'antécédent est défini (il joue le même rôle par rapport à la relative que l'article par rapport à l'épithète). Il s'accorde en genre et en nombre avec celui-ci, et ne dépend que de lui (et non, comme en français, de la fonction qu'il a dans la relative). Les relatifs personnels commencent par une hamza instable et sont :

- sing. : الّذي [alladiy] (masc.) et الّتي [allatiy] (fém.)
- pl. : الّذين [alladiyna] (masc.) et اللواتي [allawaâtiy] (fém.)

Ex. : هي فتاة تسافر / هو شابّ يسافر

c'est un jeune homme / une jeune fille / qui voyage

mais : هي الفتاة التي تسافر / هو الشابّ الذي يسافر

c'est le jeune homme / la jeune fille / qui voyage

Exercices (corrigé p. 399)

A. Recopiez le texte. Vocalisez-le et faites-le en autodictée.

B. Réécrivez ces phrases en mettant le pronom isolé au pluriel (même personne) et en opérant les transformations rendues nécessaires :

1. أنا في بيتي　2. هو في مدرسته　3. أنتِ مع عمّك
4. هي مع أختها　5. أنتَ مع أمّك

C. Réécrivez la phrase suivante en remplaçant le mot entre parenthèses par le mot indiqué et en opérant les transformations nécessaires :

(هو) -> يسكن مع أمّه في بيت عمّه

1. (هي) ← ....
2. (هم) ← ....
3. (أنتم) ← ....
4. (هنّ) ← ....
5. (أنتنّ) ← ....
6. (نحن) ← ....

D. Même exercice en remplaçant le mot souligné par le mot proposé et en opérant les transformations nécessaires :

هو <u>الشابّ</u> الذي يشتغل معي

1. .... شابّ ....
2. .... فتاة ....
3. .... المهندسون ....
4. .... الفتاة ....
5. .... المهندسات ....
6. .... مهندسون ....

E. Traduisez :

1. C'est un jeune homme qui a quitté sa patrie pour chercher du travail.
2. Ils nous adressent cet appel pour rechercher leur oncle disparu.
3. Qui est cette jeune fille qui leur adresse cet appel ?

... ومنذ ذلك الحين انقطعت عنّا أخباره ولا نعلم هل لا يزال في ليبيا.

الرجاء ممّن يعرف عنه شيئا إبلاغنا وله جزيل الشكر.

• Suite et fin de l'annonce "disparu".

• منذ ذلك الحين [mundu daâlika l-ḥiyn], *depuis ce moment-là*. ذلك est le démonstratif masculin singulier d'éloignement (cf. Grammaire).

• انقطعت [inqaṭa'at] : ce verbe dérivé (racine : قطع) est ici au passé (3e personne du féminin singulier). Son sujet est أخباره ['aḫbaâru-hu], *ses nouvelles*, pluriel interne du nom خبر [ḫabar] (cf. Grammaire pour l'accord entre le verbe et le sujet). La phrase signifie (mot à mot) : *les nouvelles de lui se sont interrompues de nous*.

• عنّا ['an-naâ] : c'est la contraction de la préposition عن et du pronom suffixe نا.

• لا نعلم هل ... [laâ na'alamu hal...], *nous ne savons pas si...* : notez la construction de l'interrogation indirecte avec l'interrogatif هل , *est-ce que ?*

• Le dernier paragraphe est complexe : il est composé de deux phrases nominales coordonnées par و , une relative étant insérée dans la première :

- الرجاء { ممّن يعرف عنه شيئا } إبلاغنا
- وله جزيل الشكر

- 1re phrase nominale :

Le mubtada' est الرجاء ['ar-rajaâ'u], expression signifiant *prière de* , le mot رجاء étant le maṣdar d'un verbe simple qui veut dire *espérer, souhaiter*. Le ḫabar

mafquwd (2)
"... wa-mundu daâlika l-ḥiyn, 'inqaṭa'at 'an-naâ 'ah̰baâru-hu wa-laâ na'alam(u) hal laâ yazaâl(u) fiy liybiya. 'ar-rajaâ'(u) mim-man ya'rif(u) 'an-hu šay'an 'iblaâġu-naâ wa-la-hu jaziylu š-šukr"

Disparu (2)

"... Et depuis ce moment, nous n'avons plus eu de nouvelles et nous ne savons pas s'il est toujours en Libye. Prière à celui qui sait quelque chose à son sujet de nous [en] informer et qu'il soit grandement remercié (à lui grand merci)".

---

est إبلاغنا ['iblaâġu-na], إبلاغ étant le maṣdar d'un verbe dérivé signifiant *communiquer, informer.*

- *La relative :*

Elle est introduite par un relatif impersonnel : من [man], *celui qui* et n'a donc pas d'antécédent. مَن est ici précédé de la préposition من [min], et la contraction des deux donne ممّن [mim-mán], *de celui qui, de qui.* Traduction de l'ensemble : *de qui sait quelque chose à son sujet.* Notez la place du complément direct شيئا : il ne suit pas immédiatement le verbe car le complément indirect عنه est très court (composé d'une préposition et d'un pronom suffixe).

- *2e phrase nominale :*

Expression toute faite : *à lui grand merci.* Vous connaissez déjà le mot شكرا, *merci.* On le fait souvent suivre de جزيلا : شكرا جزيلا [šukran jaziylan], *merci beaucoup!* La construction ici reprend ces deux mots.

إبْلاغ		*il s'est interrompu*	انْقَطَعَ	*depuis*	مُنْذُ
fait d'informer		*nouvelles*	أَخْبار	*celui-là,*	ذٰلِكَ
abondant	جَزيل	*il sait*	يَعْلَمُ	*ce...-là*	
merci	شُكْر	*prière de...*	الرَّجاء	*moment*	حِين

• **Les démonstratifs** (3)

Il en existe comme en français deux sortes: ceux de proximité et ceux d'éloignement (cf. *celui-ci/celui-là...)*. Vous connaissez les démonstratifs de proximité au singulier :

هٰذا [haâḏaâ] au masculin et هٰذِهِ [haâḏihi] au féminin

Voici les démonstratifs d'éloignement :

ذٰلِكَ [ḏaâlika] au masculin et تِلْكَ [tilka] au féminin.

(هٰذا et هٰذه ont un 'alif suscrit sur le ه initial et ذٰلك sur le ذ)

• **Accord des pluriels "inanimés"**

Les verbes, les adjectifs ou les pronoms qui dépendent d'un nom de chose (ou d'animal non personnifié ainsi que de groupes de personnes) au pluriel, s'accordent au *féminin singulier*. On parlera de pluriel "inanimé" (bien que cette appellation consacrée n'exprime pas exactement la nuance voulue).

Cf. le sujet ici du verbe انقطعت qui est un nom de chose au pluriel أخبار . Ex. : – هل تعرف الأخبار ؟ = نعم ، أعرفها

- Connais-tu les nouvelles ? = Oui, je les connais

Le démonstratif هذه , l'adjectif مهمّة et le pronom suffixe ها sont au féminin singulier (se rapportant à أخبار).

• **Le Passé** (3e personne du singulier)

Vous avez déjà trouvé plusieurs verbes au passé (singulier):

غادر , انقطعت , mais aussi كان et كانت

- à la 3e personne du masculin, le passé n'a ni suffixe ni préfixe.

La voyelle finale est une fatḥa (prononcée la plupart du temps) :

كانَ ، غادرَ ، انقطعَ ، سافرَ ، سكنَ ، تكلّمَ ، رجعَ

- la 3e pers. du féminin se forme en rajoutant le suffixe ـتْ :

كانَتْ ، غادرَتْ ، انقطعَتْ ، سافرَتْ ، سكنَتْ ، تكلّمَتْ ، رجعَتْ

• **Le relatif impersonnel**

Il correspond au français *celui qui, ce que...*

Pour les personnes : مَنْ / Pour les choses : ما

N.B. : ces deux mots se contractent avec la préposition مِن pour donner مِمَّنْ et مِمّا .

Ex : *prière à celui qui sait...* = ... الرجاء ممّن يعرف

Exercices (corrigé p. 399)

A. Recopiez le texte. Vocalisez-le et faites-le en autodictée.

B. Réécrivez ces phrases en remplaçant le démonstratif de proximité par celui d'éloignement et vice-versa, puis traduisez-les :

1. أدرس في هذه المدرسة 2. ذلك الرجل مفقود

3. هل تعرف تلك الفتاة ؟ 4. هذا الشابّ مثقّف

5. ما في هذه الإعلانات ؟

C. Les verbes suivants étant tous à la 3e personne du singulier du muḍaâri' (هو ou هي) , mettez-les au passé (même personne). Attention : certains verbes sont précédés de la marque du futur سـ .

1. يطلب 2. تتابع 3. سيرجع 4. يدرس 5. ستفعل

6. يتعلّم 7. ستعلم 8. تتكلّم 9. يعرف سيكتب

D. Réécrivez les phrases suivantes en mettant les mots soulignés au pluriel et en opérant les accords nécessaires, puis, traduisez-les :

[Voici les pluriels des mots soulignés : بيت pl. : بُيوت / يوم pl. : أيّام / مكتب pl.: مَكاتِب / عنوان pl. : عَناوين]

1. هذا البيت الكبير أبيض

2. لا أعرف ذلك العنوان ... هل تعرفه ؟

3. يشتغلون في هذا المكتب الصغير

4. لا أحبّ هذا اليوم الذي يعود كلّ عام

E. Traduisez :

1. Depuis ce jour, ils n'ont plus eu de nouvelles de leur oncle.

[= les nouvelles de leur oncle se sont interrompues d'eux]

2. Que sait-elle d'eux ?
3. Il est entré, s'est dirigé vers elle et a parlé.
4. Dans cette rue(-ci), il y a ma maison et dans cette rue(-là), il y a mon école.

← ٣٣ - رجل أحلامي

- وجدت أخيراً رجل أحلامي ...
- كيف تعرّفت عليه ؟
- كتبت طلب زواج ونشرته في مجلّة . ثمّ ، انتظرت أسبوعا وبالأمس ، استلمت رسالة من المجلّة فذهبت هذا الصباح وتعرّفت على الشابّ ... تحدّثت معه ساعة ... عمره ٣٥ سنة وهو مهندس يعمل في شركة في السعوديّة .
- هل هو جميل ؟
- ها هي صورته ... أخذتها من مكتب المجلّة ...
- سأكتب إعلانا أنا أيضا !

• Ce dialogue entre deux jeunes filles fait suite (du point de vue du sens) à la leçon 30.

• رجل أحلامي [rajulu 'aḥlaâm-iy], *l'homme de mes rêves*. Identifiez le pronom suffixe.

• وجدت [wajadtu], *j'ai trouvé*. Le verbe est au passé (cf. Grammaire).

• تعرّفت عليه [ta'arrafti 'alay-hi], *tu as fait sa connaissance*. Le verbe est dérivé. Vous connaissez le verbe simple يعرف , *connaître* / يتعرّف على , *faire la connaissance de*. Le verbe dans le texte est au passé. De plus, il se construit avec la préposition على qui a les mêmes caractéristiques que إلى (cf. leçon 31).

• Notez les verbes au passé : كتبت / نشرت / انتظرت / استلمت / ذهبت / تحدّثت / أخذت . Parmi ces verbes, certains sont suivis d'un pronom suffixe rajul(u) 'aḥlaâm-iy

- wajadtu 'aẖiyran rajul(a) 'aḥlaâmiy. - kayfa ta'arrafti 'alay-hi ? - katabtu ṭalab(a) zawaâj wa-našartu-hu fiy majalla. ṯumma, 'intaẓartu 'usbuw'an wa-bi-l-'ams, 'istalamtu risaâla(tan) mina l-majalla fa-ḏahabtu haâḏa ṣ-ṣabaâḥ wa-ta'arraftu 'ala š-šaâbb... taḥaddaṯtu ma'a-hu saâ'a... 'umru-hu 35 sana wa-huwa muhandis(un) ya'amal(u) fiy šarika fi s-sa'uwdiyya. - hal huwa jamiyl ? - haâ hiya ṣuwratu-hu... 'aẖaḏtu-haâ min maktabi l-majalla... - sa-'aktubu 'i'laânan 'anaâ 'ayḍan !

L'homme de mes rêves

- J'ai trouvé enfin l'homme de mes rèves. - Comment as-tu fait sa connaissance ? - J'ai écrit une demande de mariage et l'ai publiée dans une revue. Puis, j'ai attendu une semaine et hier, j'ai reçu une lettre de la revue. Je suis donc parti ce matin et j'ai fait la connaissance du jeune homme... J'ai parlé avec lui une heure... Il a 35 ans et est ingénieur travaillant dans une société en [Arabie] Saoudite. - Est-il joli ? - Voici sa photo... Je l'ai prise du bureau de la revue... - Moi aussi, je vais écrire une annonce!

---

complément : أخذتها / نشرته . De plus, ذهبت est précédé de la particule de coordination فـ qui (comme tous les mots d'une seule lettre) s'attache au mot suivant. Cette particule ici a un sens de conséquence *et alors*.

• Notez aussi les verbes dérivés :

تحدّث / استلمت / انتظرت .

• ها هي صورته [haâ hiya ṣuwratu-hu], *voici sa photo* : ها est ici un démonstratif invariable. Cf. ها هو = *le voici*. C'est avec ce mot que sont composés les démonstratifs هذا et هذه (qui s'écrivaient avant : هاذا et هاذه).

lettre	رِسالة	*revue*	مَجَلّة	*rêves*	أحْلام
et	فَـ	*et puis*	ثُمَّ	*enfin*	أخيراً
il a parlé	تَحَدَّث	*hier*	بِالأمْسِ	*il a trouvé*	وَجَدَ
il a pris	أخَذَ		= أمْسِ	*il a fait*	تَعَرَّفَ عَلى
		il a reçu	اِسْتَلَمَ	*la connaissance de*	

• Le passé (singulier)

La majorité des verbes du dialogue sont au passé (الماضي).
- le radical du passé n'est pas le même que celui du muḍaâri'.
- les personnes se forment uniquement par suffixe.

Passé	Muḍaâri'	Pronom isolé
كَتَبْتُ	أَكْتُبُ	(أنا)
كَتَبْتَ	تَكْتُبُ	(أنتَ)
كَتَبْتِ	تَكْتُبِينَ	(أنتِ)
كَتَبَ	يَكْتُبُ	(هو)
كَتَبَتْ	تَكْتُبُ	(هي)
suffixe radical	suffixe radical préfixe	

Voici la conjugaison complète du passé au singulier:

كَتَبَ	كَتَبْتَ	كَتَبْتُ
كَتَبَتْ	كَتَبْتِ	

N.B. : à part la 3e personne du masculin singulier, toutes ces personnes ont la même graphie. Sans signe vocalique, c'est le contexte qui lève l'ambiguïté. Dans la lecture courante, la voyelle finale se prononce toujours, même à la pause.

• Enoncer un verbe

Il n'y a pas d'infinitif en arabe. Pour *nommer* un verbe (le verbe *écrire*, par exemple), on donne son passé (et éventuellement son muḍaâri') à la 3e personne du masculin singulier. Ex. :

ذَهَبَ ، يَذْهَبُ / نَشَرَ ، يَنْشُرُ / كَتَبَ ، يَكْتُبُ

On parlera donc de façon usuelle du verbe كتب, du verbe نشر, du verbe ذهب, etc.

Exercices (corrigé p. 400)

A. Recopiez le texte. Vocalisez-le et faites-le en autodictée.

B. Repérez rapidement si ces verbes sont au passé ou au muḍaâri‘ :

1. كتبت 2. تذهبين 3. وجدت 4. تتحدّثين
5. تعرّفت 6. يسكن 7. درست 8. تكلّمت
9. تعرف 10. وصل 11. تنتظر 12. يحبّ
13. نشر 14. يطلب 15. طلبت 16. انتظرت

C. Mettez ces verbes au passé (même personne) :

1. يبحث 2. تغادر (أنتَ) 3. أبلغ 4. تسافرين
5. تعمل (هي) 6. أفعل 7. يرجع
8. ترغب (هي) 9. تتكلّم (أنتَ) 10. تعرفين

D. Enoncez les verbes dont sont tirées les formes suivantes.

Ex. : أَنْشُرُ ← نَشَرَ، يَنْشُرُ

(Pour tous les verbes donnés, on pourra mettre une fatḥa sur chaque lettre du passé. Pour les voyelles du muḍaâri‘, se reporter au lexique en cas de doute.)

1. تَفْعَلُ 2. دَرَسْتُ 3. تَفْتَحِين 4. يَتَعَلَّمُ 5. تَجاوَزْتَ
6. تَأْخُذُ 7. أَتَحَدَّثُ 8. سَكَنْتَ 9. يَرْجِعون 10. يَطْلُبْنَ

E. Traduisez :

1. Il a parlé une heure avec moi.
2. Elle a écrit, puis, elle a attendu une semaine.
3. - Rachida, quand as-tu reçu cette lettre ?
   - Je l'ai reçue hier.
4. - As-tu enfin trouvé l'homme de tes rêves?
   - Oui, je l'ai trouvé.
   - Comment as-tu fait ?
   - J'ai publié une demande de mariage dans une revue.
5. - Saïd, où as-tu trouvé cette photo?
   - Je l'ai trouvée au bureau.

٣٤ - هل وجدتنّ شيئًا ؟

– متى وصلتم إلى الخرطوم ؟

= وصلنا أمس من القاهرة .

– وهل عرفتم شيئًا جديداً عن عمّنا وعائلته ؟

= لا ! بحثنا في كلّ مكان دون فائدة ... نشرنا إعلانا في جريدة مصريّة وأعطينا عنواننا في الخرطوم ... وأنتنّ ، هل وجدتنّ شيئا ؟

– نعم : كان مع أولاده في الخرطوم وغادروا فعلاً السودان إلى ليبيا عام ١٩٨٧ ثمّ سافروا إلى القاهرة عام ١٩٨٩ ...

= وكيف علمتنّ ذلك ؟

– اتّصلنا بشرطة الحدود في مصر ...

• Ce dialogue entre un groupe de femmes et un groupe d'hommes fait suite (du point de vue du sens) aux leçons 31 et 32. Les femmes parlent les premières.

• Tous les verbes de ce dialogue sont au passé et à part كان ils sont au pluriel (cf. Grammaire).

• وصلتم [waṣaltum], *vous êtes arrivés.* Vous avez déjà rencontré ce verbe au muḍaâri‘ : يصل (leçon 11). Le و initial du radical du passé disparaît au muḍaâri‘: cf. Grammaire.

• Repérez les marques des personnes au pluriel du passé (aux 1re et 2e personnes) : ـْنا / ـْتُم / ـْتُنَّ .

• La marque du passé est ـُوا [uw] pour la personne هم, le 'alif ne se prononçant pas. Ex. : غادروا [ġaâdaruw], *ils* hal wajadtunna šay'an ?

- mataâ waṣaltum 'ila l-ḫurṭuwm ? = waṣalnaâ 'ams(i) mina l-qaâhira. - wa-hal ʻaraftum šay'an jadiydan ʻan ʻammi-naâ wa-ʻaâ'ilati-hi ? = laâ ! baḥaṯnaâ fiy kulli makaân duwna faâ'ida... našarnaâ 'iʻlaânan fiy jariyda(tin) miṣriyya wa-'aʻṭaynaâ ʻunwaâna-naâ fi l-ḫurṭuwm... wa-'antunna, hal wajadtunna šay'an ? - naʻam : kaâna maʻa 'awlaâdi-hi fi l-ḫurṭuwm wa-ġaâdaruw fiʻlan as-suwdaân 'ilaâ liybyaâ ʻaâma 1987 ṯumma saâfaruw 'ila l-qaâhira ʻaâma 1989... = wa-kayfa ʻalimtunna ḏaâlika ? - 'ittaṣalnaâ bi-šurṭati l-ḥuduwd fiy miṣr...

Avez-vous trouvé quelque chose ?

- Quand êtes-vous arrivés à Khartoum ? - Nous sommes arrivés hier du Caire. - Et avez-vous su quelque chose de nouveau au sujet de notre oncle et de sa famille? - Non!... Nous avons cherché partout en vain... Nous avons publié une annonce dans un journal égyptien et nous avons donné notre adresse à Khartoum... Et vous, avez-vous trouvé quelque chose ? - Oui : il était avec ses enfants à Khartoum et ils ont effectivement quitté le Soudan pour la Libye en 1987, puis ils ont voyagé au Caire en 1989... - Et comment avez-vous su cela ? - Nous avons contacté la police des frontières en Egypte...

---

ont quitté / سافروا [saâfaruw], *ils ont voyagé.*

• في كلّ مكان [fiy kulli makaân], *dans chaque endroit = partout.*

• دون فائدة [duwna faâ'ida], *sans utilité = en vain.*

• ذلك [ḏaâlika], *cela* : est employé ici comme pronom faisant référence à tout ce qui précède.

• Notez la construction du verbe اتّصل avec la préposition بـ : اتّصلنا بالشرطة = *nous avons contacté la police.*

police	شُرْطة	*journal*	جَريدة	*arriver*	وَصَلَ
frontières	حُدود	*donner*	أعْطى	*nouveau*	جَديد
		effectivement	فِعْلاً	*sans*	دُونَ
		contacter	اِتّصَلَ بـِ	*utilité*	فائِدة

• **Le passé** (pluriel)

Voici la conjugaison complète du passé au pluriel:

كَتَبُوا *	كَتَبْتُم	كَتَبْنا
كَتَبْنَ	كَتَبْتُنَّ	

N.B. : on peut classer l'ensemble des personnes du passé en deux catégories suivant que la dernière lettre du radical :

- porte une voyelle brève :

كتبُوا / كتبَتْ / كتبَ

- ou porte un soukoun :

كتبْنَ / كتبْتنَّ / كتبْتم / كتبْنا / كتبْتِ / كتبْتَ / كتبْتُ

Cette classification nous servira par la suite pour la conjugaison des verbes irréguliers.

(*) le 'alif final de كتبوا ne se prononce pas (c'est un 'alif orthographique). Il disparaît devant un pronom suffixe : كتبوه

• **Notion de racine *malade***

Si une des trois lettres de la racine d'un mot est une semi-consonne (و ou ي), la racine est alors dite *malade* (مُعتَلّ) , c'est-à-dire que l'on assistera à certaines modifications par rapport à la norme, notamment dans la conjugaison.

N.B. : le 'alif ne fait jamais partie de la racine. Il cache soit un و soit un ي . Ex. : la racine du verbe كان est ك – و – ن (on retrouve d'ailleurs le و au muḍaâri' (يكون) .

Exemples de mots étudiés ayant une racine *malade* :

جواب (ج – و – ب) / أولاد (و – ل – د) / بيت (ب – ي – ت)

• **Verbes simples *assimilés***

Ce sont les verbes simples dont la 1re lettre de la racine est une semi-consonne (notamment un و). Ex. : وصل / وجد / ولد .

A part certaines rares exceptions, ces verbes simples perdent leur و au muḍaâri' . Ex. :

وَصَلَ ، يَصِلُ / وَجَدَ ، يَجِدُ / وَلَدَ ، يَلِدُ

Exercices (corrigé p. 400)

A. Recopiez le texte. Vocalisez-le et faites-le en autodictée.

B. Mettez ces verbes au pluriel (même personne) :

1. كتبتُ 2. بحثتْ 3. بلغ 4. غادرتَ
5. تكلّمتِ 6. سكن 7. طلبتَ 8. وصلتِ
9. عرفتْ 10. رجعتُ

C. Mettez les verbes qui sont au passé au muḍaâri' et vice-versa (même personne) :

1. عملنا 2. تسافر (أنت) 3. يفعلن 4. تطلبون
5. تصل (هي) 6. وجدوا 7. أعلم 8. تتحدّثين
9. رجعتَ 10. فتح 11. يذهبون 12. درستُ
13. تعلّمتِ 14. نتوجّه 15. يتجاوز 16. نشرتنّ
17. وصلتم 18. ترغبن 19. تعرّفتْ 20. أخذن

D. Repérez rapidement si la racine de ces verbes simples est *malade* ou non :

1. أقول 2. يمشي 3. تلعبين 4. وزن 5. تبيع

6. خرج 7. وقفتْ 8. بقي 9. يأكل 10. تعود

E. Traduisez :

1. - Est-ce qu'ils sont arrivés ?
   - Non : ils arriveront dans une heure.
2. - Ont-elles trouvé quelque chose de nouveau ?
   - Non: elles ont cherché partout en vain.
3. - Quand êtes-vous arrivées au Caire ?
   - Nous sommes arrivées hier.
4. - Quand êtes-vous allés au Soudan ?
   - Nous avons voyagé en 1987.
5. Nous avons contacté le directeur du journal : il ne sait rien !
6. Elles ont effectivement quitté l'Algérie pour la France hier.

← ٣٥ - الرجل والحمير

كان رجل يسوق عشرة حمير .

ركب حمارا منها وعدّها فوجدها تسعة .

ثمّ نزل وعدّها فوجدها عشرة فركب ووجدها تسعة فقال :

" أمشي وأربح حمارا ... أحسن ! "

Ce texte au passé est une anecdote très connue. Il faut adapter vos réflexes de lecture.

1. La première phrase donne la situation:

[kaâna rajulun yasuwqu ʻašrata ḥamiyr]

كان + sujet + verbe + COD

(كان = indication temporelle / COD = compl. d'objet direct)

2. Ensuite, trouvez les verbes (en vous aidant du vocabulaire) : *il est monté, il a compté, il a trouvé, il est descendu, il a compté, il a trouvé, il est monté, il a trouvé, il a dit.*

3. Le sujet de ces verbes est toujours le même.

4. Trouvez les COD (Attention: cela peut être un pronom).

5. Remarquez la coordination avec ثمّ *(et puis)*, فـ et و *(et)* qui s'accrochent au mot qui suit comme tous les mots formés d'une seule lettre.

6. D'après le contexte, à quoi renvoie le pronom ـها dans عدّها, وجدها, منها ? (Cf. leçon 32 : l'accord des pluriels "inanimés", les animaux étant ici considérés comme tels.)

• On trouve dans ce texte le même mot au singulier (حمار) et au pluriel (حمير) . Il s'agit d'un pluriel interne (cf. leçon 23). Dans le lexique, on le notera ainsi :

âne = حمار ج حمير

'ar-rajul(u) wa-l-ḥamiyr.
kaâna rajul(un) yasuwq(u) 'ašrata ḥamiyr.
rakiba ḥimaâran min-haâ wa-'adda-haâ fa-wajada-haâ tis'a.
ṯumma nazala wa-'adda-haâ fa-wajada-haâ 'ašra fa-rakiba wa-wajada-haâ tis'a fa-qaâla :
"'amšiy wa-'arbaḥ(u) ḥimaâran ... 'aḥsan !"

L'homme et les ânes.
Un homme conduisait dix ânes.
Il en monta un (un âne parmi eux) et les compta: alors il en trouva neuf.
Puis il descendit et les compta: alors, il en trouva dix. Alors, il monta et en trouva neuf. Alors il dit:
"Je vais marcher à pied et je gagnerai un âne... [cela vaut] mieux !"

ج étant l'abréviation de جمع [jam'] = pluriel.
• Notez le ة final du mot عشرة bien que le nom compté حمير soit masculin.
• Notez la forme أحسن ['aḥsan] *(mieux)* qui est le comparatif de l'adjectif حسن [ḥasan] *(bien).*

homme	رَجُل ج رِجال
âne	حِمار ج حَمير
conduire (un âne, une voiture...)	ساقَ ، يَسوقُ
monter (un animal, un moyen de locomotion)	رَكِبَ ، يَرْكَبُ
compter	عَدَّ ، يَعُدُّ
trouver	وَجَدَ ، يَجِدُ
descendre	نَزَلَ ، يَنْزِلُ
dire	قالَ ، يَقولُ
marcher, aller à pied	مَشَى ، يَمْشِي
gagner	رَبِحَ ، يَرْبَحُ

• L'imparfait

Pour exprimer l'imparfait, l'arabe utilise le verbe conjugué au muḍaâri' et précédé du verbe كان au passé.
Quand le sujet est exprimé, il se place généralement entre le verbe كان et le verbe au muḍaâri'. Les deux verbes s'accordent avec le sujet. Ex. : كان رجل يسوق عشرة حمير

كانت سليمة تسوق عشرة حمير

• Voyelles des verbes simples

La voyelle de la 2e lettre du radical dépend du verbe, alors que les signes vocaliques des deux autres lettres dépendent de la conjugaison. On peut trouver les catégories de verbes suivantes (en prenant le modèle فعل à la personne هو) :

- ceux qui ont un passé en فَعَلَ
  peuvent avoir leur muḍaâri' en يَفْعَلُ ou يَفْعُلُ ou يَفْعِلُ,
- ceux qui ont un passé en فَعِلَ
  peuvent avoir leur muḍaâri' en يَفْعَلُ ou rarement يَفْعِلُ,
- ceux qui ont un passé en فَعُلَ ont leur muḍaâri' en يَفْعُلُ.

Dans un dictionnaire, on trouvera le passé écrit en toutes lettres suivi de la voyelle de la 2e lettre du radical. Ex. :

رَكِبَ ـَ ← رَكِبَ ، يَرْكَبُ / كَتَبَ ـُ ← كَتَبَ ، يَكْتُبُ

نَزَلَ ـِ ← نَزَلَ ، يَنْزِلُ

• Verbes simples *concaves* au passé

Ce sont les verbes simples dont la 2e lettre de la racine est une semi-consonne (un و ou un ي). C'est le cas des verbes :

كان ، يكون / ساق ، يسوق / قال ، يقول / عاد ، يعود

Ces exemples ont tous leur muḍaâri' en و . Au passé, ce و

- disparaît aux personnes dont la dernière lettre du radical porte un soukoun :

قُلْتُ - قُلْتَ - قُلْتِ - قُلْنا - قُلْتُم - قُلْتُنَّ - قُلْنَ

- se transforme en 'alif aux autres personnes :

قالَ - قالَتْ - قالوا

N.B. : aux personnes نحن et هنّ , كان fera كُنّا et كُنَّ

Exercices (corrigé p. 401)

A. Recopiez le texte, vocalisez-le et faites-le en autodictée.

B. Dans le texte suivant se sont glissées six erreurs. Retrouvez-les et recopiez le texte corrigé :

الرجل والحمار

كان حمار يسوق عشرة رجال فركب حمارا منها وعدّها فوجدها عشرة ثمّ نزل فوجدها تسعة فقال :

" أركب وأربح حمارا ..."

C. Mettez les phrases suivantes à l'imparfait :

1. يسوق الرجل خمسة حمير
2. تشتغل هذه الفتاة في هذا المصنع
3. ركب الشابّ حمارا
4. أدرس في هذه الجامعة
5. نشرتُ إعلانا في الجريدة
6. سافرتَ إلى ليبيا

D. Ecrivez en toutes lettres (avec les signes vocaliques) les verbes suivants au muḍaâri' (à la personne هو). Ex. :

ركب ـَ ← يَرْكَبُ

1. بلغ ـُ ← .... 2. بحث ـَ ← ....

3. عرف ـِ ← .... 4. سكن ـُ ← ....

5. أخذ ـُ ← .... 6. رجع ـِ ← ....

E. Réécrivez cette phrase en changeant le sujet comme indiqué :

(هو) ← زار المدينة ثمّ عاد إلى نزله

1. (أنا) ← .... 2. (نحن) ← ....

3. (هي) ← .... 4. (هم) ← ....

F. Traduisez :

1. vous avez dit 2. il entrait 3. ils ont dit
4. Chaque jour, je cherchais du travail.
5. Chaque matin, la jeune fille attendait son directeur

36 ← ٣٦ - السيّارات المقلوبة (١)

أخذ رجل أمّيّ صحيفة مقلوبة ونظر باهتمام إلى صورة سيّارة فيها ثمّ إلى صورة ثلاث سيّارات أخرى ...

(تابع)

C'est le début d'une anecdote.

1. Découvrez rapidement le "squelette du texte" :

Verbe + sujet + compléments d'objet (même indirects)

"Un homme prit un journal... et regarda une image... puis une image...". Faites attention à la coordination.

2. Occupez-vous ensuite des épithètes :

"un homme analphabète... un journal à l'envers... autres voitures "

3. puis des annexions ('iḍaâfa) :

"la photo d'une voiture... la photo de trois voitures..."

4. Il reste deux précisions:

"avec attention [bi-htimaâm]...*y* [fiy-haâ]..."

N.B. : en arabe, on ne craint pas les répétitions.

- سيّارات est le pluriel externe de سيّارة.
- مقلوب [maqluwb] est un participe passif *(renversé)*. Il est ici au féminin singulier puisqu'il est épithète d'un nom de chose au pluriel سيّارات (pluriel "inanimé").
- أمّيّ : seul le contexte (et la chadda sur le yaâ' final qui sera rarement écrite) nous permet de différencier cet adjectif *(analphabète)* du nom أمّ suivi du pronom suffixe ي : أمّي *(ma mère)*. Dans l'adjectif, le yaâ' final redoublé est la marque de la nisba (cf. leçon 8).

'as-sayyaâraâtu l-maqluwba (1).

'aẖada rajul(un) 'ummiy(yun) ṣaḥiyfa(tan) maqluwba wa-naẓara bi-htimaâm 'ilaâ ṣuwrat(i) sayyaâra fiy-haâ ṯumma 'ilaâ ṣuwrat(i) ṯalaâṯi sayyaâraât(in) 'uẖraâ...

(taâbi')

Les voitures renversées (1).

Un homme analphabète prit un journal à l'envers et y regarda avec attention la photo d'une voiture puis celle (la photo) de trois autres voitures...

(à suivre)

- Notez la construction indirecte du verbe نظر *(regarder)* toujours suivi de la préposition إلى .
- باهتمام = la préposition بـ [bi] suivie du nom اهتمام [ihtimaâm]. Attention, la hamza initiale de ce nom est instable comme celle de l'article. On ne la prononce donc pas dans cette expression [bi-htimaâm]. Vous trouverez de nombreuses autres expressions de type adverbial commençant comme celle-ci par [bi].
- فيها : le pronom suffixe renvoie à صحيفة.
- أخرى ['uẖraâ] est le féminin de آخر ['aâẖar] *(autre)*. Dans le lexique, il sera noté ainsi : autre = آخر م أخرى

م étant l'abréviation de مؤنّث [mu'annaṯ] *(féminin)*. L'adjectif أخرى est au féminin singulier (accord avec pluriel "inanimé").

attention, soin	اهْتِمام	*voiture*	سَيّارة ج سَيّارات
	صُورة ج صُوَر	*renversé, à l'envers*	مَقْلوب
image, photo		*prendre*	أخَذَ ـُ
autre	آخَر م أُخْرَى	*analphabète*	أُمّيّ
à suivre	تابِع	*regarder qqn, qqch*	نَظَرَ ـُ إلى

• Objet compté (de 3 à 10)

Entre 3 et 10, le nom compté se met au pluriel et au cas indirect. Si ce nom est masculin, le nom de nombre (en arabe littéral) prend un ة final. Sinon, pas de ة . Le nom de nombre se met au cas exigé par sa fonction et reste défini.

Ex. : ثلاثة أولاد / ثلاث سيّارات / خمسة مهندسين

(3) ثلاث سيّاراتٍ		(3) ثلاثة أولادٍ	
(8) ثماني ...	(4) أرْبَع ...	(8) ثمانية ...	(4) أرْبَعة ...
(9) تِسع ...	(5) خَمْس ...	(9) تِسعة ...	(5) خَمْسة ...
(10) عَشْر ...	(6) ستّ ...	(10) عَشَرة ...	(6) ستّة ...
	(7) سَبْع ...		(7) سَبْعة ...

• Coordination simple

Trois particules servent à coordonner :

- وَ : exprime en général une énumération. Notez que l'on doit répéter cette particule entre tous les éléments de l'énumération (et non seulement entre les deux derniers).

Ex. : الزوج والزوجة وابنهما = *le mari, sa femme et leur fils*

- فَـ : exprime en général une succession d'actions (avec parfois un sens de conséquence) ou un changement de sujet.
- ثُمَّ : exprime une succession dans le temps (= *puis, ensuite*).
- أوْ : exprime une alternative (= *ou*).

N.B. : les deux premières particules (و et فـ) n'étant formées que d'une seule lettre, elles font partie d'un même mot graphique avec le mot qui les suit immédiatement.

• Verbes *hamzés*

La hamza peut être l'une des trois lettres de la racine d'un mot. Ainsi, le verbe أخذ (= *prendre*) a comme racine : ء - خ - ذ .
Ce verbe est dit *hamzé en première lettre*. Sa conjugaison est régulière au passé et au muḍaâri' . Il n'y a un problème d'écriture qu'à la 1re personne du singulier du muḍaâri' . Puisque le أ du préfixe précède immédiatement le أ du radical, on écrit alors un 'alif mamduwda : أأخُذُ ← آخُذُ

Exercices (corrigé p. 402)

A. Recopiez le texte, vocalisez-le et faites-le en autodictée.

B. Les mots de chacune des trois phrases suivantes ont été mis dans le désordre. Reconstituez celles-ci :

1. إلى / الفتاة / ثلاثة / نظرت / أولاد / صورة
2. مقلوبة / هذا / أخذ / صحيفة / الشابّ
3. إعلانات / الصحيفة / خمسة / في

C. Réécrivez les phrases suivantes en remplaçant le mot souligné par un pronom suffixe :

1. نظر الرجل إلى صورة السيّارات
2. نظر الرجل إلى الصورة
3. في الصورة خمس سيّارات
4. نظر الشابّ باهتمام إلى الإعلان
5. بحث عن الإعلانات في الجريدة

D. Réécrivez la phrase suivante en remplaçant à chaque fois l'un des deux mots soulignés par le mot proposé :

أخذ رجل أمّيّ صحيفة مقلوبة

1. .... الرجل ....
2. .... الصحيفة ....
3. .... الصحف ....
4. .... الفتاة ....
5. .... فتاة ....

E. Traduisez :

1. quatre voitures
2. dix ingénieurs
3. sept garçons
4. huit hommes
5. trois journaux
6. cinq annonces
7. neuf photos
8. Le directeur, la secrétaire et l'ingénieur sont à l'usine.
9. Il l'a regardé avec attention puis il est parti.
10. Ils ont trois autres voitures.

← ٣٧ - السيّارات المقلوبة (٢)

جاء صديق له قال له :

- ماذا في صحيفة اليوم من أخبار ؟

قال :

- أخبار مهمّة !... حوادث مؤلمة ... لقد انقلبت أربع سيّارات !

Suite de l'anecdote de la leçon 33. Reprenez la même approche du texte:

1. le "squelette du texte":
"un ami est venu... il a dit... il a dit..."
L'intérêt réside dans le dialogue (question/réponse).

2. La question:
Remarquez la structure : "ماذا ... من ... ؟"
(qu'est-ce qu'il y a .... en fait de... ? = quelles sont les nouvelles?)

3. La forme de la réponse :
"des informations (+ épithète) ... *des accidents* (+ épithète) ... [une phrase verbale]."

4. قال est souvent répété. Ce verbe sert de "guillemets". Il n'est pas nécessaire de repréciser le sujet.

• صديق له = *un ami à lui*. On ne peut pas utiliser ici l'annexion صديقه car cela aurait un autre sens : *son ami* (défini).

• اليوم : le mot يوم signifie *jour*. Précédé de l'article et sans autre indication, il signifiera *aujourd'hui*.

• صحيفة اليوم : annexion *(le journal d'aujourd'hui)*.

• أخبار est le pluriel interne de خبر *(nouvelle,*

'as-sayyaâraâtu l-maqluwba (2).

jaâ'a ṣadiyqun la-hu qaâla la-hu :

- maâḏaâ fiy ṣaḥiyfati l-yawm min 'aẖbaâr ?

qaâla :

- 'aẖbaâr(un) muhimma... ḥawaâdiṯ(u) mu'lima... laqadi nqalabat 'arba'u sayyaâraât !

Les voitures renversées (2).

Un ami à lui arriva (est venu) et lui dit :

- Quelles sont les nouvelles dans le journal d'aujourd'hui ?

Il dit :

- Des nouvelles importantes... des accidents dramatiques... Quatre voitures se sont renversées !

---

information).

• Notez l'accord des deux épithètes مهمّة et مؤلمة qui se rapportent à des pluriels "inanimés".

• لقد [laqad] : particule qui précède un verbe au passé pour insister sur cette valeur temporelle. Ne se traduit pas. Pour la voyelle de liaison لقدِ انقلبت , cf. Grammaire.

venir	جاءَ ، يَجِيءُ
ami	صَديق ج أصْدِقاء
dire	قالَ ، يَقولُ
nouvelle, information	خَبَر ج أخْبار
jour	يَوْم ج أيّام
aujourd'hui	اليَوْم
important	مُهِمّ
accident	حادِث ج حَوادِث
dramatique	مُؤْلِم
se renverser	اِنْقَلَبَ ، يَنْقَلِبُ

• Voyelles des verbes dérivés

A la différence des verbes simples, les voyelles internes des verbes dérivés ne dépendent pas du verbe mais de son schème. On recense en effet neuf schèmes de dérivation caractérisés chacun par les rajouts de 1, 2 ou 3 lettres à la racine du verbe. Ainsi, si vous connaissez le verbe اِنْقَلَبَ ، يَنْقَلِبُ , vous saurez conjuguer sans problème de voyelles tous les verbes dérivés bâtis sur le même schème (les grammaires arabes en français parlent de *formes dérivées* qu'elles numérotent de 2 à 10, la forme 1 comprenant les verbes simples)

• Verbes dérivés : formes 7 et 8

- Forme 7 : deux lettres ont été rajoutées à la racine : une hamza (instable) et un nuwn avant les trois lettres de la racine.

Son schème est : اِنْفَعَلَ ، يَنْفَعِلُ

Ex. : اِنْقَطَعَ ، يَنْقَطِعُ / اِنْقَلَبَ ، يَنْقَلِبُ

- Forme 8 : deux lettres ont été rajoutées à la racine : une hamza (instable) avant la 1re lettre de la racine et un taâ' après la 1re lettre de la racine.

Son schème est : اِفْتَعَلَ ، يَفْتَعِلُ

Ex. : اِشْتَغَلَ ، يَشْتَغِلُ / اِنْتَظَرَ ، يَنْتَظِرُ

Dans ces deux formes, les voyelles sont les mêmes et la hamza instable disparaît au muḍaâri‘ (bien sûr, on ne la prononce pas au passé en cas de liaison avec un mot qui précède).

• Rencontre de deux soukouns (التقاء الساكنين)

L'arabe littéral ne tolère pas que deux soukouns se suivent. Si un mot se terminant par un soukoun (par exemple لقدْ ou منْ) est suivi d'un mot commençant par une hamza instable (par exemple انقلبت ou المدينة), la hamza instable n'étant plus prononcée, il faut rajouter une voyelle de liaison pour ne pas avoir deux soukouns de suite. On aura donc :

منْ + الْمدينة = منَ ٱلْمدينة / لقدْ + انْقلبت = لقدِ ٱنْقلبت

Exercices (corrigé p. 402)

A. Recopiez le texte, vocalisez-le et faites-le en autodictée.

B. Complétez les phrases en utilisant les verbes de 7e ou 8e forme suivants conjugués comme il convient (temps et personne). Mettez les signes vocaliques aux verbes et traduisez :

استلم / اشتغل / انتظر / انقلب

1. - ماذا تفعلين هنا ؟ = ... صديقتي !
2. .... سيّارة عمّي في شارع تونس أمس .
3. في تلك الأيّام ، كنتم .... في شركة سوريّة .
4. - هل عندكم أخبار ؟ = نعم ، .... رسالة أمس .

C. Dans la liste de verbes suivants (tous au passé, 3e personne du masculin singulier) trouvez les verbes dérivés de 7e ou 8e forme. Puis, écrivez leur passé et leur muḍaâri' (à la personne هو) avec tous les signes vocaliques :

1. ابتعد 2. تجاوز 3. اجتمع 4. انصرف 5. استسلم

6. أراد 7. تفضّل 8. انكسر 9. انفتح 10. اعتقد

D. Réécrivez la phrase suivante en remplaçant à chaque fois l'un des deux mots soulignés par le mot proposé :

نظر رجل أمّيّ إلى صحيفة مقلوبة فقال له صديقه : ...

1. .... الرجل ....
2. .... صديقته : ...
3. .... فتاة ....
4. .... الفتاة ....

E. Traduisez :

1. une nouvelle dramatique 2. des nouvelles dramatiques
3. L'homme est analphabète.
4. C'est un homme analphabète.
5. Cet homme est analphabète.
6. L'homme a pris un journal.
7. La jeune fille a pris le journal.
8. La jeune fille a regardé la photo d'une voiture.

← ٣٨ - الطفل وأمّه

دخل طفل على أمّه وهي تتكلّم مع صديقة لها بالهاتف . قال لها : - ماما ... ما اسم الحفرة الموجودة في الحديقة ؟ قالت له : - اذهب الآن ... أنا مشغولة ! فذهب الطفل ثمّ عاد بعد ساعة وكانت أمّه قد انتهت . فقال لها : - ماما ... ما اسم الحفرة الموجودة في الحديقة ؟ فقالت الأمّ : - اسمها البئر ، يا عزيزي . فقال : ماما ... لقد سقطت أختي الصغيرة في البئر .

Procédez d'abord comme pour les textes précédents (repérage des verbes et des articulations de l'histoire).

• دخل على : ce verbe qui signifie *entrer* prend le sens de *se présenter subitement* quand il est suivi de على .

• وهي تتكلّم : cf. Grammaire.

• فـ indique ici un changement de sujet.

• اسم : ce nom commence par une hamza instable, comme l'impératif اذهب (cf. Grammaire) et le verbe انتهت.

• Notez les voyelles de liaison dans les groupes de mots suivants : فقالتِ الأمّ - قدِ انتهت - اذهبِ الآن .

Rappelez-vous cependant qu'on a souvent tendance aujourd'hui à prononcer la hamza instable comme une hamza stable (comme s'il y avait une petite pause entre les mots).

'aṭ-ṭifl(u) wa-'ummu-hu.

daḫala ṭifl(un) ʻalaâ 'ummi-hi wa-hiya tatakallam(u) maʻa ṣadiyqatin la-haâ bi-l-haâtif. fa-qaâla la-haâ : - maâmaâ... ma smu l-ḥufra(ti) l-mawjuwda (*ou* maâ 'ismu l-ḥufra(ti) l-mawjuwda) fi l-ḥadiyqa ? qaâlat la-hu: - 'iḏhabi l-'aân... 'anaâ mašġuwla ! fa-ḏahaba ṭ-ṭifl ṯumma ʻaâda baʻda saâʻa wa-kaânat 'ummu-hu qadi ntahat. (...) fa-qaâlati l-'umm : - 'ismu-haâ l-bi'r(u), yaâ ʻaziyz-iy. fa-qaâla : - maâmaâ... laqad saqaṭat 'uḫt-i ṣ-ṣaġiyra fi l-bi'r.

L'enfant et sa mère.

Un enfant vint trouver sa mère alors qu'elle parlait avec une amie à elle au téléphone. Il lui dit : - Maman... Comment s'appelle le trou qui se trouve dans le jardin? Elle lui dit : - Va-t'en maintenant... Je suis occupée. L'enfant s'en alla et revint au bout d'une heure alors que sa mère avait fini. (...) La mère dit : - Cela s'appelle un puits, mon chéri. - Maman, ma petite sœur est tombée dans le puits.

• كانت أمّه قد انتهت : cf. Grammaire.

• بعد ساعة : dans un contexte au passé *au bout d'une heure.*

• انتهى fait au féminin انتهت (هي) , le 'alif maqṣuwra disparaissant (cf. Grammaire)

• Notez les deux participes passifs: موجود et مشغول .

heure	ساعة	*entrer*	دَخَلَ ـُ
insiste sur la valeur passée du verbe	قَدْ / لَقَدْ	*enfant*	طِفْل ج أطْفال
		téléphone	هاتِف (تِلِفون)
terminer	اِنْتَهَى ، يَنْتَهِي	*trou*	حُفْرة
puits (féminin en arabe)	بِئْر ج آبار / بِئَار	*qui se trouve, présent*	مَوْجود
chéri	عَزيز	*jardin*	حَديقة ج حَدائِق
tomber	سَقَطَ ـُ	*occupé*	مَشْغول

• **Plus-que-parfait**

Pour exprimer l'équivalent de notre plus-que-parfait, l'arabe utilise le verbe كان au passé (exposant temporel) suivi du verbe au passé (généralement précédé de la particule قد). Ex. :

كانت أمّه قد انتهت = *sa mère avait fini*

Le sujet, s'il est exprimé, se met entre les deux verbes.

• **Complément d'état** (و الحال)

Dans la phrase : دخل طفل على أمّه وهي تتكلّم le و suivi du pronom هي n'exprime pas la coordination mais introduit une notion d'état concomitant.

La deuxième action (وهي تتكلّم) se déroule en même temps que la première (دخل طفل على أمّه). On traduira alors ce وهي par *alors qu'elle...* Il en est de même pour la phrase suivante :

عاد وكانت أمّه قد انتهت = *il revint alors que sa mère avait fini*

• **Impératif des verbes simples**

L'impératif n'existe en arabe qu'à la 2e personne (singulier, duel et pluriel). Voici sa conjugaison pour les verbes simples de racine saine (c'est-à-dire non-malade) :

- verbes dont le muḍaâriʻ est du type يفعُل (ex. : يكتُب) :

اُكْتُبْ / اُكْتُبي / اُكْتُبا / اُكْتُبوا / اُكْتُبْنَ

- autres verbes (ex. : يذهَب ou يرجِع) :

اِذْهَبْ / اِذْهَبي / اِذْهَبا / اِذْهَبوا / اِذْهَبْنَ ... / اِرْجِع

N.B. : la hamza initiale est instable et le 'alif de la terminaison وا ne se prononce pas (اكتبوا se prononce ['uktubuw]).

• **Verbes *défectueux*** (passé - 1)

Les verbes défectueux sont ceux dont la 3e lettre de la racine est une semi-consonne (le plus souvent un yaâ').

Tous les verbes défectueux (simples ou dérivés) qui se terminent à la 3e personne du masculin singulier du passé par un 'alif maqṣuwra (ex. : مشى ou انتهى) se conjuguent ainsi au passé :

- le ى se transforme en ي aux personnes dont la marque commence par un soukoun :

مَشَيْتُ – مَشَيْتَ – مَشَيْتِ – مَشَيْنا ...

- le ى disparaît aux autres personnes (sauf à هو) :

مَشى – مَشَتْ – مَشَوا

Exercices (corrigé p. 403)

A. Recopiez le texte, vocalisez-le et faites-le en autodictée.

B. Réécrivez le passage suivant du texte

1° - en remplaçant le nom أمّ par عمّ ,

2° - en remplaçant le nom أمّ par أنا (et طفل par ابني) ,

3° - en remplaçant le nom طفل par طفلة ,

4° - en remplaçant le nom طفل par أنا

et en opérant les modifications nécessaires :

دخل طفل على أمّه وهي تتكلّم مع صديقة لها . قال لها : (...) . قالت له : " اذهب الآن ! أنا مشغولة " . فذهب الطفل ثمّ عاد بعد ساعة وكانت أمّه قد انتهت .

1. دخل طفل على عمّه .....
2. دخل ابني عليّ ...
3. دخلتْ طفلة على أمّها ...
4. دخلتُ على أمّي ...

C. Formez (uniquement à la 2e personne du singulier) les impératifs des verbes suivants en mettant tous les signes vocaliques :

1. بحث ـَ 2. دخل ـُ 3. درس ـُ 4. عرف ـِ 5. ركب ـَ

D. Réécrivez les phrases suivantes en remplaçant à chaque fois le mot souligné par le mot proposé :

(هو) ← مشى وهو يتحدّث مع صديقه

1. (هي) ← ....
2. (أنا) ← ....
3. (هم) ← ....

(هي) ← كانت قد انتهت

4. (أنتَ) ← ....
5. (نحن) ← ....

E. Traduisez :

1. Je lui ai dit (à elle). 2. Elle m'a dit. 3. Nous t'avons dit.
4. mon cher ami 5. ma chère sœur 6. sa petite sœur (à lui)
7. Entre et écris, Farid !

39 ← ٣٩ - القرويّ (١)

كان قرويّ يتحدّث مع سائق سيّارة في المدينة . فقال السائق :

- كان لأمّي طفل ولم يكن هذا الطفل أخي . فمن يكون ؟

فكّر القرويّ طويلا ولم يجد الجواب . فضحك السائق قائلا :

- هو أنا !...

(تابع)

• كان قرويّ يتحدّث : notez la formation de l'imparfait.

• سائق سيّارة : ces deux mots forment une annexion indéfinie (cf. leçon 14) = *un chauffeur de voiture.*

• سائق est le participe actif du verbe ساق ، يسوق . Cf. Grammaire.

• Notez l'utilisation de la coordination فـ dans ce texte (changement de sujet et conséquence).

• كان لأمّي طفل = *ma mère avait un enfant.* Cf. leçon 22.

• لم est la négation du passé. Le verbe qui suit se met au muḍaâri‘ majzuwm (cf. Grammaire).

Donc لم يكُنْ est la négation de كان et لم يجِدْ est la négation de وجد .

Remarquez la voyelle de liaison à la fin de يجدْ :

لم يجدِ الْجواب

• طويلاً : expression adverbiale = *longtemps.*

'al-qarawiy (1).
kaâna qarawiy(yun) yataḥaddaṯ(u) ma'a saâ'iq(i) sayyaâra fi l-madiyna. fa-qaâla s-saâ'iq:
- kaâna li-'umm-iy ṭifl(un) wa-lam yakun haâḏa ṭ-ṭifl(u) 'aḫ-iy. fa-man yakuwn?
fakkara l-qarawiy(yu) ṭawiylan wa-lam yajidi l-jawaâb. fa-ḍaḥika s-saâ'iq(u) qaâ'ilan:
- huwa 'anaâ !... (taâbi')

Le villageois (1).
Un villageois parlait avec un chauffeur de voiture à la ville. Le chauffeur dit :
- Ma mère avait un enfant et cet enfant n'était pas mon frère. Alors, qui est-il ?
Le villageois réfléchit longtemps et il ne trouva pas la réponse. Alors le chauffeur rit en disant :
- C'est moi !... *(à suivre)*

• قائل est le participe actif du verbe قال ، يقول . Cf. Grammaire. Il est ici au cas direct قائلاً car on pourrait le remplacer par وهو يقول = *tout en disant* (cf. leçon 35).

• هو أنا : mot à mot *"lui est moi"* = *"c'est moi"*.

villageois	قَرَوِيّ
parler	تَحَدَّثَ ، يَتَحَدَّثُ
conducteur, chauffeur	سائِق
réfléchir, penser	فَكَّرَ ، يُفَكِّرُ
long	طَوِيل
longtemps	طَوِيلاً
réponse	جَواب
rire	ضَحِكَ ـَ
disant, qui dit	قائِل

• Classification des formes du muḍaâri‘

Les formes verbales du muḍaâri‘ se classent en 3 catégories:

1. celles qui n'ont pas de lettre suffixe (et qui se terminent généralement par une ḍamma) : on les appellera les *formes simples*. Ce sont (en prenant comme modèle le verbe يفعل) :

أفعلُ (أنا) - تفعلُ (أنتَ / هي) - يفعلُ (هو) - نفعلُ (نحن)

2. celles qui ont un suffixe composé de deux lettres (ـينَ ou ـونَ ou ـانِ) : on les appellera les *cinq verbes*. Ce sont:

تفعلين (أنتِ) - تفعلان (أنتَما / هما) - يفعلان (هما)

تفعلون (أنتم) - يفعلون (هم)

3. celles qui ont un suffixe composé d'un ن précédé d'un soukoun (ـْنَ) : on les appellera les *féminin pluriel*. Ce sont :

تفعلْنَ (أنتنّ) - يفعلْنَ (هنّ)

• Verbes *concaves* en و (muḍaâri‘)

Le و apparaît à toutes les personnes sauf au *féminin pluriel* pour éviter la rencontre de deux soukouns.

أقولُ - تقولُ - تقولينَ ... - تقُلْنَ - يقولون - يقُلْنَ

• Négation du passé et muḍaâri‘ majzuwm (1)

La négation du passé est لَمْ employé avec une variante du muḍaâri‘ appelée المجزوم [majzuwm] (qu'on traduit parfois par *apocopé*). Ce temps se forme en opérant diverses transformations par rapport au muḍaâri‘ normal. Aux *formes simples*, la ḍamma se transforme en soukoun. Ex. :

je n'ai pas fait لم أفعلْ ← أفعلُ

il n'a pas trouvé لم يجدْ ← يجدُ

• Majzuwm des verbes *concaves*

La règle du paragraphe précédent s'applique, mais, pour éviter la rencontre de deux soukouns, la semi-consonne (ici le و) disparaît aux formes simples. Ex. : لم أقلْ ← أقُولُ

لم أقلْ - لم تقلْ - لم يقلْ - لم تقلْ - لم نقلْ

• Participe actif des verbes *concaves*

Il est toujours sur le modèle فائل . Ex. :

قال ، يقول ← قائِل / ساق ، يسوق ← سائِق

Exercices (corrigé p. 403)

A. Recopiez le texte, vocalisez-le et faites-le en autodictée.

B. Voici deux listes : la première est composée de verbes au passé négatif. Trouvez la forme affirmative correspondant à chacun de ces verbes dans la deuxième liste (attention, vous y trouverez plus de verbes que nécessaire) :

1. لم يكن 2. لم أكتب 3. لم نفعل 4. لم تسق 5. لم يصل
6. لم تطلب 7. لم أبحث 8. لم نعد 9. لم يركب 10. لم أقل

---

١ - بحثتُ ٢ - تسوق ٣ - وصل ٤ - أفعل ٥ - فعلنا
٦ - يكون ٧ - طلبتَ ٨ - ساقت ٩ - كتبتُ ١٠ - كان
١١ - ركب ١٢ - عدنا ١٣ - قالت ١٤ - قلتُ ١٥ - فعلتُ

C. Mettez ces verbes à la forme négative (même temps, même personne) :

1. يسوق 2. وجدتُ 3. رغبتْ 4. يعودون 5. نذهب
6. علمنا 7. يزُرْن 8. دخلتَ 9. عادتْ 10. وصل

D. Mettez ces verbes au muḍaâri' (même personne) :

1. ساق 2. زُرْنا 3. كُنْتُ 4. عُدْنَ 5. قُلْتِنّ

E. Réécrivez la phrase en remplaçant à chaque fois le mot souligné par le mot proposé :

(<u>هو</u>) ← فكّر طويلا ولم يجد الجواب

1. (هي) ← ....
2. (أنا) ← ....
3. (نحن) ← ....

F. Remplacez l'expression commençant par ... وهو par un participe actif. Ex.: ضحك وهو يقول ← ضحك قائلاً

1. قال وهو يعود 2. سافر وهو يزور 3. قال وهو يسوق

G. Traduisez :

1. le chauffeur de la voiture 2. un chauffeur de voiture
3. J'ai trouvé la solution.
4. Je n'ai pas trouvé la solution.
5. Sa mère avait un enfant.
6. Cette fille (طفلة) n'était pas mon amie.

... ولـمّا عاد القرويّ إلى قـريتـه ، ألقى السؤال على أصدقـائـه . فكّروا طويلا ولكنّهم لم يجدوا الجواب . فقال لهم :

" إنّـه سائق سيّارة في المدينـة " .

• لـمّا = *lorsque , quand*, est suivi d'un verbe au passé.

• عاد (verbe concave dont le muḍaâri' est يعود) : synonyme du verbe رجع *(= revenir).*

• قرية : c'est à partir de ce nom qu'est formée de façon un peu particulière la nisba قرويّ .

• ألقى veut dire *jeter.* Ici, sens dérivé avec le mot سؤال *(question)* : *jeter une question sur = poser une question à ...* Remarquez la préposition utilisée على . Le verbe ألقى est un verbe dérivé de racine défectueuse. Il se conjugue au passé comme مشى (cf. leçon 38).

• أصدقائه : notez simplement l'orthographe de la hamza qui a besoin ici d'un support à cause du pronom suffixe qui la suit. Le mot seul s'écrit أصدقاء (pluriel de صديق , *ami).*

• ولكنّهم *(mais eux)* : ensemble composé de و suivi de لكنّ [laâkinna] , *mais* et du pronom suffixe هم . لكنّ est une particule du cas direct (Cf. Grammaire) et se prononce لاكنّ : si on mettait tous les signes vocaliques, il faudrait écrire un 'alif suscrit au-dessus du ل .

• لم يجدوا : négation de وجدوا (passé). Cf. Grammaire.

'al-qarawiy (2).
wa-lammaâ 'aâda l-qarawiy(yu) 'ilaâ qaryati-hi, 'alqa s-su'aâl(a) 'alaâ 'aṣdiqaâ'i-hi. fakkaruw ṭawiylan wa-laâkinna-hum lam yajidu l-jawaâb. fa-qaâla la-hum :
" 'inna-hu saâ'iq(u) sayyaâra fi l-madiyna. "

Le villageois (2).
Et quand le villageois fut revenu à son village, il posa la question à ses amis. Ils réfléchirent longtemps mais ne trouvèrent pas la réponse. Il leur dit :
" C'est un chauffeur de voiture à la ville."

• إنَّه : ensemble composé de إنَّ et du pronom suffixe ه .
إنَّ est comme لكنَّ une particule du cas direct (cf. Grammaire). On aurait pu dire autrement :

هو سائق سيّارة ...

lorsque, quand	لَمّا
(suivi d'un verbe au passé)	(+ فعل ماضٍ)
revenir	عادَ ، يَعودُ
village	قَرْية ج قُرى
jeter	أَلْقى ، يُلْقي
question	سُؤَال ج أَسْئِلة
- poser une question	– ألقى سُؤَالاً
- faire un discours	– ألقى خِطاباً
ami	صَديق ج أَصْدِقاء
mais (suivi d'un nom ou d'un pronom suffixe)	لٰكِنَّ (ولٰكِنَّ)
ne se traduit pas en début de phrase (suivi d'un nom ou d'un pronom suffixe)	إِنَّ

• **Subordonnée de temps** (après لـمّا)
لـمّا , toujours suivi d'un verbe au passé, signifie *lorsque, quand*, avec la nuance *après que* . Ex. :
لـمّا عاد ، ألقى السؤال = *quand il fut revenu, il posa la question*

• **Mudaâri' majzuwm** (2)
- Aux formes qui se terminent par un suffixe de deux lettres (*cinq verbes*), le ن final disparaît (et un 'alif qui ne se prononce pas apparaît après le و pour أنتم et هم). Ex. :

tu n'as pas fait تفعلين ← لم تفعلي
ils n'ont pas fait يفعلون ← لم يفعلوا
vous (2) n'avez pas fait تفعلان ← لم تفعلا

- Aux personnes du *féminin pluriel*, pas de transformation. Ex.:

elles n'ont pas fait يفعلنَ ← لم يفعلنَ
vous n'avez pas fait تفعلنَ ← لم تفعلنَ

⇒ Pas de problèmes particuliers à ces deux catégories de personnes pour les verbes "concaves" : لم تقولي / لم تقُلْنَ .

• **Particules du cas direct** (إنّ وأخواتها)
إنّ et un certain nombre d'autres particules (comme لكنّ) sont appelées *particules du cas direct* (en arabe, on dit "إنّ et ses sœurs"). Ces particules sont toujours suivies d'un nom ou d'un pronom suffixe qui se mettent au cas direct.

• إنّ , au début d'une phrase, ne se traduit pas en français. Ex. :
إنّه سائق سيّارة = *c'est un chauffeur de voiture*

• لكنّ (souvent précédé de و) signifie *mais*. Ex. :
فكّروا طويلا ولكنّهم لم يجدوا الجواب
= *ils réfléchirent longtemps mais ne trouvèrent pas la réponse*

N.B. : لكنّ + ي = لكنّني ou لكنّي / إنّ + ي = إنّني ou إنّي

L'emploi de ces particules modifie donc la structure des phrases qu'elles introduisent. Ex. : voici deux phrases indépendantes :
ألقى السؤال / لم يجد صديقُه الجواب
Relions-les avec لكنّ , nous avons alors :
ألقى السؤال ولكنّ صديقَه لم يجد الجواب
Il a posé la question mais son ami n'a pas trouvé la réponse.

Exercices (corrigé p. 404)

A. Recopiez le texte, vocalisez-le et faites-le en autodictée.

B. Mettez ces verbes à la forme négative (même temps, même personne) :

1. كتبوا 2. وجدن 3. يبحثون 4. قُلْتِ 5. فتحتنّ

6. طلبتم 7. عمل 8. قالوا 9. أرجعِ 10. سكنتِ

C. Mettez ces verbes à la forme affirmative (même temps, même personne) :

1. لم يضحكوا 2. لا يقول 3. لم يقُلْن 4. لم تسقطي

5. لم تجدوا 6. لا يشتغل 7. لم أشتغل 8. لم يسُق

9. لم تستلمي 10. لم آخذ

D. Réécrivez ces phrases en remplaçant à chaque fois le mot souligné par le mot proposé :

(<u>هو</u>) ← لمّا عاد إلى قريته ، ألقى السؤال على أصدقائه

1. (هي) ← ....

2. (أنا) ← ....

3. (هم) ← ....

(<u>هم</u>) ← فكّروا طويلا ولكنّهم لم يجدوا الجواب

4. (نحن) ← ....

5. (أنتَ) ← ....

6. (هيَ) ← ....

E. Réécrivez ces phrases en les reliant deux à deux avec ولكنّ (et en opérant les transformations nécessaires) :

1. دخل الطفل على أمّه / كانت مشغولة

2. بحث عنها في كلّ مكان / لم يجدها

3. وصل في الصباح / كان صديقه قد ذهب

4. سافرنا إلى تونس / لم نزُر عمّي

F. Traduisez :

1. Quand elle eut fini, il lui posa la question.
2. Il leur a écrit mais ils n'ont pas reçu sa lettre.
3. Pourquoi ne sont-ils pas partis avec toi au village ?

← ٤١ - نسي طفله (١)

خرج رجل من منزله ومعه طفل عليه قميص أحمر فحمله على عاتقه ثمّ نسيه .

فأخذ يقول لكلّ من رآه :

" هل رأيت طفلا عليه قميص أحمر ؟ "

(تابع)

Pour bien comprendre ce début d'anecdote, il faut - après avoir perçu l'articulation du texte (verbes et coordination) - bien distinguer à quel nom renvoie chacun des pronoms suffixes ه que l'on trouve dans ces lignes. Dans les deux premières lignes, on a affaire à deux personnages : l'homme et l'enfant.

- pronoms renvoyant à l'homme : منزله - معه - عاتقه .
- pronoms renvoyant à l'enfant : عليه - فحمله - نسيه .

Les deux premières lignes se décomposent ainsi :

- une phrase verbale : خرج رجل من منزله
- une phrase nominale coordonnée par و à la première : ومعه طفل
- une relative ayant un antécédent indéfini طفل (donc pas de relatif) : عليه قميص أحمر
- enfin deux phrases verbales coordonnées

 par ف : فحمله على عاتقه .

 et par ثمّ : ثمّ نسيه .

• منزل est synonyme du mot بيت, ainsi que du mot دار (Cf. الدار البيضاء) = *maison.*

• أخذ يقول = *il se mit à dire* (Cf. Grammaire).

• كلّ من : ces deux mots forment une annexion.

nasiya ṭifla-hu (1).

ḫaraja rajul(un) min manzili-hi wa-ma'a-hu ṭifl(un) 'alay-hi qamiyṣ(un) 'aḥmar fa-ḥamala-hu 'alaâ 'aâtiqi-hi ṯumma nasiya-hu. fa-'aḫaḏa yaquwl(u) li-kulli man ra'aâ-hu :
"hal ra'ayta ṭiflan 'alay-hi qamiyṣ(un) 'aḥmar?" (taâbi')

Il a oublié son enfant (1).

Un homme sortit de sa maison avec un enfant (un enfant avec lui) qui avait (sur lui) une chemise rouge; il le porta sur ses épaules puis l'oublia. Alors il se mit à dire à tous ceux qu'il voyait : " As-tu vu un enfant qui a (sur lui) une chemise rouge?"

(à suivre)

Attention : ici مَن n'est pas un interrogatif mais un relatif impersonnel *(= celui qui* ou *que..., ceux qui* ou *que..., quiconque)*. Traduction mot à mot : *chaque (personne) que ...*

• رآه : c'est le verbe رأى (pour sa conjugaison, cf. Grammaire) auquel on a rajouté le pronom suffixe ه . Notez que le 'alif maqṣuwra, n'étant plus en fin de mot, se transforme en 'alif mamduwda (puisque précédé d'une hamza). Le pronom suffixe ه renvoie à كلّ من .

sortir	خَرَجَ ـُ
demeure, maison	مَنْزِل ج مَنازِل
chemise	قَميص ج أقْمِصة
rouge	أحْمَر م حَمْراء
porter	حَمَلَ ـِ
épaule	عاتِق
oublier	نَسِيَ ، يَنْسى
se mettre à...	أخَذَ (+ مضارع)
voir	رَأى ، يرى

• **Les verbes *inchoatifs***

Dans ce dialogue, le verbe أخذ (au passé) est suivi d'un autre verbe au muḍaâri‘ (أخذ يقول). Il a alors le sens de *se mettre à, commencer*. On l'appelle *inchoatif*. Bien sûr, les deux verbes s'accordent avec le sujet, et si celui-ci est exprimé, il se place entre les deux verbes.

Ex. : أخذت الفتاة تقول = *la jeune fille se mit à dire*

• **Verbes *défectueux*** (passé - 2)

Nous avons déjà vu (leçon 38) la conjugaison du passé des verbes défectueux du type مشى (se terminant au passé par ى). Pour les verbes défectueux du type نسي (se terminant au passé par ي), le ي se maintient à toutes les personnes sauf à هم :

نَسِيتُ - نَسِيتَ - نَسِيتِ - نَسِينا ... نَسِينَ

نَسِيَ - نَسِيَتْ - نَسُوا

Le ي disparaît donc devant la terminaison ـوا et comme l'arabe ne tolère pas dans la conjugaison des verbes défectueux la diphtongue [iw], la voyelle de la lettre précédente devient ـُ .

• **Verbes *défectueux*** (muḍaâri‘)

Voici les deux types de conjugaison : يمشي et ينسى .

- aux *formes simples*, le ي ou le ى sont maintenus :

أنسى - تنسى - ينسى ... / أمشي - تمشي - يمشي ...

- aux deux personnes du *féminin pluriel*, on a toujours un ي :

تنسَين - ينسَين / تمشِين - يمشِين

- aux *cinq verbes*,

- on a un ي devant le suffixe ان : ... تنسَيان .../ تمشِيان

- mais le ي ou le ى disparaissent devant les autres suffixes (et application de la règle sur la diphtongue [iw]).

تنسَين - تنسَون - ينسَون / تمشِين - تمشُون - يمشُون

• **Verbe** رأى *(voir)*

Ce verbe est *défectueux* et *hamzé en 2e lettre*. Cette hamza disparaît au muḍaâri‘ . Au passé, il se conjugue comme مشى :

رَأيْتُ - ... رَأى - رَأتْ - ... رَأوا - رأين

Au muḍaâri‘, il se conjugue comme ينسى :

أرى - ... ترَين - ... ترَون - ... يرَون - يرَين

Exercices (corrigé p. 404)

A. Recopiez le texte, vocalisez-le et faites-le en autodictée.

B. Réécrivez la première phrase du texte

1° - en remplaçant رجل par أنا : خرجتُ من ...

2° - en remplaçant رجل par فتاة et طفل par طفلة :

خرجت فتاة من ...

C. Réécrivez ces phrases en remplaçant à chaque fois le mot souligné par le mot proposé :

(<u>هو</u>) ← أخذ يقول لكلّ من رآه

1. (هي) ← ....

2. (أنا) ← ....

3. (هم) ← ....

(<u>أنتَ</u>) ← هل رأيت <u>طفلا</u> عليه قميص أحمر ؟

4. (أنتم) ← ....

5. (أنتِ) ← .... طفلة ....

6. (أنتنّ) ← ....

(<u>هو</u>) ← نسي الطفل ومشى

7. (هم) ← ....

8. (هي) ← ....

9. (أنتِ) ← ....

10. (هنّ) ← ....

D. Mettez ces verbes au muḍaâri‘ (même personne) :

1. مشيتُ 2. نسيتْ 3. رأوا 4. مشيتِ 5. نسين

6. رأيتم 7. مشيتَ 8. نسي 9. رأيتنّ 10. مشينا

E. Traduisez :

1. Ils se mirent à parler.
2. Avez-vous vu cette chemise rouge ?
3. Elle se mit à parler avec tous ceux qu'elle voyait.
4. Ils ont oublié un enfant qui a (sur lui) une jolie chemise.

... فقالت له امرأة :

" أليس هو الطفل الذي يجلس على عاتقك ؟ "

رفع رأسه ولطم الصبيّ قائلا :

" لماذا ابتعدت عنّي هكذا ؟ "

• امرأة [imr'a], *femme* : ce mot se présente ainsi quand il n'est pas précédé de l'article. Sinon, on a المرأة ['al-mar'a]. Attention à son pluriel qui ne lui ressemble pas : نساء [nisaâ'].

• Notez les mots qui commencent par une hamza instable : ابتعدت - الذي - امرأة.

• أليس : la particule أ ici est un interrogatif synonyme de هل *(= est-ce que ?)*. Cette particule est utilisée dans les interro-négations (ألا ...؟ ، ألم ...؟ ، أليس ... ؟).

• ليس هو الطفل est la négative de هو الطفل . Notez que, dans la phrase négative, طفل est au cas direct (cf. Grammaire).

• الذي est un relatif obligatoire ici car l'antécédent الطفل est défini (cf. Grammaire).

• رفع رأسه : notez l'utilisation du possessif par contraste avec le français. Mot à mot : *il leva sa tête (= il leva la tête).*

• صبيّ est synonyme de طفل et de ولد . Plus vieux, on l'appellera فتى (fém: فتاة) ou bien شابّ . Le mot ابن insiste, lui, sur la filiation *(= fils de...)*.

• Notez la construction du verbe ابتعد avec la préposition عن *(s'éloigner de)*. Il s'agit d'un verbe dérivé de 8e forme

nasiya ṭifla-hu (2).
fa-qaâlat la-hu mra'a(tun) :
" 'a-laysa huwa ṭ-ṭifla lladiy yajlis(u) ʻalaâ ʻaâtiqi-ka?".
rafaʻa ra'sa-hu wa-laṭama ṣ-ṣabiy(ya) qaâ'ilan :
" li-maâda btaʻadta ʻann-iy haâkadaâ?"

Il a oublié son enfant (2).
Une femme lui dit : "N'est-ce pas l'enfant qui est assis sur tes épaules ?" Il leva la tête et gifla le garçon en disant : "Pourquoi t'es-tu éloigné de moi ainsi ?"

(افتعل) dont la racine est ب – ع – د .

• عنّي : ensemble composé de la préposition عن et du pronom suffixe ي . Dans ce cas, redoublement du ن pour éviter la rencontre de deux soukouns (même règle pour من : مِنِّي ← مِنْ + ي).

• هكذا : c'est l'un des mots (comme هذا , ...) dans lesquels on trouve une ancienne écriture qui fait disparaître le 'alif ('alif suscrit). On doit prononcer comme s'il était écrit :

هاكذا

Quand on met toutes les voyelles, on écrit un petit 'alif au-dessus de la lettre, comme suit : هٰكذا .

gifler لَطَمَ ـِ	*femme* اِمْرَأة ج نِساء (المَرْأة)
صَبِيّ ج صِبْيان *garçon, enfant*	*être assis, s'asseoir* جَلَسَ ـِ
اِبْتَعَدَ ، يَبْتَعِدُ عَنْ *s'éloigner de*	*lever* رَفَعَ ـَ
ainsi هٰكَذا	*tête* رَأس ج رُؤُوس

• **La phrase nominale** (récapitulation)

Rappelons les deux types de phrases nominales :

- phrases de *localisation* où le ḫabar est introduit par une préposition. Ex. : الرجلُ في البيت = *l'homme est à la maison*
- phrases d'*identification* (là où l'on emploie un attribut en français). Ex.: الرجلُ مشغولٌ = *l'homme est occupé.*

Dans ces deux cas, le mubtada' (الرجل) se met au cas sujet. Le ḫabar est au cas indirect dans les phrases de localisation et au cas sujet dans les phrases d'identification.

- A la *négative* (et au présent), on utilise ليس . Dans ce cas, le mubtada' devient ism laysa *(nom de laysa)* et le ḫabar devient ḫabar laysa *(ḫabar de laysa)*. Celui-ci se met au cas direct (au lieu du cas sujet) dans les phrases d'identification. Ex.:

ليس الرجلُ في البيتِ / ليس الرجلُ مشغولاً

Cf. dans le dialogue : ... أليس هو الطفلَ

- De même, quand apparaît *l'exposant temporel* كان pour mettre la phrase nominale au passé ou au futur, le mubtada' devient ism kaâna *(nom de kaâna)* et le ḫabar devient ḫabar kaâna *(ḫabar de kaâna)*. Celui-ci se met là aussi au cas direct (au lieu du cas sujet) dans les phrases d'identification.

كان الرجلُ في البيتِ / كان الرجلُ مشغولاً

• **La relative** (1)

Nous avons déjà vu (leçon 31) que le relatif (qui ne s'utilise que si l'antécédent est défini) ne dépend pas comme en français de la fonction qu'il a dans la relative. On doit donc avoir dans la relative un pronom (compris dans le verbe, isolé ou suffixe) qui reprend l'antécédent et se met à la fonction voulue. C'est ce pronom qui fait le lien entre les deux phrases.

Quand ce pronom est sujet du verbe de la relative, il est alors compris dans le verbe. Ex. : relions les deux phrases suivantes :

نسي الرجل الطفل / يجلس الطفل على عاتقه

← نسي الرجل الطفل الذي يجلس على عاتقه

L'antécédent طفل est repris par le pronom sujet du verbe يجلس (compris dans le préfixe du verbe يـ qui renvoie à هو).

N.B. : la relative doit suivre immédiatement l'antécédent.

Exercices (corrigé p. 405)

A. Recopiez le texte, vocalisez-le et faites-le en autodictée.

B. Réécrivez ces phrases en les mettant :
1° - à la négative,
2° - puis au passé (affirmatif).

1. هذه المرأة مشغولة .
2. هذا الرجل أمّيّ .
3. هذا الخبر مهمّ .
4. هذا الشابّ جميل .
5. هذه الفتاة في بيتها .
6. هذا القميص جميل .

C. Mettez tous les signes vocaliques aux phrases suivantes, puis traduisez-les en français (attention à la hamza instable) :

1. دخلت عليه امرأة فابتعد عنها .
2. ليس هذا الرجل المهندس الذي سافر معي .
3. كان اسمه عبد الرحمن .

D. Reliez ces phrases en formant une relative :

Ex. : نسي الرجل الطفل / يجلس الطفل على عاتقه
← نسي الرجل الطفل الذي يجلس على عاتقه

1. كتبت منيرة الرسالة / وصلتني الرسالة اليوم
2. يبحث عنك الرجل / وصل الرجل أمس
3. ذهبتُ إلى باريس مع الفتاة / تخرج الفتاة من المصنع
4. هل رأيتَ السيّارات ؟ / انقلبت السيّارات في شارع تونس

E. Traduisez :

1. N'est-ce pas ainsi ?
2. Il s'éloignera de toi.
3. J'ai levé la tête en disant : "Je ne suis pas un enfant!"
4. L'homme était cultivé mais sa sœur était analphabète.

اشترى أحمد المحسن ، المواطن الكويتيّ ، خروفا ليذبحه لضيوفه . لم يصل الضيوف في الموعد فبقي الخروف كحيوان أليف في البيت . واهتمّ به أطفال أحمد وأطلقوا عليه اسم لولو ...

(تابع)

Il s'agit ici d'un extrait d'un journal koweïtien.

• Repérez le complément d'objet direct du verbe اشترى qui est placé assez loin vu l'importance du groupe sujet. Il s'agit de خروفا (cas direct indéfini). اشترى est un verbe dérivé de 8e forme. Sa racine (ش - ر - ي) est défectueuse. Il se conjugue comme مشى ، يمشي .

• ليذبحه لضيوفه : on trouve لـ une fois devant un verbe (يذبح) et une fois devant un nom (ضيوف) . Dans les deux cas, on le traduira par *pour*. Cf. Grammaire pour la construction de لـ avec un verbe. Identifiez les noms auxquels renvoie chacun des deux pronoms suffixes ه .

• لم يصل : négation du passé. Dans la lecture courante, on doit ajouter la voyelle de liaison pour éviter la rencontre de deux soukouns :

لم يصلْ + الضيوف = لم يصلِ الضيوف

• Accord du verbe يصل avec le sujet الضيوف : cf. Grammaire.

• بقي [baqiya] qui fait يبقى au muḍaâri' est un verbe simple défectueux. Il se conjugue comme نسي ، ينسى .

• كحيوان : ensemble composé de la préposition كـ

ḫaruwf(un) 'ismu-hu luwluw (1).

'ištaraâ 'aḥmad al-muḥsin, 'al-muwaâtinu l-kuwaytiy, ḫaruwfan li-yaḏbaḥa-hu li-ḍuyuwfi-hi. lam yaṣili ḍ-ḍuyuwf(u) fi l-maw'id fa-baqiya l-ḫaruwf(u) ka-ḥayawaân 'aliyf fi l-bayt. wa-htamma bi-hi 'aṭfaâl(u) 'aḥmad wa-'aṭlaquw 'alay-hi 'isma luwluw...

(taâbi')

Un agneau qui s'appelle Loulou (1).

Le citoyen koweitien Ahmad Al-Muhsin a acheté un agneau pour l'égorger pour ses invités. Les invités ne vinrent pas (n'arrivèrent pas) au rendez-vous, aussi l'agneau demeura comme animal domestique dans la maison. Les enfants d'Ahmad prirent soin de lui et lui donnèrent le nom de Loulou... (à suivre)

(comme, en tant que,...) et du nom حيوان . Bien sûr, la préposition, ne comprenant qu'une seule lettre, s'accroche au mot qui suit.

• اهتمّ est un verbe dérivé de 8e forme (racine: م – م – ه).

• Ordre des mots de la dernière phrase : cf. Grammaire.

• أطلقوا عليه اسم لولو : dans cette phrase, le verbe أطلق suivi de la préposition على prend le sens de *donner à qqn le nom de...*

خَروف ج خِرْفان	*animal* حَيَوان ج حَيَوانات
agneau, mouton	*familier, domestique* أليف
acheter اشْتَرى ، يَشْتَري	اِهْتَمَّ ، يَهْتَمُّ بـ
citoyen مُواطِن ج مُواطِنون	*prendre soin de, s'occuper de*
égorger ذَبَحَ ـَـ	أطْلَقَ ، يُطْلِقُ
invité, hôte ضَيْف ج ضُيوف	*lâcher, laisser partir*
rester, demeurer بَقِيَ ، يَبْقى	– أطلق على... اسم...
comme, en tant que كـ	*- donner à qqn le nom de...*

• Accord du verbe et du sujet

Le verbe s'accorde toujours en genre avec le sujet. Il s'accorde en nombre avec lui s'il est placé après. Sinon, il reste au singulier. Ex. : اهتمّ به أطفال أحمد وأطلقوا عليه ...

Le 1er verbe اهتمّ placé devant le sujet أطفال reste au singulier. Par contre, أطلقوا , placé après le sujet, s'accorde au pluriel. Au féminin, on aurait (avec نساء , *femmes* à la place de أطفال) : اهتمّت به النساء وأطلقن عليه ...

A l'imparfait, كان (placé généralement devant le sujet) restera au singulier tandis que le verbe (placé derrière le sujet) s'accordera en nombre. Ex. : كان الأطفال يهتمّون به

Rappel : si le sujet est un *pluriel inanimé*, le verbe s'accorde au féminin singulier, quelle que soit la place du sujet. Ex. :

انقلبت أربع سيّارات = *quatre voitures se sont renversées.*

• Ordre de la phrase verbale

L'ordre des mots dans la phrase verbale est en principe:

verbe + sujet + complément direct + compléments indirects.

Mais si un complément indirect est composé d'une préposition et d'un pronom suffixe, il suivra en général directement le verbe. Ex.: اهتمّ به أطفاله = *ses enfants prirent soin de lui.*

(où به est complément indirect)

• Le muḍaâri' manṣuwb

Il existe une deuxième variante du muḍaâri' qu'on appelle المنصوب [manṣuwb] (qu'on traduit parfois par *subjonctif*). On l'utilise après certaines particules (comme ici لـ = *pour, pour que*). Ce temps se forme comme le majzuwm sauf aux formes simples où, au lieu de transformer la ḍamma en soukoun, on la transforme en fatḥa. Ex. :

– اشترى خروفا ليذبحَه = *Il a acheté un agneau pour l'égorger*

– جاء ليتعرّفوا عليه = *Il est venu pour qu'ils fassent sa connaissance*

⇒ Conjugaison du muḍaâri' mansuwb précédé de لـ :

– لأفعلَ – لتفعلَ – ليفعلَ – لتفعلَ – لنفعلَ

– لتفعلي – لتفعلا – ليفعلا – لتفعلوا – ليفعلوا

– لتفعلن – ليفعلن

Exercices (corrigé p. 406)

A. Recopiez le texte, vocalisez-le et faites-le en autodictée.

B. Réécrivez ces phrases en remplaçant à chaque fois le mot souligné par le mot proposé :

أخذ الرجل يذبح الخروف

1. .... الرجال ....
2. .... النساء ....
3. .... المرأة ....

كانت الطفلة تهتمّ به

4. .... الأطفال ....
5. .... الطفل ....

(هو) ← اشترى خروفا ليذبحه

6. (أنا) ← ....
7. (هم) ← ....
8. (هنّ) ← ....
9. (أنتِ) ← ....

C. Réécrivez ces phrases en remplaçant le mot souligné par un pronom suffixe :

1. ابتعد الرجل عن الأولاد . 2. يبحث ولدي عن المدير .

3. تعرّف المدير الجديد على مساعدته .

4. نظر المهندس إلى السيّارة باهتمام .

D. Reliez les phrases suivantes avec لـ . Ex. :

اشترى خروفا / ذبحه ← اشترى خروفا ليذبحَه

1. توجّه إليه / لطمه 2. سافر إلى القاهرة / زار عمّه

3. غادروا العاصمة / رجعوا إلى قريتهم

4. فكّرنا طويلا / وجدنا الجواب

E. Traduisez :

1. Les enfants sont restés avec les invités et ont pris soin d'eux.
2. Ils ont longuement parlé avec moi pour faire ma connaissance.

... قال المحسن إنّ الخروف لا يسبّب نجاسة وهو أفضل من الكلاب والقطط .

وعن الإزعاج الذي يسبّبه صوت الخروف قال :

"ما دام أطفالي يحبّونه فصوته في أذني أحلى من صوت الموسيقى " .

Suite de l'article de la leçon précédente. Le journaliste fait état des réponses du citoyen koweïtien à ses questions.

• قال إنّ الخروف : cf. Grammaire.

• أفضل من : on a ici affaire au comparatif. Notez la construction et voyez la grammaire.

• وعن الإزعاج الذي ... قال : tournure de presse calquée sur les langues européennes. Cf. *"et à propos de la gêne que... il a dit..."*.

• الإزعاج الذي يسبّبه صوت الخروف : remarquez le sujet de la relative (صوت الخروف) et le pronom de rappel ه qui reprend l'antécédent الإزعاج défini (donc on a le relatif).

• ما دام : cf. Grammaire.

• ما دام أطفالي يحبّونه : remarquez les accords des deux verbes avec le sujet أطفالي (Cf. leçon précédente).

• أحلى من : comparatif. Cf. Grammaire.

• Notez le sens du nom صوت qui peut s'appliquer autant à la voix humaine, qu'au cri de l'animal ou au son de la musique. Remarquez l'utilisation de la coordination فـ (فصوته) : changement de sujet et conséquence.

ḫaruwf(un) 'ismu-hu luwluw (2).
qaâla l-muḥsin 'inna l-ḫaruwf(a) laâ yusabbib(u) najaâsa(tan) wa-huwa 'afḍal(u) mina l-kilaâb wa-l-qiṭaṭ.
wa-'ani l-'iz'aâji llaḏiy yusabbibu-hu ṣawtu-l-ḫaruwf qaâla : "maâ daâma 'aṭfaâl-iy yuḥibbuwna-hu fa-ṣawtu-hu fiy 'uḏun-iy 'aḥlaâ min ṣawti l-muwsiyqaâ ."

Un agneau qui s'appelle Loulou (2).
Al-Muhsin dit que l'agneau ne causait pas de saleté et [qu'] il était préférable aux chiens et aux chats.
Et au sujet de la gêne qu'occasionnait le cri de l'agneau, il dit : "Dès lors que mes enfants l'aiment, son cri [est] plus doux à mes oreilles que (le son de) la musique."

il a dit que...	قال إِنَّ ...
causer, occasionner	سَبَّبَ ، يُسَبِّبُ
saleté	نَجاسة
mieux que, préférable à	أَفْضَل مِن
chien	كَلْب ج كِلاب
chat	قِطّ ج قِطَط
au sujet de, à propos de	عَنْ
gêne	إِزْعاج
cri, voix, son	صَوْت ج أَصْوات
durer	دامَ ، يَدومُ
- tant que, dès lors que	– ما دامَ + مضارع
aimer	أَحَبَّ ، يُحِبُّ
oreille	أُذُن
plus doux que	أَحْلى مِنْ
musique	موسيقى

• ***Il a dit que...***

Quand il est employé au style indirect, le verbe قال ، يقول est toujours suivi de إنّ , particule du cas direct (et donc suivie nécessairement d'un nom au cas direct ou d'un pronom suffixe).

Ex. : قال المحسن إنّ الخروفَ لا يسبّب نجاسة

Al-Muhsin a dit que l'agneau ne causait pas de saleté.

S'il n'y a pas de إنّ , la phrase est au style direct et on traduira en français en ouvrant les guillemets.

• **Le comparatif** (اسم التفضيل)

Les adjectifs simples (= formés à partir d'une forme simple) font leur comparatif sur le modèle أفْعَل . Ex. :

فاضل ← أفْضَل / حلو ← أحْلى / كبير ← أكْبَر / عامّ ← أعَمّ

Il se construit avec la préposition مِنْ et reste invariable:

صوته أحلى من الموسيقى = *son cri est plus doux que la musique*

مريم أكبر من جميلة = *Myriam est plus âgée que Jamila.*

• **La relative** (2)

Quand le pronom qui fait le lien entre la relative et la principale est complément direct du verbe de la relative, il se suffixe au verbe. Relions par exemple les deux phrases suivantes :

قال عن الإزعاج / يسبّب صوت الخروف الإزعاج

← قال عن الإزعاج الذي يسبّبه صوت الخروف

L'antécédent إزعاج est repris par le pronom suffixe ه complément du verbe يسبّب .

• **L'expression : " ما دام ... "**

Le verbe دام (verbe concave se conjugant comme قال ، يقول) conjugué au passé et précédé de ما forme une expression signifiant *tant que, dès lors que, étant donné que*... Ex. :

ما دام أطفالي يحبّونه = *dès lors que mes enfants l'aiment.*

ما دُمْتُ أحبُّه = *dès lors que je l'aime.*

ما دُمتَ معي = *tant que tu es avec moi.*

L'expression ما دام peut donc être suivi d'un verbe conjugué au muḍaâri'. Dans ce cas, les deux verbes s'accordent avec le sujet et celui-ci, s'il est exprimé, se place entre les deux verbes.

Exercices (corrigé p. 406)

A. Recopiez le texte, vocalisez-le et faites-le en autodictée.

B. Réécrivez les phrases suivantes en introduisant إنّ à la place des guillemets (et des deux points). Veillez à la place et à l'accord du verbe et au changement éventuel de pronom en passant du style direct au style indirect. Ex. :

قالت : " أنا مشغولة " ← قالت إنّها مشغولة

1. قال : " لا يسبّب خروفي نجاسة ".
2. قال : " صوته في أذني أحلى من صوت الموسيقى ".
3. قال : " يسبّب صوت الخروف إزعاجا ".
4. قالت : " اهتمّ به أطفالي ".
5. قال : " لقد انقلبت سيّارة عمّي ".
6. تقول فريدة : " ليست أمّي في البيت ".

C. Complétez ces phrases d'après le modèle (en utilisant le comparatif).

هذه الدار كبيرة ... ← ... ولكنّ تلك أكبر منها

1. هذه الموسيقى حلوة ...
2. هذا البيت صغير ...
3. هذا الصوت حلو ...
4. هذه المدينة جميلة ...

D. Reliez ces phrases en formant une relative. Ex. :

قال عن الإزعاج ... / يسبّب صوت الخروف الإزعاج

← قال عن الإزعاج الذي يسبّبه صوت الخروف ...

1. ذبحنا الخروف / اشترينا الخروف أمس
2. كتبت منيرة الرسالة / استلمتُ الرسالة اليوم
3. تصل النساء / ينتظر أحمد النساء
4. يرجعون من هذه البلاد / زاروا هذه البلاد

E. Traduisez :

1. Qui est cet homme que tu as vu hier ?
2. Il a dit qu'il partirait avec sa mère.
3. Dès lors que vous l'aimez, sa voix est plus douce à mon oreille que la musique.

Anecdote en maghrébin :

djəḥaâ w-al-'aâləm

waâḥəd-ər-raâdjəl ḥaâsəb ruwḥ-u 'aâləm qaâl l-djəḥaâ :

- yaâ djəḥaâ, qəddaâš mən nədjma kaâyən fi s-smaâ ?

qaâl l-u djəḥaâ :

- aḥsəb əš-ša'r əlliy 'alaâ raâs ḥmaârt-iy... raâ-h iwərriy l-ək 'adəd-ən-ndjuwm !

kiy fhəm daâk-ər-raâdjəl əl-ma'naâ, ḥšəm u-raâḥ...

Transcription en caractères arabes du dialecte :

واحد الراجل حاسب روحو عالم قال لجحا :

- يا جحا ، قدّاش من نجمة كاين في السما ؟

قال لو جحا :

- احسب الشعر اللّي على راس حمارتي ... راه يورّي لك عدد النجوم !

كي فهم داك الراجل المعنى ، حشم وراح ...

Voici quatre histoires de Juha (appelé aussi Djeha, Goha ou Jihi, etc.). Il s'agit d'un personnage célèbre dans tout le monde arabe (c'est un peu l'équivalent de notre *Marius*) auquel on attribue de nombreuses anecdotes dont quatre sont présentées dans les leçons 45 à 49 : trois anecdotes en différents dialectes et une en littéral.

Djeha et le savant

Un homme qui se considérait savant dit à Djeha : " Djeha, combien d'étoiles y-a-t'il dans le ciel ? "

Djeha lui dit : " Compte les poils qui sont sur la tête de mon ânesse... Cela te montrera le nombre des étoiles ! "

Quand il eut compris le sens [de ces paroles], il eut honte et partit...

Remarquez la disparition de la hamza et de presque toutes les voyelles brèves au profit du [ə], ce support vocalique neutre qui sert à séparer les syllabes.

• [djəḥaâ] : le [j] est prononcé [dj] dans un certain nombre de parlers algériens (cf. : [radjəl], [nədjma],...).

• [waâḥəd-r-raâdjəl] : construction maghrébine marquant l'indéfinition où [waâḥəd] reste invariable suivi de l'article et d'un nom = *un homme.*

• [ḥaâsəb ruwḥ-uw], *qui se considère savant* : le mot [ruwḥ], *âme, esprit* sert à exprimer la forme pronominale. Remarquez le pronom suffixe [uw] après une consonne.

• [qəddaâš mən] = *combien de ?*

• [kaâyən] : participe actif du verbe [kaân] utilisé de façon très fréquente en Algérie et au Maroc pour *il y a.*

• [əlliy] : unique relatif invariable.

• [raâ-h] : faux verbe *être* au présent composé de [raâ] et du pronom suffixe [raâ-ni / raâ-k / ...]. Mot à mot : *le voici...*

• [iwərriy] : verbe [wərraâ, iwərriy], *montrer* / [kiy] = *lorsque, quand* / [daâk] : démonstratif masculin singulier d'éloignement / [ḥšəm] : *avoir honte.*

Mots nouveaux utilisés en arabe littéral			
cheveux, poils	شَعْر	*savant*	عالِم
nombre	عَدَد	*esprit, âme*	روح
comprendre	فَهِمَ ـَ	*étoile*	نَجْمة ج نُجوم
sens, signification	مَعْنًى	*ciel*	سَماء
partir, s'en aller	راح ، يَروحُ	*compter*	حَسَبَ ـُ

• Le Calendrier musulman

Le point de départ du calendrier musulman se situe le 16 Juillet 622 de notre ère, jour où le Prophète Mohammad, se dérobant à ses ennemis, s'enfuit de La Mecque (مكّة [makka]) pour se réfugier à Yathrib (يثرب [yaṯrib]), au nord de La Mecque, ville qui portera dorénavant le nom de Médine, c'est-à-dire *La Ville (du Prophète)* (المدينة). Ce départ se nomme en arabe هجرة [hijra], *exil, émigration* , mot qui donne *hégire*. L'année hégirienne (an 1 = 622) est composée de 12 mois lunaires (= le temps mis par la lune pour faire une révolution autour de la terre) de 29 ou 30 jours. Elle a donc 354 ou 355 jours soit 11 ou 10 jours de moins que l'année solaire (= temps mis par la terre pour faire une révolution autour du soleil). Cela explique pourquoi les fêtes musulmanes (qui sont fixées d'après le calendrier hégirien) avancent chaque année d'une dizaine de jours par rapport à notre calendrier.

Pour convertir une année de notre ère en année de l'ère hégirienne, on peut faire le calcul suivant :

H = (G - 622) x 100 : 97 (où H = année hégirienne et G = année grégorienne). Ainsi 1991 correspond à 1411.

Dans le sens contraire : G = [(H x 97) : 100] + 622.

• Les Mois musulmans

1. مُحَرَّم	7. رَجَب
2. صَفَر	8. شَعْبان
3. رَبيع الأوّل	9. رَمَضان
4. رَبيع الآخِر	10. شَوّال
5. جُمادى الأُولى	11. ذو القَعْدة
6. جُمادى الآخِرة	12. ذو الحِجّة

En fait, le calendrier grégorien est le plus utilisé dans les pays arabes. Cependant, la date hégirienne est souvent indiquée à côté de la date grégorienne. On trouve même parfois une autre date correspondant à un calendrier local. Voici par exemple les dates indiquées à la première page du quotidien égyptien الأهرام ['al-ahraâm] dans son édition du 24 février 1991 :

الأحد
٩ شعبان ١٤١١
٢٤ فبراير ، شباط ١٩٩١
١٧ أمشير ١٧٠٧

- la 1re date correspond au calendrier hégirien,
- la 2e date au calendrier grégorien (avec les deux noms de mois - cf. leçon 28),
- la 3e date au calendrier copte (nom des chrétiens d'Egypte).

• Principales fêtes religieuses musulmanes

• رأس السنة [ra'su s-sana] = *le jour de l'an.* 1er jour de l'année hégirienne (1er Muḥarram). Commémore l'exil du Prophète Mohammad de La Mecque vers Yathrib (aujourd'hui *Médine*).

• العشوراء ['al-‘aâšuwraâ'] = *la 'Achoura.* 10e jour du mois de Muḥarram. Fête très célébrée chez les Chiites (jour anniversaire de la mort de Husseïn, petit-fils du Prophète).

• عيد المولد [‘iydu l-mawlid] = *le Mouloud.* 12e jour du mois de Rabiy‘u-l-'awwal (3e mois). Commémore la naissance du Prophète Mohammad.

• شهر رمضان [šahru ramaḍaân] = *mois de Ramadhan.* 9e mois : période de jeûne et de recueillement pour célébrer la révélation coranique qui a commencé durant ce mois.

• عيد الفطر [‘iydu l-fiṭr] = *Fête de la rupture du jeûne.* 1er šawwaâl. Célèbre la fin du mois de Ramadhan. On l'appelle aussi العيد الصغير .

• عيد الأضحى [‘iydu l-'aḍḥaâ] = *Fête du Sacrifce.* 10 ḏuw l-ḥijja (dernier mois). Commémore le Sacrifice d'Ibrahim (Abraham) en union avec les pélerins de La Mecque. On l'appelle aussi العيد الكبير .

← ٤٦ - جحا والمفتاح

Anecdote en égyptien :

guḥaâ w-al-muftaâḥ

- beddawwar ʻalaâ ḥaâga, yaâ guḥaâ ?
- 'aywah : muftaâḥ-iy miš laâ'iy-h !
- ḥadawwar maʻaâ-k.
- metšakker ! (...)
- ba'aâ l-naâ saâʻa bendawwar yaâ guḥaâ : enta met'akkid 'enne l-muftaâḥ wé'éʻ menn-ak hinaâ ?
- laâ : huwwa wé'éʻ menn-iy fi l-biyt.
- u-biddawwar ʻaley-h fi š-šaâreʻ leyh ?
- ʻašaân an-nuwr henaâ 'aḥsan !

Transcription en caractères arabes du dialecte :

- بدّوّر على حاجة يا جحا ؟
- أيوه : مفتاحي مش لاقيه !
- حدوّر معاك .
- متشكّر ! (...)
- بقا لنا ساعة بندوّر يا جحا : إنت متأكّد إنّ المفتاح وقع منّك هنا ؟
- لا ! هوّ وقع منّي في البيت .
- وبدّوّر عليه في الشارع ليه ؟
- عشان النور هنا أحسن !

Goha et la clé
- Tu cherches quelque chose Goha ? - Oui, ma clé, je ne la trouve pas !
- Je vais chercher avec toi. - Merci ! (...)
- Cela fait une heure que nous cherchons, Goha : es-tu sûr que tu as laissé tomber la clé ici ? - Non, je l'ai laissé tomber dans la maison.
- Et pourquoi la cherches-tu dans la rue ?
- Parce qu'il y a plus de lumière (la lumière est mieux) ici !

• Attention à la prononciation du ج : [g] et du ق : ['].

• Remarquez les mots courants utilisés : ['aywah] pour نعم et [metšakker] pour شكرا , ainsi que l'interrogatif [leyh] (placé en fin de phrase) pour لماذا , *pourquoi*.

• Disparition d'une voyelle (et donc d'une syllabe) aux mots [metšakker] et [met'akked].

• Notez aussi les changements phonétiques des mots :
- [ma'aâ-k] au lieu de معك [ma'a-k],
- [ba'aâ] au lieu de بقي [baqiya],
- [enta] au lieu de أنت ['anta],
- ['enne] au lieu de أنّ ['anna] (= *que*),
- [menn-ak] au lieu de منك [min-ka],
- [hinaâ] au lieu de هنا [hunaâ],
- [huwwa] au lieu de هو [huwa]
- et [wé'é'] au lieu de وقع [waqa'].

• Le verbe [dawwar] est précédé de [bi-/b-], préfixe du muḍaâri' ou de [ḥa], marque du futur.

• [miš laâ'iy-h] : participe actif du verbe signifiant *trouver*, précédé d'une négation et suivi du pronom suffixe.

• [ba'aâ l-naâ saâ'a], *voilà une heure que nous...*: cette utilisation du verbe بقي est très fréquente en égyptien.

Mots nouveaux utilisés en arabe littéral			
tomber	وَقَعَ ، يَقَعُ	*chose*	حاجة ج ات
lumière	نُور	*clé*	مِفْتاح
meilleur, mieux	أَحْسَن	*certain, sûr*	مُتَأَكِّد

• **Autres lettres**

Pour transcrire les sons n'existant pas en arabe, tels le [p], le [v] et le [g], de nouvelles lettres sont utilisées. Malheureusement, il n'existe pas d'usage unique d'un pays à l'autre, et telle lettre qui transcrira dans un pays le son [v], dans un autre indiquera le son [g]. Voici quelques-unes de ces lettres les plus fréquentes :

- ڤ (ف avec 3 points) :

  • en Algérie et Tunisie = [g] / • au Moyen-Orient = [v],

- پ (ب avec 3 points) = [p],
- ڭ (ك avec 3 points) = [g] au Maroc,
- گ (ك avec une barre) = [g] en Irak,
- چ (ج avec 3 points) =

  • en Egypte = [j] (par opposition à la prononciation [g] du ج . Cf. : چراچ = [garaâj], *garage*).

  • en Irak = [tch]

- etc.

Il faut noter aussi une ancienne façon d'écrire le ف et le ق au Maghreb (que l'on trouve encore dans des textes anciens ou dans des lettres manuscrites).

Pour le [faâ'] : ڢ / Pour le [qaâf] : ڧ .

• **La voyelle de déclinaison et la pause**

Quand doit-on prononcer la voyelle finale des noms (ou des pronoms suffixes) ? Si la règle traditionnelle est claire, nombreuses sont les licences passées dans l'usage : tout dépendra des *situations de langage*, c'est-à-dire de qui parle, à qui, dans quelle occasion, pour parler de quoi, etc.

Rappelons la règle traditionnelle :

On doit prononcer toutes les voyelles finales sauf à la fin de la phrase ou après des pauses tolérées quand la phrase est trop longue ou se découpe facilement. A la pause, le tanwiyn [an] se prononce [aâ]. Parler en suivant ces règles donnera au discours un ton très formel, très classique (ce sera le cas par exemple de la lecture de textes anciens, de sermons ou de certains discours ou conférences,...).

Entre l'application intégrale de cette règle et la suppression de presque toutes les voyelles finales, on trouve de nombreuses situations intermédiaires comme celles-ci, présentées par ordre décroissant, en commençant par les licences les plus admises et les plus courantes et en allant vers un discours de moins en moins formel :

- suppression de la voyelle finale des noms propres et notamment des noms et prénoms de personnes. Ex. :

سافر محمّد إلى باريس [saâfara muḥammad 'ilaâ baâriys]

- prononciation [an] du tanwiyn même en fin de phrase (ou à la pause) . Ex. :

جاء هو أيضاً [jaâ'a huwa 'ayḍan]

- suppression de la voyelle finale du dernier mot de chaque groupe nominal (et donc introduction d'une pause entre chaque groupe nominal). Ex. :

ركب الشابّ العربيّ سيّارة جديدة وذهب مع صديق إلى تونس

[rakiba š-šaâbbu-l-ʻarabiy sayyaâratan jadiyda

wa-ḏahaba maʻa ṣadiyq 'ilaâ tuwnis]

- dans un même groupe nominal, suppression du ة et de sa voyelle aux noms indéfinis. Ex. :

ركب سيّارة جديدة [rakiba sayyaâra jadiyda]

- dans un même groupe nominal, suppression de la voyelle finale aux noms indéfinis (sauf au cas direct). Ex. :

جاء ولد صغير [jaâ'a walad ṣaġiyr]

- dans un même groupe nominal, suppression du ة et de sa voyelle aux noms définis sauf s'ils sont le premier terme d'une annexion. Ex. :

السيّارة الجديدة ['as-sayyaâra l-jadiyda]

Anecdote en syro-libanais :

jiḥiy w-al-'əṭṭ

- lḥa'-niy, yaâ jiḥiy : əl-'əṭṭ 'akal əl-laḥmé !
- wayn-uw ha-l-mal'uwn ?
- laḥuw haân b-əl-maṭbaḫ.

məsək jiḥi l-'əṭṭ u-ḥaṭṭ-uw 'a-l-miyzaân w-əltafət 'a-mart-uw u-'aâl əl-haâ :

- əl-'əṭṭ 'akal l-laḥmé, ma-haâk ? hayda l-'əṭṭ 'a-l-miyzaân wazn-uw kiyluw, w-əl-laḥmé kaân wazən-haâ kiyluw. 'iḏaâ kaân haydaâ 'əl-'əṭṭ, fa-wayn əl-laḥmé ? w-iḏaâ kaânət haydiy 'əl-laḥmé fa-wayn əl-'əṭṭ ?

Transcription en caractères arabes du dialecte :

- الحقني ، يا جحي : القطّ أكل اللحمة !
- وينو هالملعون ؟
- لحو هان بالمطبخ .

مسك جحي القطّ وحطّو عالميزان والتفت عمرتو وقال لها :

- القطّ أكل اللحمة ، مهاك ؟ هيدا القطّ عالميزان وزنو كيلو واللحمة كان وزنها كيلو . إذا كان هيدا القطّ فوين اللحمة ؟ وإذا كانت هيدي اللحمة فوين القطّ ؟

Jihiy et le chat
- A l'aide, Jihiy, le chat a mangé la viande !
- Où est-il ce maudit (chat) ?
- Le voici, ici, dans la cuisine.
Jihiy attrapa le chat et le mit sur la balance, puis se retourna vers sa femme et lui dit :
- Le chat a mangé la viande, n'est-ce pas ? Voilà le chat sur la balance : il pèse (son poids est) un kilo ; la viande pesait un kilo. Si c'est le chat, où est la viande ? Et si c'est lea viande, où est le chat ?

• Attention à la prononciation du ق : ['] et du ة : [é].

• [jiḥiy] est une autre prononciation du nom de Juha. On trouvera aussi dans cette région [juḥaâ].

• Expressions purement dialectales utilisées : [lḥa'-niy] pour *à l'aide !* , [lahuw] pour *le voici*, [haân] pour *ici* (هنا) et [ma-haâk] pour *n'est-ce pas ?*

• Remarquez l'abréviation de la préposition على en ع et la transformation du pronom suffixe ه en [uw] quand il est précédé d'une consonne : [ḥaṭṭ-uw / mart-uw / wazn-uw]. Voyez aussi la transformation de l'interrogatif أين en [wayn]. [wayn-uw] = أين هو , *où est-il ?*

• ['a-mart-uw] : la hamza de امرأة a disparu. Le nom est précédé de la préposition ع et suivi du pronom suffixe [uw]. En littéral, le verbe التفت est suivi de إلى .

• Démonstratifs : [haydiy] est le féminin de [haydaâ]. Forme abrégée : [haâ].

Mots nouveaux utilisés en arabe littéral			
saisir	مَسَكَ ـِـ	*manger*	أَكَلَ ـُـ
poser	حَطَّ ـُـ	*viande*	لَحْم
balance	ميزان	*morceau de viande*	لَحْمة
se tourner	الْتَفَتَ ، يَلْتَفِتُ	*maudit*	مَلْعُون
poids	وَزْن	*cuisine* (lieu)	مَطْبَخ

Notes

• Les dialectes

Nous avons choisi les dialectes maghrébin, syro-palestinien et égyptien en raison de leur importance que ce soit en ce qui concerne le nombre de locuteurs ou leur influence culturelle :

- les arabes parlés du Maroc au centre de la Libye, ainsi qu'à Malte (où il s'agit là d'une langue qui s'écrit en caractères latins) se rattachent à la famille du dialecte maghrébin. C'est le dialecte le plus parlé en France (étant donné le nombre d'immigrés originaires du Maghreb).

- les arabes parlés en Syrie, Liban, Palestine et Jordanie (en partie) se rattachent à la famille syro-libanaise. L'importance des chansons et du cinéma libanais, l'existence de nombreux chercheurs et enseignants rattachés aux Universités de Damas ou de Beyrouth, ainsi que la présence de nombreux commerçants originaires de ces pays à travers le monde, tout cela a contribué à la notoriété de ces dialectes auprès des autres pays arabes.

- l'arabe parlé en Egypte doit essentiellement sa diffusion à la chanson et au cinéma égyptiens, sans oublier la présence de nombreux coopérants (notamment en Algérie dans la première décennie après l'indépendance) et travailleurs immigrés (particulièrement dans le Golfe).

Redisons à nouveau qu'il s'agit là de *familles* de dialectes ayant suffisamment de points communs pour qu'il soit possible de les regrouper. Cependant, entre le parler d'un Tunisois et celui d'un habitant de Marrakech, il y a de grandes différences, tant du point de vue phonétique, qu'en ce qui concerne le lexique, certains éléments de syntaxe, etc. Il faudra donc adapter ses connaissances plus générales au parler de ses interlocuteurs.

Enfin, signalons que dans de nombreux pays arabes, d'autres langues sont vivantes qui n'ont aucun rapport avec l'arabe (si ce n'est l'intégration de tout un vocabulaire souvent religieux). C'est la cas du berbère (le chleuh au Maroc - le kabyle, le targui, le chaouïa et le mzabite en Algérie), des parlers africains au Soudan, en Mauritanie et en Somalie, du kurde, du turc, du persan et de l'arménien au Moyen-Orient, sans compter les langues des anciennes puissances colonisatrices (français, anglais, italien,...).

• L'évolution de l'arabe littéral moderne

Comme toutes les langues vivantes, l'arabe littéral évolue mais très doucement. L'écart existant entre l'arabe classique et l'arabe moderne est beaucoup moins important que celui que l'on constate entre le français de Molière et le nôtre, et ce pour trois raisons principales :

- le fait que l'arabe littéral soit une langue essentiellement de l'écrit (c'est en effet par l'oral que passent la plupart des évolutions),

- le rapport existant entre l'arabe littéral et le Coran,

- l'étendue et la diversité du monde arabe qui se veut unifié notamment par la langue (et donc toute évolution doit se répandre dans l'ensemble du monde arabe sous peine de sembler être une volonté de particularisme donc de division).

Les évolutions les plus marquantes actuellement ont trait à la syntaxe et à l'enrichissement du vocabulaire (essentiellement pour désigner des objets modernes) :

- l'évolution de la syntaxe se fait surtout sous l'influence des langues qui dominent les agences de presse (notamment l'anglais et le français) : ainsi voit-on peu à peu se généraliser surtout dans la presse des tournures qui étaient auparavant considérées comme des fautes de langue,

- la création de mots nouveaux se fait souvent en ordre dispersé : là, on préfèrera transcrire le mot anglais en arabe (ex. : كمبيوتر pour *ordinateur*) alors qu'ici on formera un mot en utilisant la richesse des schèmes classiques (حاسب ou حاسوب).

Des essais sont faits pour essayer d'unifier toutes ces évolutions, mais cela reste difficile vue l'étendue du monde arabe (voir les difficultés qu'il y a en France pour réformer l'orthographe).

← ٤٨ - أنا ضيف اللّه (١)

في يوم من الأيّام ، قصد أحد القرويّين دار جحا ودقّ الباب فسألته امرأة جحا :

- من أنت ؟

فأجابها القرويّ : - لي شغل مع الشيخ .

فنزل جحا ولمّا رأى ذلك الرجل ، سأله :

- ماذا تريد ؟

فقال : - أنا ضيف اللّه ...

(تابع)

Voici enfin une dernière histoire de Juha en arabe littéral reposant sur l'hospitalité traditionnelle et l'idée que tout hôte est l'hôte de Dieu.

• Notez l'expression في يوم من الأيّام , *un jour parmi les jours = un jour*, très fréquente pour débuter une histoire.

• أحد القرويّين : cf. Grammaire.

• Notez la construction directe du verbe قصد dans le sens de *se diriger vers* : قصد دار جحا = *il se dirigea vers la maison de Jeha*. Même remarque pour le verbe دقّ dans le sens de *frapper à la porte* : دقّ الباب = *il frappa à la porte*.

• فسألته : mot graphique composé du فـ (coordination) suivi du verbe hamzé سأل à la 3e personne du féminin singulier du passé (سألت) et du pronom suffixe ه remplaçant ici le villageois. Même remarque pour فأجابها avec le verbe أجاب et le pronom suffixe ها .

'anaâ ḍayfu l-laâh (1)

fiy yaum mina l-'ayyaâm, qaṣada 'aḥadu l-qarawiyyiyn daâr(a) juḥaâ wa-daqqa l-baâb fa-sa'alat-hu mra'atu juḥaâ : - man 'anta? fa-'ajaâba-ha l-qarawiy : - liy šuġl ma'a š-šayḫ. fa-nazala juḥaâ wa-lamma ra'aâ ḏaâlika r-rajul, sa'ala-hu : - maâḏaâ turiyd ? fa-qaâla : - 'anaâ ḍayfu l-laâh ! (taâbi')

Je suis l'hôte de Dieu (1)

Un jour, un villageois se dirigea vers la maison de Juha et frappa à la porte. La femme de Juha lui demanda : - Qui es-tu ? Le villageois lui répondit : - J'ai à faire (une affaire) avec le Cheikh. Juha descendit et quand il eut vu cet homme, il lui demanda : - Que veux-tu ? Il lui dit : - Je suis l'hôte de Dieu !

(à suivre)

• لي شغل مع الشيخ : phrase nominale commençant par le ḫabar étant donné que le mubtada' est indéfini (شغل).

• الشيخ , *le cheikh, le maître* : il s'agit ici de Juha dont le vrai nom est الشيخ نصر الدين = *le Cheikh Nasruddine.*

• Notez dans tout ce texte l'utilisation de la coordination فـ qui indique toujours ici un changement de sujet.

• أنا ضيف الله : par cette phrase, le villageois en appelle à l'hospitalité de Juha lui rappelant que chez les Arabes, tout hôte est sacré car c'est l'hôte de Dieu.

• الله : ce nom parfois traduit en français par *Allah* vient en fait du nom إله ['ilaâh], *dieu, divinité,* auquel a été ajouté l'article. Il se traduit alors par *Dieu* (nom propre).

répondre	أجابَ ، يُجيبُ	*se diriger vers*	قَصَدَ ـِ
Cheikh, maître	شَيْخ	*un*	أَحَد م إِحْدَى
hôte, invité	ضَيْف	*frapper*	دَقَّ ـُ
Dieu	الله	*demander, interroger*	سَأَلَ ـَ

• L'indéfinition

Vous savez déjà qu'un nom sans article est indéfini. Ex. :

un villageois = قرويّ / *le villageois* = القرويّ

Il existe d'autres façons d'exprimer cette indéfinition :

- avec أحد ['aḥad] suivi d'un nom annexé au pluriel. Ex. :

un (parmi les) villageois = أحد القرويّين

N.B. : si le nom annexé est féminin, أحد se met au féminin et devient إحدى ['iḥdaâ]. Ex. :

une villageoise = إحدى القرويّات

- en utilisant le singulier et le pluriel du même nom séparé par ... من الـ . Ex. :

un villageois = قرويّ من القرويّين / *un jour* = يوم من الأيّام

• Racines *sourdes*

Aux racines de trois lettres *saines* (trois consonnes différentes) et *malades* (présence d'une semi-consonne parmi les trois lettres), il faut ajouter des racines *irrégulières* appelées *sourdes* qui sont composées de trois consonnes mais dont les deux dernières sont identiques.

Ex. : دقّ dont les trois lettres de la racine sont د ق ق .
Nous étudierons plus loin les irrégularités de conjugaison des verbes - appelés verbes *sourds* - formés sur ce type de racine.

• Verbes dérivés (forme 4)

Une lettre a été ajoutée à la racine au passé (une hamza stable), lettre qui disparaît au muḍaâri'.

Son schème est : أَفْعَلَ ، يُفْعِلُ

Ex. : أَطْلَقَ ، يُطْلِقُ

N.B. : ce sont donc uniquement les voyelles qui permettront de différencier la forme 4 de la forme simple au muḍaâri'.

Dans cette leçon, nous trouvons deux verbes de racine concave à la forme 4 : أراد ، يُريدُ et أجابَ ، يُجيبُ .

On aura toujours cette alternance du ا au passé et du يـ au muḍaâri' pour tous les verbes concaves à la forme 4, que la lettre centrale de leur racine soit un و ou un ي .

Ex. : les verbes simples عاد ، يعود et زال ، يـزال feront respectivement أعاد ، يُعيدُ et أزال ، يُزيلُ à la forme 4.

Exercices (corrigé p. 407)

A. Recopiez le texte, vocalisez-le et faites-le en autodictée.

B. Les mots de chacune des cinq phrases suivantes ont été mis dans le désordre. Reconstituez-les :

1. الشيخ / قصدت / القرويّات / دار / إحدى
2. الشيخ / امرأة / سألت / القرويّ
3. تدقّ / يا / لماذا / باب / رجل / الشيخ / ؟
4. رأت / ذلك / لمّا / سألت / جحا / الرجل / ه / امرأة
5. القرويّ / إنّ / قال / اللّه / ه / ضيف

C. Classez ces verbes simples en 5 catégories :

a. verbes sains réguliers / b. verbes sourds / c. verbes assimilés
d. verbes concaves / e. verbes défectueux

NB. : certains verbes peuvent être classés dans deux catégories.

1. بحث 2. قال 3. وصل 4. عاد 5. جلس
6. مرّ 7. نسي 8. وقع 9. أكل 10. روى
11. جاء 12. حطّ 13. كان 14. وجد 15. مسك

D. Ecrivez en toutes lettres (avec les signes vocaliques) les verbes suivants au muḍaâri' (à la personne هو). Ex. :

أطلق ← يُطْلِقُ

1. أركب ← .... 2. أجاب ← ....
3. أدخل ← .... 4. أصاب ← ....
5. أراد ← .... 6. أصبح ← ....

E. Réécrivez cette phrase en remplaçant le mot souligné par le mot proposé :

لمّا رأى جحا ذلك <u>الرجل</u> ، سأله : "ماذا تريد ؟"

1. (مرأة) ← ....
2. (أنا) ← ....
3. (نحن) ← ....
4. (أنتنّ) ← ....

... فقال له جحا : - اتبعني ...

فتبعه حتّى وصلا إلى أمام باب الجامع الشريف فعندئذ ، قال له جحا :

- لقد جئت إلينا غلطا فإنّ هذا هو بيت اللّه ، يا ضيف اللّه !

• اتبعني : impératif du verbe تبع, *suivre,* suivi du pronom suffixe complément ني .

• فتبعه : mot graphique composé du فـ (coordination) suivi du verbe تبع à la 3e personne du masculin singulier du passé et du pronom suffixe ه remplaçant ici le villageois.

• حتّى : suivi d'un verbe au passé se traduira par *jusqu'à ce que* .

• وصلا : verbe وصل au duel (passé - 3e personne) ; cf. Grammaire.

• جامع [jaâmi'], *mosquée* : participe actif du verbe جمع qui signifie *rassembler*. Ce mot est souvent suivi de l'adjectif شريف .

Notez la double annexion (أمام باب الجامع) précédée de la préposition إلى et suivie de l'épithète الشريف se rapportant à الجامع .

• فعندئذ [fa-'inda'iḏin] : une fois retirée la coordination فـ on a affaire à une expression construite avec la préposition عند et la terminaison ئذ = *à ce moment-là, alors*. D'autres expressions sont construites sur le même modèle et ont à peu près la même signification : حينئذ

'anaâ ḍayfu l-laâh (2).

fa-qaâla la-hu juḥaâ : - 'itba'-niy... fa-tabi'a-hu ḥattaâ waṣalaâ 'ilaâ 'amaâm(i) baâbi l-jaâmi'i š-šariyf fa-'inda'iḏin, qaâla la-hu juḥaâ : - laqad ji'ta 'ilay-naâ ġalaṭan fa-'inna haâḏaâ huwa baytu l-laâh, yaâ ḍayfa l-laâh !

Je suis l'hôte de Dieu (2).

Juha lui dit : - Suis-moi ! Il le suivit jusqu'à ce qu'ils arrivèrent devant la porte de la sainte mosquée et alors, Juha lui dit : - Tu es venu chez nous par erreur : car voici la maison de Dieu, hôte de Dieu !

[ḥiyna'iḏin] et يومئذ [yawma'iḏin] (à partir des mots حين, *moment*, et يوم, *jour*).

• جئت [ji'ta] : verbe جاء à la 2e personne du masculin singulier du passé; cf. Grammaire.

• غلطا [ġalaṭan] : complément de manière au cas direct *(par erreur)*.

• فإنّ [fa-'inna] : particule du cas direct précédée de la coordination فـ . A le sens de *car* .

• يا ضيف اللّه [yaâ ḍayfa l-lâh] : notez que le nom ضيف est au cas direct. C'est la règle quand le nom qui suit يا est lui-même complété par un autre nom (ici اللّه qui complète ضيف). Sinon, il se met au cas sujet.

suivre	تَبِعَ ـَ
jusqu'à (ce que)	حتّى
devant	أمامَ
mosquée	جامِع
noble, respectable	شَريف
alors, à ce moment-là	عِنْدَئِذٍ
erreur	غَلَط

• Le passé au duel

La marque du duel au passé est un 'alif

- que l'on ajoute à la forme فعلتم pour la 2e personne :

(أنتما) ← فَعَلْتُما

- que l'on ajoute aux formes فعل et فعلت pour la 3e personne :

(féminin) فَعَلَتا / (masculin) فَعَلا ← (هما)

Cf. : وصلا, *ils arrivèrent (eux deux)*

• Ecriture de la hamza

L'écriture du support de la hamza est un des rares problèmes d'orthographe en arabe. La hamza peut s'écrire :

• avec comme support :

- le 'alif (cf. أنت , امرأة , إنّ , etc.), ce qui est toujours le cas au début d'un mot,

- le yaâ' sans point (cf. عائلة),

- le waâw (cf. مؤلم),

• ou sans support (cf. شيء , بيضاء , etc.).

Les règles sont très complexes et on aura plutôt intérêt à retenir l'écriture des mots et des schèmes les plus usités (cf. ci-dessous la conjugaison du verbe hamzé et concave جاء).

• Verbe جاء *(venir)*

Ce verbe a une double irrégularité :

- il est de racine concave avec un muḍaâri' en ي (يجيء),

- il est hamzé en 3e lettre puisque sa racine est : ج ي ء .

Comme verbe concave en ي , il se conjuguera comme قال (verbe concave en و) sauf les changements suivants:

- au passé, la ḍamma deviendra une kasra :

قُلت ← جِئْتُ ، جِئْتَ ، جِئْتِ ، جِئْنا ، جِئْتم ، ...

- au muḍaâri', la ḍamma deviendra une kasra et le و un ي :

أقُولُ ← أجِيءُ ، تجِيءُ ، تجِيئِين ، ... يجِيئُون ، ...

تقُلْن ← تجِئْن ، يجِئْن

Pas de changement au passé lorsqu'apparaît un 'alif :

قالَ ← جاءَ ، جاءَتْ ، جاؤوا

(remarquez les différents supports utilisés pour la hamza).

Exercices (corrigé p. 407)

A. Recopiez le texte, vocalisez-le et faites-le en autodictée.

B. Les mots de chacune des trois phrases suivantes ont été mis dans le désordre. Reconstituez-les :

1. أمام / وصلنا / حتّى / إلى / باب / تبعتها / الجامع
2. القرويّ / دار / غلطاً / لقد / جاء / جحا / إلى
3. له / غلطاً / قال / جاء / إنّه / إليه

C. Réécrivez la phrase suivante en opérant les modifications rendues nécessaires :

قال له جحا : " اتبعني "

1. قال لهم جحا : "........................"
2. قال لها جحا : "........................"
3. قال لهما جحا : "........................"
4. قال لهنّ جحا : "........................"

D. Réécrivez la phrase suivante en remplaçant à chaque fois le mot souligné par le mot proposé :

(أنتَ) ← لقد جئت إلينا غلطاً

1. (هو) ←..
2. (هم) ←..
3. (هي) ←..
4. (أنتم) ←..
5. (هنّ) ←..

E. Mettez ces verbes au duel (même temps, même personne et même genre) :

1. تبع 2. جئتَ 3. يقول 4. نزلتْ 5. دقّ
6. أجابوا 7. تذهبون 8. يسألن 9. اطلبن
10. ضحكن 11. أعرف 12. علمتُ 13. افتح
14. افعلوا 15. رجعنا

TEST

Lisez ce texte, comprenez-le (en vous servant du vocabulaire) et faites les exercices de la page de droite (corrigé p. 408).

سرقة منزل رجل أعمال سودانيّ في باريس

سرق ثلاثة لصوص ... ٥٠٠ فرنك من منزل رجل الأعمال السودانيّ عمر الخرطوميّ في باريس بعد أن أوثقوا سيّدة كانت موجودة في المنزل .

فقد دخل الرجال وهم مسلّحون بمسدّسات إلى منزله القائم شارع الجمهوريّة رقم ٤ أثناء غيابه .

وبعد أن أوثق اللصوص السيّدة التي كانت في المنزل ، أدخلوها إلى الحمّام وهي فاقدة الوعي . ثمّ فتّشوا المنزل وسرقوا المال ...

ولا تزال الشرطة تبحث عن اللصوص !

سَرِقة	*vol*	أَثْناءَ	*pendant*
سَرَقَ ـــِ	*voler*	غِياب	*absence*
لِصّ ج لُصوص	*voleur*	أَدْخَلَ ، يُدْخِلُ	*faire entrer*
بَعْدَ أنْ	*après que*	حَمّام	*salle de bain*
أَوْثَقَ ، يُوثِقُ	*ligoter*	فاقِد الوَعْي	*inconscient*
مُسَلَّح ج ون	*armé*	فَتَّشَ ، يُفَتِّشُ	*fouiller*
مُسَدَّس ج ات	*pistolet*	مال	*argent*
قائِم	ici : *situé*		

A. Mettez dans la colonne de droite le signe qui convient : (+) si ces phrases sont vraies, (-) si elles sont fausses et (?) si le texte ne permet pas de savoir :

1. عمر الخرطوميّ سودانيّ .	
2. رجل الأعمال السودانيّ من الخرطوم .	
3. يسكن في فرنسا .	
4. يسكن وحده في باريس .	
5. عنوانه شارع الجمهوريّة رقم ٤ في ليون .	
6. كان اللصوص أربعة .	
7. لم يكن عمر الخرطوميّ في باريس هذا اليوم .	
8. لم يكن في منزله هذا اليوم .	
9. لم يكن أحد في منزله .	
10. كانت سيّدة في المنزل .	
11 ليست هذه السيّدة زوجته .	
12. لم يكن اللصوص مسلّحين .	
13. أدخل اللصوص رجل الأعمال إلى الحمّام .	
14. لم يسرقوا شيئاً .	
15. لم تبحث الشرطة عن اللصوص .	

B. Trouvez dans ce texte :

1. deux nisba-s,
2. deux pluriels externes,
3. trois pluriels internes,
4. deux participes actifs de verbes simples,
5. un participe passif de verbe simple,
6. deux verbes dérivés de forme 4.

C. Traduisez les deux derniers paragraphes :

" وبعد أن أوثق .... عن اللصوص ! "

D. Réécrivez ces phrases en remplaçant à chaque fois le mot souligné par le mot proposé :

كانت السيّدة تمشي وحدها .

1. (الأولاد) ← ....

2. (أنا) ← ....

3. (الفتيات) ← ....

4. (أنتم) ← ....

5. (الرجل) ← ....

أخذ الرجل يقول لكلّ من رآه ...

6. (الفتيات) ← ....

7. (أنتِ) ← ....

8. (نحن) ← ....

9. (أنتنّ) ← ....

(أنا) ← درستُ لأفهمَ .

10. (هم) ← ....

11. (أنتِ) ← ....

12. (هنّ) ← ....

13. (نحن) ← ....

قال إنّ الرجلَ قد دخل .

14. (رجل) ← ....

15. (المهندسون) ← ....

16. (الرجلان) ← ....

17. (هي) ← ....

18. (أنتنّ) ← ....

E. Mettez ces phrases à la forme négative :

1. كان الرجل في منزله .
2. غادروا الخرطوم .
3. نعلم أين هو .
4. وجدتْ رجل أحلامها .
5. هذا الرجل مهندس .
6. عادت إلى منزلها .
7. انقلبت سيّارتي .
8. تكلّمتِ معه .
9. أجابته .
10. هذا الطفل صغير جداً .

F. Conjuguez ces verbes à l'impératif :

1. نظر 2. نزل 3. ركب

G. Voici une liste de verbes au muḍaâri‘ (3e personne du masculin singulier). Mettez-les au passé (à la même personne) et précisez dans la colonne de gauche :

- pour un verbe simple s'il est sain régulier (R), assimilé (A), concave (C), défectueux (D) ou sourd (S),
- pour un verbe dérivé le numéro de sa forme (4, 7 ou 8).

Catégorie	*Passé*	*Mudaâri‘*
		1. يُحِبُّ
		2. يَنْقَطِعُ
		3. يَعودُ
		4. يَجِدُ
		5. يَنْتَظِرُ
		6. يَنْسى
		7. يُطْلِقُ
		8. يَلْتَفِتُ
		9. يَسوقُ
		10. يَصِلُ
		11. يَعُدُّ
		12. يَقْطَعُ

تبنّى زوجان طفلا صينيّا . ثمّ قرّرا أن يتعلّما اللغة الصينيّة . فقال المعلّم : « لكنّ اللغة الصينيّة صعبة جدّاً ... فلماذا تريدان أن تتعلّماها ؟ » فأجابت السيّدة : « إنّنا تبنّينا طفلا صينيّا وبعد أيّام يبلغ العام الأوّل من عمره ... ونتوقّع أن يبدأ بالكلام ... لذلك ، نودّ أن نتعلّم اللغة الصينيّة حتّى نستطيع أن نفهم ما سوف يقوله لنا ... »

Nous commençons maintenant l'étude de textes tirés de la presse arabe. Faites une lecture du 1er paragraphe de ce texte humoristique en relevant les verbes au duel (qui s'accordent avec زوجان). Le premier verbe تبنّى reste au singulier puisqu'il est placé devant le sujet au duel. Puis, relevez les constructions composées d'un verbe suivi de أن (['an] et non ['anna]) suivi d'un autre verbe. Remarquez que ce dernier verbe est au manṣuwb. Etudiez alors le point de Grammaire "Complétives introduites par أن ".

• تبنّى : verbe dérivé de racine défectueuse. Se conjugue au passé comme مشى et au muḍaâri‘ comme ينسى .

• صينيّ : adjectif de relation (nisba) tiré du nom الصين , *la Chine*.

• جدّاً : cf. Grammaire.

• لذلك : le démonstratif ici (accroché à la préposition لـ) renvoie à tout ce qui précède. On traduira cette expression par *c'est pour cela, aussi*.

• حتّى est ici suivi d'un verbe au manṣuwb ; dans ce cas,

ibtisaâma

tabannaâ zawjaân ṣabiyyan ṣiyniyyan. ṯumma qarraraâ 'an yata'allama l-luġata ṣ-siyniyya. fa-qaâla l-mu'allim : "laâkinna l-luġata ṣ-ṣiyniyya ṣa'ba(tan) jiddan... fa-li-maâḍaâ turiydaân(i) 'an tata'allamaâ-haâ ?". fa-'ajaâbati s-sayyida : "'inna-naâ tabannaynaâ ṭiflan ṣiyniyyan wa-ba'da 'ayyaâm, yabluġu l-'aâma l-'awwal min 'umri-hi... wa-natawaqqa'(u) 'an yabda'(a) bi-l-klaâm... li-ḏaâlika, nawadd(u) 'an nata'allama l-luġa(ta) ṣ-ṣiyniyya ḥattaâ nastaṭiy'(a) 'an nafham(a) maâ sawfa yaquwlu-hu la-naâ..."

Sourire

Deux époux ont adopté un enfant chinois. Puis, ils ont décidé d'apprendre le chinois (la langue chinoise). L'enseignant leur dit : " Mais le chinois est très difficile... Pourquoi voulez-vous l'apprendre?". La dame répondit : "Nous avons adopté un enfant chinois et dans quelques jours, il aura un an (il atteindra la première année de son âge)... Nous nous attendons à ce qu'il commence à parler... Aussi, nous souhaiterions apprendre le chinois afin de pouvoir comprendre ce qu'il va bientôt nous dire..."

---

il exprime le but : *pour que, afin.*

• سوف : autre marque du futur (comme ســ) ; سيقول = سوف يقول = *il dira.*

• ما يقوله : notez le pronom suffixe ه qui reprend le relatif impersonnel ما , *ce que...*

premier	أوَّل م أُولى	*sourire* (nom)	اِبْتِسامة
s'attendre à	تَوَقَّعَ ، يَتَوَقَّعُ	*décider*	قَرَّرَ ، يُقَرِّرُ
commencer	بَدَأَ ـَ	*adopter*	تَبَنَّى ، يَتَبَنَّى
paroles	كَلام	*chinois*	صِينيّ
vouloir, désirer	وَدَّ ـَ	*langue (parlée)*	لُغة
pouvoir	اِسْتَطاعَ ، يَسْتَطِيعُ	*enseignant*	مُعَلِّم
comprendre	فَهِمَ ـَ	*difficile*	صَعْب
		très	جِدّاً

• Complétives introduites par أن

أن introduit une subordonnée complétive après des verbes exprimant la volonté, l'intention, l'éventualité, la capacité, l'obligation, la crainte,... C'est le cas des verbes suivants présents dans le texte : قرّر, *décider* - أراد, *vouloir* - توقّع, *s'attendre à* - ودّ, *désirer* - استطاع, *pouvoir*.

Dans ce cas, أن doit être suivi obligatoirement d'un verbe au muḍaâri' manṣuwb. Ex. :

vous voulez apprendre = تريدون أن تتعلّموا –

je veux qu'ils apprennent = أريد أن يتعلّموا –

nous pouvons comprendre = نستطيع أن نفهمَ –

il a décidé de partir = قرّر أن يذهبَ –

N.B. : En général, ces complétives correspondent en français aux subordonnées réclamant le subjonctif après *que* ou à l'infinitif suivant un verbe de volonté, de capacité, etc.

• Utilisations de حتّى

Si حتّى est suivi :

- d'un verbe au passé, il a alors le sens de *jusqu'à ce que*. Ex. :
il le suivit jusqu'à ce qu'ils arrivèrent... = ... تبعه حتّى وصلا –

- d'un verbe au manṣuwb, il est synonyme de لـ devant un verbe au manṣuwb : *pour, pour que, afin, afin de*. Ex. :
nous apprenons afin de pouvoir... = ... نتعلّم حتّى نستطيعَ –

- d'un nom, il a le sens de *jusqu'à* (ou parfois *même*). Ex. :
jusqu'à ce jour-là = حتّى ذلك اليوم –

• *Très*

L'arabe utilise l'expression adverbiale جدّاً toujours placé après l'adjectif que l'on veut nuancer. Ex. :

très difficile = صعب جدّاً / *très jolie* = جميلة جدّاً

• *Premier*

L'ordinal correspondant à واحد (*un*) est أوّل ['awwal] au masculin (*premier*) qui fait أُولى ['uwlaâ] au féminin (*première*).

Exercices (corrigé p. 409)

A. Recopiez le texte, vocalisez-le et faites-le en autodictée.

B. Les mots de chacune des trois phrases suivantes ont été mis dans le désordre. Reconstituez-les :

1. اللغة / جدّا / ليست / العربيّة / صعبة
2. تتعلّمي / لماذا / أن / هذه / تريدين / اللغة / ؟
3. يا / تفهموا / أولاد / هل / تستطيعون / الصينيّة / أن / ؟

C. Réécrivez la phrase suivante en remplaçant à chaque fois le mot souligné par le mot proposé :

(<u>أنتما</u>) ← لماذا تريدان أن تتعلّماها ؟

1. (هو) ← ....
2. (هم) ← ....
3. (أنتم) ← ....
4. (أنتِ) ← ....
5. (هنّ) ← ....

D. Répondez à ces questions comme dans l'exemple suivant :

- هل ذهب ؟ ← - لا ! قرّر أن يذهبَ بعد ساعة .

1. هل رجعوا ؟ ← ....
2. هل عُدْنَ ؟ ← ....
3. هل أجابتها ؟ ← ....
4. هل أكلتم ؟ ← ....

E. Traduisez ces phrases :

1. ساق حتّى وصل إلى بيت صديقه .
2. أتعلّم العربيّة حتّى أستطيع أن أتكلّم مع صديقي محمّد .
3. حتّى الآن ، لم يقرّر أن يتعلّم لغة أمّه .

F. Traduisez ces phrases :

1. Nous nous attendons à ce qu'ils arrivent dans une heure.
2. Jamila, veux-tu aller au cinéma avec moi ?

يقال إنّ الفتيات يستمعن إلى الأخبار السياسيّة عن طريق الراديو أكثر من الذكور (67 في المائة مقابل 37 في المائة) وذلك يعود إلى وجودهنّ في العديد من الأوقات في البيوت ...

• يقال [yuqaâlu] : verbe قال construit au passif (muḍaâri' - 3e personne du masculin singulier) . On traduira souvent de façon adéquate le passif arabe par *on*... Ici : *on dit que*...

• الفتيات ['al-fatayaât] : pluriel de فتاة . Ici, le nom est ism 'inna (اسم إنّ) et donc au cas direct. Sur la voyelle finale (kasra), cf. Grammaire.

• يستمعن : verbe dérivé de forme 8. Sa racine est س م ع . Le verbe est conjugué au muḍaâri' (3e personne du féminin pluriel). Notez la construction indirecte avec la préposition إلى (par contraste avec la construction directe en français) :

يستمعن إلى الأخبار = *elles écoutent les informations.*

• عن طريق , *par le biais de, par voie de* : expression construite à partir du nom طريق , *chemin, route* et de la préposition عن .

• أكثر : c'est le comparatif de l'adjectif كثير , *nombreux.* أكثر من = *plus que.*

• Pour la prononciation des chiffres de 20 à 100 : cf. Grammaire.

• مائة : dans ce mot qui signifie *cent*, le 'alif ne se prononce pas. On trouvera d'ailleurs aussi l'orthographe مئة

'al-fatayaât wa-r-raâdyuw

yuqaâl(u) 'inna l-fatayaât yastami'na 'ila l-'aẖbaâri s-siyaâsiyya 'an ṭariyqi r-raâdyuw 'akṯar(a) mina ḏ-ḏukuwr (sab'a wa-sittiyn fi l-mi'a muqaâbil sab'a wa-ṯalaâṯiyn fi l-mi'a) wa-ḏaâlika ya'uwd(u) 'ilaâ wujuwdi-hinna fi l-'adiyd mina l-'awqaât fi l-buyuwt...

Les jeunes filles et la radio

On dit que les jeunes filles écoutent les informations politiques à la radio (par le biais de la radio) plus que les garçons (67 % contre 37 %) et cela est attribué au fait qu'elles sont très souvent à la maison (à leur présence de nombreux moments dans les maisons)...

---

conforme à sa prononciation. في المائة = *pour cent.*

• يعود إلى : notez le sens particulier du verbe عاد dans cette expression : *être attribué, imputable à...*

• عديد : adjectif synonyme de كثير , *nombreux*. L'expression العديد من signifie *beaucoup de*. Remarquez la fatḥa, voyelle de liaison ajoutée à مِن pour éviter la rencontre de deux soukouns : مِنَ الأوقات (cf. aussi plus haut مِنَ الذكور).

• Pour la formation des pluriels أخبار , أوقات , ذكور et بيوت : cf. Grammaire.

par le biais de	عَنْ طَريق	*radio*	راديو
mâle	ذَكَر ج ذُكور	*on dit que*	يُقالُ إنَّ ...
cent	مائة (مئة)	*jeune fille*	فَتاة ج فَتَيات
ici : *contre*	مُقابِلَ	*plus*	أكْثَر
présence	وُجود		اِسْتَمَعَ ، يَسْتَمِعُ إلى
beaucoup de	العَديد مِنْ	*écouter qqn* ou *qqch*	
moment	وَقْت ج أوْقات	*politique* (adjectif)	سِياسيّ
maison	بَيت ج بُيوت	*chemin, route*	طَريق

• Schèmes de pluriel *interne*

Voici deux schèmes courants de pluriels *internes* (ou *brisés*) :

أفْعال	*Singulier*	*Pluriel*	
	خبر	أخْبار	*nouvelle, information*
	وقت	أوْقات	*moment, heure*
	صوت	أصْوات	*voix, cri, son, bruit*
	طفل	أطْفال	*garçon, enfant*
	ولد	أوْلاد	*garçon, enfant*
فُعول	*Singulier*	*Pluriel*	
	ذكر	ذُكور	*mâle*
	بيت	بُيوت	*maison*
	ضيف	ضُيوف	*hôte, invité*

• Déclinaison des pluriels *externes* en ات

Les pluriels *externes* en ات (comme فتيات , مهندسات , إعلانات , etc.) n'ont jamais de fatḥa comme voyelle finale de déclinaison, et au cas direct, la voyelle finale est une kasra (comme au cas indirect) :

	Indéfini	*Défini*
Cas sujet :	فتياتٌ	الفتياتُ
Cas direct et indirect :	فتياتٍ	الفتياتِ

• Les chiffres de 20 à 100 (dialecte)

Rappel : on donne le chiffre des unités avant celui des dizaines, les deux chiffres étant coordonnés par و . Ex. :

21 = واحد وعشرين / 48 = ثمانية وأربعين / etc.

Quant à 100, il s'écrit مائة ou مئة et se prononce toujours [mi'a] ou en dialecte [miyya]. Ex. :

156 = مائة وستّة وخمسين / مئة وستّة وخمسين

Exercices (corrigé p. 409)

A. Recopiez le texte, vocalisez-le et faites-le en autodictée.

B. Les mots de chacune des trois phrases suivantes ont été mis dans le désordre. Reconstituez-les :

1. إنّ / يبقين / الفتيات / يقال / في البيوت

2. إلى / تستمعي / أن / هل / تريدين / الأخبار / ؟

3. من / أكثر / اليوم / يشتغل / صديقته / قرّر / فريد / أن

C. Formez le pluriel de chacun des mots suivants (en sachant que les cinq premiers ont un pluriel interne sur le schème فعول et les cinq autres sur le schème أفعال) :

1. عين 2. جفن 3. جهد 4. شعب 5. نجمة

6. حين 7. حلم 8. سعر 9. عمل 10. سمكة

D. Mettez tous les signes vocaliques aux phrases suivantes, puis traduisez-les:

1. يريد أن يفهم الفتيات العربيّات .

2. رجعتُ من المصنع لأستمع إلى خطاب (*discours*) الرئيس .

3. يقال إنّ مهندسات هذا المصنع يشتغلن جَيِّداً (*très bien*) .

E. Transcrivez en chiffres les nombres suivants :

1. ثلاثة وتسعين 2. مائة وستّة وثلاثين 3. مائة وأربعة

4. مائة و خمسين 5. سبعة وستّين 6. ثمانية وعشرين

F. Traduisez ces phrases :

1. On dit qu'il habite dans cette maison.
2. Karim, as-tu écouté les informations d'aujourd'hui ?
3. Cela est imputable au fait qu'ils sont très souvent à la maison.
4. Ils n'ont pas voulu que je les écoute.
5. Farida, peux-tu me dire ce que tu as vu ?

- اسمي محمّد ولي 21 سنة من العمر .
- إلى أين وصلت في دراستك ؟
- درست حتّى السنة الرابعة للتعليم الثانويّ .
- ولماذا انقطعت ؟
- لأنّ ظروفي العائليّة في تلك الفترة لم تكن تسمح لي بمواصلة تعليمي . كان عليّ البحث عن عمل . فعملت صانعا عند حلّاق ... والحمد للّه ، هذه المهنة تعجبني كثيراً !

• الرابعة , *la quatrième*. Cf. Grammaire pour les ordinaux.

• لأنّ [li'anna], *parce que* : particule du cas direct (toujours suivie d'un nom au cas direct) qui introduit les phrases exprimant la cause (en réponse à لماذا).

• ظروف , *circonstances* : pluriel du type فعول .

• لم تكن تسمح : négation de l'imparfait. Le verbe كان est à la 3e personne du féminin singulier du majzuwm puisqu'il suit لم et que son sujet est un *pluriel inanimé* (ظروف). On aurait pu aussi trouver : كانت لا تسمح = *elles ne permettaient pas*.

• سمح لـ... بـ... : notez la construction *permettre à... de...*

• كان عليّ البحث , *il m'a fallu chercher*. Sens particulier de la préposition على dans cette construction (obligation). C'est البحث (maṣdar) qui est ism kaâna.

li-kulli šaâbb(in) mihna

- ism-iy muḥammad wa-l-iy *waâḥid wa-'išriyn* sana mina l-'umr.
- 'ilaâ 'ayna wasalṭa fiy diraâsati-ka ?
- darastu ḥatta s-sanati r-raâbi'a li-t-ta'liymi ṯ-ṯaânawiy.
- wa-li-maâḏa nqaṭa'ta ?
- li-'anna ẓuruwf-i l-'aâ'iliyya fiy haḏihi l-fatra lam takun tasmaḥ(u) l-iy bi-muwaâṣalat(i) ta'liym-iy. kaâna 'alay-ya l-baḥṯ(u) 'an 'amal. fa-'amiltu ṣaâni'an 'inda ḥallaâq... wa-l-ḥamdu li-l-laâh, haḏihi-l-mihna tu'jibu-niy kaṯiyran !

Un métier pour chaque jeune.

- Mon nom est Mohammed et j'ai 21 ans.

- Jusqu'où es-tu arrivé dans tes études ?

- J'ai étudié jusqu'à la quatrième année d'enseignement secondaire.

- Pourquoi as-tu interrompu ?

- Parce que les (mes) circonstances familiales dans cette période ne me permettaient pas de continuer mes études. Il m'a fallu chercher un travail. J'ai travaillé comme apprenti chez un coiffeur... Grâce à Dieu, ce métier me plaît beaucoup !

• الحمد للّه ['al-ḥamdu li-l-laâh], *grâce à Dieu*. Notez l'écriture du nom اللّه précédé de la préposition لـ : للّه. Cette expression est prononcée après tout événement heureux (fin d'un repas, guérison, etc.).

• كثيراً, *beaucoup* : forme adverbiale tirée de l'adjectif كثير.

permettre	سَمَحَ ـَ	*quatrième*	رابِع
fait de continuer	مُواصَلة	*enseignement*	تَعْليم
apprenti, artisan	صانِع	*secondaire*	ثانَوِيّ
coiffeur	حَلاّق	*parce que*	لأنَّ
plaire à	أعْجَبَ ، يُعْجِبُ	*circonstances*	ظُروف
beaucoup	كَثيراً	*familial*	عائِلِيّ
		période	فَتْرة

Grammaire

• **Les ordinaux** (de 3 à 10)

De 3 à 10, les ordinaux sont bâtis sur le schème فاعِل (فاعِلة au féminin) :

سابِع	*septième*	ثالِث	*troisième*
ثامِن	*huitième*	رابِع	*quatrième*
تاسِع	*neuvième*	خامِس	*cinquième*
عاشِر	*dixième*	سادِس	*sixième*

Rappel : *premier* = أوّل / *première* = أولى .

• **Formation du maṣdar**

Les maṣdar-s (ou *noms d'action*) des verbes simples sont construits sur des schèmes très variés, sans suivre de règles simples. Aussi a-t-on l'habitude de les apprendre à l'usage.

Voici quelques maṣdar-s de verbes simples déjà étudiés :

وُصول (وَصَلَ) / زِيارة (زارَ) / قِراءة (قَرَأَ) / بَحْث (بَحَثَ)

Par contre, pour les verbes dérivés, les maṣdar-s sont construits à partir de schèmes qui dépendent de la forme dérivée dont ils sont issus. Au fur et à mesure que nous étudierons les formes dérivées, nous verrons les schèmes des maṣdar-s. Les maṣdar-s مواصلة et تعليم sont tirés de verbes dérivés.

• **Valeurs du maṣdar**

Le maṣdar peut avoir :

- soit une valeur de substantif. C'est le cas dans ce texte du maṣdar تعليم (formé à partir du verbe علّم , *enseigner*) :

التعليم الثانوي = *l'enseignement secondaire.*

- soit une valeur verbale et alors il peut être remplacé par une complétive introduite par أن . C'est le cas du maṣdar مواصلة (formé à partir du verbe واصل , *continuer*) et du maṣdar بحث (formé à partir du verbe بحث , *chercher*) :

– سمح لي بمواصلةِ تعليمي ← سمح لي بأن أواصلَ تعليمي

= *il m'a permis de continuer mes études.*

– كان عليّ البحثُ عن عمل ← كان عليّ أن أبحثَ عن عمل

= *il m'a fallu chercher un travail.*

Exercices (corrigé p. 410)

A. Recopiez le texte, vocalisez-le et faites-le en autodictée.

B. Les mots de chacune des trois phrases suivantes ont été mis dans le désordre. Reconstituez-les :

1. حتّى / درستُ / السنة / للتعليم / السادسة / الابتدائيّ
2. كثيراً / تعجب / هذه / لا / ه / المهنة
3. القراءة / لي / هل / بأن / تسمح / أواصل / ؟

C. Réécrivez ces phrases en remplaçant le maṣdar par une complétive introduite par أن :

1. لا أريد قراءة هذه الجريدة .

← لا أريد .....

2. لا يستطيع الوصول إلى بيته قبل الساعة السابعة .

← لا يستطيع ....

3. كان عليهم البحث عن عمل .

← كان عليهم ....

D. Pour chacun des groupes suivants, reliez la deuxième phrase à la première en utilisant لأنّ (la deuxième phrase exprimant la cause de la première) :

1. لا أستطيع أن أذهب معك / لا تريد أمّي أن أخرج اليوم .
2. عليها أن ترجع / تنتظرها صديقتها .
3. لم أفهم شيئا / تكلّم بالصينيّة .
4. لم أجدها / لم تكن في البيت .
5. لم تستلمي رسالتي / لم أكتبها .

E. Traduisez ces phrases :

1. Pourquoi n'as tu pas permis à ta fille de continuer ses études ?
   (en utilisant le maṣdar مواصلة *).*
2. Ils n'ont pas voulu visiter cette ville .
   (en utilisant le maṣdar زيارة *).*
3. Il m'a permis de visiter cette jolie mosquée.
   (en utilisant la complétive avec أن *).*
4. J'ai travaillé comme ingénieur dans cette société.

إذا كـــان المصـــريّ القـــديم أوّل من عـــرف «الشكوى» قـــبل أربعـــة آلاف سنة ... فـــإنّ المصريّ الحديث أوّل من أدمنها ...!!

نـشكو مـن الحــيـــاة ... مـن الموت ... مـن الزواج ... إلخ ...

نـشكو مـن كلّ شيء حـــتّى مـن الـشكوى نفسها ..

• الشكوى : dans tout ce texte, le maṣdar الشكوى a le sens de *le fait de se plaindre*.

• إذا = *si*. Cf. Grammaire

• أوّل من = *le premier qui*... Pour les voyelles de déclinaison de أوّل (fatḥa et ḍamma), cf. Grammaire.

• آلاف : pluriel (sur le schème أفعال) de ألف , *mille*.

• فإنّ : le فـ ici est exigé par la phrase hypothétique commençant par إذا . Cf. Grammaire.

• حديث est ici un adjectif (dont le sens est *moderne*, *nouveau*). A ne pas confondre avec le nom حديث signifiant *discussion*.

• أدمنها : verbe dérivé أدمن suivi du pronom suffixe ها reprenant le nom شكوى (féminin).

• نشكو : verbe يشكو ، شكا de racine défectueuse. Cf. Grammaire.

• الحياة : le ة se prononcera toujours dans ce mot, même

'aš-šakwaâ

'idaâ kaâna l-miṣriyyu l-qadiym 'awwal(a) man 'arafa š-šakwaâ qabla 'arba'ati 'aâlaâfi sana... fa-inna l-miṣriyya l-ḥadiyt 'awwal(u) man 'admana-haâ...!!

naškuw mina l-ḥayaât... mina l-mawt... mina z-zawaâj... 'ilaâ 'aâḫiri-hi...

naškuw min kulli šay' ḥattaâ mina š-šakwaâ nafsi-haâ...

La plainte

Si l'Egyptien ancien fut le premier à connaître la plainte depuis 4000 ans, l'Egyptien moderne est le premier à la pratiquer avec assiduité.

Nous nous plaignons de la vie... de la mort... du mariage... etc. Nous nous plaignons de toute chose, et même du fait de se plaindre lui-même.

à la pause. Ce sera le cas de tous les mots qui se terminent par ـاة .

- إلخ : abréviation de إلى آخِرِهِ ['ilaâ 'aâḫiri-hi] = *etc.*
- حتّى : ici se traduira par *même.*
- الشكوى نفسها = *la plainte elle-même* : ainsi traduira-t-on le mot نفس (qui signifie *âme, essence, substance*) mis en apposition.

se plaindre	شَكَا ، يَشْكُو	*la plainte*	الشَّكْوى
vie	حَياة	*si*	إذا
mort	مَوْت	*égyptien*	مِصْريّ
etc.	إلخ (إلى آخِرِهِ)	*ancien*	قَديم
lui-même	هو نَفْسه	*mille*	أَلْف ج آلاف
- moi-même	أنا نفسي -	*moderne, nouveau*	حَديث
- elle-même	هي نفسها -	*s'adonner à, pratiquer avec assiduité*	أَدْمَنَ ، يُدْمِنُ

• **Phrase hypothétique** (1 - éventualité)

Pour exprimer une condition ou une hypothèse éventuelle, on utilise إذا suivi d'un verbe au passé. Dans ce cas, si la phrase correspondant à la principale est nominale, il faut alors l'introduire par فـ . Ex. :

إذا كان المصريّ القديم ... فإنّ المصريّ الحديث ...

= si l'Egyptien ancien fut..., l'Egyptien moderne...

La condition est ... إذا كان (avec un verbe au passé).

La réponse à cette condition est une phrase nominale : il faut donc la faire précéder de فـ .

• **Analyse comparée des phrases avec** كان **et** إنّ

Une phrase nominale se compose d'un mubtada' (au cas sujet - ici : المصريّ الحديث) et d'un ḫabar (au cas sujet s'il s'agit d'un ḫabar d'identification - ici : ... أوّل من). Ex. :

المصريُّ الحديثُ أوّلُ من عرف الشكوى

Si l'on introduit l'exposant temporel كان devant cette phrase :

- le mubtada' devient ism-kaâna et reste au cas sujet,
- le ḫabar devient ḫabar-kaâna et se met au cas direct.

كان المصريُّ الحديثُ أوّلَ من عرف الشكوى

Si l'on introduit إنّ devant cette phrase :

- le mubtada' devient ism-'inna et se met au cas direct,
- le ḫabar devient ḫabar-'inna et reste au cas sujet.

إنّ المصريَّ الحديثَ أوّلُ من عرف الشكوى

• **Verbes défectueux** (type شكا)

A côté des verbes du type مشى ، يمشي et نسي ، ينسى , il existe une autre catégorie importante de verbes défectueux : ceux qui ont un و au muḍaâri' comme شكا ، يشكو .

Passé:

شَكَوْتُ ، شَكَوْتَ ، ... ، شَكَوْنَ

شَكا ، شَكَتْ ، شَكَوَا ، شَكَتَا ، شَكَوْا

Muḍaâri' :

أشْكُو ، تَشْكُو ، ... ، نَشْكُو

تَشْكِينَ ، تَشْكُوَانِ ، يَشْكُوَانِ ، تَشْكُونَ ، يَشْكُونَ

تَشْكُونَ ، يَشْكُونَ

Exercices (corrigé p. 410)

A. Recopiez le texte, vocalisez-le et faites-le en autodictée.

B. Les mots de chacune des trois phrases suivantes ont été mis dans le désordre. Reconstituez-les :

1. من / هذا / إنّ / يشكو / الرجل / حياته

2. قرّرتَ / أبقى / فـ / أن / إذا / تذهب / أنا / هنا

3. يتزوّج / الآن / و / أن / أراد / يشكو / الزواج / من

C. Réécrivez ces phrases en les faisant précéder :

1. d'abord du verbe كان ,
2. puis de la particule إنّ

et en mettant la voyelle finale au "ism" et au "ḫabar" s'il s'agit d'un nom (ou d'un adjectif).

1. هذا الشابّ مهندس .

2. أنا حلّاق .

3. هو مشغول .

4. هذه المرأة المصريّة طبيبة .

5. السيّارة مقلوبة .

D. Mettez au muḍaâri' les verbes qui sont au passé et vice-versa (même personne) :

1. شكا 2. ينسى 3. نشكو 4. بقيتْ 5. يمشون

6. شكت 7. مشت 8. شكوتِ 9. يشكوان 10. ينسون

E. Traduisez ces phrases :

1. Il est venu (pour) se plaindre de sa voiture.
2. C'est lui le premier qui a poursuivi ses études jusqu'à la sixième année secondaire.
3. La vie était dure il y a 4000 ans.
4. Si tu trouves le directeur, dis-lui que je l'attends.
5. Elle se plaint de tout, même de son mari !

نحن ، شباب حيّ الجامع ، نشكو من انعدام التجهيزات الأساسيّة لتنشيط هذا الحيّ إذ لا نجد مكتبة عموميّة رغم ضخامة حيّنا من ناحية عدد السكّان .

نتوجّه بنداء إلى وزارة الشباب حتّى يمكّنونا من مكتبة .

• انعدام [in'idaâm], *absence de, manque* : maṣdar du verbe dérivé de forme 7 انعدم . Cf. Grammaire.

• التجهيزات [at-tajhiyzaât], *les équipements* : pluriel externe du maṣdar تجهيز tiré du verbe dérivé de forme 2 جهّز . Cf. Grammaire.

• أساسيّة : notez l'accord (féminin singulier) avec un pluriel "inanimé" (تجهيزات).

• تنشيط [tanšiyṭ] : maṣdar du verbe dérivé de forme 2 نشّط (cf. Grammaire) .

• إذ ['iḏ] = *puisque, car.*

• نجد : muḍaâri' du verbe assimilé وجد (rappel : le و des verbes assimilés disparaît au muḍaâri').

• رغم [raġma], *malgré.* Entraînez-vous à bien prononcer le r suivi d'un ġ .

• من ناحية [min naâḥyati-...], *du point de vue, en ce qui concerne...*

• سكّان [sukkaân] : pluriel brisé du participe actif ساكن, *habitant*, utilisé ici comme substantif *(un habitant)*.

• وزارة [wizaâra], *ministère* : de la même racine que وزير *(ministre)*.

• يمكّنونا [yumakkinuw-naâ] : verbe dérivé de forme 2

nidaâ'

naḥnu, šabaâb(u) ḥayyi l-jaâmi', naškuw mina n'idaâmi t-tajhiyzati l-'asaâsiyya li-tanšiyṭ(i) haâḏa l-ḥayy, 'iḏ laâ najid(u) maktaba(tan) 'umuwmiyya raġma ḍaḫaâmat(i) ḥayyi-naâ min naâḥyat(i) 'adadi s-sukkaân.
natawajjah(u) bi-nidaâ'(in) 'ilaâ wizaârati š-šabaâb ḥattaâ yumakkinuw-naâ min maktaba.

Appel

Nous, la jeunesse du quartier de la mosquée, nous nous plaignons de l'absence des équipements fondamentaux pour l'animation de ce quartier, puisque nous ne trouvons pas de bibliothèque publique malgré l'importance de notre quartier du point de vue du nombre des habitants.
Nous adressons cet appel au ministère de la Jeunesse afin qu'on nous pourvoie (qu'ils nous pourvoient) d'une bibliothèque.

مكّن au manṣuwb (à cause de حتّى utilisé ici dans le sens de *pour que*) à la 3e personne du masculin pluriel. Le sujet sous-entendu est *les responsables au ministère*. On pourra aussi traduire par *on*. Le verbe est suivi du pronom suffixe complément. Notez dans ce cas la disparition du 'alif orthographique (يمكّنوا). Remarquez la construction de ce verbe avec la préposition من .

public	عُمومي	*jeune*	شابّ ج شَباب
malgré	رَغْمَ	*quartier*	حَيّ
ampleur, énormité	ضَخامة	*absence de*	انْعِدام
du point de vue de	مِنْ ناحية	*équipement*	تَجْهِيز ج ات
nombre	عَدَد	*fondamental*	أساسيّ
habitant	ساكِن ج سُكّان	*animation*	تَنْشِيط
ministère	وِزارة	*puisque*	إذْ
pourvoir de	مَكَّنَ ، يُمَكِّنُ مِنْ	*bibliothèque*	مَكْتَبة

• **Le maṣdar des formes 7 et 8**

Forme 7 , son schème est اِنْفِعَال . Ex. : اِنْعِدَام , *absence de* .

Forme 8, son schème est اِفْتِعَال . Ex. : اِهْتِمَام , *attention* .

• **Verbes dérivés : forme 2**

La 2e lettre de la racine est redoublée (on lui met une chadda).

Son schème est : فَعَّلَ ، يُفَعِّلُ   Ex. : مَكَّنَ ، يُمَكِّنُ

Notez l'alternance vocalique du muḍaâri' : u - a - i - u .

NB. : voici les verbes dérivés de forme 2 déjà rencontrés :

فَكَّرَ ، يُفَكِّرُ / سَبَّبَ ، يُسَبِّبُ / قَرَّرَ ، يُقَرِّرُ

• **Le maṣdar de la forme 2**

Son schème est : تَفْعِيل

Ex. : تَنْشِيط (maṣdar du verbe نشّط).

تَفْكِير , *réflexion* (maṣdar du verbe فكّر)

NB.: le maṣdar de la forme 2 est assez éloigné du verbe (disparition de la chadda et introduction d'un ت et d'un ي). Bien retenir le lien entre فعّل ، يفعّل et تفعيل (son maṣdar).

• **Pluriel interne du type فُعَّال**

Tous les participes ont un pluriel externe. Mais, certains participes actifs de forme simple (du type فاعل) ont un 2e pluriel (interne celui-là, sur le schème فُعَّال) quand ils sont utilisés comme des substantifs. Ex. : si le participe actif ساكن , *qui habite, habitant*, est utilisé :

- avec une valeur verbale (= *qui habite*), il aura comme pluriel ساكنون (pluriel externe). Ex. :

Ils habitent à Tunis = هم ساكنون في تونس

- comme substantif (= *un habitant*), il aura comme pluriel سُكَّان (pluriel interne).

Ex. : *le nombre des habitants* = عدد السُكَّان

De même pour كاتب (= *qui écrit / écrivain, secrétaire*) qui aura les pluriels كاتبون (valeur verbale) et كُتَّاب (substantif) et pour طالب (= *qui demande / étudiant*) qui aura les pluriels طالبون (valeur verbale) et طُلاَّب (substantif) .

Exercices (corrigé p. 411)

A. Recopiez le texte, vocalisez-le et faites-le en autodictée.

B. Les mots de chacune des trois phrases suivantes ont été mis dans le désordre. Reconstituez-les :

1. هناك / حيّكم / مكتبة / هل / في / عموميّة / ؟

2. مصر / سكّان / لا / عدد / أعرف

3. الموجودة / هي / حيّك / ما / الأساسيّة / التجهيزات / في / ؟

C. Quel est le maṣdar de chacun de ces verbes dérivés ?

1. جهّز 2. انقلب 3. علّم 4. ابتعد 5. استلم

6. مكّن 7. سبّب 8. التفت 9. انتظر 10. قرّر

D. Ecrivez en toutes lettres (avec les signes vocaliques) les verbes suivants au muḍaâri' (à la personne هو). Ex. :

قَرَّرَ ← يُقَرِّرُ

1. فكّر ← .... 2. مكّن ← ....

3. شغّل ← .... 4. جهّز ← ....

5. عرّف ← .... 6. علّم ← ....

E. Traduisez ces phrases :

1. جاؤوا طالبين عملاً .

2. هل هناك كثير من الطلاّب في بلادكم ؟

3. يشكو الرئيس من سكّان هذه المدينة .

4. إنّ الكثيرين من كتّاب البلاد ساكنون في هذه المدينة .

F. Traduisez cette phrase :

Bien que notre quartier ne soit pas très peuplé (= *Notre quartier n'est pas grand du point de vue du nombre des habitants et malgré cela*), nous y trouvons tous les équipements fondamentaux.

لو كنت مسؤولا بوزارة الثقافة لفتحت قرب كلّ معهد مكتبة عموميّة بدل المقاهي وقاعات السينما التي يضيّع فيها التلميذ مستقبله هدرا ... لو كنت مدير معهد لطالبت كلّ تلميذ لا يدرس جيّداً بإحضار والده لإقناعه بأنّ المعهد ليس مكانا لإضاعة الوقت ...

• لو كنتُ, *si j'étais..* : hypothèse *irréelle* introduite par لو. A quoi répond la principale introduite par لَـ : لَفتحتُ ..., *j'aurais ouvert...* Cf. Grammaire.

• مسؤول [mas'uwl], *responsable* : participe passif du verbe سأل (notez le support de la hamza). Ce mot est ici au cas direct مسؤولا [mas'uwlan] car ẖabar-kaâna.

• التي يضيّع فيها التلميذ ... : relative. L'antécédent est un pluriel "inanimé" défini (المقاهي وقاعات السينما) donc le relatif est التي (féminin singulier). Le pronom de rappel est ها (فيها) : cf. Grammaire. Le complément indirect فيها est situé entre le verbe et le sujet car il est composé d'une préposition et d'un pronom suffixe.

• مدير معهد : dans ce texte tunisien, le mot معهد (qui signifie en principe *institut*) a le sens de *lycée* ; مدير معهد se traduira donc par *un proviseur (de lycée)*. Il s'agit d'une annexion indéfinie. مدير est au cas direct car ẖabar-kaâna.

• Notez la construction directe du verbe طالب, *exiger de*.

• لا يدرس جيّدا : relative dont l'antécédent كلّ تلميذ est indéfini, donc pas de relatif.

• إحضار : maṣdar de forme 4 : cf. Grammaire.

• لإقناعه بـ ... : préposition لـ (*pour*) suivie du maṣdar

law kuntu...

law kuntu mas'uwlan bi-wizaârati ṯ-ṯaqaâfa la-fataḥtu qurba kulli ma‘had(in) maktaba(tan) ‘umuwmiyya badala l-maqaâhiy wa-qaâ‘aâti s-siynima llatiy yuḍayyi‘(u) fiy-ha t-tilmiyḏ(u) mustaqbala-hu hadaran... law kuntu mudiyr(a) ma‘had la-ṭaâlabtu kulla tilmiyḏ(in) laâ yadrus(u) jayyidan bi-'iḥḍaâri waâlidi-hi li-'iqnaâ‘i-hi bi-'anna l-ma‘had(a) laysa makaânan li-iḍaâ‘ati l-waqt...

Si j'étais...

Si j'étais responsable au ministère de la Culture, j'aurais ouvert près de chaque institut une bibliothèque publique au lieu des cafés et des salles de cinéma où l'élève gâche futilement son avenir... Si j'étais proviseur de lycée, j'aurais exigé de chaque élève qui n'étudie pas bien de faire venir son père pour le convaincre que le lycée n'est pas un lieu [fait] pour perdre [son] temps...

إقناع , *fait de convaincre*, suivi du pronom suffixe complément ه . Le verbe أقنع se construisant avec la préposition بـ (*convaincre de*), le maṣdar en fait de même.

• بأنّ : préposition بـ suivie de la particule du cas direct أنّ = *de ce que* (cf. Grammaire). المعهد est au cas direct car précédé de أنّ . مكان est au cas direct car ḫabar-laysa.

élève	تلْميذ	*si* (irréel)	لَوْ
avenir	مُسْتَقْبَل	*responsable*	مَسْؤُول
futilement	هَدَراً	*culture*	ثَقافة
exiger de	طالَبَ ، يُطالِبُ	*près de*	قُربَ
bien !	جَيِّداً	*institut, lycée* (Tun.)	مَعْهَد
fait de faire venir	إِحْضار	*au lieu de*	بَدَلَ
fait de convaincre	إِقْناع	*les cafés*	المَقاهي
fait de perdre	إِضاعة	*salle*	قاعة ج ات
		gâcher	ضَيَّعَ ، يُضَيِّعُ

• **Phrase hypothétique** (2 - irréel)

Pour exprimer une condition ou une hypothèse irréelle, on utilise لو suivi d'un verbe au passé. Dans ce cas, la phrase correspondant à la principale est introduite par لَـ . Ex. :

لو كنت مسؤولا ... لفتحت ...

= *si j'étais responsable.., j'aurais ouvert...*

• **Le maṣdar de la forme 4**

Son schème est : إفْعَال (la hamza étant stable). Ex. :

إقْناع, *fait de convaincre* (maṣdar du verbe أقنع ، يُقنِع),

إحْضار, *fait de faire venir* (maṣdar du verbe أحضر ، يُحضِر).

Si le verbe est de racine concave, le maṣdar se termine par ة.

Ex. : إضاعة, *fait de perdre* (maṣdar du verbe أضاع ، يُضيع),

إرادة, *volonté* (maṣdar du verbe أراد ، يُريد).

• **La relative** (3)

Quand le pronom qui fait le lien entre la relative et la principale est complément indirect du verbe de la relative, il se suffixe à la préposition. Ex. : relions les deux phrases suivantes :

فتحت مكتبة بدل المقاهي /

يضيّع التلميذ مستقبله في المقاهي ←

فتحت مكتبة بدل المقاهي التي يضيّع فيها التلميذ مستقبله

L'antécédent المقاهي est repris par le pronom suffixe ها complément indirect du verbe يضيّع.

• **La particule du cas direct** أنّ

Nous avons déjà rencontré cette particule أنّ ['anna] composée avec لـ dans le sens de *parce que* : لأنّ [li-'anna]. Elle signifie *que* (conjonction de subordination). A ne pas confondre avec la particule أن ['an], toujours suivie d'un verbe au mansuwb, ni avec la particule إنّ ['inna] utilisée en début de phrase nominale ou après le verbe قال. Ici, composée avec la préposition بـ, بأنّ [bi-'anna] signifie *du fait que...* Doit être suivie d'un nom au cas direct ou d'un pronom suffixe.

Exercices (corrigé p. 411)

A. Recopiez le texte, vocalisez-le et faites-le en autodictée.

B. Les mots de chacune des trois phrases suivantes ont été mis dans le désordre. Reconstituez-les :

1. في / قرية / وزير / مكتبة / الثقافة / فتح / كلّ
2. مستقبلها / هذه / هدراً / ضيّعت / التلميذة
3. أقنعه / أن / بأنّه / مستقبله / أريد / يضيّع

C. Quel est le maṣdar de chacun de ces verbes dérivés ?

1. أطلق 2. ضيّع 3. أدمن 4. أدخل 5. أخرج 6. أعاد

D. Reliez les phrases suivantes en formant une relative :

Ex. : ما هي الأخبار ؟ / استمعت إلى الأخبار

← ما هي الأخبار التي استمعت إليها ؟

1. ها هي المقاهي ؟ / يضيع ابنك وقته في المقاهي
2. طالبه بإحضار الفتيات / ذهب مع الفتيات إلى السينما
3. ها هم الطلاّب / يشكو المدير من الطلاّب
4. من هو الرجل ؟ / تكلّمت مع الرجل أمس
5. هل أعجبتك الفتاة ؟ / تعرّفت على الفتاة في المعهد

E. Reliez les phrases suivantes en formulant une hypothèse irréelle (comme dans l'exemple), puis traduisez :

Ex. : لستُ وزير الثقافة / لم أفتح مكتبة عموميّة

← لو كنت وزير الثقافة لفتحت مكتبة عموميّة

1. لم يكن هنا / لم يذهب معنا
2. لم تدرس فريدة جيّداً / لم تنجح (نجح = réussir)
3. لم أستمع جيّداً / لم أفهم

F. Traduisez ces phrases :

1. Qui est cet homme que tu regardes ?
2. S'il était venu avec vous, il aurait fait ma connaissance.
3. Il a exigé de chaque élève qu'il fasse venir son père.

أعلنت وزارة الشغل أنّ نسبة البطالة ارتفعت بـ 3 في المائة وذلك في ظرف شهر واحد من ماي إلى جوان . وكان عدد العاطلين عن العمل قد تجاوز في شهر أكتوبر الماضي المليون وذلك لأوّل مرّة منذ الحرب العالميّة الثانية بينما انخفض عدد العاطلين في فبراير وأصبح أقلّ من المليون .

• أعلنت ['a'lanat] : verbe dérivé de forme 4 (أعلن = *annoncer*). Notez la particule du cas direct أنّ : أعلن أنّ = *il a annoncé que*... Cf. Grammaire.

• نسبة البطالة , *le taux de chômage* : نسبة est au cas direct à cause de أنّ . Cf. Grammaire

• Les noms de mois sont ici ceux utilisés au Maghreb (notamment ماي et جوان). Cf. page 126.

• العاطلين عن العمل , *chômeurs* : expression formée à partir du participe actif عاطل , *dépourvu*.

• ارتفعت [irtafa'at] : verbe dérivé de forme 8.

• ذلك : le démonstratif renvoie à tout ce qui précède.

• كان ... قد تجاوز : plus-que-parfait.

• أوّل مرّة : notez la construction en annexion de أوّل qui reste alors au masculin singulier (= *première fois*). On aurait pu dire aussi المرّة الأولى où أولى est épithète et s'accorde.

• الحرب , *la guerre* : ce mot est féminin en arabe.

• الثانية , *la deuxième* : cf. Grammaire.

'al-biṭaâla

'a'lanat wizaâratu š-šuġl 'anna nisbata l-biṭaâlati rtafa'at bi-ṭalaâṭa fi l-mi'a wa-ḏaâlika fiy ẓarf(i) šahr(in) waâhid min maây 'ilaâ juwaân. wa-kaâna 'adadu l-'aṭiliyn(a) 'ani l-'amal qad tajaâwaza fiy šahri 'uktuwbara l-maâḍi l-milyuwn wa-ḏaâlika li-'awwali marra munḏu l-ḥarbi l-'alaâmiyya(ti) ṯ-ṯaânya baynama nḫafaḍa 'adadu l-'aâṭiliyn fiy fibraâyir wa-'aṣbaḥa 'aqall(a) mina l-milyuwn.

Le chômage.

Le ministère du Travail a annoncé que le taux de chômage s'est accru de 3 %, et ce, en une période d'un mois, de mai à juin. Le nombre des chômeurs avait dépassé au mois d'octobre dernier le million et ce, pour la première fois depuis la Seconde Guerre mondiale alors que le nombre des chômeurs avait diminué en février et était revenu sous la barre du million (était devenu moins du million).

- بينما [baynamaâ] = *tandis que, alors que, pendant que*
- انخفض [inḫafaḍa] : verbe dérivé de forme 7.
- أصبح ['aṣbaḥa] , *devenir* : verbe dérivé de forme 4. Se construit comme le verbe كان : cf. Grammaire.
- أقلّ ['aqalla], *moins* : au cas direct car ḫabar 'aṣbaḥa (cf. Grammaire). Comme tous les comparatifs, il ne porte jamais de tanwiyn : il est *diptote* (voir page 282).

fois	مَرّة	*chômage*	بِطالة
guerre (féminin)	حَرْب	*annoncer*	أعْلَنَ ، يُعْلِنُ
mondial	عالَميّ	*taux, proportion*	نِسْبة
deuxième	ثانٍ (الثاني)	*augmenter*	اِرْتَفَعَ ، يَرْتَفِعُ
tandis que, pendant que	بَيْنَما		في ظَرْفِ
diminuer	اِنْخَفَضَ ، يَنْخَفِضُ	*dans une période de*	
devenir	أَصْبَحَ ، يُصْبِحُ	*mois*	شَهْر
moins	أقَلّ	*chômeur*	عاطِل عن العَمَل
		passé	ماضٍ (الماضي)

• **Participe actif des verbes *défectueux***

Quand le participe est indéfini, la dernière lettre de la racine disparaît et le participe se termine par un tanwin [in] (sauf au cas direct). Sinon, on a un ي qu'il soit du type مشى ، يمشي ou نسي ، ينسى ou شكا ، يشكو .

Cas	*Indéfini*	*Défini*
Sujet	ماشٍ - ناسٍ - شاكٍ	الماشي - الناسي - الشاكي
Direct	ماشياً - ناسياً - شاكياً	الماشيَ - الناسيَ - الشاكيَ
Indirect	ماشٍ - ناسٍ - شاكٍ	الماشي - الناسي - الشاكي

Le ي est toujours présent au féminin : ماشية ، ناسية ، شاكية

• ***Deuxième***

Ce mot se présente comme un participe actif défectueux :
- indéfini : ثانٍ (cas sujet et indirect) / ثانياً (cas direct),
- défini : الثاني (cas sujet et direct) / الثانيَ (cas direct).

• **Complétives introduites par أنّ**

أنّ introduit une subordonnée complétive après des verbes exprimant le constat, l'estimation, l'information... C'est le cas ici du verbe أعلن , *annoncer*.
أنّ étant une particule du cas direct, elle doit être suivie d'un nom au cas direct ou d'un pronom suffixe. L'ordre des mots de la complétive change donc. Ex. :

ارتفعت نسبةُ البطالة

← أعلنت الوزارة أنّ نسبةَ البطالة ارتفعت

Le ministère a annoncé que le taux de chômage a augmenté.

• **Verbes d'état (كان و أخواتها)**

Un certain nombre de verbes d'état ou d'existence comme أصبح (*devenir*), لا يزال (*être toujours*), etc. se construisent comme le verbe كان , c'est-à-dire qu'ils modifient une phrase nominale en mettant le ḫabar au cas direct.

Ex. : عددُ العاطلين أقلُّ من المليون

← أصبح عددُ العاطلين أقلَّ من المليون

Exercices (corrigé p. 412)

A. Recopiez le texte, vocalisez-le et faites-le en autodictée.

B. Les mots de chacune des trois phrases suivantes ont été mis dans le désordre. Reconstituez-les :

(*Attention* : on a ajouté à chaque fois un mot inutile).

1. الشغل / العاطلين / أنّ / قال / وزير / إنّ / عدد / عن / ارتفع / العمل

2. المليون / العاطلين / الأولى / تجاوز / مرّة / عدد / لأوّل

3. أقلّ / أنّ / أن / الوزير / أصبح / عدد / من / عن / العاطلين / أعلن / العمل / المليون

C. Quel est la participe actif (masculin et féminin - cas sujet) de chacun de ces verbes ?

1. قال 2. شكا 3. قضى 4. علم 5. زار 6. بقي

D. Quel est la maṣdar de chacun de ces verbes ?

1. ارتفع 2. انخفض 3. أعلن

E. Réécrivez ces phrases en les faisant précéder de أعلن أنّ et en en faisant des complétives :

Ex. : ارتفع عدد العاطلين

← أعلن أن عدد العاطلين ارتفع

1. سيزور المكتبة العموميّة .

2. وصل المهندسون الفرنسيّون أمس .

3. رأى أربع سيّارات مقلوبة .

F. Réécrivez ces phrases en les faisant précéder du verbe لا يزال (conjugué comme il convient). Ex. :

هو صغير ← لا يزال صغيراً

1. هي مهندسة . 2. أنا طالب 3. هم جزائريّون

G. Traduisez ces phrases :

1. Il a annoncé qu'il publiera ces informations dans son journal.
2. Pendant que le taux de chômage augmente, le ministre visite le pays.

التلميذة بسمة : «بالنسبة لي ، أقسّم العطلة إلى نصفين : في الأسبوع الأوّل سأزور الأقارب وقد ألتقي ببنات الجيران . أمّا الأسبوع الثاني فأخصّصه للدراسة إضافةً إلى التنزّه من حين لآخر دون أن أنسى أن أقول إنّ العمل المنزليّ نشاط مستمرّ في العطلة » .

- تقضين , *passer* : verbe قضى ، يقضي (simple défectueux). Se conjugue comme مشى ، يمشي .
- بالنسبة لي [bi-n-nisbati l-iy] = *en ce qui me concerne.*
- أقسّم ['uqassimu] : verbe قسّم (dérivé de forme 2). Notez la construction *diviser en* = قسّم إلى .
- نصفين [niṣfayni], *deux moitiés* : le mot نصف est au duel (cas indirect à cause de la préposition إلى).
- وقد ألتقي بـ : قد suivi d'un verbe au muḍaâri' a le sens de *peut-être* ; cf. Grammaire. Notez la construction du verbe التقى ، يلتقي (dérivé de forme 8 et de racine défectueuse) avec la préposition بـ = *rencontrer.*
- بنات [banaât] est le pluriel de بنت [bint] = *fille*. On a donc les deux couples parallèles ابن / ابنة et ولد / بنت .
- أمّا ... فـ ... = *quant à...* : cf. Grammaire.
- فأخصّصه [fa-'uẖaṣṣiṣu-hu] : mot graphique composé de فـ (exigé ici par la présence de أمّا au début de la phrase) suivi du verbe (dérivé de forme 2) خصّص à la 1re personne du singulier, suivi du pronom complément ه (qui reprend الأسبوع الثاني) = *je la consacrerai.*
- إضافة إلى ['iḍaâfatan 'ilaâ], *en plus de* : expression de

kayfa taqḍiyn(a) ʻuṭlata-ki ?

'at-tilmiyḏa basma : " bi-n-nisbati l-iy, 'uqassimu l-ʻuṭla 'ilaâ niṣfayn : fi l-'usbuwʻi l-'awwal sa-'azuwru l-aqaârib wa-qad 'altaqiy bi-banaâti l-jiyraân. 'amma l-'usbuwʻu ṯ-ṯaâniy, fa-'uḫaṣṣiṣu-hu li-d-diraâsa 'iḍaâfatan 'ila t-tanazzuh min-ḥiyn(in) li-'aâḫar duwna 'an 'ansaâ 'anna l-ʻamala l-manziliy našaâṭ(un) mustamirr fi l-ʻuṭla.

Comment passes-tu tes vacances ?

L'élève Basma : "En ce qui me concerne, je divise les vacances en deux moitiés : la première semaine, je visiterai mes [parents] proches et je rencontrerai peut-être les filles des voisins. Quant à la deuxième semaine, je la consacrerai aux études (à l'étude) à côté de promenades (en plus du fait de se promener) de temps à autres sans oublier [le fait] que le travail domestique est une activité permanente durant les vacances.

---

type adverbial. إضافة est le maṣdar du verbe أضاف (dérivé de forme 4 et de racine concave).

- تنزّه [tanazzuh] : maṣdar de forme 5 ; cf. Grammaire.
- من حين لآخر = *de temps à autre.*
- دون أن [duwna 'an], *sans que* : le verbe أنسى qui suit est au manṣuwb (à cause de أن). Même chose pour أقول , lui-même suivi normalement par إنّ .

voisin	جار ج جيران	*comment*	كَيْفَ
quant à...	أمّا ... فـ ...	*passer*	قَضَى ، يَقْضِي
consacrer	خَصَّصَ ، يُخَصِّصُ	*vacances*	عُطْلة
en plus de	إضافةً إلى	*en ce qui concerne......*	بالنسْبة لـ
fait de se promener	تَنَزُّه	*diviser*	قَسَّمَ ، يُقَسِّمُ
sans que	دُونَ أنْ	*moitié*	نِصْف
domestique (adj.)	مَنْزِلِيّ	*rencontrer*	اِلْتَقَى ، يَلْتَقِي بـ
activité	نَشاط	*proches parents*	أقارِب
permanent	مُسْتَمِرّ	*fille*	بِنْت ج بَنات

• ***Quant à...***

L'expression *quant à...* se traduit en arabe par أمّا suivi d'un nom au cas sujet ou d'un pronom isolé et de فـ qui fait le lien avec la phrase qui suit. Le mot mis en évidence après أمّا doit être repris dans la phrase qui suit par un pronom isolé ou suffixe. Ex. :

أخصّص الأسبوع الثاني للدراسة .

← أمّا الأسبوع الثاني فأخصّصه للدراسة .

بسمة مع بنات الجيران .

← أمّا بسمة فهي مع بنات الجيران .

= *Quant à Basma, elle est avec les filles des voisins.*

• **Verbes dérivés : forme 5**

On ajoute un ت devant le passé de la forme 2.

Son schème est : تَفَعَّلَ ، يَتَفَعَّلُ   Ex.: تَعَلَّمَ ، يَتَعَلَّمُ

Notez l'alternance vocalique du muḍaâri' : a - a - a - a - u .

NB. : voici les verbes dérivés de forme 5 déjà rencontrés :

تَحَدَّثَ ، يَتَحَدَّثُ / تَعَرَّفَ ، يَتَعَرَّفُ / تَكَلَّمَ ، يَتَكَلَّمُ

تَفَضَّلَ ، يَتَفَضَّلُ / تَوَقَّعَ ، يَتَوَقَّعُ / تَبَنَّى ، يَتَبَنَّى

• **Le maṣdar de la forme 5**

Son schème est : تَفَعُّل

Ex.: تَنَزُّه (maṣdar du verbe تنزّه).

تَعَرُّف , *fait de faire connaissance* (maṣdar du verbe تعرّف).

• **La particule قد**

1. Devant un verbe au passé (parfois sous la forme لقد) :

- elle renforce la valeur passée de l'action ; ex. :

quatre voitures se sont renversées = لقد انقلبت أربع سيّارات

sa mère avait fini = كانت أمّه قد انتهت

- elle peut aussi parfois évoquer un passé proche ; ex. :

tu viens de me dire = قد قُلتَ لي

2. Devant un verbe au muḍaâri', elle exprime l'éventualité ;

ex. : *je rencontrerai peut-être les filles* = قد ألتقي بالبنات

Exercices (corrigé p. 413)

A. Recopiez le texte, vocalisez-le et faites-le en autodictée.

B. Quel est le maṣdar de chacun de ces verbes dérivés ?

1. قسّم 2. تكلّم 3. أضاف 4. تعرّف 5. خصّص

C. Ecrivez en toutes lettres (avec les signes vocaliques) les verbes suivants au muḍaâri' (à la personne هو). Ex. :

قَرَّرَ ← يُقَرِّرُ

1. تعرّف ← .... 2. أضاف ← ....

3. تفضّل ← .... 4. فضّل ← ....

5. أعلن ← .... 6. تحدّث ← ....

D. Réécrivez les phrases suivantes en mettant le groupe souligné en évidence (en utilisant l'expression أمّا ... فـ ...).
Ex. :

سأقضي العطلة في سوسة

← أمّا العطلة فسأقضيها في سوسة

1. سمير طالب في هذا المعهد .
2. سأزور الأقارب في الأسبوع الأوّل .
3. العمل المنزليّ نشاط مستمرّ في العطلة .
4. قد ألتقي ببنات الجيران في الأسبوع الثاني .
5. أمّي مع أقاربها .

E. Traduisez ces phrases :

1. أمّا الأسبوع الثاني فقد أقضيه في تونس .
2. لقد تعرّفتُ عليها في العطلة الماضية .
3. كان عدد العاطلين عن العمل قد تجاوز المليون .
4. قد يتجاوز عدد العاطلين عن العمل المليون بعد شهر .

F. Traduisez ces phrases :

1. En ce qui la concerne, elle passera peut-être la première semaine avec sa famille.
2. Pourquoi veut-il me rencontrer ?
3. Comment puis-je faire sa connaissance sans le voir ?

إنّي أقضي كلّ يوم ساعات طويلة في التنقّل بين مكتبي وبيتي . أبدأ يومي بانتظار الحافلة في الصباح الباكر وأعود إلى المنزل بعد غروب الشمس بكثير . وأتناول غدائي بالمنزل ويضطرّني هذا إلى قطع المسافة بين مكتبي وبيتي ذهابا وإيابا مرّة أخرى وذلك أربعة أيّام كلّ أسبوع .

• إنّي ['inn-iy] = إنّ suivi du pronom suffixe ي . On aurait pu trouver إنّني ['inna-niy] . Synonyme ici de أنا .
• ساعات [saâ'aâtin] : pluriel externe en ات au cas direct.
• تنقّل [tanaqqul], *déplacement* : maṣdar de forme 5.
• مكتب : nom de lieu (comme منزل). Cf. Grammaire.
• بانتظار [bi-ntiẓaâr] : préposition بـ suivie du maṣdar du verbe انتظر (verbe dérivé de forme 8, *attendre*). La hamza initiale du verbe ou du maṣdar est instable.
• بعد غروب الشمس [ba'da ġuruwbi š-šams], *après le coucher du soleil* : غروب est le maṣdar du verbe simple غرب = *se coucher* (pour un astre). Cf. Grammaire.
• بكثير [bi-kaṯiyr], *de beaucoup* : cette expression adverbiale vient nuancer la préposition بعد . بعد ... بكثير = *bien après, longtemps après.*
• تناول الغداء = *prendre le déjeuner, déjeuner.*
• يضطرّني : verbe dérivé اضطرّ (cf. Grammaire) suivi du pronom suffixe complément (1re personne du singulier).

muškilatu n-naqli l-ʻumuwmiy

'inn-iy 'aqḍiy kulla yawm saâʻaât(in) ṭawiyla fi t-tanaqqul bayna maktab-iy wa-bayt-iy. 'abda'(u) yawm-iy bi-ntiẓaâri l-ḥaâfila fi ṣ-ṣabaâḥi l-baâkir wa-'aʻuwd(u) 'ila l-manzil baʻda ġuruwbi š-šams bi-kaṯiyr. wa-'atanaâwal(u) ġadaâ'-iy bi-l-manzil wa-yaḍṭarru-niy haâḏaâ 'ilaâ qaṭʻi l-masaâfa bayna maktab-iy wa-bayt-iy ḏahaâban wa-'iyaâban marratan 'uḫraâ wa-ḏaâlika 'arbaʻa(ta) 'ayyaâm kulla 'usbuwʻ.

Le problème du transport public

Je passe chaque jour de longues heures dans les déplacements entre mon bureau et ma maison. Je commence ma journée tôt le matin et je reviens à la maison bien après le coucher du soleil. Je prends mon déjeuner à la maison et cela m'oblige à parcourir la distance entre mon bureau et ma maison aller-retour une autre fois, et ce, quatre jours par semaine.

Notez la construction avec إلى : ... يضطرّني هذا إلى = *cela m'oblige à...*

- قطع [qaṭʻ], *fait de parcourir* : maṣdar du verbe simple قطع (ici : *parcourir*) . Cf. Grammaire.
- ذهابا وإيابا [ḏahaâban wa-'iyaâban], *aller et retour* : ذهاب est le maṣdar du verbe simple ذهب (cf. Grammaire). إياب n'est utilisé qu'en opposition à ذهاب .
- أخرى ['uḫraâ], *autre* = féminin de آخر (cf. Grammaire).

soleil	شَمْس	*problème*	مُشْكِلة
prendre	تَناوَلَ ، يَتَناوَلُ	*transport*	نَقْل
déjeuner	غَداء	*déplacement*	تَنَقُّل
obliger à	اِضْطَرَّ ، يَضْطَرُّ إلى	*entre*	بَيْنَ
		attente	اِنْتِظار
fait de parcourir	قَطْع	*bus, car*	حافِلة ج ات
distance	مَسافة	*tôt le matin*	في الصَباحِ الباكِرِ
aller et retour	ذَهاب وإِياب	*coucher (soleil)*	غُروب

• Le maṣdar des verbes simples

Voici quelques-uns des schèmes les plus fréquents de maṣdar de verbes simples:

- فَعْل Ex. : بَحْث / جَمْع / نَقْل / قَطْع
- فُعول (pour certains verbes exprimant le mouvement)
Ex. : دُخول / رُجوع / وُصول / غُروب
- فِعالة Ex. : قِراءة / وِلادة / زِيارة / بِطالة

• Nom de lieu (اسم مكان)

Un certain nombre de *noms de lieu* sont formés en arabe à partir de verbes simples sur le schème مَفْعَل ou مَفْعِل. Le nom formé signifie *le lieu où l'on fait telle action...* Tous ces mots ont un pluriel interne du type مَفاعِل . Ex. :

مَكْتَب ج مَكاتِب = *le lieu où l'on écrit* → *bureau*

مَنْزِل ج مَنازِل = *le lieu où l'on habite* → *maison*

مَعْهَد ج مَعاهِد = *le lieu où l'on a la connaissance* → *institut*

مَصْنَع ج مَصانِع = *le lieu où l'on fabrique* → *usine*

• Particularités de la forme 8 (1)

A la forme 8, le ت ajouté à la racine subira parfois des modifications suivant la nature de la 1re lettre de la racine. C'est le cas pour le verbe اضطرّ de racine sourde : ض ر ر .

La présence du ض emphatique juste avant le ت (on devrait en effet avoir logiquement اضترّ) modifie ce dernier et l'emphatise. Le ت se transforme donc en ط : اضطرّ .

De plus, dans ce verbe de racine sourde, l'avant-dernière syllabe disparaît du fait de la chadda. La kasra du ع du muḍaâri‘ (يفتعِل) n'apparaît plus qu'au féminin pluriel.

• Féminin des comparatifs

Les comparatifs ainsi qu'un certain nombre de mots assimilés (comme آخر , *autre*, أوّل , *premier*) font leur féminin en فُعْلى .

Ex. : أكبر م كُبْرى / أوّل م أُولى / آخر م أُخْرى

Ce féminin n'apparaîtra que quand ces mots sont épithètes.

Ex. : المرّة الأولى (épithète) mais أوّل مرّة (annexion) = *la première fois.*

Exercices (corrigé p. 413)

A. Recopiez le texte, vocalisez-le et faites-le en autodictée.

B. Formez le nom de lieu (singulier et pluriel) de chacun de ces verbes et proposez une traduction :

1. سكن 2. جلس 3. دخل 4. خرج

5. ركب 6. عمل

C. Réécrivez ces phrases en remplaçant le maṣdar par une complétive introduite par أن , par لـ ou par حتّى :

Ex. : يريد الابتعاد عنّا ← يريد أن يبتعدَ عنّا

1. كيف استطاعوا دخول البيت ؟
2. هل تريدين الرجوع إلى بلادك ؟
3. سافرنا للبحث عن عمّنا .
4. أنتظر هنا حتّى غروب الشمس .
5. لا تستطيع الشركة نقل كلّ المسافرين .
6. قرّرتُ تعلّم العربيّة .

D. Mettez ces adjectifs au féminin (attention : distinguez bien les comparatifs des adjectifs de couleur ; cf. leçon 30) :

1. أحسن 2. أبيض 3. أفضل 4. أحمر

E. Réécrivez cette phrase en changeant le sujet comme indiqué :

(أنا) ← أتناول الغداء بمنزلي ويضطرّني هذا إلى ...

1. (هو) ← ....

2. (هي) ← ....

3. (أنتِ) ← ....

F. Traduisez ces phrases :

1. Elle parcourt cette distance aller et retour quatre fois par jour.
2. Elle est rentrée à la maison bien après le coucher du soleil.
3. Cela nous oblige à revenir une autre fois.

بكلّ صراحة ، إنّ تنقّلي إلى مصنعي يشكّل أصعب عمل أقوم به يومياً . صحيح أنّ عدد الحافلات كبير ولكنّه غير كاف ويمكنك أن تلاحظ ذلك بنفسك لو حاولت أن تطّلع على وضع الركّاب وهم ينتظرون تحت الشمس أو المطر ...

• يشكّل [yušakillu], *constitue* : verbe dérivé de forme 2 .

• أصعب عمل : le comparatif suivi d'un nom annexé indéfini a une valeur de superlatif = *le plus dur travail*. Cf. Grammaire.

• أقوم به : relative ayant pour antécédent أصعب عمل indéfini, donc pas de relatif. Le verbe قام ، يقوم construit avec la préposition بـ signifie *accomplir, effectuer*.

• صحيح أنّ = *il est vrai que...* عدد est au cas direct à cause de أنّ (particule du cas direct).

• غير كاف [ġayru kaâfin], *insuffisant* : le mot غير devant un adjectif est l'équivalent de *in-* (préfixe privatif). Ici, il est suivi de كاف , participe actif du verbe défectueux كفى ، يكفي = *suffire*. L'adjectif est annexé à غير .

• يمكنك أن [yumkinu-ka 'an], *il t'est possible de, tu peux...* C'est la subordonnée introduite par أن qui est le sujet du verbe (dérivé de forme 4) أمكن ; cf. Grammaire.

• تلاحظ [tulaaḥiẓa] : verbe لاحظ (dérivé de forme 3, comme le verbe حاول à la ligne du dessous : cf. Grammaire) à la 2e personne du masculin singulier du manṣuwb (à cause de أن).

'aṣ'ab(u) 'amal 'aquwm(u) bi-hi (1).
bi-kulli ṣaraâha, 'inna tanaqull-iy 'ilaâ maṣna'-iy yušakill(u) 'aṣ'ab(a) 'amal 'aquwm(u) bi-hi yawmiyyan. ṣaḥiyḥ 'anna 'adada l-ḥaâfilaât(i) kabiyr wa-laâkinna-hu ġayru kaâfin wa-yumkinu-ka 'an tulaâḥiẓ(a) ḏaâlika bi-nafsi-ka law ḥaâwalta 'an taṭṭali'(a) 'alaâ waḍ'i r-rukkaâb wa-hum yantaẓiruwn(a) taḥta l-maṭar...

Le travail le plus dur que j'effectue (1)

En toute sincérité, mon déplacement [pour aller] à mon usine constitue le travail le plus dur que j'effectue quotidiennement. Il est vrai que le nombre des bus est important mais il est insuffisant et il te serait possible de remarquer cela par toi-même si tu essayais de t'informer sur la situation des passagers tandis qu'ils attendent sous le soleil ou la pluie...

- بنفسك [bi-nafsi-ka] = *par toi-même.*
- لو حاولت [law ḥaâwalta], *si tu essayais* : la particule لو est suivie d'un verbe au passé (hypothèse irréelle).
- تطّلع [taṭṭali'a] : verbe dérivé de forme 8 (cf. Grammaire) au manṣuwb à cause de أن .
- ركّاب [rukkaâb], *passagers* : pluriel du participe actif راكب utilisé comme substantif (pluriel du type فُعّال).
- وهم ينتظرون = *alors qu'ils attendent...* Le و introduit ici une phrase complément d'état.

être possible	أَمْكَنَ ، يُمْكِنُ	*franchise, sincérité*	صَراحة
remarquer	لاحَظَ ، يُلاحِظُ	*constituer*	شَكَّلَ ، يُشَكِّلُ
essayer	حاوَلَ ، يُحاوِلُ	*plus difficile*	أَصْعَب
s'informer sur	اِطَّلَعَ ، يَطَّلِعُ على	*effectuer, accomplir*	قامَ ـُ بـ
situation	وَضْع	*quotidiennement*	يَوْمِيّاً
passager	راكِب ج رُكّاب	*vrai*	صَحيح
sous	تَحْتَ	*insuffisant*	غَيْر كافٍ
pluie	مَطَر	*suffisant*	كافٍ (الكافي)

• Expression du superlatif

Pour exprimer le superlatif, on utilise le comparatif أَفْعَل :

- suivi d'un complément
  - singulier indéfini : أَصعبُ عملٍ *(le plus dur travail)*
  - pluriel défini : أَصعبُ الأعمال *(le plus dur des travaux)*
- en épithète : العملُ الأصعبُ *(le travail le plus dur)*

Dans les deux premières constructions, le comparatif est invariable.

• Verbes dérivés : forme 3

On ajoute un ا après la 1re lettre de la racine.

Son schème est : فاعَلَ ، يُفاعِلُ Ex.: حاوَلَ ، يُحاوِلُ

Notez l'alternance vocalique du muḍaâri' : u - a - i - u (comme à la forme 2). Voici les verbes dérivés de forme 3 rencontrés :

تابَعَ ، يُتابِعُ / سافَرَ ، يُسافِرُ / طالَبَ ، يُطالِبُ

غادَرَ ، يُغادِرُ / لاحَظَ ، يُلاحِظُ

• Particularités de la forme 8 (2)

Pour le verbe de racine ط ل ع à la forme 8, la présence du ط emphatique juste avant le ت (on devrait en effet avoir اطتلع) modifie ce dernier et l'emphatise. Le ت se transforme donc en ط et comme on a deux ط qui se suivent (le 1er portant un soukoun), on en écrira un seul avec une chadda : اطّلع .

• Subordonnées sujet, mubtada' ou ḫabar

Après des verbes impersonnels comme يمكن (*il est possible*), on trouve souvent une subordonnée introduite par أن . Elle est alors sujet réel du verbe يمكن qui reste invariable. Ex. :

يمكنك أن تلاحظ = *il t'est possible de remarquer*

La subordonnée أن تلاحظ est sujet du verbe يمكن .

De même après des adjectifs (ou des expressions formées à partir d'adjectifs), la subordonnée est ḫabar ou mubtada'. Ex. :

صحيح أنّ عدد الحافلات كبير = *il est vrai que le nombre des...*

La subordonnée ... أنّ عدد est mubtada' et صحيح est ḫabar (indéfini).

Exercices (corrigé p. 414)

A. Recopiez le texte, vocalisez-le et faites-le en autodictée.

B. Les mots de chacune des trois phrases suivantes ont été mis dans le désordre. Reconstituez-les :

1. العمل / تقومين / ما / به / الذي / اليوم / ؟

2. يمكنه / لا / تحت / ينتظرك / أن / المطر

3. العدد / أنّ / لاحظتَ / هل / هذا / كاف / غير / ؟

C. Quel est le maṣdar de chacun de ces verbes ?

1. شكّل 2. أمكن 3. اطّلع 4. اضطرّ

D. Réécrivez cette phrase en remplaçant à chaque fois le mot souligné par le mot proposé :

(<u>أنتَ</u>) ← يمكنك أن تلاحظ ذلك بنفسك لو حاولت أن تطّلع ...

1. (هو) ← ....

2. (أنتِ) ← ....

3. (هي) ← ....

4. (أنا) ← ....

E. Mettez au muḍaâri' les verbes qui sont au passé et vice-versa (même personne) :

1. حاولتْ 2. يمكن 3. سافروا 4. طالبتُ

5. طلبتُ 6. تعلنين 7. نطّلع 8. شكّل 9. غادرن

F. Traduisez ces phrases :

1. C'est vrai que tu as beaucoup étudié, mais c'est insuffisant.
2. C'est la plus grande usine que j'ai vue dans ma vie.
3. Il peut (= *il lui est possible de*) s'informer par lui-même sur la situation des étudiantes tandis qu'elles attendent sous le soleil.

... إنّي أضطرّ في بعض الأحيان إلى البقاء مكاني منتظرا وترك الآخرين يتقاتلون ليحصلوا على مكان في الحافلة وكثيراً ما أصل متأخّرا إلى المصنع رغم مغادرتي المنزل في ساعة مبكّرة جدّاً .

• أضطرّ ['uḍṭarru], *je suis obligé* : le verbe est ici au passif. C'est la vocalisation qui permet de le savoir. Passif : ['uḍṭarru], *je suis obligé* / Actif : ['aḍṭarru] , *j'oblige*.

• بعض [ba'ḍ] : suivi d'un pluriel = *certains, quelques*. بعض الأحيان = *certains moments*. Le nom الأحيان est annexé à بعض .

• بقاء : maṣdar du verbe بقي ، يبقى .

• البقاء مكاني = *le fait de rester à ma place*.

• منتظر [muntaẓir], *qui attend* : participe actif du verbe dérivé de forme 8 انتظر (cf. Grammaire) ; ici au cas direct, car complément d'état.

• ترك [tark] , *fait de laisser*. C'est le maṣdar du verbe simple ترك .

• الآخرين ['al-'aâḫariyna], *les autres* : pluriel externe au cas direct de آخر .

• يتقاتلون [yataqaâtaluwna] : muḍaâri' du verbe dérivé de forme 6 تقاتل ، يتقاتل . Cf. Grammaire.

• ليحصلوا على مكان : le verbe حصل est précédé de la particule لـ (*pour*) qui exige le manṣuwb. Notez la construction du verbe حصل avec la préposition على =

'aṣ'ab(u) 'amal 'aquwm(u) bi-hi (2).

... 'inn-iy 'uḍṭarr(u) fiy ba'ḍi l-'aḥyaân 'ila l-baqaâ'(i) makaân-iy muntaẓiran wa-tarki l-'aâẖariyn yataqaâtaluwn(a) li-yaḥṣuluw 'alaâ makaân fi l-ḥaâfila wa-kaṯiyran maâ 'aṣil(u) muta'aẖẖiran 'ila l-maṣna' raġma muġaâdarat-i l-manzil fiy saâ'a(tin) mubakkira jiddan.

Le travail le plus dur que j'effectue (2)

... Je suis obligé à certains moments de rester sur place (à ma place) à attendre et de laisser les autres s'entretuer pour obtenir une place dans le bus, et souvent, j'arrive en retard à l'usine malgré le fait d'avoir quitté la maison à une heure très matinale.

---

pour obtenir une place.

- كثيراً ما [kaṯiyran maâ] = *souvent, fréquemment.*
- متأخّر [muta'aẖẖir], *en retard.* Participe actif du verbe dérivé de forme 5 تأخّر : cf. Grammaire.
- مغادرة [muġaâdara], *fait de quitter* : maṣdar du verbe dérivé de forme 3 غادر ، يغادر . Cf. Grammaire.
- مغادرتي المنزل [muġaâdarat-i l-manzila] : le maṣdar a ici deux compléments. Sur cette construction, cf. Grammaire.
- مبكّر [mubakkir], *précoce, tôt, matinal* : participe actif du verbe dérivé de forme 2 بكّر .

s'entretuer	تَقاتَلَ ، يَتَقاتَلُ	*être obligé de*	أُضْطُرَّ ،
obtenir, atteindre	حَصَلَ ـُ على		يُضْطَرُّ إلى
souvent	كَثيراً ما	*certain(s)*	بَعْض
en retard	مُتَأَخِّر	*moment*	حِين ج أحْيان
fait de quitter	مُغادَرة	*fait de rester*	بَقاء
matinal	مُبَكِّر	*qui attend*	مُنْتَظِر
		fait de laisser	تَرْك

• Verbes dérivés : forme 6

On ajoute un ت devant la forme 3.

Son schème est : تَفاعَلَ ، يَتَفاعَلُ Ex.: تَقاتَلَ ، يَتَقاتَلُ

Notez l'alternance vocalique du muḍaâri' : a - a - a - a - u (comme à la forme 5). Voici les verbes dérivés de forme 6 déjà rencontrés :

تَجاوَزَ ، يَتَجاوَزُ / تَناوَلَ ، يَتَناوَلُ

• Le maṣdar de la forme 3

Ce maṣdar peut se construire sur deux schèmes.

L'un d'entre eux est مُفاعَلة.

Ex. : مُغادَرة (maṣdar du verbe غادر)

مُواصَلة, *fait de continuer* (maṣdar du verbe واصل)

مُراسَلة, *correspondance* (maṣdar du verbe راسل)

• Compléments du maṣdar

Quand il est utilisé avec sa valeur verbale, le maṣdar d'un verbe transitif peut accepter deux compléments. Ex :

مغادرة الرجلِ المنزلَ = يغادر الرجلُ المنزلَ

- celui qui correspond au sujet de l'action : ici, الرجل.
- celui qui correspond au complément direct du verbe : ici, المنزل.

Quand le maṣdar a ses deux compléments, le premier (celui qui correspond au sujet de l'action) se met au cas indirect: il s'agit d'une annexion; mais le deuxième (celui qui correspond au complément direct) se met au cas direct.

• Participe actif des verbes dérivés

Il se forme à partir du muḍaâri' en opérant les deux transformations suivantes :

- on remplace le préfixe du muḍaâri' par مُـ,
- on met une kasra à l'avant-dernière lettre du participe.

Ex. :

يَتَأَخَّرُ ← مُتَأَخِّر   يَنْتَظِرُ ← مُنْتَظِر

يُسافِرُ ← مُسافِر

Exercices (corrigé p. 414)

A. Recopiez le texte, vocalisez-le et faites-le en autodictée.

B. Les mots de chacune des trois phrases suivantes ont été mis dans le désordre. Reconstituez-les :

1. مكانها / الحافلة / بقيت / منتظرة

2. مكان / ساعة / أن / لأحصل / أغادر / في / مبكّرة / المنزل / على / عليّ

3. للحصول / المسافرون / الحافلة / على / يتقاتل / مكان / في

C. Quel est le maṣdar de chacun de ces verbes ?

1. حاول 2. تأخّر 3. طالب 4. تابع

D. Quel est le participe actif de chacun de ces verbes ?

1. فكّر 2. تأخّر 3. طالب 4. تابع 5. توجّه
6. انخفض 7. استمع 8. أدمن 9. أمكن 10. اطّلع

E. Réécrivez cette phrase en remplaçant à chaque fois le mot souligné par le mot proposé :

(<u>أنا</u>) ← كثيراً ما أصل متأخّراً رغم مغادرتي المنزل ...

1. (هي) ← ....
2. (هم) ← ....
3. (هو) ← ....
4. (هنّ) ← ....

F. Traduisez ces phrases :

1. - Pourquoi es-tu arrivée en retard ?
   - Je suis revenue à la maison parce que j'avais oublié mon certificat.
2. Il est souvent obligé d'attendre sa sœur sous la pluie.
3. J'ai vu certains voyageurs s'entretuer pour obtenir une place dans le bus.

- أصبت في طفولتي بشلل الأطفال في رجلي اليمنى ومع ذلك ، أمشي اليوم بصورة عاديّة رغم أنّ قدمي المصابة أرفع من الأخرى . كنت حتّى السادسة لا أشكو من الألم ولكنّ حالتي ساءت شيئا فشيئا .

Extrait d'une rubrique traditionnelle de la presse du genre "Un docteur vous répond". Voici la question du lecteur.

• أصبت ['uṣibtu], *j'ai été atteint* : le verbe أصاب est ici au passif (passé, 1re personne du singulier). Cf. Grammaire.

• رجلي [rijl-iy], *ma jambe* : ce mot féminin (cf. Grammaire) s'écrit exactement comme رجل [rajul], *homme*. C'est le contexte qui permettra de trancher.

• يمنى [yumnaâ], *droite* (par opposition à *gauche*) : féminin de أيمن qui se présente comme un comparatif (أفعل). D'où le féminin en فعلى .

• مع ذلك = *malgré cela.*

• بصورة [bi-ṣuwra] = *d'une façon.*

• رغم أنّ [raġma 'anna] = *bien que.*

• قدم [qadam], *pied* : mot féminin (cf. Grammaire) déjà rencontré dans l'expression كرة القدم, *football (= la balle au pied).*

• أرفع ['arfa‘], *plus haut, plus élevé* : comparatif de l'adjectif رفيع .

fiy bayti-ka ṭabiyb (1)

- 'uṣibtu fiy ṭufuwlat-iy bi-šalali l-'aṭfaâl fiy rijl-iy l-yumnaâ wa-ma'a ḏaâlika, 'amši l-yawm bi-ṣuwra(tin) 'aâdiyya raġma 'anna qadam-i l-muṣaâba 'arfa'(u) mina l-'uḫraâ. kuntu ḥatta s-saâdisa laâ 'aškuw mina l-'alam wa-laâkinna ḥaâlat-iy saâ'at šay'an fa-šay'an.

Un médecin à domicile (1)

- J'ai été atteint dans mon enfance de poliomyélite à la jambe droite et malgré cela, je marche aujourd'hui de façon normale bien que mon pied atteint soit plus haut que l'autre : jusqu'à six ans, je ne souffrais pas (de la douleur) mais mon état s'est détérioré peu à peu.

• حتّى السادسة : les mots سنة et من عمري sont sous-entendus. حتّى السنة السادسة من عمري = *jusqu'à la sixième année de ma vie = jusqu'à l'âge de six ans.*

• كنت لا أشكو : imparfait à la négative. On aurait pu avoir لم أكن أشكو , la négation portant sur كان . Le verbe شكا ici a le sens de *souffrir de.*

• ساءت : 3e personne du féminin singulier du passé du verbe ساء ، يسوء , verbe concave en و et hamzé (comme le verbe جاء ، يجيء , verbe concave en ي et hamzé).

• شيئا فشيئا [šay'an fa-šay'an], *peu à peu* : expression construite à partir du mot شيء = *chose.*

pied	قَدَم	*être atteint*	أُصيبَ ، يُصابُ
atteint	مُصاب	*enfance*	طُفولة
plus haut que	أرْفَع مِنْ	*poliomyélite*	شَلَل الأطْفال
douleur	أَلَم	*jambe*	رِجْل
état, situation	حالة	*droit (≠ gauche)*	أيمَن م يُمْنى
se détériorer	ساءَ ، يَسوءُ	*d'une manière*	بِصُورة
peu à peu	شَيْئاً فَشَيْئاً	*normal*	عاديّ

• Le genre des noms

Sont en principe du genre féminin :

- les noms qui se terminent par ة .
- les noms désignant des personnes de sexe féminin. Ex. :

أمّ , *mère* / أخت , *sœur* / بنت , *fille*

- les noms désignant les parties doubles du corps. Ex. :

رجل , *jambe* / قدم , *pied* / عين , *œil*

- un certain nombre d'autres noms à connaître par l'usage. Ex. :

حرب , *guerre* / دار , *maison* / بئر , *puits* / شمس , *soleil*

• Le passif (المجهول)

Il n'est en principe utilisé en arabe que lorsque le sujet réel de l'action est inconnu ou occulté. D'où son appellation de مجهول [majhuwl], *inconnu*. On traduira souvent des phrases au passif en arabe par le français *on*... ou par un passif mais sans complément d'agent (même si sous l'influence des langues européennes, on trouve parfois l'équivalent de notre complément d'agent).

Le verbe au passif ne se distingue de l'actif que par sa vocalisation.

Au passé : u - i - a (ex. : فُعِلَ) ou u - u - i - a (ex. : اُفْتُعِلَ).

Au muḍaâri' : u - a - u (ex. : يُفْعَلُ) ou u - a - a - u (ex. : يُفْتَعَلُ) ou u - a - a - a - u (ex. : يُتَفَعَّلُ). Ex. :

أضْطَرُّ , *j'oblige* / أُضْطَرُّ , *je suis obligé*

يَقولُ , *il dit* / يُقالُ , *il est dit = on dit*

أَصَبْتُ , *j'ai atteint* / أُصِبْتُ , *j'ai été atteint*

• Participe passif des verbes dérivés

Il se présente comme le participe actif sauf que l'on a une fatḥa au lieu d'une kasra à l'avant-dernière lettre du participe. Ex. :

(cultivé) مُثَقَّف ← يُثَقِّفُ / *(employé)* مُوَظَّف ← يُوَظِّفُ

(atteint) * مُصَاب ← يُصِيبُ

* la marque du participe passif étant le son [a] à l'avant-dernière-lettre, le ي est remplacé par un ا dans ce type de verbes (concaves dérivés de forme 4).

Exercices (corrigé p. 415)

A. Recopiez le texte, vocalisez-le et faites-le en autodictée.

B. Les mots de chacune des trois phrases suivantes ont été mis dans le désordre. Reconstituez-les :

1. يشكو / السنة / من / حتّى / كان / الألم / لا / تلك

2. طفولته / الرجل / ب / الأطفال / أصيب / هذا / شلل / في

3. يمكنك / ب / هل / أن / عادية / تمشي / صورة / ؟

C. Tous ces verbes sont au passif. Mettez-leur tous les signes vocaliques :

1. يسأل 2. حملتْ 3. تفتح 4. يلاحظ 5. يعلن

D. Quel est le participe passif de chacun de ces verbes ?

1. شكّل 2. أراد 3. أعجب 4. قرّر 5. خصّص

E. Réécrivez cette phrase en remplaçant à chaque fois le mot souligné par le mot proposé :

(<u>أنا</u>) ← كنت لا أشكو من الألم ولكنّ حالتي ساءت ...

1. (هي) ← ....

2. (أنتِ) ← ....

3. (هو) ← ....

F. Traduisez ces phrases :

1. mon pied droit
2. la guerre mondiale
3. Le soleil est rouge.
4. Mon œil droit est plus grand que l'autre.
5. On dit qu'il a été atteint de poliomyélite dans son enfance.
6. On a dit que son état s'était peu à peu détérioré.

- المصاب بشلل الأطفال يحدث له ضمور في العضلات وهذا الضمور لا يمكن معالجته : لذلك لا يمكن أن تصبح الرجل المصابة في سمك السليمة . لحسن الحظّ ، تستطيع أن تمشي ! تذكّر أنّ الكثير من المصابين بنفس المرض لا يستطيعون المشي ويضطرّون إلى استعمال الكراسيّ المتحرّكة !

Voici maintenant la réponse du médecin à la question posée par le lecteur (cf. leçon précédente).

• المصاب ... يحدث له : notez la mise en avant du complément indirect qui est repris par le pronom suffixe ه : *celui qui est atteint... il lui arrive...*

• Même phénomène dans la phrase qui suit :

هذا الضمور لا يمكن معالجته , *cette atrophie, il n'est pas possible de la soigner*. Remarquez que le maṣdar معالجة est le sujet réel du verbe impersonnel يمكن .

• في سمك السليمة : le mot رجل (féminin) est sous-entendu (في سمك الرجل السليمة). سليم = *sain*. C'est ainsi que l'on nomme les racines *saines*. Ce mot est aussi utilisé comme prénom au masculin ou au féminin.

• تذكّر [taḏakkar] , *souviens-toi* : impératif du verbe dérivé de forme 5 تذكّر (cf. Grammaire).

• الكثير من = *beaucoup de...*

• مصابين : pluriel externe masculin au cas indirect du

fiy bayti-ka ṭabiyb (2)

- 'al-musaâb(u) bi-šalali l-'aṭfaâl yaḥduṯ(u) la-hu ḍumuwr(un) fi l-'aḍalaât wa-haâḏa ḍ-ḍumuwr laâ yumkin(u) mu'aâlajatu-hu : li-ḏaâlika, laâ yumkin(u) 'an tuṣbiḥa r-rijlu l-muṣaâba fiy sumki s-saliyma. li-ḥusni l-ḥaẓẓ, tastaṭiy'(u) 'an tamšiy ! taḏakkar 'anna l-kaṯiyr mina l-muṣaâbiyn bi-nafsi l-maraḍ laâ yastaṭiy'uwna l-mašya wa-yuḍṭarruwn(a) 'ila sti'maâli l-karaâsiyyi l-mutaḥarrika !

Un médecin à domicile (2)

- Celui qui est atteint de poliomyélite est victime d'une (il lui arrive une) atrophie des muscles et cette atrophie ne peut pas être soignée : aussi, il n'est pas possible que la jambe atteinte devienne aussi épaisse que (dans l'épaisseur de) la saine. Par chance, vous pouvez marcher ! Rappelez-vous que beaucoup de personnes atteintes de la même maladie ne peuvent pas marcher et sont obligés d'utiliser les fauteuils roulants !

---

participe passif مصاب . Cf. Grammaire.

• بنفس المرض [bi-nafsi l-maraḍ] = *par la même maladie.*

beaucoup de	الكَثير مِنْ	*arriver, survenir*	حَدَثَ ــُ
maladie	مَرَض	*atrophie, faiblesse*	ضُمور
fait de marcher	مَشْي	*muscle*	عَضَلَة ج ات
fait d'utiliser	اسْتِعْمال	*fait de soigner*	مُعالَجة
chaise, fauteuil	كُرْسِيّ ج كَراسِيّ	*épaisseur*	سُمْك
		sain	سَليم
mobile	مُتَحَرِّك	*par chance*	لِحُسْنِ الْحَظّ
ici : *roulant*		*se rappeler*	تَذَكَّرَ ، يَتَذَكَّرُ

- **Impératif des verbes dérivés**

L'impératif se forme à partir du muḍaâri' mazjuwm en opérant les transformations suivantes :

- on retire le préfixe du muḍaâri'
- et si la forme ainsi obtenue commence par une lettre portant un soukoun, on préfixe :
  - une hamza stable portant une fatḥa à la forme 4,
  - une hamza instable portant une kasra aux autres formes.

impératif ←	mazjuwm ←	muḍaâri'	Verbe
تَذَكَّرْ	لم تَتَذَكَّرْ	تَتَذَكَّرُ	(5) تَذَكَّرَ
تَذَكَّرِي	لم تَتَذَكَّرِي	تَتَذَكَّرِينَ	
تَذَكَّرَا	لم تَتَذَكَّرَا	تَتَذَكَّرَانِ	
تَذَكَّرُوا	لم تَتَذَكَّرُوا	تَتَذَكَّرُونَ	
تَذَكَّرْنَ	لم تَتَذَكَّرْنَ	تَتَذَكَّرْنَ	
فَكِّرْ	لم تُفَكِّرْ	تُفَكِّرُ	(2) فَكَّرَ
تَابِعْ	لم تُتَابِعْ	تُتَابِعُ	(3) تَابَعَ
أَعْلِنْ	لم تُعْلِنْ	تُعْلِنُ	(4) أَعْلَنَ
اِبْتَعِدْ	لم تَبْتَعِدْ	تَبْتَعِدُ	(8) اِبْتَعَدَ

- **Déclinaison des pluriels externes en** ون

Le suffixe ون du pluriel externe masculin au cas sujet (ex. : مصابون) devient ين aux cas direct et indirect (ex. : مصابين). Ce suffixe est le même que le nom soit indéfini ou défini par l'article. Par contre, si le nom est complété par un autre nom ou par un pronom suffixe, le ن disparaît. Ex. :

Pluriel de معلّم *(= enseignant)*	*Indéfini*	*Défini par :* *l'article*	*Défini par :* *un complément*
Cas sujet :	مُعَلِّمُونَ	المُعَلِّمُونَ	مُعَلِّمُو المدرسة
Cas direct et indirect :	مُعَلِّمِينَ	المُعَلِّمِينَ	مُعَلِّمِي المدرسة

Exercices (corrigé p. 416)

A. Recopiez le texte, vocalisez-le et faites-le en autodictée.

B. Les mots de chacune des trois phrases suivantes ont été mis dans le désordre. Reconstituez-les :

(*Attention*, on a ajouté à chaque groupe un mot inutile)

1. تمشون / لحسن / أن / تستطيعون / تمشوا / الحظّ

2. يمكن / أمّا/ هذا / ب / معالجته / المصابة / المرض / فلا / معالجتها

3. الكرسيّ / هذا / إلى / متحرّك / يضطرّني / المرض / كرسيّ / استعمال

C. Formez (uniquement à la 2e personne du singulier) l'impératif de chacun de ces verbes en mettant tous les signes vocaliques :

1. طالب 2. استمع 3. تكلّم 4. تجاوز 5. قرّر

D. A quel verbe correspond chacun de ces maṣdar-s ?

1. معالجة 2. ضمور 3. إصابة 4. مغادرة 5. تذكير
6. تذكُّر 7. تحرُّك 8. تحريك 9. بقاء 10. إرادة

E. Réécrivez les phrases suivantes en mettant le mot souligné au pluriel (tous ces mots ont un pluriel externe en ون) :

1. هل تعرف مهندس الشركة ؟

2. المصاب بشلل الأطفال يحدث له ضمور في العضلات .

3. أريد أن ألتقي بمسؤول المصنع .

4. كان السائق عاطلاً عن العمل .

5. من هو معلّمنا ؟

F. Traduisez ces phrases :

1. Remarquez qu'il y a beaucoup de fonctionnaires atteints de la même maladie.
2. Par chance, elles peuvent marcher.

تحمل رسائل البعض من شبابنا اتّهامات عديدة ... أهمّ هذه الاتّهامات أنّنا نلقي برسائلهم في سلّة المهملات ... لهؤلاء الأصدقاء أقول : تأكّدوا أنّه لا وجود عندنا لسلّة المهملات ! ليس من الممكن أن ننشر مئات الرسائل في عدد واحد من هذه الجريدة ! هنا نجد أنفسنا مضطرّين إلى نشر البعض والوعد بنشر ما تبقّى في الأسابيع القادمة ...

Il s'agit ici d'une petite note rédigée par le responsable du Courrier des Lecteurs d'un journal.

• رسائل البعض [rasaâ'ilu l-ba'di] : رسائل est le pluriel interne de رسالة (cf. Grammaire).

• اتّهامات [ittihaâmaât], *accusations* : pluriel externe du maṣdar d'un verbe de forme 8 de racine assimilée (cf. Grammaire).

• أهمّ : comparatif de هامّ, *important*. Notez la construction avec أنّ : ... أهمّ هذه الاتّهامات ... أنّنا = *la plus importante de ces accusations... c'est que nous...*

• سلّة المهملات [sallatu l-muhmalaât] = (mot à mot) *le panier à déchets = la corbeille à papiers.*

• هؤلاء [haâ'ulaâ'i] : pluriel du démonstratif هذا et هذه (cf. Grammaire).

• تأكّدوا أنّه , *soyez certains [du fait] que...*

• لا وجود لـ ... [laâ wujuwda li...] = *pas d'existence à = il* 'ahlan... walaâkin mahlan !

taḥmil(u) rasaâ'ilu l-ba'ḍ(i) min šabaâbi-na ttihaâmaât(in) 'adiyda... 'ahamm(u) haâḏihi l-ittihaâmaât 'anna-naâ nulqiy bi-risaâ'ili-him fiy sallati-l-muhmalaât... li-haâ'ulaâ'i l-'aṣdiqaâ' 'aquwl(u) : ta'akkaduw 'anna-hu laâ wujuwda 'inda-naâ li-sallati l-muhmalaât ! laysa mina l-mumkin 'an nanšur(a) mi'aâti r-rasaâ'il fiy 'adad(in) waâḥid min haâḏihi l-jariyda. hunaâ najid(u) 'anfusa-naâ muḍṭarriyn 'ilaâ našri l-ba'ḍi wa-l-wa'd(i) bi-našr(i) maâ tabaqqaâ fi l-'asaâbiy'i l-qaâdima...

Bienvenue... mais doucement !

Les lettres de certains de nos jeunes comportent de nombreuses accusations... La plus importante de ces accusations c'est que nous jetterions leurs lettres au panier (corbeille à papiers)... A ces amis, je dis : Soyez certains qu'il n'y a pas chez nous de corbeille à papiers ! Il n'est pas possible que nous publiions des centaines de lettres dans un seul numéro de ce journal. Ici, nous nous trouvons obligés de publier certaines [d'entre elles] et de promettre de publier ce qui reste les semaines à venir...

---

n'y a pas de...

- ليس من الممكن = لا يمكن = *il n'est pas possible...*
- نجد أنفسنا = *nous nous trouvons.* أنفس ['anfus] est le pluriel de نفس [nafs] : cf. Grammaire.
- أسابيع est le pluriel de أسبوع : cf. Grammaire.

être, âme	نَفْس ج أَنْفُس	*doucement*	مَهْلاً
se trouver	وَجَدَ نَفْسَهُ	*accusation*	اِتِّهام ج ات
obligé	مُضْطَرّ	*lettre*	رِسالة ج رَسائِل
promesse	وَعْد	*plus important*	أَهَمّ
rester	تَبَقَّى ، يَتَبَقَّى	*corbeille à papiers*	سَلَّة الْمُهْمَلات
semaine	أُسْبوع ج أَسابيع	*être certain*	تَأَكَّدَ ، يَتَأَكَّدُ
prochain, à venir	قادِم	*il est possible que*	مِن المُمْكِن أَنْ

• Particularités de la forme 8 (3)

Le و de la racine des verbes assimilés disparaît à la forme 8 : il est remplacé par un doublement du ت . Ex. :

Racine : و ص ل → Forme 8 : اتَّصَلَ *(contacter)*

Racine : و ه م → Forme 8 : اتَّهَمَ *(accuser)*

• Démonstratifs (singulier et pluriel)

	Singulier *Masculin*	*Singulier* *Féminin*	*Pluriel (masc. et fém.)*
Proximité	هذا	هذِهِ	هؤُلاءِ [haâ'ulaâ'i]
Eloignement	ذاكَ / ذلِكَ	تِلْكَ	أُولائِكَ ['uwlaâ'ika]

• Constructions avec le mot نفس

Ce mot qui signifie *être, âme, essence,* se retrouve avec des sens particuliers dans les constructions suivantes :

- comme premier terme d'une annexion, invariable, il se traduira par *le* (ou *la*) *même*. Ex. : نفس المرض = *la même maladie*

- suivi d'un pronom suffixe, on pourra le trouver (et dans ce cas il s'accorde au singulier ou au pluriel) :

• soit en apposition à un nom ou à un pronom isolé et se traduira par *moi-même* (ou *toi-même, lui-même,* etc.). Ex. :

الشكوى نفسها = *la plainte elle-même* / هو نفسه = *lui-même*

(جاء هو نفسه = *il est venu lui-même, en personne*)

• soit complément d'un verbe et sera souvent rendu par une forme pronominale. Ex. : وجد نفسَه = *il s'est trouvé*

نجد أنفسَنا = *nous nous trouvons* / قلتُ لنفسي = *je me suis dit*

• Pluriels quadrisyllabiques

Un certain nombre de noms ont un pluriel de 4 syllabes (en comptant la syllabe formée par la dernière lettre et la voyelle de déclinaison). Ces pluriels ne portent jamais de tanwiyn et ont tous l'alternance vocalique a - aâ - i - u ou a - aâ - iy - u.

Ex. : رَسائِلُ (pluriel de رِسالة) / أَسابِيعُ (pluriel de أُسْبوع)

C'est aussi le cas du pluriel des noms de lieux. Ex. :

مَعاهِدُ (pluriel de مَعْهَد) / مَنازِلُ (pluriel de مَنْزِل)

Exercices (corrigé p. 416)

A. Recopiez le texte, vocalisez-le et faites-le en autodictée.

B. Les mots de chacune des trois phrases suivantes ont été mis dans le désordre. Reconstituez-les :

(*Attention*, on a ajouté à chaque groupe un mot inutile)

1. أصدقائي / هؤلاء / كلّهم / هذا / الطلاّب
2. مضطرّين / الوعد/ أنفسنا / إلى / وجدوا / ب / تبقّى / نشر / أنفسهم / ما
3. أن / الممكن / الأسابيع / ينشروا / من / في / رسائلنا / ينشرون / القادمة

C. Réécrivez les phrases suivantes en mettant le mot souligné au pluriel :

1. أريد أن ألتقي بهذا <u>الموظّف</u> .
2. سافرتُ مع هذه <u>الفتاة</u> الجزائريّة .
3. هل نستطيع أن ندخل هذا <u>المنزل</u> .
4. في ذلك <u>اليوم</u> ، كنت أسكن وحدي .
5. هل تعرف ذلك <u>الرجل</u> الذي وجد نفسه مضطراً إلى الخروج من البلاد ؟

D. Traduisez ces phrases :

1. لا تستطيع أن تلتقي بالرئيس نفسه .
2. استلم محمّد نفس الرسالة .
3. حاولوا أن تعرفوا أنفسكم !
4. وصل كلّ الطلاّب في نفس الوقت .

E. Traduisez ces phrases :

1. Je ne comprends pas ces accusations.
2. Sois certaine que nous publierons tes lettres !
3. Elle s'est trouvée obligée de promettre de revenir une autre fois.
4. Je ne veux pas que tu sortes avec ces amis-là.

أنا مـهـدّد بالـطرد من عـمـلي ، ذلك أنّ الذين يعملون مثلي بمقتضى عقد لمدّة ثلاثة أشهر ، لا يأملون أن يبـقـوا أكـثـر من هذه المدّة وبذلك يصـبـح العـامـل كـالأداة التي نـسـتـعـملها عند الحاجة ونرميها عندما لا نحتاج إليها ...

Voici la lettre d'un lecteur qui aborde le problème des contrats de travail à durée déterminée.

• مهدّد , *menacé* : participe passif du verbe dérivé هدّد .

• الطرد من عـمـلي = *le renvoi de mon travail = le licenciement...* طرد est le maṣdar du verbe simple طرد .

• ذلك أنّ , *le fait est que, de fait, car* : cf. Grammaire.

• الذين : le relatif ici n'a pas d'antécédent. Il se traduira par *ceux qui...*

• مثلي [mit̲l-iy] : préposition مثل [mit̲la], *comme* suivie du pronom suffixe ي .

• أشهر ['ašhur] : pluriel interne de شهر , *mois.*

• بذلك , *ainsi* : cf. Grammaire.

• عامل , *ouvrier, travailleur* : participe actif du verbe عمل . Son pluriel (utilisé comme substantif) est عمّال ['ummaâl].

• كالأداة : préposition كـ [ka], *comme* suivie du nom الأداة ['al-'adaât], *l'instrument.*

• نستعمل [nasta'milu], *nous utilisons* : verbe dérivé de forme 10 استعمل (cf. Grammaire).

• عند : ici, la préposition signifie *lors de, au moment de.*

muhaddad bi-ṭ-ṭard
'anaâ muhaddad(un) bi-ṭ-ṭard(i) min ʻamal-iy, ḏaâlika 'anna llaḏiyna yaʻmaluwn(a) miṯl-iy bi-muqtaḍaâ ʻaqd(in) li-muddat(i) ṯalaâṯati 'ašhur, laâ ya'maluwn(a) 'an yabqaw 'akṯar(a) min haâḏihi l-mudda wa-bi-ḏaâlika yuṣbiḥ(u) l-ʻaâmil(u) ka-l-'adaâti llatiy nastaʻmilu-haâ ʻinda l-ḥaâja wa-narmiy-haâ ʻindamaâ laâ naḥtaâj(u) 'ilay-haâ...
Menacé de renvoi
Je suis menacé d'être renvoyé de mon travail. De fait, ceux qui travaillent comme moi avec (conformément à) un contrat d'une durée de trois mois n'espèrent pas rester plus que cette durée et ainsi l'ouvrier devient semblable à un instrument que nous utilisons quand nous en avons besoin (lors du besoin) et que nous jetons quand nous n'en avons pas besoin.

Cf. Grammaire.

• عندما [ʻindamaâ] = *lorsque, quand.* Cf. Grammaire.

• نحتاج [naḥtaâju], *nous avons besoin* : verbe dérivé de forme 8 de la même racine concave que le nom حاجة, *besoin*. Notez la construction de ce verbe avec la préposition إلى : احتاج إلى = *avoir besoin de...*

comme	كَـ	*menacé*	مُهَدَّد
instrument	أداة	*renvoi, expulsion*	طَرْد
utiliser	اِستَعْمَلَ ، يَسْتَعْمِلُ	*comme*	مِثْلَ
besoin	حاجة	*conformément à*	بِمُقْتَضى
jeter, lancer	رَمى ، يَرْمي	*contrat*	عَقْد
lorsque, quand	عِنْدَما	*durée*	مُدَّة
	اِحْتاجَ ، يَحْتاجُ إلى	*mois*	شَهْر ج أشْهُر
avoir besoin de		*espérer*	أمَلَ ـَ
		ouvrier	عامِل ج عُمّال

• Verbes dérivés : forme 10

On ajoute trois lettres à la racine : استـ (une hamza instable, un س et un ت).

Son schème est : اِسْتَفْعَلَ ، يَسْتَفْعِلُ Ex. : اِسْتَعْمَلَ ، يَسْتَعْمِلُ

Notez l'alternance vocalique du muḍaâri' : a - a - i - u .

N.B. : nous avons déjà rencontré à la forme 10 :

- le verbe اِسْتَطاعَ ، يَسْتَطِيعُ (de racine concave),
- le participe actif مُسْتَمِرّ du verbe اِسْتَمَرَّ ، يَسْتَمِرُّ (de racine sourde),
- le participe passif مُسْتَقْبَل du verbe اِسْتَقْبَلَ ، يَسْتَقْبِلُ .

• Le maṣdar de la forme 10

Son schème est : اِسْتِفْعال . Ex. : اِسْتِعْمال .

• Le démonstratif ذلك

Voici différents sens pris par le démonstratif ذلك quand il se trouve associé avec d'autres mots :

ainsi, de cette manière	بذلك	bi-ḏaâlika
c'est pourquoi	لذلك	li-ḏaâlika
cependant, pourtant, malgré cela	مع ذلك	ma'a ḏaâlika
de même	كذلك	ka-ḏaâlika
le fait est que..., car	ذلك أنّ	ḏaâlika 'anna

• La préposition عند

Elle peut indiquer :

- le lieu : *chez*. Ex. :

يسكن عند صديقه = *il habite chez son ami.*

- le temps :
  • utilisée seule = *lors de, au moment de*. Ex. :

  عند الصباح = *au matin*

  • en association avec d'autres mots:
    - عندئذ ['inda'iḏin] , عند ذلك = *à ce moment-là, alors*
    - عندما = *lorsque, quand*
- la possession (avec le pronom suffixe). Ex. :

عنده موعد = *il a un rendez-vous.*

Exercices (corrigé p. 417)

A. Recopiez le texte, vocalisez-le et faites-le en autodictée.

B. Les mots de chacune des trois phrases suivantes ont été mis dans le désordre. Reconstituez-les :

(*Attention*, on a ajouté à chaque groupe un mot inutile)

1. أداة / إلى / أحتاج / من / أخرى / للعمل

2. في / أكثر/ بقيت / إلى / الشركة / نفس / أربع / أشهر / أربعة

3. لأنّه / يرميه / لا / إليه / يحتاج / ولكنّه

C. Mettez chacun de ces verbes au muḍaâri‘ et vocalisez (3e personne du masculin singulier), puis formez leur maṣdar :

1. استعمل 2. هدّد 3. تأكّد 4. اتّهم 5. وجد

D. Complétez ces phrases en choisissant l'expression qui convient dans la liste suivante :

عند ذلك / لذلك / مع ذلك / كذلك

1. هو مصاب بشلل الأطفال و .... يشتغل في المصنع .
2. لي عقد لمدّة ثلاثة أشهر . ... أنا مهدّد بالطرد من عملي .
3. يريد أن يبقى هنا هو ....
4. كان .... صغيراً جدّاً .

E. Traduisez ces phrases :

1. عنده خبرة عامين ومع ذلك لا يجد عملاً .
2. تشتغل فاطمة عند جيرانها .
3. وصلتُ عند خروجهم من العمل .
4. كان يأكل عندما دخل ابنه .

F. Traduisez ces phrases :

1. Il ne veut pas rester plus de trois heures.
2. Ces ouvriers ont beaucoup d'expérience. J'espère devenir comme eux.
3. Pourquoi a-t-il besoin d'utiliser cet instrument ?

يوم الثالث من أوت ، بعد أن استحمّ الصبيّ في البحر ، رجع إلى المنزل وأراد مشاهدة التلفزة ... فأخذ خيط التلفاز وأدخله في المنشبة الكهربائيّة ناسيا أنّه ما زال مبلّلا بمياه البحر فقتله التيّار الكهربائيّ في الحال ...

Voici un fait divers.

• أوت : autre nom du mois d'août utilisé au Maghreb (ailleurs, on aura plutôt أغسطس ou آب).

• بعد أن , *après que* : أن est suivi ici d'un passé et non d'un manṣuwb. On aurait pu trouver بعد ما . Cf. Grammaire.

• استحمّ [istaḥamma], *se baigner* : verbe dérivé de forme 10. C'est avec la même racine sourde ح م م qu'est formé le mot حمّام , *hammam, bain maure*.

• مشاهدة [mušaâhada] : maṣdar du verbe dérivé de forme 3 شاهد qui signifie *assister à, voir*. Ici, avec comme complément le mot *télévision*, on le traduira par *regarder*. Rappel : أراد أن يشاهد التلفزة = أراد مشاهدة التلفزة .

• تلفزة [talfaza] : autre transfert en arabe du mot *télévision* (synonyme : تلفزيون). Cf. aussi plus loin le mot تلفاز [tilfaâz] , *téléviseur*.

• أدخل : verbe dérivé de forme 4. Cf. Grammaire pour le sens de la forme (différence entre دخل et أدخل).

• ناسيا [naâsiyan], *oubliant* : participe actif du verbe défectueux نسي ، ينسى au cas direct indéfini, car

qatala-hu t-tayyaru l-kahrabaâ'iy
yawma t̠-t̠aâlit̠ min 'uwt, ba'da 'an istaḥamma ṣ-ṣabiy(yu) fi l-baḥr, raja'a 'ila l-manzil wa-'araâda mušaâhadata-t-talfaza... fa-'aḫada ḫayṭa t-tilfaâz wa-'adḫala-hu fi l-manšaba(ti) l-kahrabaâ'iyya naâsyan 'anna-hu maâ zaâla muballalan bi-miyahi l-baḥr fa-qatala-hu t-tayyaâru l-kahrabaâ'iy fi l-ḥaâl...

Tué par le courant électrique
Le 3 août, après s'être baigné dans la mer, le jeune garçon est revenu à la maison et a voulu regarder la télévision... Il a pris le fil du téléviseur et l'a introduit dans la prise électrique oubliant qu'il était encore mouillé par l[es] eau[x] de la mer : le courant électrique l'a tué sur le coup.

complément de manière.

• ما زال [maâ zaâla] = passé de لا يزال . Cf. Grammaire.

• مبلّل [muballal], *mouillé, trempé* : participe passif du verbe dérivé de forme 2 بلّل . Ici au cas direct car ḫabar de ما زال .

• ... قتله : là où le français utilisera plutôt une phrase passive (*il a été tué par...*), on a ici une construction à l'actif car le sujet réel التيّار est connu et exprimé.

introduire	أَدْخَلَ ، يُدْخِلُ	*tuer*	قَتَلَ ـُ
prise	مَنْشَبَة	*courant*	تَيّار
qui oublie	ناسٍ (الناسي)	*électrique*	كَهْرَبائِيّ
mouillé, trempé	مُبَلَّل	*se baigner*	اِسْتَحَمَّ ، يَسْتَحِمُّ
mer	بَحْر	*eau*	ماء ج مِياه
électricité	كَهْرَباء	*fait de regarder*	مُشاهَدة
	في الحال	*télévision*	تَلْفَزة
aussitôt, sur le coup		*fil*	خَيْط
		téléviseur	تِلْفاز

• **La négation du passé** ما

Synonyme de la négation du passé لم (suivie du majzuwm), on trouve ما suivie d'un verbe au passé. Cette tournure tend à se faire rare dans l'arabe contemporain alors qu'elle prédominait dans l'arabe classique. C'est elle que l'on trouve dans l'expression ما زال = *il n'a pas cessé = il était encore...*

Rappel : ما peut être aussi un interrogatif (*qu'est-ce que?*), un relatif impersonnel (*ce qui, ce que*), une conjonction de subordination en combinaison avec d'autres mots (عندما = *lorsque* / بعد ما = *après que...*), une locution temporelle (ما دام = *tant que* / كثيراً ما = *souvent*), etc.

• **Verbes *concaves* en** ا

A côté des verbes concaves qui ont leur muḍaâri' en و (tels ساق ، يسوق / كان ، يكون etc.), on trouve deux autres catégories : ceux qui ont leur muḍaâri' en ا (cf. زال ، يزال) et ceux qui ont leur muḍaâri' en ي . Voici la conjugaison de ما زال (et des verbes qui ont leur muḍaâri' en ا) :

• passé : aux personnes où le ا disparaît, on a une kasra :

ما زِلْتُ – ما زِلْتَ – ... – ما زالَ – ... – ما زالوا – ما زِلْنَ

• muḍaâri' : le ا se maintient sauf devant un soukoun :

لا أزالُ – ... – لا تزالين – ... – لا تزَلْنَ – لا يزالون – لا يزَلْنَ

لم أزَلْ – ... – لم تزالي – ... – لم تزَلْنَ – لم يزالوا – لم يزَلْنَ

• **Sens de la forme 4**

Chaque forme dérivée apporte des nuances par rapport au sens de la racine. Certains verbes dérivés de forme 4 ont un sens *factitif* ou *causatif*.

Ex. : دخل = *entrer* → أدخل = *faire entrer , introduire*

خرج = *sortir* → أخرج = *faire sortir, extraire*

• **Subordonnées de temps**

Elles sont introduites par des particules formées avec :

• ما (suivie d'un passé ou d'un muḍaâri' suivant le sens) :

لمّا (+ passé) , عندما = *lorsque* / بينما = *tandis que*

بعد ما = *après que* / قبل ما = *avant que*

• أنْ : - suivie d'un passé : بعد أن = *après que*

- suivie d'un majzuwm : قبل أن = *avant que*

Exercices (corrigé p. 417)

A. Recopiez le texte, vocalisez-le et faites-le en autodictée.

B. Réécrivez la dernière phrase du texte en remplaçant le sujet sous-entendu (الصبيُّ) par son féminin (الصبيَّة) :

فأخذت خيط التلفاز و...

C. Les mots de chacune de ces trois phrases ont été mis dans le désordre. Reconstituez-les :

(*Attention*, on a ajouté à chaque groupe un mot inutile)

1. أنّني / ما زلتُ / نسيتُ / بمياة / مبلّلاً / البحر / مبلّل

2. أن / التلفزة / بعد / رجعت / المدرسة / أرادت / من / التلفاز / مشاهدة

3. ابنها / المدرسة / دخلت / سميرة / أدخلت / الصغير

D. Trouvez dans la liste de gauche la traduction de chacun des verbes de forme 4 de la liste de droite :

a. faire pleurer	f. placer (qqn)	6. أفهم	1. أجلس
b. provoquer	g. récupérer	7. أعاد	2. أضحك
c. faire tomber	h. aviser	8. أسقط	3. أركب
d. faire comprendre	i. faire rire	9. أوصل	4. أبكى
e. embarquer (qqn)	j. acheminer	10. أعلم	5. أحدث

E. Mettez au passé les verbes qui sont au muḍaâri' et vice-versa (même personne, même genre) :

(N.B. : on gardera pour le passé la négation ما)

1. ما زلتُ 2. لا يزلن 3. لا تزالين 4. ما زالوا

5. لا تزلن 6. ما زالت 7. ما زلنا 8. لا يزالان

F. Traduisez ces phrases :

1. Il part à la mer en pleurant car sa sœur a pris son ballon.
2. Après avoir réfléchi, le directeur a fait entrer ses ouvriers.

كانت بحيرة مريوط أخصب بحيرات مصر ، والآن ضاع نصف ثروتها السمكيّة بسبب التلوّث الذي يدمّر ثروة البحيرة ... وفي الوقت الذي تضاعفت فيه أسعار الأسماك المحلّيّة فإنّ الجريمة التي ترتكب ضدّ أغنى البحيرات مستمرّة !

• بحيرة [buḥayra], *lac* : diminutif de بحر .

• مريوط [maryuwṭ], *Mariout* : lagune du littoral égyptien, séparée de la mer par une langue de terre sur laquelle s'élève la ville d'Alexandrie.

• أخصب ['aḫṣab], *plus fertile* : comparatif de خصب utilisé comme superlatif. Au cas direct car ḫabar de كان .

• ضاع , *disparaître* : verbe concave dont le muḍaâri' est en ي : يضيع . Cf. Grammaire.

• تلوّث [talawwuṯ], *pollution* : maṣdar du verbe dérivé de forme 5 تلوّث .

• في الوقت الذي تضاعفت فيه : l'antécédent défini الوقت est repris par le pronom suffixe ه (فيه).

• تضاعف est un verbe dérivé de forme 6.

• Les trois dernières lignes sont composées d'une phrase nominale introduite par إنّ : فإنّ الجريمة مستمرّة précédée d'un complément de temps ... في الوقت . Une relative qui explicite le mot جريمة est intercalée entre le ism 'inna (جريمة) et le ḫabar 'inna (مستمرّة) :

ma'saâtu t-talawwuṯ

kaânat buḥayrat(u) maryuwṭ 'aḫṣab(a) buḥayraât(i) miṣr, wa-l-'aân ḍaâ'a niṣf(u) ṯarwati-ha s-samakiyya bi-sababi t-talawwuṯi llaḏiy yudammir(u) ṯarwata l-buḥayra... wa-fi l-waqti llaḏiy taḍaâ'afat fiy-hi 'as'aâru l-'asmaâki l-maḥalliyya fa-'inna l-jariyma(ta) llatiy turtakab(u) ḍidda 'aġna l-buḥayraât mustamirra...

Le drame de la pollution

Le Lac de Mariout était le plus fertile des lacs de l'Egypte, et maintenant, la moitié de sa richesse poissonnière a disparu à cause de la pollution qui détruit la richesse du lac... Au moment où les prix des poissons locaux ont doublé, le crime qui est perpétré contre le plus riche des lacs perdure.

. التي ترتكب ضدَّ أغنى البحيرات ...

• ترتكب [turtakabu] : verbe dérivé de forme 8 ارتكب (complété par جريمة, *crime = perpétrer; commettre*) au passif (muḍaâri' - 3e personne du féminin singulier).

• ضدّ [ḍidda] = *contre*.

• أغنى ['aġnaâ], *plus riche* : comparatif de l'adjectif غنيّ utilisé comme superlatif.

détruire	دَمَّرَ ، يُدَمِّرُ	*drame, tragédie*	مَأْساة
doubler	تَضاعَفَ ، يَتَضاعَفُ	*pollution*	تَلَوُّث
prix	سِعْر ج أَسْعار	*lac*	بُحَيْرة ج ات
local (adjectif)	مَحَلّي	*plus fertile*	أَخْصَب
crime	جَريمة ج جَرائِم	*disparaître*	ضاعَ ، يَضيعُ
être perpétré	اُرْتُكِبَ ، يُرْتَكَبُ	*richesse*	ثَرْوة
contre	ضِدَّ	*poisson*	سَمَكة ج أَسْماك
plus riche	أَغْنى	*à cause de*	بِسَبَب

• Verbes *concaves* en ي

Dernière catégorie des verbes concaves, voici la conjugaison de ضاع ، يضيع (et des verbes qui ont leur muḍaâri‘ en ي) :

• passé : aux personnes où le ا disparaît, on a une kasra :

ضِعْتُ – ضِعْتَ – ... – ضاعَ – ... – ضاعوا – ضِعْنَ

• muḍaâri‘ : le ي se maintient sauf devant un soukoun :

أضيعُ – ... – تَضيعينَ – ... – تَضِعْنَ – يَضيعونَ – يَضِعْنَ

لم أضِعْ – ... – لم تضيعي – ... – لم يضيعوا – لم يضِعْنَ

• Verbes dérivés de racine *concave* (récapitulation)

- Aux formes 2, 3, 5 et 6, la semi-consonne de la racine se comporte comme une consonne normale, donc pas de problèmes. Ex. :

ضَيَّعَ ، يُضَيِّعُ (2) / حاوَلَ ، يُحاوِلُ (3) / تَجاوَزَ ، يَتَجاوَزُ (6)

- Par contre, aux autres formes, quelle que soit la semi-consonne de la racine, elle se transforme toujours en ا au passé et au muḍaâri‘, elle se transforme en ي aux formes 4 et 10, et en ا aux formes 7 et 8 (bien sûr, ce ا se réduit à une fatḥa et ce ي à une kasra devant un soukoun). Ex. :

أرادَ ، يُريدُ (4) / اِحْتاجَ ، يَحْتاجُ (8) / اِسْتَطاعَ ، يَسْتَطيعُ (10)

• Les *diptotes*

Un certain nombre de mots :

- ne prennent jamais de tanwiyn,
- et prennent la voyelle finale [a] au cas indirect indéfini.

On les appelle *diptotes*. C'est le cas notamment :

- des adjectifs du type أفعل (comparatifs et couleurs);
- des pluriels quadrisyllabiques (comme رسائل et معاهد),
- d'un certain nombre de noms propres (tels مصر , تونس , أحمد , فاطمة , etc.)

	Indéfini	*Défini*
Cas sujet	أكثرُ	الأكثرُ
Cas direct	أكثرَ	الأكثرَ
Cas indirect	أكثرَ	الأكثرِ

Exercices (corrigé p. 418)

A. Recopiez le texte, vocalisez-le et faites-le en autodictée.

B. Les mots de chacune de ces trois phrases ont été mis dans le désordre. Reconstituez-les :

(*Attention*, on a ajouté à chaque groupe un mot inutile)

1. تزال / إنّ / لا / الجريمة / ما / مستمرّة

2. سبب / هو / السمكيّة / ما / البحيرة / تدمير / ثروة / الثروة / ؟

3. هي / أغنى / الأغنى / ما / بحيرات / مصر / ؟

C. Quel est le maṣdar de chacun de ces verbes ?

1. دمّر 2. تضاعف 3. ارتكب 4. أدخل
5. استحمّ 6. شاهد

D. Réécrivez ces phrases en mettant le mot souligné au pluriel et vocalisez :

1. فتحت الشركة <u>مكتباً</u> جديداً في المدينة .

2. هل رأيتَ <u>مسجداً</u> أغنى من هذا المسجد ؟

3. اشترى <u>منزلاً</u> صغيراً في قريته .

4. ارتكب هذا الرجل <u>جريمةً</u> كبيرة .

E. Mettez au passé les verbes qui sont au muḍaâri' et vice-versa (même personne, même genre) :

1. أضيع 2. يكون 3. عدنا 4. ضاعت 5. احتاج
6. أراد 7. ضيّعوا 8. أجابت 9. يستطيعون 10. ضاعوا

F. Traduisez ces phrases :

1. Puis-je trouver du travail au moment où le taux de chômage augmente ?

2. Ce lac est la plus grande richesse du pays.

تقدّم إلى خطبة أمّ كلثوم كثيرون ولكنّها لم تفتح باب قلبها . قيل إنّ مسؤولا طلب يدها ، وإنّ كبيرا عرض عليها الزواج وإنّ وزيرا سابقا عرض عليها اسمه وثروته وحياته ... كلّ هؤلاء أرادوا في يوم من الأيّام أن يتزوّجوا أمّ كلثوم ... لكنّها رفضت كلّ هذه الأيدي الممدودة وقرّرت ألاّ تتزوّج منصبا أو مالا بل رجلا ... ولم يكن هذا الرجل إلاّ الموسيقار محمّد الشريف . وكان هذا الزواج «لقاء بين عبقريّتين» ...

• أمّ كلثوم : Egyptienne, Oum Kalthoum (1900-1975) fut l'une des plus grandes chanteuses du monde arabe et sa popularité est demeurée intacte jusqu'à nos jours

• قيل [qiyla] : passé du verbe قال au passif = *on a dit.*

• الأيدي : pluriel de يد, *main.* Ce mot a une racine de 2 lettres. Cf. Grammaire.

• ألاّ ['allaâ] est la contraction de أن et de la négation لا .

• بل [bal] = *mais, au contraire.*

• إلاّ ['illaâ] = *sauf, excepté.* Précédé d'une négation, il rend la tournure *ne... que...* Cf. Grammaire. (cf. aussi le début de la profession de foi musulmane : لا إله إلاّ اللّه [laâ 'ilaâha 'illaâ l-laâh] = *il n'y a de dieu que Dieu.*)

zawaâj(u) 'umm-kalṯuwm

taqaddama 'ilaâ ḫiṭbati 'umm-kalṯuwm kaṯiyruwn wa-laâkinna- haâ lam taftaḥ baâb(a) qalbi-haâ. qiyla 'inna mas'uwlan ṭalaba yada-haâ, wa-'inna kabiyran ʻaraḍa ʻalay-ha z-zawaâj wa-'inna waziyran saâbiqan ʻaraḍa ʻalay-haâ 'isma-hu wa-ṯarwata-hu wa-ḥayaâta-hu... kullu haâ'ulaâ'i 'araâduw fiy yawm mina l-'ayyaâm 'an yatazawwajuw 'umm kalṯuwm... laâkinna-haâ rafaḍat kulla haâḏihi l-'aydiy l-mamduwda wa-qarrarat 'allaâ tatazawwaj(a) manṣiban 'aw maâlan bal rajul(an)... wa-lam yakun haâḏa r-rajul 'illa l-muwsiyqaâr muḥammad aš-šariyf. wa-kaâna haâḏa z-zawaâj(u) liqaâ'an bayna ʻabqariyyatayn.

Le mariage d'Oum Kalthoum

Beaucoup se sont présentés pour demander la main d'Oum Kalthoum mais elle n'a pas ouvert la porte de son cœur. On a dit qu'un responsable avait demandé sa main, qu'un grand [homme] lui a proposé le mariage, qu'un ancien ministre lui avait proposé son nom, sa richesse et sa vie... Tous ceux-ci ont voulu un jour épouser Oum Kalthoum... Mais elle refusa toutes ces mains tendues et décida de ne pas épouser une fonction ou une richesse mais un homme... Cet homme ne fut [personne d'autre] que le musicien Mohammed Charif et ce mariage fut une rencontre entre deux génies.

• بين عبقريّتين, *entre deux génies* : le mot عبقريّة est au duel (cas indirect). Il a une racine de 4 lettres.

tendu	مَمْدود	*se présenter à*	تَقَدَّمَ ، يَتَقَدَّمُ إلى
poste, position	مَنْصِب	*demande en mariage*	خِطْبة
argent, richesse	مال	*cœur*	قَلْب
mais	بَلْ	*on a dit que*	قِيلَ إنَّ
sauf, excepté	إلاّ	*main*	يَد ج أيْدٍ (الأيْدِي)
musicien	موسيقار	*proposer à*	عَرَضَ ـِ عَلى
rencontre	لِقاء	*épouser*	تَزَوَّجَ ، يَتَزَوَّجُ
génie	عَبْقَرِيّة	*refuser*	رَفَضَ ـُ

• ***Ne... que...***

Le mot إلاّ (= *sauf, excepté*) précédé de la négation qui convient (لا , لم ou ليس) sert à exprimer la construction *ne... que...* Ex. :

- لم يكن هذا الرجل إلاّ الموسيقار ...
- لا نستعمل إلاّ هذه الأداة =

Nous n'utilisons que cet instrument.

- ليس في البيت إلاّ هذا الولد =

Il n'y a dans la maison que cet enfant.

• **Racines de 2 ou 4 lettres**

La très grande majorité des racines arabes sont formées de 3 lettres. Cependant certaines racines (très peu nombreuses) ont 2 lettres (comme يد) et d'autres (plus nombreuses) ont 4 lettres. A part les mots d'origine européenne introduits récemment (tels تلفزة , بترول , etc.), voici les mots tirés d'une racine de 4 lettres que nous avons rencontrés:

عبقريّة (ع ب ق ر) / جمهوريّة (ج م ه ر)

تلميذ (ت ل م ذ) / دستور (د س ت ر) / عنوان (ع ن و ن)

مهندس (ه ن د س) / كهرباء (ك ه ر ب)

• **Récapitulation des formes verbales dérivées**

Voyelles du muḍaâri'	*Point commun au passé*	*Forme*
u - a - i - u	*allongement de la 1re syllabe*	2 – فعّل 3 – فاعل
a - a - a - a - u	*préfixe d'un* ت *devant les formes 2 et 3*	5 – تفعّل 6 – تفاعل
u - i - u	*préfixe d'une hamza stable*	4 – أفعل
a - a - i - u	*préfixe d'une hamza instable*	7 – انفعل 8 – افتعل 10 – استفعل

Exercices (corrigé p. 418)

A. Recopiez le texte, vocalisez-le et faites-le en autodictée.

B. Les mots de chacune de ces trois phrases ont été mis dans le désordre. Reconstituez-les :

(*Attention*, on a ajouté à chaque groupe un mot inutile)

1. إلاّ / أريد / لا / رجل / هذا / أتزوّج / الرجل / أن
2. وزيرنا / عليها / عرض / ماذا / السابق / سابق / ؟
3. كلّ / الممدودة / أراد / أيديهم / هؤلاء / ولكنّني / أن / رفضتُ / يتزوّجوني / الرجال / ولكنّها

C. Complétez ces phrases avec la préposition qui convient :

1. عليك أن تستمع .... أمّك .
2. كيف نستطيع أن نلتقي ...... الوزير ؟
3. يضطرّه هذا الوضع ...... الذهاب في الحال .
4. لماذا تنظر ...... هذه الفتاة ؟
5. هل يمكننا أن نتّصل ...... مسؤول المكتب ؟
6. تعرّفتُ ...... أمّك عندما كنتُ ...... المغرب .
7. حصلت مريم ...... الشهادة الابتدائيّة .

D. Répondez à ces questions par la négative en faisant précéder votre réponse de ... قـرّر ألاّ comme dans l'exemple.
Ex. :

هل تزوّجتْ ؟ ← لا ، قرّرت ألاّ تتزوّج .

1. هل رجعوا ؟ ← ....
2. هل تقدّمتم إليه ؟ ← ....
3. هل طلبتَ يدها ؟ ← ....
4. هل سافرن ؟ ← ....

E. Traduisez ces phrases :

1. Il n'y a dans l'usine que les ouvriers.
2. Il a demandé sa main mais elle a refusé ce mariage.
3. On a dit qu'elle refusait de se marier.

26 ديسمبر 1974 : توفّي الفنّان والموسيقار الكبير فريد الأطرش ... ومنذ ذلك التاريخ أصبح يوم 26 ديسمبر من كلّ سنة يمثّل ذكرى حزينة تبكيها كلّ الشعوب العربيّة والأجنبيّة التي عشقت هذه المدرسة الفنّيّة الكبرى . مطرب العرب «الحزين» مات ... ولكنّ صوته ما زال حيّا يغنّي في كلّ أنحاء العالم ...

• توفّي [tuwuffiya], *décéder* : verbe dérivé de forme 5 et de racine défectueuse au passif. Litt. : *être rappelé [à Dieu]*.

• فنّان [fannaân], *artiste* : nom de métier. Cf. Grammaire.

• فريد الأطرش : Farid Al-Atrache. D'origine druze (1915-1974), musicien, chanteur, compositeur, acteur, il fut l'un des plus grands artistes de la chanson, de l'opérette et du cinéma arabes. Il partagea sa vie entre Le Caire et Beyrouth. Son nom أطرش signifie *sourd* : il est construit sur le schème أفعل comme d'autres particularités physiques (aveugle, bossu, borgne, etc.).

• أصبح ... يمثّل : suivi d'un autre verbe, أصبح se traduira par *commencer à*. أصبح يمثّل = *commencer à représenter*.

• عشق [ʻašiqa] = *être amoureux, épris de...*

• كبرى [kubraâ] : féminin du comparatif أكبر . Employé comme épithète, signifie *très grand*.

• عرب [ʻarab], *Arabes*, est un collectif : cf. Grammaire.

• حيّا [ḥayyan] : il s'agit ici de l'adjectif حيّ , *vivant*, au cas direct car ḫabar de ما زال . A ne pas confondre avec le mutribu l-ʻarabi l-haziyn

sitta wa-ʻišriyn(a) diysambar *'alf wa-tisʻa mi'a wa-'arbaʻa wa-sabʻiyn* : tuwuffiya l-fannaân wa-l-musiyqaâru l-kabiyr fariyd al-'atraš... wa-mundu daâlika t-taâriyh 'asbaha yawm(u) *sitta wa-ʻišriyna* diysambar min kulli sana yumattil(u) dikraâ haziyna tabkiy-haâ kullu š-šuʻuwbi l-ʻarabiyya wa-l-'ajnabiyya llatiy ʻašiqat haâdihi l-madrasa(ta) l-fanniyya(ta) l-kubraâ. mutribu l-ʻarabi l-haziyn maâta ... wa-laâkinna sawta-hu maâ zaâla hayyan yuġanniy fiy kulli 'anhaâ'i l-ʻaâlam...

Le chanteur triste des Arabes

26 décembre 1974 : le grand artiste et musicien Farid Al-Atrache est décédé... Et depuis cette date, le 26 Décembre de chaque année a commencé à représenter un triste anniversaire que pleurent tous les peuples arabes et étrangers qui étaient amoureux de cette très grande école artistique. Le chanteur triste des Arabes est mort... mais sa voix est toujours vivante qui chante dans toutes les régions du monde...

---

nom حيّ = *quartier*.

• يغنّي [yuġanniy] : verbe dérivé de forme 2 et de racine défectueuse غنّى , *chanter*. Cf. Grammaire.

• أنحاء العالم , *les régions du monde*. Le mot أنحاء , dans ce sens de *région* est toujours utilisé au pluriel.

étranger	أَجْنَبيّ	*chanteur*	مُطْرِب ج ون
être amoureux de	عَشِقَ ـَ	*Arabes*	عَرَب
artistique	فَنِّيّ	*triste*	حَزين
plus grand	أَكْبَر م كُبْرى	*décéder*	تُوُفِّيَ
mourir	ماتَ ، يَموتُ	*artiste*	فَنَّان ج ون
vivant	حَيّ	*représenter*	مَثَّلَ ، يُمَثِّلُ
chanter	غَنَّى ، يُغَنِّي	*souvenir, anniversaire*	ذِكْرى
	في كُلِّ أَنْحاءِ العالَم	*pleurer*	بَكى ، يَبكي
dans toutes les régions du monde		*peuple*	شَعْب ج شُعوب

• Verbes dérivés de racine défectueuse

Si les verbes simples de racine défectueuse peuvent se terminer au passé par un ى (مشى), un ي (نسي) ou un ا (شكا) et au muḍaâri‘ par un ي (يمشي), un ى (ينسى) ou un و (يشكو), aux formes dérivées, on aura toujours un ى au passé (et le verbe se conjuguera toujours comme مشى) et la semi-consonne finale du muḍaâri‘ dépend de la forme :

- aux formes 2, 3, 4, 7, 8 et 10, la semi-consonne finale du muḍaâri‘ sera toujours un ي , et le verbe se conjuguera comme يمشي . Ex. :
  - forme 2 : غنّى ، يغنّي *(chanter)*
  - forme 4 : أعطى ، يعطي *(donner)*
  - forme 8 : اشترى ، يشتري *(acheter)*

- aux formes 5 et 6, la semi-consonne finale du muḍaâri‘ sera toujours un ى , et le verbe se conjuguera comme ينسى .
  Ex. : • forme 5 : تبقّى ، يتبقّى *(rester)*

• Les noms de métier

A côté du participe actif avec lequel sont formés un certain nombre de noms de métier au sens large (ex. : كاتب , *écrivain* - صانع , *artisan*), le schème فَعّال sera utilisé dans le même sens. Ex. :

فَنّان , *artiste* - حَلّاق , *coiffeur*

بَوّاب , *concierge* - بَطّال , *chômeur*

• Le collectif et le nom d'unité

Le mot عرب est un *collectif* qui désigne un groupe humain : *les Arabes*. Le *collectif* est surtout utilisé pour désigner des espèces naturelles (notamment les végétaux et les animaux).

Ex. : سمك = *les poissons, le poisson* (en général)

Dans le cas des espèces naturelles, on a souvent à côté du collectif un *nom d'unité* (formé en suffixant un ة au collectif) et un *pluriel*.

Ex. : سمك (collectif) / سمكة (nom d'unité) / أسماك (pluriel).

Le pluriel désigne des poissons (bien précis) alors que le collectif désigne l'espèce "poisson".

Exercices (corrigé p. 419)

A. Recopiez le texte, vocalisez-le et faites-le en autodictée.

B. Les mots de chacune de ces trois phrases ont été mis dans le désordre. Reconstituez-les :

(*Attention*, on a ajouté à chaque groupe un mot inutile)

1. العربيّة / هذه / توفي / المطربة / متى / الكبيرة / توفّيت / ؟

2. صوته / لا / زال / ما / في / حيّا / قلبي

3. توفّي / كلّ / تبكيه / العالم / أخذ / شعوب / أُخذت / عندما

C. Mettez au passé les verbes qui sont au muḍaâri' et vice-versa (même personne, même genre) :

1. غنّى 2. يُلقي 3. تبنّتْ 4. انتهينا 5. أعطيتُ

6. نغنّي 7. اشتروا 8. تبقّى 9. بقيتِ 10. تشكين

D. Formez le nom de métier correspondant à chacun des noms suivants :

(Ils signifieront respectivement :

1. *matelot* 2. *graveur* 3. *couturier* 4. *poissonnier*)

1. بحر 2. حفرة 3. خيط 4. سمك

E. Complétez ces phrases en utilisant soit le collectif, soit le nom d'unité, soit le pluriel du mot سمك et traduisez-les :

1. أشتريتُ ثلاث .... في السوق .

2. هل تحبّين .... ؟

3. أعطاني صديقي هذه ....

F. Traduisez ces phrases :

1. Depuis ce jour, il est toujours triste.
2. Tous les peuples arabes aimaient cet artiste.
3. Elle est amoureuse de lui.
4. Sa voiture s'est renversée et elle est morte.

← ٧٠ - ممثّلة تحارب المخدّرات

- مـا هـو الدور الذي تـلعـبـيـنـه في فـيلمك الجديد ؟

- أقــوم فـــيــه بدور الـبـطولـة : ألعب دور طبيبة تحارب الإدمان وتحاول أن تقنع الشباب بخطر المخدّرات عليـهم ... وتكتـشف أنّ أخاها مـدمـن على المخدّرات فـتـريد مـعـالجتـه ولكنّه يرفض هذا العـلاج . فـتـحـاول الوصـول إلى مهرّبي المخدّرات لكي تقبض عليهم الشرطة ...

Extrait de l'interview d'une actrice de cinéma.

• ممثّلة , *actrice* : participe actif du verbe de forme 2 مثّل .

• حارب : verbe dérivé de forme 3 de la même racine que حرب , *guerre*, et qui signifie *combattre, faire la guerre à...*

• مخدّرات , *drogues* : participe actif d'un verbe de forme 2.

• فيلم (ou parfois فلم) : transcription arabe du mot *film*.

• أقوم بدور : le verbe قام بـ complété par le nom دور signifie *tenir un rôle*.

• بطولة : maṣdar du verbe simple بطل = *être le héros*. La racine ب ط ل a plusieurs sens, dont celui de *l'héroïsme* et celui du *chômage* (cf. بطالة).

• إدمان : maṣdar du verbe أدمن (forme 4) déjà rencontré. Cf. à l'avant-dernière ligne son participe actif مدمن .

• تقنع : verbe أقنع , *convaincre* (dérivé forme 4).

• تكتشف : verbe اكتشف , *découvrir* (dérivé forme 8).

• أخاها : c'est le nom أخ au cas direct défini par le pronom suffixe ها . Cf. Grammaire pour la présence du 'alif.

mumaṭṭila tuḥaâribu l-muḫaddiraât

- maâ huwa d-dawru lladiy tal'abiyna-hu fiy fiylmi-ki l-jadiyd ?

- 'aquwm(u) fiy-hi bi-dawri l-buṭuwla : 'al'ab(u) dawr(a) ṭabiyba tuḥaâribu l-'idmaân wa-tuḥaâwil(u) 'an tuqni'a š-šabaâb bi-ḫaṭari l-muḫaddiraât(i) 'alay-him... wa-taktašif(u) 'anna 'aḫaâ-haâ mudmin 'ala l-muḫaddiraât fa-turiyd(u) mu'aâlajata-hu wa-laâkinna-hu yarfuḍ(u) haâda l-'ilaâj. fa-tuḥaâwilu l-wuṣuwl(a) 'ilaâ muharribi l-muḫaddiraât li-kay taqbiḍ(a) 'alay-himu š-šurṭa...

Une actrice qui fait la guerre à la drogue

- Quel est le rôle que vous jouez dans votre nouveau film ?

- J'y tiens le premier rôle : je joue le rôle d'une femme-médecin qui fait la guerre à la toxicomanie et essaie de convaincre les jeunes du danger [que représentent] pour eux les drogues... Elle découvre que son frère est toxicomane ; elle veut le soigner mais il refuse ce traitement. Elle essaie d'arriver jusqu'aux trafiquants de drogue pour que la police les arrête...

• علاج : autre forme (à côté de معالجة) du maṣdar du verbe dérivé de forme 3 عالج , *soigner*. Cf. Grammaire.

• مهرّبي المخدّرات : مهرّب est un participe actif (forme 2) au pluriel externe (cas indirect). Le ن final disparaît puisque le pluriel مهرّبين est défini par un complément.

• لكي [li-kay] = لـ [li] = كي [kay] : suivi d'un verbe au manṣuwb = *pour, pour que...*

danger	خَطَر	*acteur*	مُمَثِّل
	اِكْتَشَفَ ، يَكْتَشِفُ	*faire la guerre à*	حارَبَ ، يُحارِبُ
découvrir		*drogues*	مُخَدِّرات
toxicomane	مُدْمِن (عَلى المُخَدِّرات)	*rôle*	دَوْر
		jouer	لَعِبَ ـَ
traitement	علاج	*premier rôle*	دَورُ البُطولة
trafiquant	مُهَرِّب ج ون	*toxicomanie*	إدْمان (عَلى المُخَدِّرات)
pour, pour que	لِكَيْ / كَيْ		
arrêter qqn	قَبَضَ ـِ على	*convaincre*	أَقْنَعَ ، يُقْنِعُ

• Les maṣdar-s de la forme 3

Il existe deux schèmes différents de maṣdar à la forme 3.

Nous avons déjà étudié le maṣdar مُفاعَلة .

Le deuxième schème est فِعال . Il a toujours un sens *nominal* et est utilisé comme un substantif.

Ex. : verbe عالج ، يعالج , *soigner*

- maṣdar type مُفاعَلة : مُعالَجة (=*fait de traiter, de soigner*)
- maṣdar type فِعال : عِلاج (= *traitement, remède*)

• Sens de la forme 3

On retrouvera souvent dans les verbes dérivés de forme 3 l'idée de *faire un effort en direction de quelqu'un ou de quelque chose* avec parfois une nuance *d'hostilité* ou *de rivalité*. Ces verbes sont donc la plupart du temps transitifs. Ex. :

حارب , *combattre* / حاول , *essayer* / تابع – واصل , *continuer*

• Déclinaison de أخ et أب

Les noms أخ , *frère* et أب , *père* (ainsi que trois autres noms moins courants) ont une déclinaison particulière quand ils sont complétés par un autre nom ou par un pronom suffixe : la marque du cas est alors allongée :

	Indéfini	*Défini par l'article*	*Défini par un complément* *
Cas sujet :	أخٌ	الأخُ	أخوه / أخو محمّد
Cas direct :	أخاً	الأخَ	أخاه / أخا محمّد
Cas indirect :	أخٍ	الأخِ	أخيه / أخي محمّد

* avec le pronom suffixe de 1re personne ي , on a à tous les cas أخي .

Exercices (corrigé p. 419)

A. Recopiez le texte, vocalisez-le et faites-le en autodictée.

B. Les mots de chacune des trois phrases suivantes ont été mis dans le désordre. Reconstituez-les :

(*Attention*, on a ajouté à chaque groupe un mot inutile)

1. أنّ / أن / اكتشفت / مهرّب / ابنها / الأمّ / مخدّرات
2. أقوم / الذي / ليس / صعباً / به / جدّاً / صعب / الدور
3. ب / أقنعت / خطر / من / هل / أخاها / العمل / هذا / ؟

C. Réécrire les phrases suivantes en complétant le nom souligné par le pronom suffixe ه (il faut aussi bien sûr lui retirer l'article) :

1. كان الأب ينتظره .
2. ذهب مع الأخ محمّد .
3. أقنعته الأخت عائشة .
4. اكتشف أنّ الأخ أحمد لم يكن في البيت .

D. Complétez ces phrases avec la préposition qui convient :

1. هي أكبر .... أخيها .
2. أصيب .... شلل الأطفال عند طفولته .
3. يحتاج المدير .... مساعد .
4. تحاول الشرطة أن تقبض .... مهرّبي المخدّرات .
5. لماذا تهتمّ .... هذه المشكلة ؟
6. كان يبحث .... ممثّلة أجنبيّة .
7. لا يريد أن يقوم .... هذا العمل .

E. Traduisez ces phrases :

1. Je ne vois pas ton frère. Où est-il ?
2. Avez-vous rencontré les acteurs de ce film ?
3. La police a découvert que le frère d'une grande artiste était un trafiquant de drogue.

الحوت : لا تنس أنّ عليك مسؤوليّات لا بدّ من احترامها !

الثور : لا تفكّر كثيراً في موضوع مضى ولم تنسه !

السرطان : من قال لك إنّ الحبّ القديم لن يرجع أبداً ؟

الأسد : من استطاع أن يحقّق ما حقّقته لن يعجز عن تحقيق البقيّة !

Extraits d'un horoscope *(ta chance aujourd'hui)*. On a ici quatre signes : Poisson, Taureau, Cancer et Lion.

• لا تنس [laâ tansa], *n'oublie pas* : il s'agit d'une *défense* (= impératif négatif). Le verbe نسي est ici au majzuwm : cf. Grammaire.

• عليك مسؤوليّات = *tu as (sur toi) des responsabilités.*

• لا بدّ من [laâ budda min] : expression signifiant *pas d'échappatoire à* donc *il faut, il est indispensable de...*

• احترامها : le maṣdar de forme 8 احترام , *fait de respecter,* est utilisé ici avec sa valeur verbale (= لا بدّ من أن تحترمها).

• لا تفكّر [laâ tufakkir] , *ne pense pas* : mêmes remarques que pour لا تنس . Notez la construction de فكّر avec في .

• مضى : verbe simple défectueux مضى ، يمضي . Il forme seul une relative. L'antécédent indéfini est موضوع . De même pour لم تنسه où ه reprend l'antécédent et تنس est ḥaẓẓu-ka l-yawm (1)

'al-ḥuwt : laâ tansa 'anna 'alay-ka mas'uwliyyaât laâ budda min iḥtiraâmi-haâ ! 'aṯ-ṯawr : laâ tufakkir kaṯiyran fiy mawḍuw' maḍaâ wa-lam tansa-hu ! 'as-saraṭaân : man qaâla la-ka 'inna l-ḥubba l-qadiym lan yarji'(a) 'abadan ? 'al-'asad : man istaṭaâ'a 'an yuḥaqqiq(a) maâ ḥaqqaqta-hu lan ya'jiza 'an taḥqiyqi l-baqiyya !

Ta chance aujourd'hui (1)

Poisson : N'oublie pas que tu as des responsabilités qu'il faut assumer (respecter) ! Taureau : Ne pense pas trop (beaucoup) à un sujet qui est passé et que tu n'as pas oublié ! Cancer : Qui t'a dit que l'amour ancien ne reviendra jamais ? Lion : Celui qui a pu réaliser ce que tu as réalisé ne sera pas incapable de réaliser ce qui reste !

---

au majzuwm (à cause de لم).

• لن يرجع [lan yarji'a] : لن est la négation du futur et doit être suivie d'un verbe au manṣuwb. Cf. Grammaire.

• حقّق , *réaliser, accomplir* : verbe dérivé de forme 2. Son maṣdar (utilisé ici avec sa valeur verbale) est تحقيق .

• لن يعجز عن [lan ya'jiza 'an], *il ne sera pas incapable de* : là encore, négation du futur avec لن et le manṣuwb. Notez la construction de عجز avec la préposition عن .

amour	حُبّ	*poisson*	حُوت
	لَنْ + مَنْصوب		مَسْؤولِيّة ج ات
négation du futur		*responsabilité*	
jamais	أبَداً	*il faut*	لا بُدَّ مِنْ
lion	أسَد	*fait de respecter*	اِحْتِرام
réaliser	حَقَّق ، يُحَقِّق	*taureau*	ثَوْر
être incapable de	عَجَزَ ـِ عَنْ	*sujet, objet*	مَوضوع
fait de réaliser	تَحْقيق	*passer*	مَضى ، يَمْضي
ce qui reste	بَقِيّة	*cancer*	سَرَطان

• **Le majzuwm des verbes défectueux**

Aux *formes simples* de la conjugaison du majzuwm des verbes de racine défectueuse, l'allongement de la voyelle finale disparaît (suppression du ي ou du ى ou du و). Ex. :

يَنْسَى ← لم يَنْسَ / يَمْشِي ← لم يَمْشِ

يَخْلُو ← لم يَخْلُ

De même aux formes dérivées. Ex. :

يَتَبَقَّى ← لم يَتَبَقَّ / يُغَنِّي ← لم يُغَنِّ

Pour les autres formes, pas de changement par rapport à la règle commune (لم يمشُوا / لم يمشِين).

• **La défense**

Pour exprimer la défense, on utilise la négation لا suivie du verbe conjugué au majzuwm. Ex. :

ne pense pas ! = لا تُفَكِّرْ ≠ *pense !* = فَكِّرْ

ne sors pas ! = لا تَخْرُجْ ≠ *sors !* = أُخْرُجْ

• **La négation du futur**

C'est la négation لن [lan] suivie d'un verbe au manṣuwb. Ex. :

il ne reviendra pas = لَنْ يَرْجِعَ ≠ *il reviendra* = سَيَرْجِعُ

il ne réaliseront pas = لَنْ يُحَقِّقوا ≠ *il réaliseront* = سَيُحَقِّقونَ

• **La négation** (récapitulation)

Phrase nominale au présent *	لَيْسَ	لَيْسَتْ هنا *(elle n'est pas ici)*
Phrase verbale : - au présent - au passé - au futur - impératif	 لا + muḍaâri' لَمْ + majzuwm لَنْ + manṣuwb لا + majeuwm	 لا يخرجُ لم يخرجْ لن يخرجَ لا تخرجْ

* au passé et au futur, introduction de يكون ، كان précédé de لم ou de لن : لم تكُنْ هنا / لن تكونَ هنا

Exercices (corrigé p. 420)

A. Recopiez le texte, vocalisez-le et faites-le en autodictée.

B. Les mots de chacune des trois phrases suivantes ont été mis dans le désordre. Reconstituez-les :

(*Attention*, on a ajouté à chaque groupe un mot inutile)

1. يرجع / قال / ابنه / أنّ / من / له / إنّ / أبداً / لن / ؟

2. في / أن / تفكّرين / عليك / مستقبلك / تفكّري / كثيراً

3. لا / لم / أنساك / لن / و / أنسك / أبداً

C. Mettez à la forme négative (en utilisant la négation لم) les verbes qui sont à la forme affirmative et vice-versa (passé des verbes défectueux):

1. لم ينس 2. غنّت 3. شكوتُ 4. لم يتبقّ 5. التقينا

6. لم نعط 7. تبنّيتَ 8. مشيتِ 9. بقي 10. لم يمض

D. Même exercice en transformant l'ordre (exprimé par l'impératif) en une défense et vice-versa :

1. اِرجع 2. لا تجلسي 3. سافروا 4. اِستمعن 5. لا تدخلْ

6. تكلّموا 7. لا تبتعدْ 8. أجيبي 9. لا تشتغلْ

E. Mettez ces verbes à la forme affirmative :

1. لم يلعب 2. لن يسكن 3. لا أفتح 4. لن يمضي

5. لم يقل 6. لن يكون 7. لا تحقّقي 8. لم أصل

F. Mettez ces verbes à la forme négative :

1. سنجد 2. سمحتم 3. عادت 4. اِمش 5. سنستمع

6. يركبون 7. شكّلتْ 8. فهمتم 9. ستتزوّجين

G. Traduisez en arabe :

1. Il faut que tu assumes (= *respectes*) tes responsabilités.
2. J'ai été incapable de le convaincre.
3. Ne lui dites pas que son ami ne voyagera pas avec elle !

العذراء : مررت بفترة صعبة ... ولكن كن واثقاً بالمستقبل فالسعادة قادمة !

الميزان : ثق بمن تحبّه ولا تدع الغيرة تدمّر حياتك !

العقرب : بعض الأصدقاء يدعونك إلى رحلة فلا تردّ دعوتهم !

القوس : سيمدّ لك أحد أصدقائك يده فخذها ولا تخف من المستقبل !

Quatre autres signes de l'horoscope : Vierge, Balance, Scorpion et Sagittaire.

• مررت [mararta], *tu es passé* : 2e personne du singulier du passé du verbe sourd مرّ . Cf. Grammaire.

• لكن [laâkin], *mais* : on trouvera parfois comme ici cette forme *allégée* de لكنّ [laâkinna] devant un verbe.

• كن [kun], *sois* : impératif de كان . Cf. Grammaire.

• واثقا [waâṯiqan] , *confiant* : participe actif du verbe assimilé وثق ، يثق , au cas direct car ḫabar de كان . Notez sa construction (comme celle du verbe) avec la préposition بـ (واثق بـ = *confiant en*).

• قادمة : le participe est utilisé avec sa valeur verbale *qui arrive*. السعادة قادمة = *le bonheur arrive*.

• ثق [ṯiq] : impératif du verbe وثق . Cf. Grammaire.

• لا تدع [laâ tada‘], *ne laisse pas* : le verbe assimilé ودع est au majzuwm (expression de la défense). Il est construit ici avec un complément direct et un autre verbe conjugué :

ḥaẓẓu-ka l-yawm (2)
'al-'aḏraâ' : mararta bi-fatra(tin) ṣa'ba... wa-laâkin kun waṯiyqan bi l-mustaqbal fa-s-sa'aâda(tu) qaâdima ! 'al-miyzaân : ṯiq bi-man tuḥibbu-hu wa-laâ tada'i l-ġayra tudammir(u) ḥayaâta-ka ! 'al-aqrab : ba'ḍu l-'aṣdiqaâ' yad'uwna-ka 'ilaâ riḥla fa-laâ tarudda da'wata-hum ! 'al-qaws : sa-yamuddu la-ka 'aḥad(u) 'aṣdiqaâ'i-ka yada-hu fa-ḫuḏ-haâ wa-laâ taḫaf mina l-mustaqbal !

Ta chance aujourd'hui (2)
Vierge : Tu es passé par une période difficile... Mais sois confiant en l'avenir car le bonheur arrive ! Balance : Aie confiance en la personne que (en qui) tu aimes et ne laisse pas la jalousie détruire ta vie ! Scorpion : Certains amis t'invitent à une randonnée : ne repousse pas leur invitation ! Sagittaire : Un de tes amis te tendra la main (sa main) : prends-la et n'aie pas peur de l'avenir !

لا تدع الغيرة تدمّر = *ne laisse pas la jalousie détruire...*

• يدعونك : il s'agit ici du verbe défectueux دعا ، يدعو , *inviter* (et non du verbe assimilé ودع ، يدع , *laisser*).

• لا تردّ [laâ tarudda], *ne repousse pas* : le verbe sourd ردّ est au majzuwm (défense). Cf. Grammaire.

• خذ [ḫuḏ], *prends* : impératif de أخذ . Cf. Grammaire.

• لا تخف [laâ taḫaf], *n'aie pas peur* : le verbe concave خاف ، يخاف est au mazjuwm (défense).

scorpion	عَقْرَب	*vierge* (féminin)	عَذْراء
inviter	دَعا ، يَدْعُو	*passer*	مَرَّ ـُ
voyage, randonnée	رِحْلة	*confiant en*	واثِق بـِ
refuser, repousser	رَدَّ ـُ	*bonheur*	سَعادة
invitation	دَعْوة	*balance*	مِيزان
arc (ou *Sagittaire*)	قَوْس	*avoir confiance en*	وَثَقَ ، يَثِقُ بـِ
tendre (verbe)	مَدَّ ـُ	*laisser*	وَدَعَ ، يَدَعُ
avoir peur	خافَ ، يَخافُ	*jalousie*	غَيْرة

• Conjugaison des verbes *sourds*

Ces verbes suivent les deux règles de conjugaison suivantes :

1. si la dernière lettre de la racine porte une voyelle, on contracte alors les deux lettres semblables de la racine sous une chadda, et la première lettre de la racine hérite de la voyelle normalement attribuée à la deuxième lettre de la racine (à la place du soukoun). C'est le cas des formes :

• au passé : مَرَّ (au lieu de مَرَرَ) , مَرَّتْ , مَرَّا , مَرَّتا et مَرُّوا ,

• au muḍaâri' : أَمُرُّ (au lieu de أَمْرُرُ) et toutes les autres formes sauf le *féminin pluriel* : تَمُرُّ , تَمُرِّينَ , يَمُرُّ , etc.

2. si la dernière lettre de la racine porte un soukoun, la conjugaison est régulière et les deux dernières lettres de la racine s'écrivent séparées sans chadda. C'est le cas des formes :

• au passé : مَرَرْتُ , مَرَرْتَ , etc.

• au muḍaâri' : le *féminin pluriel* تَمْرُرْنَ et يَمْرُرْنَ .

Il en va de même pour les verbes dérivés (sauf aux formes 2 et 5 où la conjugaison est normale). Ex. :

Passé : أَحْبَبْتُ ,... أَحَبَّ ,... / Muḍaâri' : أُحِبُّ ,... يُحْبِبْنَ ,...

Au majzuwm, les *formes simples* sont identiques au manṣuwb.

Ex. : لم يَمُرَّ (la forme لم يَمْرُرْ étant archaïque).

• L'impératif des verbes simples irréguliers

L'impératif se forme à partir du majzuwm. De plus, si la forme obtenue en retirant le ت commence par une lettre portant un soukoun, on préfixera une hamza instable portant une ḍamma si le verbe est du type يفعُل et dans les autres cas une kasra. Ex. :

• assimilés (ودع ، يدع) : دَعْ / دَعِي / دَعا / دَعُوا / دَعْنَ

• concaves (قال ، يقول) : قُلْ / قولي / قولا / قولوا / قُلْنَ

• défectueux : (مشى ، يمشي) ... اِمْشِ / اِمْشي

(دعا ، يدعو) : أُدْعُ / أُدْعي / أُدْعُوَا / أُدْعُوا / أُدْعُونَ

• sourds (ردّ ، يردّ) : رُدَّ / رُدِّي / رُدَّا / رُدُّوا / أُرْدُدْنَ

Quant aux verbes أخذ et أكل , la hamza disparaît à l'impératif :

خُذْ / خُذِي ... / كُلْ / كُلي ...

Exercices (corrigé p. 420)

A. Recopiez le texte, vocalisez-le et faites-le en autodictée.

B. Les mots de chacune des trois phrases suivantes ont été mis dans le désordre. Reconstituez-les :

(*Attention*, on a ajouté à chaque groupe un mot inutile)

1. ب / أمس / جاء / أثق / الذي / الرجال / لا / الرجل

2. رحلة / صديقي / دعوته / ولكنّني / دعاني / لأنّني / إلى / رددتُ

3. مدّي / ل / الذين / أصدقائك / فترة / في / يدك / سعيدة / يمرّون / صعبة

C. Mettez au passé les verbes qui sont au muḍaâri‘ et vice-versa (même personne, même genre) :

1. مررتُ 2. تحبّين 3. عددنا 4. يمددن 5. دقّتْ

6. رددتَ 7. تقرّرين 8. مرّوا 9. أحببتَ 10. لا أردّ

D. Mettez ces verbes à l'impératif (2e personne - masculin et féminin) :

1. عدّ 2. خاف 3. وثق 4. شكا 5. أخذ

6. راح 7. رمى 8. بقي 9. لعب 10. احترم

E. Traduisez ces phrases :

1. كوني واثقة بوالدتك !

2. دعْني أقول لك إنّ السعادة قادمة .

3. لا تدعُ أخا محمّد لأنّه لا يحبّ الرحلات .

F. Traduisez ces phrases :

1. N'aie pas peur, Saïd, aie confiance en moi !
2. Ne le laissez pas partir !
3. Prends ma main !
4. Je lui ai tendu la main mais elle l'a repoussée.
5. Il n'a pas frappé à la porte.

73 **TEST**

Lisez ce texte puis faites les exercices qui suivent (corrigé p. 421) :

نصف نجاح !

ألقى الواعظ جسمه المتعب على الكرسيّ وقال لزوجته : - اليوم حاولت إقناع المصلّين أنّه من واجب الأغنياء مساعدة الفقراء .

فسألته زوجته : - وهل نجحت في إقناعهم ؟

قال الواعظ : - نصف نجاح ... فلقد نجحت في إقناع الفقراء بقبول المساعدة ...!

A. Complétez cette analyse du vocabulaire du texte :

1. نَجاح est le .... du verbe simple نَجَحَ ـَ (= *réussir*).

2. واعِظ est le .... du verbe simple de racine .... : .... ، وَعَظَ (= *prêcher*).

3. مُتْعَب est le .... du verbe dérivé de forme ...... : يُتْعِبُ ، .... (= *fatiguer*).

4. مُصلٍّ est le .... du verbe dérivé de forme ..... et de racine .... : .... ، صَلّى (= *prier*).

5. واجِب est le .... du verbe simple de racine .... : .... ، وَجَبَ (= *devoir, falloir*).

6. مُساعَدة est le .... du verbe dérivé de forme ...... : .... ، ساعَدَ (= *aider*).

7. قُبول est le .... du verbe simple قَبِلَ ـَ (= *accepter*).

B. Et maintenant, compte tenu de ce que vous avez noté dans l'exercice précédent, complétez ce lexique des mots nouveaux :

1. نَجاح	5. واجِب ....
2. واعِظ	غَنيّ ج أغْنِياء *riche*
جِسْم *corps*	فَقير ج فُقَراء *pauvre*
3. مُتْعَب	6. مُساعَدة ....
4. مُصَلٍّ ج ون	7. قُبول ....

C. Mettez dans la colonne de droite le signe qui convient : (+) si ces phrases sont vraies, (-) si elles sont fausses et (?) si le texte ne permet pas de savoir :

1. كان الواعظ متعباً .
2. ليس الواعظ متزوّجاً .
3. كان قد وعظ في الجامع .
4. لم يعظ إلاّ الأغنياء .
5. قال لزوجته إنّه حاول إقناع المصلّين .
6. لم تجبه زوجته .
7. قال الواعظ إنّه نجح في إقناع الفقراء .
8. لم يقل شيئاً عن قبول الأغنياء .
9. إنّ الواعظ مقتنع * بأنّ الأغنياء سيساعدون الفقراء .

* مُقْتَنِع = *convaincu*

D. Traduisez le texte en entier.

E. Réécrivez ces phrases en remplaçant le maṣdar souligné par une complétive :

1. حاول الواعظ إقناع المصلّين .
2. من واجب الأغنياء مساعدة الفقراء .
3. هل قال لك إنّك تستطيعين النجاح ؟
4. من واجبهنّ قبول المساعدة .

F. Reliez les phrases suivantes en formant une relative :

1. نريد أن نفهم ما سوف يقول الطفل / تبنّينا الطفل
2. درس الشابّ حتّى السنة الرابعة / يبحث الشابّ عن عمل
3. انتظرتُ الحافلة / لم تصل الحافلة
4. خرج مع فتاة / لا أعرف الفتاة
5. أعطيته كلّ الرسائل / استلمت الرسائل اليوم
6. كيف تعرّفتَ على الفتيات / كنت تتكلّم مع الفتيات أمس
7. كلّ العمّال مهدّدون بالطرد / لا يشتغل العمّال جيّداً
8. هذه ذكرى حزينة / تبكي كلّ الشعوب العربيّة هذه الذكرى
9. هذا أخوه / تحاول أن تعالج أخاه
10. كانت الأخبار حزينة / استمعتُ إلى الأخبار

G. Réécrivez chacune de ces phrases en les faisant précéder du verbe (ou de l'expression) proposé suivi de أنّ ou إنّ , أن :

ستصل الفتيات بعد أسبوع .

1. قالت الفتيات ....
2. تريد الفتيات ....
3. أعلنت الفتيات ....

نسي الرجال الماضي .

4. لا يستطيع الرجال ....
5. قال الرجال ....
6. أعلن الرجال ....

سأعود وحدي .

7. قلتُ ....
8. عليّ ....

نجحتِ في دراستكِ

9. حاولي ....
10. قال لكِ ....

H. Classez ces mots dans la bonne case (le numéro de la forme dérivée est indiqué dans la colonne de droite) :

1. استعمال / 2. يجيب / 3. مواصلة / 4. انقطع / 5. يضيّع
6. يتجاوز / 7. منقلب / 8. اشترى / 9. يستطيع / 10. أدمن
11. إعلان / 12. انعدام / 13. مضطرّ / 14. تذكّر / 15. طالب
16. يغادر / 17. مواطن / 18. تقاتل / 19. غنّى / 20. يتّصل
21. اهتمام / 22. متضاعف / 23. ممكن / 24. تعليم
25. تلوّث / 26. ينخفض / 27. استطاع / 28. متحرّك
29. مثقّف / 30. يتعلّم / 31. مستمرّ

Participe (D)	*Maṣdar (C)*	*Muḍaâri‘ (B)*	*Passé (A)*	*F.*
D2	C2	B2	A2	2
D3	C3	B3	A3	3
D4	C4	B4	A4	4
D5	C5	B5	A5	5
D6	*non étudié*	B6	A6	6
D7	C7	B7	A7	7
D8	C8	B8	A8	8
D10	C10	B10	A10	10

← ٧٤ - بعض العناوين

التعاون السينمائي مع البلدان
المغاربية ضرورة حتمية.

التعاون السينمائيّ مع البلدان
المغاربيّة ضرورة حتمية

حارس مقبرة
للأموات الأجانب
حاول ضمها لممتلكاته

حارس مقبرة
للأموات الأجانب
حاول ضمّها لممتلكاته

سلعة تصلك وتسدد قيمتها
وليس لها سوق سوداء
ولا مخازن للتخزين
ولا طوابير انتظار !!

سلعة تصلك وتسدّد قيمتها
وليس لها سوق سوداء
ولا مخازن للتخزين
ولا طوابير انتظار !!

Voici quelques titres de journaux pour apprendre à lire des calligraphies différentes :

1er titre : Remarquez l'écriture du ـعـ , du ـمـ , du و et du ـحـ , ainsi que des couples لـمـ , نـمـ et تـمـ . Notez les deux points sous le ي et les ة des mots المغاربيّة et ضرورة : ils sont collés l'un à l'autre et forment un trait.

2e titre : Remarquez de plus les ensembles قبر (dans مقبرة) et l'écriture du ـهـ dans ضمّها .

3e titre : Remarquez l'écriture du سـ initial (où les dents ont disparu), du ق final (avec disparition des deux points), du ن final de تخزين (disparition du point), du ة ainsi que des deux points (parfois l'un sur l'autre). Notez aussi l'inclinaison de certains mots (notamment مخازن).

(Pour les Notes sur le vocabulaire, cf. page suivante).

Quelques titres

1. La coopération cinématographique avec les pays maghrébins est une nécessité absolue. 2. Un gardien de cimetière pour les morts étrangers a essayé de l'annexer à ses biens. 3. Une marchandise qui t'arrive et dont tu paies la valeur et pour laquelle il n'y a ni marché noir, ni entrepôts de stockage, ni files d'attente !!

étranger	أَجْنَبِيّ ج أَجانِب	*titre* (ou adresse)	عُنْوان ج عَناوين
marchandise	سِلْعة	*coopération*	تَعاوُن
payer	سَدَّدَ ، يُسَدِّدُ	*pays*	بِلاد ج بُلْدان
valeur, prix	قيمة	*maghrébin*	مَغارِبِيّ ج ون
marché	سُوق	*nécessité*	ضَرورة
noir	أَسْوَد م سُوْداء	*absolu*	حَتْمِيّ
entrepôt	مَخْزَن ج مَخازِن	*gardien*	حارِس
stockage	تَخْزين	*cimetière*	مَقْبَرة
file (d'attente)	طابور ج طَوابير	*mort, défunt*	مَيِّت ج أَمْوات

Notes

- تعاون [taʻaâwun] : maṣdar de forme 6. Cf. Grammaire.
- مغاربيّ [maġaâribiy], *maghrébin* : nisba formée à partir du mot مغاربة (pluriel de مغربي , *marocain*).
- مقبرة , *cimetière* : nom d'abondance. Cf. Grammaire.
- ممتلكات , *possessions, biens* : féminin pluriel du participe passif du verbe de forme 8 امتلك = *posséder.*
- مخازن : pluriel du nom de lieu مخزن , *entrepôt, magasin* (c'est l'origine du mot français).
- تخزين : maṣdar du verbe de forme 2 خزّن = *stocker.*
- سوق : mot féminin en arabe d'où l'accord de l'adjectif de couleur أسود au féminin سوداء .

Grammaire

- **Le maṣdar de la forme 6**

Son schème est تَفاعُل .

Ex. : تَعاوُن : maṣdar du verbe تعاون , *coopérer*

تَقاتُل : maṣdar du verbe تقاتل , *s'entretuer*

- **Le nom d'abondance**

A côté du *nom de lieu* (du type مَفْعَل), il existe en arabe le *nom d'abondance* sur le schème مَفْعَلة . Ce nom indique un endroit où l'on trouve en abondance l'objet indiqué par la racine. Ex. :

- مَقْبَرة , *cimetière* (pluriel : مقابر) :
  lieu où l'on trouve beaucoup de *tombes* (قبر),
- مَدْرَسة , *école* (pluriel : مدارس) :
  lieu où l'on donne beaucoup de *cours* (درس),
- مَكْتَبة , *bibliothèque* (ou *librairie*) (pluriel : مكاتب) :
  lieu où l'on trouve beaucoup de *livres* (كتاب).

- ***Ni... ni...***

On emploie la négation لا précédée de و pour exprimer la coordination *ni...* quelle que soit la première négation utilisée.

Ex. : ليس لها سوق سوداء ولا طوابير انتظار =

Il n'y a pour elle ni marché noir ni files d'attente.

Exercices (corrigé p. 422)

A. Déchiffrez puis traduisez ces titres extraits de la presse. Voici le vocabulaire qui vous manque :

concentration = تركيز
aider = ساعد ، يساعد
parfois = أحياناً / café = قهوة
âge = سِنّ

1 زوجة عشقت شاباً في سن ابنها

2 رجل أعمال عمره 12 سَنة

3 القهوة تساعد على التركيز

4 لماذا يضيع الأطفال ولا يعودون أحيانا؟

B. Les mots de chacune des trois phrases suivantes ont été mis dans le désordre. Reconstituez-les :

(*Attention,* on a ajouté à chaque groupe un mot inutile)

1. من / الأسود / اشتريتُ / السلعة / السوداء / هذه / السوق
2. كلّ / المغربيّة / هل / زار / المغاربيّة / البلدان / الرئيس / ؟
3. وزيرنا / لم / لا / المغرب / يزر / الجزائر / يزور / و

C. Quel est le maṣdar de chacun de ces verbes ?

1. تضاعف 2. تقدّم 3. مثّل 4. اكتشف 5. عالج
6. هرّب 7. تناول 8. سدّد 9. خزّن

D. Traduisez ces phrases :

1. Il n'a ni frère ni sœur.
2. Regarde les files d'attente ! Cette visite est-elle une nécessité absolue ?
3. Tu dois rester une heure, ni plus, ni moins !

← ٧٥ - تمنّيات

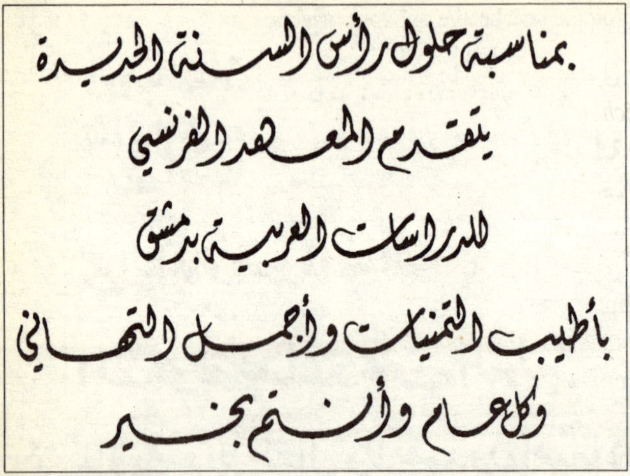

بمناسبة حلول رأس السنة الجديدة
يتقدّم المعهد الفرنسيّ
للدراسات العربيّة بدمشق
بأطيب التمنيات وأجمل التهاني
وكلّ عام وأنتم بخير

Voici le texte d'une carte de vœux de nouvel an. Il s'agit d'une véritable œuvre d'artiste.

Remarquez la forme de l'article, du ة , du م isolé (notamment dans les mots يتقدّم et عام), du ك (dans le mot كلّ). Faites bien la différence entre le ر et le د (cf. le د des mots جديدة , يتقدّم , etc. par opposition au ر de رأس ou de للدراسات). Remarquez aussi les lettres entrelacées (dans la terminaison ات), les lettres presque superposées (notamment dans بدمشق), et l'écriture des deux points sous forme d'un trait, sans oublier les particularités déjà signalées à la leçon précédente.

Notes

• حلول [ḥuluwl] : maṣdar du verbe sourd حلّ, *arriver, échoir.*

• رأس السنة = *le début de l'année, le premier de l'an.*

• تقدّم بـ = *présenter qqch* (ici *des vœux*).

• المعهد الفرنسيّ للدراسات... : cf. Grammaire.

• دمشق [dimašq] = *Damas.* Le nom propre دمشق est diptote.

• أطيب : comparatif de طيّب [ṭayyib], *bon.* أجمل : comparatif de جميل. Cf. Grammaire.

• تمنّيات [tamanniyaât], *souhaits, vœux* : pluriel du maṣdar du verbe dérivé de forme 5 et de racine défectueuse تمنّى. Au singulier, le maṣdar est تمنٍّ [tamannin]. Cf. Grammaire.

• كلّ عام وأنتم بخير = formulation équivalente à *Bonne année !*

Souhaits

A l'occasion (de l'arrivée) du début de l'année nouvelle, l'Institut français d'études arabes de Damas présente ses (les) meilleurs vœux et ses (les) meilleurs souhaits... Que chaque année vous soyez dans l'aisance ! (= Bonne année!)

meilleur	أطْيَب	*occasion*	مُناسَبة
vœu, souhait	تَمَنٍّ ج ات	*à l'occasion de...*	بِمُناسَبة ...
plus joli, meilleur	أجْمَل	*arrivée*	حُلول
	التَهاني	*début de l'année*	رَأس السَنة
les vœux, les souhaits		*présenter qqch*	تَقَدَّمَ ، يَتَقَدَّمُ بـ
bien, aisance	خَيْر	*Damas*	دِمَشق

• **Le complément du nom avec une préposition**
Dans certains cas, on ne pourra pas utiliser *l'annexion* pour exprimer le groupe nom-complément du nom. Cela peut être pour des raisons grammaticales, ou pour éviter des confusions si les deux noms ont des épithètes, ou pour alléger la phrase.
On aura alors recours à une *préposition* (comme c'est le cas dans les dialectes). Ici, ce sera la préposition لـ qui introduira le complément du nom. Ex. :

- المعهد الفرنسيّ للدراسات العربيّة =
L'Institut français des études arabes.

- حارس مقبرة للأموات الأجانب =
Un gardien de cimetière des morts étrangers.

• **Le schème** أفعل (Récapitulation)
Les mots formés sur ce schème sont diptotes. Il s'agit :
- (avec le féminin فُعْلى) du comparatif ,
- (avec le féminin فَعْلاء) des adjectifs de couleur (ex. : أحمر) et des particularités physiques (ex. : أطرش , *sourd*).

Pas de problème pour les racines saines ou assimilées. Voici comment le schème أفعل est traité pour les autres racines :
- *sourde* : les deux dernières lettres sont réunies sous une chadda.
Ex. : قليل , *peu important* → أقلّ , *moins*
- *concave* : le و ou le ي de la racine se maintient. Ex. :
طويل → أطْوَل , *plus long* / طيّب → أطْيَب , *meilleur*
- *défectueuse* : on a toujours un ى à la fin quelle que soit la semi-consonne de la racine. Ex. :
حلو → أحْلى , *plus doux* / غنيّ → أغْنى , *plus riche*

• **Le maṣdar de forme 5 - verbes défectueux**
Son schème est : تَفَعٍّ (التَفَعِّي)
Ex. : تَمَنٍّ (التَمَنِّي) : maṣdar du verbe تمنّى , *souhaiter*
تَبَنٍّ (التَبَنِّي) : maṣdar du verbe تبنّى , *adopter*

Ce maṣdar suit la même déclinaison que celle du participe actif des verbes simples défectueux :
التمنّي – التمنّيَ – التمنّي / تمنٍّ – تمنّياً – تمنٍّ

Exercices (corrigé p. 423)

A. Déchiffrez puis traduisez ce titre de livre :

كيف
تكتبُ أجمل الرسائِل

B. Ce titre extrait du journal *Al-Bayaân* peut se traduire : *" Al-Bayaân" en promenade de Ramadhan au milieu des quartiers populaires du Caire.* Déchiffrez-le :

البيان في جولة رمضانية
وسط أحياء القاهرة الشعبية

C. Les mots de chacune des trois phrases suivantes ont été mis dans le désordre. Reconstituez-les :

(*Attention*, on a ajouté à chaque groupe un mot inutile)

1. في / هذا / النقل / الشركة / يشتغل / التونسيّة / شركة / السائق / ل / العموميّ

2. العامّ / من / المصنع / المدير / ل / هو / هذا / عامّ / ؟
(ici : *général* = عامّ)

3. هذه / ابنتي / تدخل / هذا / ل / المدرسة / السنة / الثانويّة / الفتيات

D. Quel est le comparatif de chacun de ces adjectifs ?

1. عامّ 2. عزيز 3. حديث 4. صعب 5. صحيح
6. قديم 7. جديد 8. سابق

E. Traduisez ces phrases :

1. Elle travaille à l'Institut arabe d'étude de la pollution.
2. A-t-il présenté ses vœux à l'occasion du premier de l'an ?

مبروك يا مريم !
كل التمنيات والتهاني بزيجة سعيدة
لكل من العــروسين الحبيب و مـريم
بمناسبة عـقـد زواجـهـمـا بحـضـور
أعــزّ من لديـهـمـا في الدنيــا

ألف مبروك !
ازدان فــراش الســيّد جــلال
البدوي وحرمه ليلى بمولودة بهيّة
الطلعة سمّياها على بركة اللّه
كلثوم
وبهــذه المناســبة يتـمنّى لهــا
والداها وأخوها بلال حياة سعيدة

Voici deux encarts publiés dans des journaux pour faire part d'un mariage et d'une naissance. Les écritures utilisées sont facilement lisibles :

• مبروك [mabruwk], *béni* : participe passif utilisé pour féliciter quelqu'un lors d'un heureux évènement.

• زيجة [ziyja] : autre mot pour *mariage* (avec زواج).

• عروسين [ʻaruwsayni], *(jeunes) mariés* : duel cas indirect.

• زواجهما [zawaâji-himaâ], *leur mariage* : le pronom suffixe est au duel. Cf. Grammaire.

• ... أعزّ من [ʼaʻazzi man], *les plus chers qui (sont auprès d'eux)* : أعزّ est le comparaif de عزيز utilisé comme superlatif.

• لديهما [laday-himaâ], *auprès d'eux* : la préposition لدى se comporte comme على et إلى devant un pronom suffixe.

• الدنيا ['ad-dunyaâ] = *le monde d'ici-bas* par opposition à الآخرة ['al-'aâḫira], *l'au-delà*. Dans ces deux expressions, on sous-entend le nom الحياة, *la vie* (الحياة الدنيا).

• ازدان [izdaâna] : verbe dérivé de forme 8. Cf. Grammaire.

• بهيّة الطلعة [bahiyyati ṭ-ṭal'a], *splendide d'apparence (= belle comme le jour)* : annexion de qualification.

• والداها, *ses (deux) parents* : le duel ici est suivi d'un pronom suffixe. Le ن final disparaît. Cf. Grammaire.

Félicitations !

1. Félicitations, Maryam ! Tous les vœux et les souhaits de mariage heureux à chacun des deux nouveaux mariés Al-Habib et Maryam à l'occasion de leur contrat de mariage en présence de ceux qu'ils ont de plus cher au monde.

2. Mille félicitations ! Le lit de Monsieur Jalal Al-Badoui et de sa femme s'est orné d'une superbe (splendide d'apparence) fillette (nouveau-né) qu'ils ont nommée, avec la bénédiction de Dieu, Kalthoum. A cette occasion, ses parents et son frère Bilal lui souhaitent une vie heureuse.

lit	فِراش	ici : *félicitations*	مَبْروك
femme, épouse	حَرَم	*mariage*	زِيجة
nouveau-né	مَوْلُود	*heureux*	سَعيد
splendide	بَهِيّ	*jeune marié*	عَرُوس
apparence	طَلْعة	*présence*	حُضور
nommer	سَمَّى ، يُسَمِّي	*plus cher*	أعَزّ
bénédiction	بَرَكة	*auprès de*	لَدى
souhaiter	تَمَنَّى ، يَتَمَنَّى	*le monde, ici-bas*	الدُّنْيا
		s'orner	اِزْدانَ ، يَزْدانُ

• Les pronoms suffixes au duel

Au duel, les pronoms suffixes du masculin et du féminin sont confondus. De plus, à la première personne, on utilise le pronom suffixe du pluriel. Voici le tableau des pronoms suffixes au duel avec les prépositions مع et إلى :

3e personne	*2e personne*	*1re personne*
معهُما	معكُما	معنا
إليهِما *	إليكُما	إلينا

* هُما devient هِما quand il est précédé du son [i] (comme هُ , هُم , et هُنَّ).

• Particularités de la forme 8 (4)

Quand la première lettre de la racine est un ز , le ت que l'on ajoute pour la forme 8 se transforme en د (pour des raisons phonétiques).

Par exemple, à la forme 8, la racine ز ي ن devrait donner ازتان (comme l'on a احتاج , *avoir besoin,* à partir de la racine concave ح و ج).

En fait, on aura le verbe ازدان ، يزدان = *s'embellir, s'orner.*

• Déclinaison des noms au duel

Le suffixe انِ du duel au cas sujet devient يْنِ aux cas direct et indirect. Ce suffixe est le même, que le nom soit indéfini ou défini par l'article. Par contre, si le nom est complété par un autre nom ou par un pronom suffixe, le ن disparaît (comme pour les pluriels externes en ون). Ex. :

Duel de والِد	*Indéfini*	*Défini par :* *l'article*	*Défini par :* *un complément*
Cas sujet :	والِدانِ	الوالِدانِ	والِداه *
Cas direct et indirect :	والِدَيْنِ	الوالِدَيْنِ	والِدَيْه *

* avec le pronom suffixe ي , on a والِدايَ et والِدَيَّ .

Exercices (corrigé p. 423)

A. Déchiffrez puis traduisez ces titres extraits de la presse. Voici le vocabulaire qui vous manque :

/ ici : *se décharger* = تخفّف / *les Anglais* = الإنقليز

histoire = قصّة / *épaule* = كتف ج أكتاف

من كل مكان قصة	1
الانقليز لا يعرفون الحمّام في القديم	2
تخفف الرجال من مسؤولياتهم وألقوا بها على أكتاف المرأة ..	3

B. Les mots de chacune des trois phrases suivantes ont été mis dans le désordre. Reconstituez-les :

(*Attention,* on a ajouté à chaque groupe un mot inutile)

1. والدين / ب / والدي / ازدان / مولود / فاطمة / فراش
2. عليكم / أن / له / عليكما / مبروك ! / تقولا
3. سمّيتما / كيف / مولودكما / مولودكم / ؟

C. Réécrivez ces phrases en mettant le mot souligné au duel :

1. قال الطفل لوالده : "هل أستطيع أن أذهب معك ؟"
2. جاء العروس متأخّراً فكانت العائلة تنتظره .
3. كتب لوالد ليشكر ابنه .
4. طلب الولد يد أمّه فمدّتها له .

D. Quelle est la forme 8 dérivée de chacune de ces racines ?

1. ضرب 2. وجه 3. زوج 4. صنع 5. وفق 6. طلع

E. Traduisez ces phrases :

1. A l'occasion de votre contrat de mariage, je vous souhaite une vie heureuse.
2. Karim, donne-moi mes deux balles !

٧٧ - إعلانان

المركز الثقافي البريطاني

تعلموا اللغة الإنكليزية !

ابتداءً من أول أكتوبر

التسجيل : كل يوم (إلا السبت والأحد)

من الساعة العاشرة قبل الظهر

إلى الساعة الرابعة والنصف بعد الظهر

قصر للبيع

بموقع ممتاز بالرياض . على شارعين

وتتوفر به كافة الخدمات وعلى أعلى مستوى

السعر ٥٠٠،٠٠٠ ريال قابل للتفاوض

قصر للبيع

بموقع ممتاز بالرياض - على شارعين

وتتوفّر به كافّة الخدمات وعلى أعلى مستوى

السعر ٥٠٠،٠٠٠ ريال قابل للتفاوض

Voici deux annonces publicitaires. (Le 1er texte est facilement lisible. Notez l'écriture du ـعـ et du لا .)

• ابتداء من [ibtidaâ'an min] = *à partir de.*

• تسجيل [tasjiyl], *inscription* : maṣdar du verbe dérivé de forme 2 سجّل .

• من الساعة العاشرة بعد الظهر [mina s-saâ'ati l-'aâširati ba'da ẓ-ẓuhr], *de dix heures du matin* : cf. Grammaire.

• بيع [bay'], *vente* : maṣdar du verbe باع ، يبيع (simple concave).

• ممتاز [mumtaâz], *remarquable* : participe actif du verbe dérivé de forme 8 et de racine concave امتاز ، يمتاز , *se distinguer* . Cf. Grammaire.

• الرياض = *Riyad* / ريال = *riyal* (capitale et monnaie de l'Arabie Saoudite)

• أعلى ['a'laâ], *plus haut* : élatif du participe actif عالٍ (العالي) du verbe défectueux علا ، يعلو , *être haut.*

• مستوى [mustawan], *niveau* : nom de lieu. Cf. Grammaire.

• قابل لـ [qaâbilun li-], *susceptible de* : on traduira avec cette expression des mots se terminant par *-ible* ou *-able*. Ex. : قابل للتفاوض [qaâbilun li-t-tafaâwuḍ] = *négociable.*

Deux annonces

1. Centre Culturel Britannique - Apprenez la langue anglaise ! A partir du 1er octobre - Inscriptions : chaque jour (sauf le samedi et le dimanche) de 10 heures à 16 h 30. 2. Château à vendre - Dans un lieu de choix à Riyad - Sur deux rues - Tous les services [y sont] en abondance et au plus haut niveau - Prix : 5 000 000 riyals - Négociable.

	تَوَفَّرَ ، يَتَوَفَّرُ	*centre*	مَرْكَز
être en abondance		*à partir de*	ابْتِداءً مِنْ
tout, la totalité de	كافّة	*inscription*	تَسْجيل
service	خِدْمة ج خَدَمات	*midi*	ظُهْر
plus haut	أَعْلَى	*château*	قَصْر
prix	سِعْر	*vente*	بَيْع
riyal (monnaie)	ريال	*lieu, endroit*	مَوْقِع
susceptible de	قابل لـ	*de choix, remarquable*	مُمْتاز
négociation	تَفاوُض	*Riyad (capitale saoudienne)*	الرياض

• L'heure

Pour exprimer l'heure, on utilise les ordinaux accordés au féminin (avec le mot ساعة) et comme on ne compte les heures que de 1 à 12, l'on précisera s'il s'agit du matin ou du soir en utilisant les expressions suivantes :

قبل الظهر ou صباحاً / بعد الظهر ou مساءً ,

Ex. : (أو مساءً) في الساعة الثامنة بعد الظهر = *à 20 heures*

Pour donner une heure précise, on se sert des mots suivants :

نِصْف , *demi* / رُبْع , *quart*

دَقيقة ج دَقائِق , *minute* / إلاّ , *moins*

Ex. : الساعة الآن الخامسة والنصف = *il est 5 heures et demi*

في الساعة السادسة إلاّ ربع = *à 6 heures moins le quart*

التاسعة وخمس دقائق = *9 heures cinq.*

• Participes des verbes dérivés concaves

- Aux formes 2, 3, 5 et 6, pas de problèmes (puisque le ي ou le و se comportent comme des consonnes). Ex. : متديِّن .

- Aux formes 4 et 10, on a l'alternance ي pour le participe actif et ا pour le participe passif. Ex. :

Participes du verbe أصاب : مُصِيب (actif) / مُصَاب (passif).

- Aux formes 7 et 8, il y a confusion entre les deux participes qui ont alors un ا . Ex. : مُمْتاز / مُحْتاج .

• Participes des verbes dérivés défectueux

- Participes actifs : ils se terminent tous comme le participe actif du verbe simple. Ex. :

المُغَنِّي – المُغَنِّيَ – المُغَنِّي / مُغَنٍّ – مُغَنِّياً – مُغَنٍّ

- Participes passifs : ils se terminent tous (à tous les cas) comme l'exemple suivant (مُسْتَوىً) :

A tous les cas : indéfini : مُسْتَوىً / défini : المُسْتَوى

• Nom de lieu des formes dérivées

C'est le participe passif qui sert de nom de lieu pour les formes dérivées. C'est le cas ici du participe المستوى = *le lieu où l'on se maintient = le niveau.*

Exercices (corrigé p. 424)

A. Déchiffrez puis traduisez cet extrait de presse (1) et le titre de ce manuel scolaire (2).

Carthage = قرطاج / *fermeture* = غلق / ici : *histoire* = تاريخ

1

غلق شارعي
باريس وقرطاج
ابتداء من جوان

2

تاريخ المغرب العربي
الحديث

B. Les mots de chacune des deux phrases suivantes ont été mis dans le désordre. Reconstituez-les :

(*Attention*, on a ajouté à chaque groupe un mot inutile)

1. على / الخامسة / التسجيل / الخمسة / الساعة / مساءً / يبدأ

2. من / على / كلّها / أن / يمكنك / المسجد / ترى / / هذا / أعلى / المدينة /

C. Quel est le participe actif de chacun de ces verbes ?

1. استطاع 2. اشترى 3. أراد 4. احتاج 5. بقي
6. قبل 7. قال 8. حاول 9. أمكن 10. أعطى

D. Quel est le participe passif de chacun de ces verbes ?

1. سمّى 2. ازدان 3. التقى 4. توفّى 5. أراد
6. انتهى 7. فقد 8. أعطى 9. ولد 10. سجّل

E. Traduisez ces phrases :

1. Cette voiture est invendable.
2. Le film commencera à 22 heures.
3. Il est huit heures dix.

> ما أجمل العيون الآسيويّة ! ولكن ..
> .. ولكنّها أكثر عرضة للإصابة بقصر النظر
> لأنّ جفونها أكثر ضيقاً ...
> لذا يجب أن تكون العدسة اللاصقة
> مصنوعة من مادّة أقوى وأن تكون أصغر
> قطراً لتلائم العيون الآسيويّة

Voici le début d'une publicité étrange s'adressant aux Asiatiques (ils sont nombreux à avoir immigré dans les pays du Golfe) :

• عدسات [ʻadasaât], *lentilles* : il s'agit ici de verres de contact. Collectif : عدس , nom d'unité عدسة .

• آسيويّة [ʼaâsiyawiyya], *asiatique* : nisba du nom آسيا , *Asie* .

• ما أجمل العيون [maâ ʼajmala l-ʻuyuwna], *qu'ils sont beaux les yeux !* : exclamation. Cf. Grammaire. Quant à عيون [ʻuyuwn], c'est le pluriel de عين , *œil.*

• أكثر عرضة لـ ... [ʼakṯaru ʻurḍatan li-...], *plus exposés à...* (mot à mot : *plus en fait d'exposition à...*) : cf. Grammaire. Rappel : أكثر (comme tous les élatifs) est diptote, donc pas de tanwiyn.

• قصر النظر [qiṣari n-naẓar], *myopie* (mot à mot : *l'insuffisance* ou *la limitation de la vision*).

• أكثر ضيقا [ʼakṯaru ḍiyqan], *plus étroites* (mot à mot :

plus en fait de limitation) : cf. Grammaire.

• لذا [li-daâ] = لذلك [li-daâlika] = *aussi, c'est pourquoi.*

• يجب [yajibu], *il faut* : muḍaâri‘ du verbe assimilé وجب. Verbe impersonnel suivi la plupart du temps de أن et du manṣuwb.(= *il faut que...*)

• العدسة اللاصقة ['al-‘adasatu l-laâṣiqa], = *la lentille qui adhère = le verre de contact.*

• مصنوع [maṣnuw‘], *fabriqué* : participe passif de صنع.

• أقوى ['aqwaâ], *plus fort* : comparatif de قويّ, *fort.*

• أصغر : comparatif de صغير, *petit*. أصغر قطرا ['aṣġara quṭran] = *plus petite (en fait) de diamètre*. Cf. Grammaire.

• لتلائم [li-tulaâ'ima], *pour qu'elle convienne à* : verbe de forme 3 لاءم transitif en arabe.

Des verres de contact pour les yeux asiatiques.
Qu'ils sont beaux, les yeux asiatiques ! Mais...
...Mais ils sont plus exposés à la [être atteints de] myopie parce que leurs paupières sont plus étroites...
Aussi, il faut que le verre (la lentille) de contact soit faite d'une matière plus forte et qu'elle soit plus petite de diamètre pour convenir aux yeux asiatiques.

étroitesse	ضِيق	*lentille*	عَدَسة ج ات
il faut que	يَجِبُ أنْ	*asiatique*	آسْيَوِيّ
qui adhère	لاصِق	*œil*	عَيْن ج عُيُون
fabriqué	مَصْنُوع	*fait d'être exposé*	عُرْضة
matière	مادّة	*fait d'être atteint*	إِصابة
plus fort	أَقْوَى	*fait d'être court*	قِصَر
plus petit	أَصْغَر	*vue, vision*	نَظَر
diamètre	قُطْر	*myopie*	قِصَر النَظَر
convenir à	لاءَمَ ، يُلائِمُ	*paupière*	جَفْن ج جُفون

• La comparaison et le *spécificatif*

Parfois, on ne pourra pas utiliser le comparatif seul pour exprimer toutes les nuances d'une comparaison. C'est le cas notamment :

- quand l'adjectif est un participe de forme dérivée (pour lequel le schème أفعل n'existe pas),
- quand l'adjectif simple a déjà la forme أفعل (par exemple les adjectifs de couleur comme أبيض , أحمر , etc.),
- quand le sens du comparatif a besoin d'être spécifié.

On ajoute alors à un comparatif signifiant *plus* (par exemple أكثر) un complément au cas direct appelé *spécificatif* (تمييز).

Ex. : هذه العيون أكثر عرضةً من ... =

Ces yeux sont plus exposés que... (= plus en fait d'exposition)

Dans ce cas, on ne pouvait pas utiliser le comparatif أعرض qui signifie *plus large* (de l'adjectif عريض).

On se sert de la même construction pour exprimer l'infériorité en utilisant les comparatifs أقلّ ou أصغر . Ex. :

Je suis moins "accroché" que lui = أنا أقلّ منه إدمانا

• L'exclamation

Une des tournures utilisées pour l'exclamation est celle que nous trouvons dans le titre de l'annonce (introduite par ما) :

!... ما أجْمَلَ العيونَ = *qu'ils sont beaux les yeux ...!*

Attention : أجمل n'est pas ici le comparatif de جميل mais un verbe de forme 4. Ce verbe reste toujours dans ce cas à la 3e personne du masculin singulier du passé. Le nom qui suit est complément direct (d'où la fatḥa).

• Le maṣdar des verbes dérivés concaves

- Aux formes 2, 3, 5 et 6, pas de problèmes (puisque le ي ou le و se comportent comme des consonnes). Ex. :

تلوُّث : maṣdar du verbe تلوّث .

- Aux formes 4 et 10, la semi-consonne disparaît sous le ا du maṣdar et l'on ajoute un ة final. Ex. :

إصابة : maṣdar du verbe أصاب .

- Aux formes 7 et 8, la semi-consonne est toujours ي . Ex. :

اِحْتِياج : maṣdar du verbe احتاج (racine : ح و ج).

Exercices (corrigé p. 425)

A. Traduisez ce titre de presse (1) et cette annonce (2) :
(*liaison* = ربط / *dessinateur* = رسّام ج ون)

1

جديد :
ربط تونس
بالعالم عن
طريق المينيتال

2

اللقاء الثاني
للرسامين
المغاربة
الشباب

B. Voici les titres de quinze journaux arabes. Comment traduisez-vous chacun de ces titres (voir la liste ci-dessous) ?

3 الصباح	2 الحياة	1 الأخبار
6 السوداني	5 الشعب	4 الرياض
9 الحوادث	8 المستقبل	7 صباح الخير
12 السياسة	11 أكتوبر	10 اليوم
15 الدستور	14 المدينة	13 الأهرام

a. L'Avenir *b. La Constitution* *c. Le Soudanais*
d. Les Pyramides *e. Les Evénements* *f. Aujourd'hui*
g. Le Matin *h. Riyad* *i. Octobre* *j. La Vie* *k. Médine*
l. Bonjour *m. Le Peuple* *n. La Politique* *o. Les Informations*

ولدي العزيز

تحيّة طيّبة وسلاما حارا

وبعد ،

مضت فترة طويلة منذ انتهاء
السنة الدراسية وأنت لا تزال
بعيدا عنّا ...
لماذا لم ترجع فورا؟ لعلّك أردت
أن تنتهز الفرصة لتزور فرنسا..
أو ربّما فضّلت أن تبقى بعض الوقت
بباريس؟ على كلّ حال، مهما كان
السبب في ذلك، أرجوك أن تعود
إلينا وإلى بلادك في أقرب وقت
ممكن ... نحن كلّنا في انتظارك!

والدك

Voici maintenant la première lettre d'une série de cinq. Quatre de ces lettres sont manuscrites afin que vous vous accoutumiez à différentes écritures. Celle-ci (maghrébine) est lisible sans trop de difficultés. Exercez-vous avant de vous reporter si nécessaire au texte composé à la machine et à sa traduction (page Exercices).

La plupart des lettres suivent le même plan :

- identité du destinataire (ici : ولدي العزيز),
- salutations initiales (ici : تحيّة طيّبة وسلاما حارًا),
- texte de la lettre lié à ce qui précède par بعد ,
- parfois des salutations finales (inexistantes ici),
- identité de l'auteur (ici : والدك) et signature.

• تحيّة [taḥiyya], *salutation* : maṣdar du verbe défectueux de forme 2 حيّى . La salutation est au cas direct [taḥiyyatan...salaâman...].

• انتهاء [intihaâ'] : maṣdar du verbe défectueux de forme 8 انتهى .

• بعيدا est au cas direct car ḫabar de لا تزال . Notez la construction avec عن (بعيد عن = *loin de*).

• لعلّ [la'alla], *peut-être que* : particule du cas direct (suivie d'un nom au cas direct ou d'un pronom suffixe).

• ربّما [rubbamaâ] : *peut-être que, il est possible que...*

• بعض suivi d'un nom au singulier : *un peu, quelque*.

• على كلّ حال ['alaâ kulli-ḥaâl] : *en tout cas, de toute façon.*

• مهما [mahmaâ], *quoique, quel... que...* : suivi d'un verbe au passé.

تَحيَّة	*salut, salutation*	اِنْتَهَزَ ، يَنْتَهِزُ الفُرْصة	
طَيِّب	*bon, agréable*		*profiter de l'occasion*
سَلام	*salut*	رُبَّما	*peut-être (que)*
حارّ	*chaud, cordial*	فَضَّلَ ، يُفَضِّلُ	*préférer*
اِنْتِهاء	*fin*	عَلى كُلِّ حال	*en tout cas*
بَعِيد عَنْ	*loin de*	مَهْما	*quoique*
فَوْراً	*immédiatement*	رَجا ، يَرْجو	*prier de, implorer*
لَعَلَّ	*peut-être (que)*	أَقْرَب	*plus proche*

• **Maṣdar des verbes dérivés défectueux** (2)
Aux formes 3, 4, 7, 8 et 10, une hamza apparaît à la fin du maṣdar (à la place de la semi-consonne). Ex. :

انْتِهاء : maṣdar du verbe انتهى, *se finir* (forme 8)

إعْطاء : maṣdar du verbe أعطى, *donner* (forme 4)

• ***Peut-être***
Voici les différentes possibilités de traduire *peut-être* :

- قد suivi d'un verbe au muḍaâri'. Ex. :

قد تفضّل ... = *tu préfères peut-être...*

- ربّما. Ex. :

ربّما فضّلت ... = *tu as préféré peut-être...*

- لعلّ suivi d'un nom au cas direct ou d'un pronom suffixe (avec parfois une nuance de souhait = *pourvu que...*). Ex. :

لعلّك فضّلت ... = *tu as préféré peut-être...*

- يُمْكِنُ ou مِن المُمْكِنِ suivi d'une complétive introduite par أن ou d'un maṣdar. Ex. :

يمكن أن تفضّل / من الممكن أن ... = *tu préfères peut-être...*

• **Sens et construction de كلّ et بعض**
كلّ et بعض sont deux noms (كلّ = *totalité* / بعض = *partie*).

• كلّ peut être complété par un nom :

- indéfini au singulier (= *chaque*). Ex. :

كلّ رجل = *chaque homme* / كلّ أحد = *chacun...*

- défini au singulier ou au pluriel (= *tout, tous...*). Ex. :

كلّ الرجال = *tous les hommes* / كلّ البيت = *toute la maison*

(On peut dans ce cas trouver كلّ en apposition suivi d'un pronom suffixe. Ex. : البيت كلّه / الرجال كلّهم .)

• بعض peut être complété par un nom au singulier (= *quelque, un peu de*) ou au pluriel (= *certains, quelques*). Ex. :

بعض الوقت = *quelque temps* / بعض الرجال = *certains hommes*

Texte de la lettre :

ولدي العزيز

تحيّة طيّبة وسلاماً حارّاً وبعد

مضت فترة طويلة منذ انتهاء السنة الدراسيّة وأنت لا تزال بعيداً عنّا ...

لماذا لم ترجع فوراً ؟ لعلّك أردت أن تنتهز الفرصة لتزور فرنسا ... أو ربّما فضّلت أن تبقى بعض الوقت بباريس ؟ على كلّ حال ، مهما كان السبب في ذلك ، أرجوك أن تعود إلينا وإلى بلادك في أقرب وقت ممكن ... نحن كلّنا في انتظارك !

والدك

Mon cher fils
Meilleures salutations et salut cordial
Une longue période a passé depuis la fin de l'année scolaire et tu es toujours loin de nous... Pourquoi n'es-tu pas revenu immédiatement ? Peut-être as-tu voulu profiter de l'occasion pour visiter la France... ou peut-être as-tu préféré rester quelque temps à Paris ? En tout cas, quelle qu'en soit la raison, je te prie de revenir chez nous, dans ton pays, le plus vite possible... Tous, nous t'attendons !

Ton père.

Exercices

A. Réécrivez les phrases suivantes de trois façons différentes (sans utiliser ربّما) :

1. ربّما يزور ولدي فرنسا . 2. ربّما يعودون اليوم .

B. Traduisez ces phrases :

1. chaque pays 2. tout le pays
3. tous les pays 4. certains pays
5. un peu d'expérience (= quelque expérience)
6. Quoique tu fasses, nous t'attendons.
7. En tout cas, profite de l'occasion pour partir loin d'eux.

أيها الأخ العزيز
بعد التحية
أريد أن أوضح لك إيضاحا تاما
الوضع الصعب الذي انا فيه الآن:
إن زوجي قد هرب من البيت
بابني العزيزين اللذين هما نور عيني
كيف وأنا بذلت كل جهودي
لأربيهما أحسن التربية ؟
أستغيث بك ... ما العمل؟ ما
السبيل إلى إرجاعهما؟ النجدة،
يا أخي العزيز! ساعدني!
أختك المحبة.

Procédez comme à la leçon précédente. L'écriture ici est orientale. Voici ce qui la caractérise :

- les deux (ou trois) points sont écrits sous forme d'un trait (ou d'un accent circonflexe),
- les trois dents du س disparaissent (cf. أستغيث , أحسن ,

ساعدني , السبيل),
- remarquez aussi l'écriture du ح après un ن ou un ب (cf. التحيّة , النجدة), du هـ (cf. أيها , لأربّيهما ,...), et du م après l'article (cf. le dernier mot المحبّة).

Identifiez le destinataire, la salutation initiale et l'auteur.

• أيّها ['ayyuhaâ] : ce mot (devant un nom précédé de l'article) joue le même rôle que يا (particule du vocatif pour s'adresser à quelqu'un). Devant un nom féminin, on aurait أيّتها ['ayyatuhaâ]. Ex. : أيّتها الأخت العزيزة .

• أريد أن أوضح إيضاحا ['uriydu 'an 'uwḍiḥa 'iḍaâḥan...] : le verbe assimilé de forme 4 أوضح est suivi de son maṣdar au cas direct. Cf. Grammaire. Il en est de même un peu plus loin avec ربّى (verbe défectueux de forme 2) suivi de تربية , son maṣdar.

• هرب بابنيّ [haraba bi-bnayya], *il s'est enfui avec mes deux enfants* : pour le sens de بـ précédé d'un verbe de mouvement, cf. Grammaire. Le mot ابن est ici au duel, cas indirect, complété par le pronom suffixe ي .

• اللذين : relatif au duel (cas indirect). Cf. Grammaire.

• محبّة [muḥibba], *qui aime* : participe actif du verbe sourd de forme 4 أحبّ .

أيُّها	sert au vocatif	اِسْتَغاثَ ، يَسْتَغِيثُ بـ	
أَوْضَحَ ، يُوضِحُ	*expliquer*		*appeler qqn au secours*
إيضاح	*explication*	ما العَمَل ؟	*que faire ?*
تامّ	*complet, entier*	سَبِيل	*chemin, moyen*
هَرَبَ ـ	*fuir*	ما السبيل ..؟	*comment...?*
بَذَلَ ـُ جَهْدَهُ	*faire des efforts*	إِرْجاع	*fait de faire revenir*
جَهْد ج جُهود	*effort*	النَّجْدة !	*au secours !*
رَبَّى ، يُرَبِّي	*élever, éduquer*	ساعَدَ ، يُساعِدُ	*aider*
تَرْبِيَة	*éducation*	مُحِبّ	*qui aime*

• **Maṣdar des verbes dérivés défectueux** (3)
A la forme 2, un ة apparaît à la fin du maṣdar (à la place de la semi-consonne). Ex :

تربية : maṣdar du verbe ربّى , *éduquer, élever*

• **Maṣdar des verbes dérivés assimilés**
A la forme 4, le و initial se transforme en ي (il en serait de même à la forme 10). Ex. :

إيضاح : maṣdar du verbe أَوْضَحَ , *expliquer, éclaircir*

Aux autres formes, pas de particularités.

• **Le complément *absolu***
Il sert à préciser le sens du verbe ou à insister sur celui-ci. Il est formé du maṣdar tiré du verbe de la phrase, mis au cas direct, et souvent accompagné d'un adjectif qui exprime la nuance. Ex. :

أوضح لك إيضاحا تامّا = *je t'explique très clairement*

ربّيتهما أحسنَ التربية = *je leur ai donné la meilleure éducation*

Dans ce dernier exemple, le maṣdar est complément du comparatif أحسن qui est, lui, au cas direct.

• **Les verbes de mouvement suivis de** بـ
Quand on trouve après un verbe de mouvement un complément introduit par la préposition بـ , s'il s'agit d'un nom de personne ou d'objet, il indique la personne (ou l'objet) amené (ou apporté) ou emmené (ou emporté). Ex. :

هرب بابنيّ = *il s'est enfui avec mes deux enfants*

جاء بابنيّ = *il a amené mes deux enfants*

ذهب بالتلفاز = *il a emporté le téléviseur*

• **Le relatif** (récapitulation)

	féminin	*masculin*
singulier	الّتِي	الّذِي
duel	اللّتانِ * / اللّتَيْنِ **	اللّذانِ * / اللّذَيْنِ **
pluriel	اللّواتي ou اللاّتي	الّذِينَ

* cas sujet / ** cas direct et indirect

Texte de la lettre :

أيّها الأخ العزيز

بعد التحيّة

أريد أن أوضح لك إيضاحاً تامّاً الوضع الصعب الذي أنا فيه الآن : إنّ زوجي قد هرب من البيت بابنيّ العزيزين اللذين هما نور عينيّ .

كيف وأنا بذلت كلّ جهودي لأربّيهما أحسن التربية ؟

أستغيث بك ... ما العمل ؟ ما السبيل إلى إرجاعهما ؟ النجدة ، يا أخي العزيز ! ساعدني !

أختك المحبّة

Cher frère,
Salutations
Je veux t'expliquer très clairement la situation difficile dans laquelle je suis actuellement : mon mari s'est enfui de la maison avec mes deux chers enfants qui sont la lumière de mes yeux. Comment ... alors que j'ai prodigué tant d'efforts pour leur donner la meilleure éducation ? Je t'appelle à l'aide... Que faire ? Comment arriver à les récupérer ? Au secours, mon cher frère ! Aide-moi !

Ta sœur qui (t')aime.

Exercices

A. Quel est le maṣdar de chacun de ces verbes ?

1. أوصل 2. سمّى 3. تبنّى 4. استوجب 5. ألقى

B. Traduisez ces phrases :

1. J'ai emmené au marché les deux filles que tu as rencontrées hier.
2. Chère sœur, je t'en prie ! Aide-moi !
3. Il m'a appelé à l'aide. Que faire ?
4. Qui a apporté le poisson que nous mangeons ?
5. Il faut qu'elle fasse des efforts pour comprendre.

٨١ - شكراً على مساعدتك !

أخي العزيز،

تحية طيبة وسلاماً حاراً

أما بعد، فلقد وصلت أمس بالسلامة
إلى مطار القاهرة حيث وجدت خالي
في انتظاري. وما أن دخلنا بيته حتى التقيت
بكل أفراد العائلة: كلهم بخير!
إن القاهرة مدينة ضخمة جداً والناس
فيها طيبون. كما تعلم، يوجد فيها
أجمل المساجد وأغناها. كم أشكرك
على مساعدتك! لولاك لبقيت
في قريتنا كل الصيف.

إلى اللقاء في رسالة قادمة!

أخوك العزيز

Une autre écriture orientale mais plus difficile à déchiffrer. Exercez-vous avant de vous reporter à la page Exercices (aidez-vous du vocabulaire - page de droite).
Identifiez le destinataire, les salutations, etc.

• بالسلامة [bi-s-salaâma] = *en bonne santé, sain et sauf.*

• حيث [ḥayṯu], *où, là où* : relatif de lieu invariable. On peut le trouver précéder des prépositions إلى ou من .

• خال , *oncle maternel*. Cf. Grammaire.

• ما أن ... حتّى... = *à peine... que...* Dans cette expression, أن (ou parfois إن) est suivi d'un verbe au passé.

• دخلنا بيته : notez la construction directe de دخل .

• كلّهم بخير [kullu-hum bi-ḫayr] = *ils vont tous bien.* A la question : كيف حالك ؟ , *comment vas-tu ?* on pourra répondre : (أنا) بخير والحمد للّه , *je vais bien, louange à Dieu !*

• كما تعلم [kamaâ ta'lamu] = *comme tu sais.*

• كم [kam], *combien !* : particule d'exclamation.

• أشكرك على مساعدتك ['aškuru-ka 'alaâ musaâ'adati-ka], *je te remercie pour ton aide* : notez la construction de شكر avec على . مساعدة est le maṣdar du verbe ساعد .

• يوجد [yuwjadu], *il y a* : verbe وجد au passif du muḍaâri'. Cf. Grammaire.

• لولاك لبقيت [law-laâ-ka la-baqiytu], *sans toi je serais resté...* Cf. Grammaire.

énorme	ضَخْم	*sain et sauf*	بِالسَّلامة
les gens	النّاس	*où*	حَيْثُ
comme	كَما	*oncle maternel*	خال
il y a	يُوجَدُ	*à peine.. que..*	ما أنْ .. حَتَّى ..
mosquée	مَسْجِد ج مَساجِد	*individu*	فَرْد ج أفْراد
combien	كَمْ		أفْراد الْعائِلة
été	صَيْف	*les membres de la famille*	
au revoir !	إلى اللِقاء !	*bien*	خَيْر

• *Il y a...*

Pour rendre l'expression *il y a...*, il existe trois possibilités :
- soit une phrase nominale de localisaton commençant par le ḫabar suivi d'un mubtada' indéfini. Ex. :

في القاهرة مساجد كثيرة
= Il y a beaucoup de mosquées au Caire.

- soit une phrase nominale commençant par هناك suivi d'un nom indéfini. Ex. :

هناك مساجد كثيرة = *il y a beaucoup de mosquées*

- soit on a recours au verbe وجد conjugué à la 3e personne du masculin singulier du passif : يوجد [yuwjadu] (le verbe reste toujours au masculin singulier). Ex. :

يوجد في القاهرة مساجد كثيرة
= Il y a au Caire beaucoup de mosquées.

On trouvera parfois aussi des constructions un peu redondantes telles que :

في القاهرة هناك مساجد كثيرة
في القاهرة يوجد مساجد كثيرة

• *Oncle, tante,...*

On distingue entre l'oncle paternel (عَمّ) et maternel (خال). De même pour la tante (خالة / عمّة).

Le cousin est *le fils de mon oncle* : ابن عمّي / ابن خالي , et la cousine *la fille de mon oncle* : ابنة عمّي / ابنة خالي .

Le neveu ou la nièce est *le fils* ou *la fille de mon frère, de ma sœur*, etc. : ... ابن أخي / ابنة أختي .

N.B. : جَدّ = *grand-père* / جَدّة = *grand-mère*

حَفيد = *petit-fils* / حَفيدة = *petite-fille*

• L'expression ... لولا

Cette expression suivie d'un nom au cas sujet ou d'un pronom suffixe se traduira par *si ce n'était..., sans...* La deuxième partie de la phrase est introduite par لـ (en réponse à لو). Ex. :

لولاك لَبقيت في قريتي = *Sans toi, je serais resté au village.*

لولا أخي لَوصلت متأخراً = *Sans mon frère, je serais arrivé en retard.*

Texte de la lettre :

أخي العزيز

تحيّة طيّبة وسلاماً حارّاً

أمّا بعد فلقد وصلت أمس بالسلامة إلى مطار القاهرة حيث وجدت خالي في انتظاري وما أن دخلنا بيته حتّى التقيت بكلّ أفراد العائلة : كلّهم بخير !

إنّ القاهرة مدينة ضخمة جدّاً والناس فيها طيّبون . كما تعلم ، يوجد فيها أجمل المساجد وأغناها . كم أشكرك على مساعدتك ! لولاك لبقيت في قريتنا كلّ الصيف .

إلى اللقاء في رسالة قادمة !

أخوك العزيز

Mon cher frère,
Meilleures salutations et cordial salut
Je suis arrivé hier sain et sauf à l'aéroport du Caire où j'ai trouvé mon oncle qui m'attendait, et à peine étions-nous entrés chez lui que j'ai rencontré tous les membres de la famille : ils vont tous bien ! Le Caire est une ville immense et les gens y sont agréables. Comme tu [le] sais, il y a ici les plus belles et les plus riches mosquées. Combien je te remercie pour ton aide ! Sans toi, je serais resté dans notre village tout l'été.
Au revoir [et] à la prochaine lettre.

Ton cher frère.

Exercice

Traduisez ces phrases :

1. Si ce n'était ce problème, j'irais bien.
2. Sans l'aide de ton père, tu serais resté ici.
3. A peine s'était-elle assise que le directeur est entré.
4. Comme tu vois, je suis arrivé sain et sauf.
5. Elle va là où habite son oncle (maternel).

صديقتي العزيزة
تحيّة عطرة وبعد
كم يسرّني أن أكتب إليك
بمناسبة عيد ميلادك لأتمنّى لك
كلّ الخير وأسأل اللّه عزّ وجلّ أن يوفّر
لك الصحّة والعافية.
ولكن... لماذا هذا السكوت،
كأنّك نسيتني؟ إن نسيتني
فأنا لم أنسك ولن أنساك أبدًا!
أرجوك: أخبريني عن أحوالك
وعن أحوال جميع أفراد العائلة
وبلّغيهم سلامي الحارّ!

صديقتك المخلصة

Voici la dernière lettre manuscrite. L'écriture est à nouveau maghrébine et facilement lisible.

• يسرّني أن [yasurru-niy 'an], *j'ai le plaisir de...* : c'est la subordonnée introduite par أن qui est le sujet du verbe.

• عيد ميلادك [ʻiydu-miylaâdi-ka] = *la fête de ta naissance = ton anniversaire*. L'expression عيد الميلاد

employée sans complément signifie *Noël*. Quant à la fête de la naissance du Prophète Mohammad, les musulmans l'appellent عيد المولد ['iydu-l-mawlid].

• أسأل اللّه ['as'alu l-laâha] = *j'implore, je prie Dieu, je demande à Dieu.*

• عزّ وجلّ ['azza wa-jalla] : expression composée de deux verbes au passé que l'on prononce souvent après le nom de Dieu. Peut se traduire par *Tout-Puissant*.

• كأنّ [ka'anna], *comme si* : particule du cas direct. Cf. Grammaire.

• إن ['in], *si* : introduit une phrase hypothétique. Cf. Grammaire.

• جميع [jamiy'], *tout, tous* : synonyme de كلّ .

• بلّغيهم [balliġiy-him], *transmets-leur* : féminin singulier de l'impératif du verbe de forme 2 بلّغ .

• مخلصة [muḫliṣa], *fidèle, sincère, dévoué* : participe actif du verbe de forme 4 أخلص .

donner, procurer	وفّرَ ، يُوَفِّرُ	*parfumé*	عَطِر
santé	صِحّة	*rendre heureux*	سَرَّ ـُ
santé, salut	عافية	*j'ai le plaisir de*	يَسُرُّني أنْ
silence	سُكوت	*fête*	عِيد
comme si	كأنَّ	*naissance*	مِيلاد
informer	أخْبَرَ ، يُخْبِرُ	*anniversaire*	عِيد مِيلاد
situation, état	حال ج أحْوال	ici : *implorer*	سَأَلَ ـَ
totalité, tout	جَميع		اللّه عَزَّ وَجَلَّ
transmettre	بَلَّغَ ، يُبَلِّغُ	*Dieu Puissant et Majestueux*	
fidèle, sincère	مُخْلِص		

Grammaire

• **Particules du cas direct** (récapitulation)

Ces particules sont toujours suivies d'un nom au cas direct ou d'un pronom suffixe. Voici toutes celles qui ont été vues :

mais	لكِنَّ	- ne se traduit pas au début d'une phrase - *que* (après le verbe قال)	إنَّ
parce que	لأنَّ		
peut-être (que)	لَعَلَّ	*que* (après des verbes de constatation, d'estimation ou d'information)	أنَّ
comme si	كَأَنَّ		

• **Phrase hypothétique** (3 - condition)

La particule إن introduit une condition. Elle est suivie d'un verbe au passé. Comme pour إذا , la deuxième partie de la phrase sera reliée par فـ si ce n'est pas une phrase verbale. Ex. :

إن نسيتني فأنا لم أنسك

= *Si tu m'as oubliée, moi je ne t'ai pas oubliée.*

N.B. : dans l'usage d'aujourd'hui, إن a tendance à être remplacé par إذا et les nuances d'éventualité et de condition confondues. Cependant, إن se maintiendra dans des expressions courantes comme إن شاء اللّه ['in šaâ'a l-laâh] = *si Dieu le veut.*

• **Démonstratifs** (duel)

Au duel, les démonstratifs ont une déclinaison :

		Masculin	*Féminin*
Proximité	*Cas sujet*	هذانِ	هتانِ
	Cas direct et ind.	هذَيْنِ	هتَيْنِ
Eloignement	*Cas sujet*	ذانِكَ	تانِكَ
	Cas direct et ind.	ذَيْنِكَ	تَيْنِكَ

Texte de la lettre :

صديقتي العزيزة

تحيّة عطرة وبعد

كم يسرّني أن أكتب إليك بمناسبة عيد ميلادك لأتمنّى لك كلّ الخير وأسأل اللّه عزّ وجلّ أن يوفّر لك الصحّة والعافية .

ولكن ... لماذا هذا السكوت ، كأنّك نسيتني ؟ إن نسيتني فأنا لم أنسك ولن أنساك أبداً !

أرجوك : أخبريني عن أحوالك وعن أحوال جميع أفراد العائلة وبلّغيهم سلامي الحارّ !

صديقتك المخلصة

Ma chère amie,
Salutations parfumées
Comme je suis heureuse de t'écrire à l'occasion de ton anniversaire pour te souhaiter tout le bien et implorer Dieu Tout-Puissant qu'il te procure la santé et le salut.
Mais... pourquoi ce silence, comme si tu m'avais oubliée ? Si tu m'as oubliée, moi je ne t'ai pas oubliée et ne t'oublierai jamais !
Je t'en prie : donne-moi des nouvelles de toi (informe-moi sur ton état) et de tous les membres de la famille et transmets-leur mon salut cordial !
Ton amie fidèle.

Exercice

Traduisez ces phrases :

1. Nous avons le plaisir de vous transmettre le salut de tous les membres de la famille.
2. Quelle est la date de ton anniversaire ?
3. Elle a parlé avec moi comme si j'étais un de ses amis.
4. Ils ne sont pas partis et ils ne partiront jamais.

٨٣ - لننس ما حدث !

حضرة السيّد الحرّاشيّ المحترم

تحيّة واحتراما وبعد

أخبرني أخي بما حدث بين ابني الصغير وابنتكم وأعتذر إليكم . لا تؤاخذوا ابني لأنّه صغير جدّاً . أنا المسؤول عنه . لذلك ، أريد أن أعوّض درّاجة ابنتكم المتضرّرة . هل يمكنكم أن تخبروني بالنقاط التالية :

- كم ثمن هذه الدرّاجة ؟
- من أيّ محلّ اشتريتموها ؟

سوف أبعث المبلغ المناسب إلى أخي . وأعود فأقول لكم : اعذروني ولننس ما حدث .

وأخيراً ، تقبّلوا منّا فائق التقدير والسلام عليكم .

عثمان البصري - باريس

Cette dernière lettre est plus formelle. L'expression utilisée pour nommer le destinataire permet de s'en rendre compte : حضرة السيّد ... المحترم. C'est ainsi que l'on peut s'adresser à quelqu'un avec déférence. Il en est de même pour les salutations.

- حضرة : marque de politesse et d'égards.
- محترم [muḥtaram], *respecté* : participe passif du verbe de forme 8 احترم dont le maṣdar se retrouve dans la salutation initiale : احترام .

• ابنتكم / إليكم / لا تؤاخذوا / etc. : l'auteur de la lettre s'adresse à son correspondant au pluriel, ce qui correspond à notre vouvoiement.

• أعتذر إليكم ['a'tadiru 'ilay-kum], *je vous présente mes excuses* : notez la construction de ce verbe de forme 8 avec la préposition إلى . Vous trouverez en fin de lettre le verbe simple de la même racine : اعذروني [i'diruw-niy], *excusez-moi*.

• لا تؤاخذوا [laâ tu'aâhiduw], *n'en veuillez pas à* : verbe de forme 3 de la racine أخذ . Notez l'écriture de la hamza.

• تالية : participe actif (au féminin singulier) du verbe défectueux تلا ، يتلو , *suivre*.

• من أيّ محلّ ...؟ / كم ثمن ...؟ : cf. Grammaire.

• اشتريتموها = اشتريتم + ها : cf. Grammaire.

• سوف أبعث [sawfa 'ab'atu] = سأبعث , *j'enverrai*.

• وأعود فأقول = *et à nouveau je dis, et je redis...*

• لننس [li-nansa], *oublions* : cf. Grammaire.

• السلام عليكم ['as-salaâmu 'alay-kum], *le salut (soit) sur vous* : salutation à laquelle on répond وعليكم السلام .

quel ?	أيّ	*Monsieur*	حَضْرة السَّيِّد
ici : *magasin*	مَحَلّ	*respecté*	مُحْتَرَم
envoyer	بَعَث ـَ	*s'excuser*	اِعْتَذَرَ ، يَعْتَذِرُ
montant, somme	مَبْلَغ	*en vouloir à*	آخَذَ ، يُؤاخِذُ
adéquat	مُناسِب	*remplacer*	عَوَّضَ ، يُعَوِّض
excuser	عَذَر ـِ	*bicyclette*	دَرّاجة
recevoir	تَقَبَّلَ ، يَتَقَبَّلُ	*endommagé*	مُتَضَرِّر
	فائِقَ التَقْدِير	*point*	نُقْطة ج نِقاط
haute considération		*suivant*	تالٍ (التالي)
		prix, coût, valeur	ثَمَن

- **Expression de l'ordre**

C'est bien sûr l'impératif qui sert à exprimer un ordre (ou un souhait ou une invitation). Mais l'impératif n'existe qu'à la 2e personne. Aux autres personnes, on se servira des particules : لـ [li-] ou ولـ [wal-] ou فلـ [fal-] suivies du verbe au majzuwm.

Ex. : لِنَنْسَ = وَلْنَنْسَ = فَلْنَنْسَ = *oublions !*

لِيجلسوا = *qu'ils s'assoient !* / لِيدخلْ = *qu'il entre !*

- ***Quel ?***

- S'il s'agit d'une interrogation sur un objet quantifiable (l'heure, le prix, le volume, etc.), on utilisera l'interrogatif invariable كَمْ (qui signifie *combien ?*). Ex. :

كم الساعة ؟ = *quelle heure est-il ?*

كم ثمن هذه الدرّاجة ؟ = *quel est le prix de cette bicyclette ?*

- S'il s'agit d'un choix entre deux personnes ou deux objets, on utilisera l'interrogatif أيّ (qui se décline et s'accordera parfois au féminin أيّة en fonction du genre du nom qui le complète). Ex. :

من أيِّ محلّ ؟ = *de quel magasin ?*

في أيِّ ساعة ؟ (في أيّةِ ساعة ؟) = *à quelle heure ?*

- Si on peut remplacer *quel ?* par *qui ?* ou *quoi ?* , on utilisera les interrogatifs من ou ما . Ex. :

من هذا الرجل ؟ = *quel est cet homme ? (= qui est cet homme ?)*

- ***Combien de... ?***

Dans ce sens, l'interrogatif كم sera suivi d'un nom indéfini au singulier et au cas direct. Ex. :

كم أسبوعاً قضيتَ ؟ = *combien de semaines as-tu passées ?*

N.B. : pour un prix, on pourra utiliser بِكَمْ . Ex. :

بكم اشتريتَ هذا القصر ؟ = *combien as-tu acheté ce château ?*

- ***"Vous l'avez achetée..."***

Pour des raisons phonétiques, on ajoute un و à la finale ـتُمْ du passé (2e personne du masculin pluriel) quand il est suivi d'un pronom suffixe complément : اشتريتُمْ + ها = اشتريتموها .

Rappel : le 'alif de la finale ـوا disparaît devant un pronom suffixe : اشتروا + ها = اشتروها .

(Respecté) Monsieur Al-Harrachi,
Salutations et respect
Mon frère m'a informé de ce qui s'est passé entre mon jeune fils et votre fille et je vous présente mes excuses. N'en veuillez pas à mon fils car il est très jeune. Je suis responsable de lui. Aussi, je veux remplacer la bicyclette accidentée de votre fille. Vous est-il possible de porter à ma connaissance les points suivants :
- Quel est (combien) le prix de cette bicyclette ?
- Dans (de) quel magasin l'avez-vous achetée ?
J'enverrai la somme adéquate à mon frère. A nouveau je vous dis : excusez-moi et oublions ce qui s'est passé.
Enfin, recevez notre haute considération et ṣalut (le salut soit sur vous).
Othman Al-Basri - Paris

Exercices

A. Exprimez un ordre avec les verbes suivants (en gardant la même personne) en utilisant soit l'impératif soit la construction avec لـ suivi du majzuwm :

1. تجلس (أنت) 2. يفتح 3. تخرجين 4. تبتعدون
5. تتقبّل (هي) 6. نبعث 7. تعتذرن 8. تقول (أنت)
9. يعوّضون 10. يدعو .

B. Formulez la question en suivant l'exemple. Ex. :

قضى ثلاثة أسابيع في باريس ← كم أسبوعاً قضى ... ؟

1. رأت أربعة رجال . 2. بقوا خمس ساعات .
3. اشترينا بيتين . 4. زار ستّ قرى .
5. اشترى ثلاثة أقميصة .

C. Traduisez cette lettre :

Ma chère sœur,
Meilleures salutations et salut cordial !
J'espère que tu vas bien. J'ai reçu ta lettre et te remercie. J'ai le plaisir de t'informer que j'arriverai à Alger la semaine prochaine (jeudi à 17 heures). Pourras-tu m'attendre à l'aéroport ?
Transmets mon salut à tous les membres de la famille.
A bientôt ! (= au revoir).
Ton frère.

84

SE SERVIR D'UN DICTIONNAIRE

Cette leçon a pour but de vous apprendre à vous servir d'un dictionnaire arabe-français. En effet, dans un dictionnaire arabe, les mots ne sont pas classés par ordre alphabétique mais *par racines*. Voilà pourquoi il est très utile de pouvoir découvrir rapidement la racine d'un mot.
Cette racine est parfois évidente, mais dans certains cas, ce sera plus compliqué et on sera même obligé de formuler plusieurs hypothèses avant de trouver la racine.

Méthode à suivre :

1. Dégager, si nécessaire, le mot des autres mots qui ont pu lui être agglomérés (avec lesquels il ne forme qu'un seul mot graphique) :

- soit devant (c'est le cas des prépositions بـ , كـ et لـ composées d'une seule lettre, du فـ ou du و de coordination, du سـ marque du futur, etc.),
- soit derrière (c'est le cas du pronom suffixe).

Ex. : بـ + رأس + ه = برأسه

فـ + سـ + يركب + ها = فسيركبها

2. Identifier la nature du mot (s'agit-il d'un verbe, d'un nom,...?) et les marques qui le caractérisent (préfixe ou suffixe de conjugaison, marque du féminin, du duel ou du pluriel, ...).

3. Identifier son schème (s'il s'agit d'une forme verbale, d'un participe ou d'un maṣdar, de quelle forme est-il ? et s'il s'agit d'un nom simple, est-il construit sur un schème connu : nom de lieu, de métier, etc. ?).

Une fois ce travail de reconnaissance effectué, la plupart du temps, la racine du mot sera évidente. Mais, dans certains cas, il restera encore des ambiguïtés. Si c'est un mot qui vous est inconnu, seul le contexte vous permettra de trancher.

Vous arrivez à deux lettres ?

Vous trouvez dans un texte le verbe لم يعد . Le repérage effectué vous amène à 2 lettres. Quelle est la 3e lettre de la racine (les

racines de 2 lettres étant très rares) ?
Voici les différentes possibilités :

• [lam ya'udda] du verbe عدّ (la chadda n'étant pas écrite, ce qui est de plus en plus fréquent) ou [lam yu'idda] du verbe أعدّ. Racine : ع د د .

• [lam ya'ida] du verbe وعد (le و des verbes simples assimilés disparaissant au muḍaâri'). Racine : و ع د .

• [lam ya'ud] du verbe عاد ou [lam yu'id] du verbe أعاد . Racine : ع و د .

• [lam ya'du] du verbe عدا ou [lam yu'di] du verbe أعدى . Racine : ع د و .

Vous arrivez à plus de trois lettres ?

Si vous arrivez à plus de 3 lettres, après avoir éliminé l'hypothèse d'une racine de 4 lettres (assez rare), il vous faut procéder à l'élimination des lettres ajoutées à la racine (en vous appuyant sur votre connaissance des schèmes).
Les lettres ajoutées sont la plupart du temps les suivantes :

- en début de mot : le أ ou le ا (formes 4, 7, 8 et 10 au passé, pluriels internes, comparatifs, couleurs, etc.), le ت (formes 2, 3, 5, 6 et maṣdar de la forme 2), l'ensemble است (forme 10 au passé), le ن (forme 7), le م (participes ou noms de lieu ou d'abondance,...),
- à l'intérieur du mot : le و, le ي et le ا (pour les participes des verbes simples, les adjectifs, de nombreux noms de forme 1, les noms de métier, de nombreux pluriels internes, les formes 3 et 6, etc.), le ت (forme 8), le ن (forme 7), l'ensemble ست (forme 10), ou le redoublement d'une des lettres de la racine (formes 2 et 5, noms de métier,...),
- à la fin d'un mot : le يّ (marque de la nisba), le ة ou l'ensemble اء (marques du féminin), la hamza (maṣdar de certains verbes défectueux), etc.

Peut-être à ce moment-là ne vous restera-t-il plus que deux lettres. Il faudra alors tenir le raisonnement précédent.
Ex. : vous trouvez le mot فاستشرتهم .
- vous dégagez le mot de ce qui l'entoure (le فـ de coordination et le pronom suffixe هم). Il reste استشرت .

- vous identifiez un verbe au passé et retirez le suffixe de conjugaison ت . Il reste استشر .
- vous identifiez une forme 10 et retirez les lettres است. Il ne reste plus que deux lettres : شر .
- soit une semi-consonne a disparu, soit la chadda n'a pas été écrite sur la dernière lettre. La racine est donc soit défectueuse (ش ر ي ou ش ر و), soit concave (ش ي ر ou ش و ر), soit sourde (ش ر ر).
En cherchant, vous ne trouverez que deux de ces racines avec une forme 10 : ش و ر et le verbe dérivé استشار = *demander un avis, un conseil* et ش ر ي et le verbe dérivé استشرى = *s'aggraver*. Seul le contexte vous permettra de trancher.

Remarques

- Le ا ne fait jamais partie de la racine. Soit, il s'agit d'un lettre ajoutée, soit il a pris la place d'un و ou d'un ي . La hamza, par contre, peut être l'une des lettres de la racine.
C'est pourquoi, dans un dictionnaire, vous ne trouverez pas la lettre ا comme entrée (aucune racine ne commençant par ا) mais la lettre ء (première lettre dans l'ordre alphabétique des dictionnaires : c'est là que vous trouverez par exemple les racines أ خ ذ , أ ك ل , etc.).
- Les racines sourdes sont généralement classées sans tenir compte du redoublement de la lettre (comme s'il s'agissait d'une racine de deux lettres), c'est-à-dire que la racine ع م م sera placée avant la racine ع م د ou ع م ل . Elle sera d'ailleurs souvent notée ainsi : عمّ (c'est l'usage que nous retiendrons).
- Bien sûr, pour se servir rapidement d'un dictionnaire, il faut connaître par cœur l'ordre alphabétique.
- A l'intérieur de chaque racine, on trouvera (suivant les dictionnaires) deux sortes de classements :

1. Par formes dérivées : pour chaque forme (classée de 1 à 10), on indique d'abord le verbe, les noms, les adjectifs et les participes),
2. Tous les verbes d'abord (classés par forme) suivis ensuite des noms et adjectifs puis des participes (chaque ensemble étant aussi classé par forme).

Nous avons adopté ici le premier classement. Voici ce que vous trouveriez dans un dictionnaire à la racine و ص ل (avec uniquement les mots vus dans ce livre) :

arriver	وَصَلَ ـِ وُصولاً (*)
arrivée	وُصول
continuer	III واصَلَ مُواصَلة (*)
poursuite	مُواصَلة ج ات
continuer	VI تَواصَلَ تَواصُلاً (*)
continu	مُتَواصِل
communiquer avec	VIII اِتَّصَلَ اِتِّصالاً (*) بـ

(*) il est fréquent de trouver comme ici, juste après le verbe, son maṣdar au cas direct.

Les racines dans le lexique de la nouvelle (leçon 90) seront notées avec les lettres liées et mises entre parenthèses. Par exemple, vous trouverez la racine (وصل).

Présentation des leçons 85 à 90

Les dernières leçons vous permettront de vous exercer à la recherche de mots puisqu'elles sont composées d'une nouvelle contemporaine (leçons 85 à 89) et d'un lexique (leçon 90).

• **La nouvelle** : il s'agit d'un texte de Mohammad Al-Murr (محمّد المرّ), auteur contemporain vivant dans les Emirats Arabes Unis (Fédération située près du détroit d'Ormuz, entre le Sultanat d'Oman et Qatar, frontalière avec l'Arabie Saoudite).

Ce texte a été publié dans un recueil de nouvelles intitulé " صداقة " * (*Amitié*). La nouvelle choisie a pour titre :

لماذا ضربت فطوم الورد جارتها ؟

Pourquoi Fatoum Al-Ward a-t-elle frappé sa voisine ?

• **Le lexique** : il comprend tous les mots nouveaux de ce texte classés par racines.

(*) Editeur : دار العودة - Beyrouth - 1987

85

← ٨٥ – لماذا ضربت فطوم الورد جارتها ؟ (١)

(قصّة قصيرة لمحمّد المرّ)

في البدء كانت الحكاية :

هذه الحكاية يرويها بفرح وانبساط كثير من الفقراء لأصدقائهم الفقراء . لن تجد أبداً غنيّاً واحداً يروي تلك الحكاية . تتحدّث القصّة عن جارتين ، الأولى زوجة رجل ثريّ « تاجر » والثانية زوجة رجل فقير « حمّال » . تلاحظ الأولى أنّ الثانية تستحمّ كلّ يوم وعندما تسألها عن السرّ ، توضح لها الثانية بانبساط أنّها تستحمّ يوميّا لنشاط زوجها . تكتئب الأولى لأنّ زوجها يسهر إلى وقت متأخّر في دكّانه وعندما يرجع إلى البيت ، ينشغل في عدّ النقود ونادرا ما تضطرّ للاستحمام .

• قصّة قصيرة : c'est ainsi que l'on traduit d'habitude le mot *nouvelle*. Mot à mot : *histoire courte*.

• لمحمّد المرّ = *de Mohammad Al-Murr*. Notez l'usage de la préposition لـ pour introduire le nom de l'auteur.

• Cette histoire populaire racontée en exergue de la nouvelle (dans cette page) sera la référence de l'histoire réelle racontée par la suite.

Au commencement était l'histoire :
Cette histoire, de nombreux pauvres la racontent avec joie et gaieté à leurs amis les pauvres. Tu ne trouveras jamais un seul riche qui raconte cette histoire. L'histoire parle de deux voisines, la première, femme d'un riche commerçant et la seconde, femme d'un pauvre portefaix. La première remarque que la seconde se baigne chaque jour et lorsqu'elle lui en demande la raison, la seconde lui explique gaiement qu'elle se baigne quotidiennement à cause de l'ardeur de son mari. La première s'attriste car son mari veille jusqu'à une heure avancée [de la nuit] dans sa boutique et quand il revient chez lui, il s'affaire à compter l'argent et il est bien rare qu'elle soit dans l'obligation de se baigner.

• يرويها ... كثير من الفقراء : le sujet du verbe روى est reporté assez loin du verbe. Il s'agit de كثير من الفقراء. L'adjectif كثير suivi de من signifie *un grand nombre de...*, *de nombreux...*

• لأصدقائهم : la hamza finale du pluriel أصدقاء est écrite ici sur un yaâ' sans points à cause de la présence du pronom suffixe هم.

• عن جارتين : le mot جارة est ici au duel.

• الأولى est le féminin de الأوّل.

• تاجر / حمّال : deux noms de métier. Le premier est un participe actif, le deuxième est formé sur le schème فعّال.

• تسألها عن السرّ : le verbe سأل est suivi d'un complément introduit par la préposition عن qui indique l'objet de l'interrogation.

• تستحمّ .. لنشاط زوجها : l'auteur fait allusion ici à la toilette qu'effectue la femme après avoir eu des relations avec son mari.

• تكتئب : muḍaâri' du verbe اكتأب. Le support de la hamza change du fait de l'environnement vocalique différent.

• نادراً ما = *il est rare que, rarement*. Cf. l'expression déjà étudiée كثيراً ما = *il est fréquent que, fréquemment*.

• تضطرّ : il s'agit ici d'un passif. Lire [tuḍṭarru].

أحوال فطوم الورد

فطوم الورد ، شابّة في منتصف العشرينات من عمرها ، تزوّجت عندما كانت في الخامسة عشرة . أنجبت ثمانية أبناء . لم تمض عليها سنة واحدة وبطنها خالية من الأبناء . وجهها يبدو وكأنّه لامرأة عمرها أربعون عاماً . زوجها نجّار مراكب خشبيّة ويعمل بأجرة يوميّة عند متعهّد لبناء السفن يشغّله من طلوع الشمس إلى غروبها . بيت فطوم الورد مكوّن من خيمتين من سعف النخيل .

• العشرينات : ici, cette expression signifiera un âge compris entre 20 et 29 ans (*la vingtaine*). Dans un autre contexte, elle pourrait se traduire par *les années 20*.

• في الخامسة عشرة : l'expression complète serait في السنة الخامسة عشرة من عمرها = *dans la quinzième année de son âge*. En ce qui concerne les ordinaux de 11 à 19, cf. page 355.

• لم تمض ... وبطنها خالية ... : la phrase nominale commençant par و est complément d'état du verbe لم تمض . A noter que le mot بطن est féminin.

• يبدو وكأنّه ... : cette expression construite avec le verbe بدا suivie de la particule du cas direct كأنّ signifie *on dirait que...*

• أربعون عاماً : de 11 à 99, le nom de l'objet compté se met au singulier et au cas direct indéfini. Cf. page 355.

Conditions (de vie) de Fatoum Al-Ward
Fatoum Al-Ward, jeune femme d'environ 25 ans, s'est mariée à l'âge de 15 ans. Elle a mis au monde huit enfants. Il ne se passait pas une année sans que son ventre ne soit gros. Son visage paraît être celui d'une femme de 40 ans. Son mari est menuisier : il fabrique des bateaux en bois et travaille comme journalier chez un entrepreneur de construction de bateaux qui l'emploie du lever au coucher du soleil. La maison de Fatoum Al-Ward est composée de deux baraques de branches de palmier.

• طلوع / غروب : ces deux maṣdar-s s'utilisent pour parler du *lever* et du *coucher* du soleil (ou d'un autre astre). Rappelez-vous aussi que شمس est féminin.

• خيمة signifie en principe *tente*. Ici, l'auteur parle plutôt de *baraque, cabane*.

Les ordinaux de 11 à 19

Ils sont composés de 2 éléments portant une fatḥa finale : le nom des unités combiné avec عَشَرَ (au masculin) ou عَشَرَةَ (au féminin). De plus, après un nom défini, seul le premier élément prendra l'article. Ex. : السنةَ الخامسةَ عشرةَ

féminin	*masculin*	
حادِيَةَ عَشَرَةَ	حادِيَ عَشَرَ	11e
ثانِيَةَ عشرة	ثانِيَ عشر	12e
ثالِثَةَ عشرة	ثالِثَ عشر	13e
رابِعَةَ عشرة	رابِعَ عشر	14e
...	...	...

Syntaxe du nom de l'objet compté

	Cas	*Nombre*	*Exemple*
• de 3 à 10	cas indirect	pluriel	ثلاثة رجالٍ
• de 11 à 99	cas direct	singulier	أربعون رجلاً
• 100 et plus	cas indirect	singulier	مائة رجلٍ

أحوال أهل البيت الكبير

أكبر بيت في حيهم كان لثريّ يدعى « حامد حمدان » ، حجم ذلك البيت يجعله متفرّدا فهو البيت الوحيد الذي بني من الأسمنت : البيوت الباقية بنيت من الطين وصخور البحر أو من سعف النخيل . ضخامة ذلك المنزل تجعله يضطهد باقي البيوت وتجعل أصحابه قادرين على أن يطلّوا من غرفه العلويّة على جيرانهم ، أصحاب بيوت الطين والسعف . فطوم الورد كانت كثيراً ما تذهب إلى البيت الكبير ، عملت هناك ولكنّ عملها لم يكن منتظماً لحملها المتكرّر .

• أهل البيت = *les habitants de la maison.* Le mot أهل signifie *gens, famille* ou *habitants* suivant le contexte.

• يدعى : le verbe دعا ، يدعو est ici au passif du muḍaâri‘ [yud‘aâ] d'où la traduction *il est nommé, appelé*.

• يجعله متفرّدا : le verbe جعل construit avec deux compléments directs a le sens de *mettre quelqu'un (ou quelque chose) en situation de...* On trouve un peu plus loin la phrase ... تجعل أصحابه قادرين . On a bien deux compléments directs : أصحابه et قادرين . On traduira ici par : *elle rendait ses propriétaires capables...*

Conditions [de vie] des habitants de la grande maison
La plus grande maison dans leur quartier appartenait à un homme riche appelé Hamed Hamdane. La taille de cette maison la particularisait. C'était l'unique maison construite en ciment. Les autres maisons étaient construites en terre mélangée avec des rochers extraits de la mer ou en branches de palmier. L'importance de cette demeure faisait qu'elle oppressait les autres maisons et que ses propriétaires dominaient de ses chambres du haut leurs voisins, propriétaires des maisons de terre et de branches. Fatoum Al-Ward allait souvent à la grande maison. Elle y travaillait mais son travail n'était pas adapté à ses grossesses répétées.

• وحيد = *unique, seul*. Ne confondez pas ce mot avec واحد (*un*) et وحد qui signifie (complété par un pronom suffixe) *seul* (أنا وحدي = *je suis seul*).

• بني : le verbe بنى ، يبني est ici au passif. Lire [buniya].

• أسمنت : mot tiré de l'anglais *cement* (cf. le français *ciment*).

• باقي البيوت / البيوت الباقية : on trouve les deux constructions dans cette page. Le participe actif du verbe بقي est utilisé comme épithète dans le premier cas et s'accorde avec le nom (accord au féminin singulier car le nom est un pluriel "inanimé"). Dans le deuxième cas, c'est le premier terme d'une annexion. Il reste alors au masculin singulier.

• صخور est le pluriel interne de صخرة, nom d'unité. Le collectif est صخر.

• يضطهد : verbe dérivé de forme 8 à partir de la racine ضهد. Le ت de la dérivation se transforme en ط sous l'influence du ض de la racine (cf. le verbe اضطرّ).

• منتظماً est au cas direct car ḫabar de كان.

• حمل [ḥaml] est le maṣdar du verbe حمل qui a le sens ici d'*être enceinte*.

كانت زوجة الثريّ تستلطفها لأنّها في مثل عمرها، وتطيل الاستماع لحكايات وقصص فطوم الورد عن نساء الحيّ التي تملؤها بالمبالغات والأكاذيب. عندما تضحك زوجة الثريّ وتبرز أسنانها البيضاء المنتظمة، تتمنّى فطوم لو كانت أسنانها الصفراء تماثل تلك الأسنان، وعندما تلمع عيناها الخضراوان وهي تريها الحليّ الذهبيّة الجديدة التي اشتراها لها زوجها، تتمنّى فطوم لو تحوّلت تلك الحليّ إلى صندوق حليّها الخشبيّ الذي يشغل معظمه الحليّ الفضّيّة التي أعطاها إيّاها أهل زوجها في بداية زواجها.

• في مثل عمرها = *de son âge.*

• تملؤها : le verbe ملأ est ici suivi d'un pronom suffixe. Notez l'écriture du support de la hamza.

• منتظم a ici le sens de *bien rangé, bien ordonné.*

• تمنّى لو ... : suivi de لو , le verbe تمنّى exprime un souhait irréalisable.

• خضراوان : duel du féminin de l'adjectif de couleur أخضر (au féminin : خضراء). La hamza finale du féminin est remplacée par un و auquel s'attache la marque du duel. Rappel : les noms des parties doubles du corps (comme ici *les yeux*) sont du genre féminin.

La femme de l'homme riche la trouvait agréable car elle avait le même âge. Elle restait longtemps à écouter les histoires et les récits que lui racontait Fatoum Al-Ward sur les femmes du quartier, histoires qu'elle remplissait d'exagérations et de mensonges. Quand la femme de l'homme riche riait et qu'elle laissait apparaître ses dents bien rangées, Fatoum faisait le vœu que ses dents jaunies ressemblassent à celles-là et quand ses yeux verts brillaient en lui faisant voir les nouveaux bijoux d'or que lui avait achetés son mari, elle souhaitait que ces bijoux prissent place dans le coffret en bois de ses bijoux dont la plus grande partie contenait les bijoux d'argent que lui avait donnés la famille de son mari au début de son mariage.

• ترى : muḍaâri' du verbe أرى , *faire voir* , dérivé de forme 4. Le verbe simple est رأى *voir*, dont le muḍaâri' est يرى . La disparition de la hamza de la racine se produit donc au muḍaâri' du verbe simple et à la forme 4.

• أعطاها / اشتراها : le 'alif maqṣuwra final se transforme en 'alif à cause du pronom suffixe qui suit (les verbes sont en principe اشترى et أعطى).

• معظم : participe passif du verbe dérivé de forme 4 أعظم . Employé comme premier terme d'une annexion, il signifie *la majorité de..., la plupart de...*

• أعطاها إيّاها : un certain nombre de verbes (comme ici le verbe أعطى , *donner*) se construisent avec un double complément direct. Si les deux compléments sont exprimés par des pronoms suffixes, pour éviter la juxtaposition de deux pronoms suffixes à la fin du verbe, on utilise cette particule إيّا à laquelle on suffixe l'un des deux pronoms. Ex. :

أعطى زوجته الحليّ = *il a donné les bijoux à sa femme*

أعطاها الحليّ = *il lui a donné les bijoux*

أعطاها زوجته = *il les a donnés à sa femme*

أعطاها إيّاها = *il les lui a donnés*

أوّل ثلاّجة دخلت الحيّ كانت في البيت الكبير . أعطتها زوجة الثريّ الكثير من الثلج . أخذت فطوم الثلج إلى بيتها وعملت به عصير ليمون ، شرب منه كلّ أبنائها حتّى أصغرهم الذي ما زال رضيعاً ... أوّل بيت دخلته الكهرباء كان البيت الكبير : عشر لمبات كهربائيّة كلّها أشعلت في وقت واحد ، تحوّل البيت إلى كتلة من نور في وسط بيوت الطين والسعف التي كانت مصابيح الغاز لا تكاد تضيء بعض حجراتها وخيامها . ضوء اللمبات الباهر كاد أن يعمي عيني فطوم الورد .

• أوّل ثلاجة : dans cette construction, أوّل est le premier terme d'une annexion. Il reste au masculin singulier. L'ensemble أوّل ثلاجة est indéfini grammaticalement. C'est pour cela qu'il n'y a pas de relatif pour introduire la relative دخلت الحيّ . On aurait pu trouver أوّل épithète ce qui aurait donné : ... الثلاّجة الأولى التي دخلت الحيّ .

• ليمون [laymuwn] = *citron.*

• ابنائها : remarquez le yaâ' sans points ajouté comme support de la hamza à cause de la présence du pronom suffixe. Le mot s'écrit seul : أبناء .

• رضيعا est au cas direct car ẖabar de ما زال .

Le premier réfrigérateur introduit dans le quartier le fut dans la grande maison. La femme de l'homme riche lui donna beaucoup de glace. Fatoum emporta la glace chez elle et prépara avec du jus de citron. Tous ses enfants en burent jusqu'au plus jeune qui était encore un nourrisson... La première maison où pénétra l'électricité fut la grande maison : dix lampes électriques allumées au même moment transformèrent la maison en un bloc de lumière au milieu des maisons de terre et de branches dont les lampes à pétrole arrivaient à peine à éclairer les pièces et les baraques. La lumière éblouissante des ampoules faillit aveugler les yeux de Fatoum Al-Ward.

• لمبة ج لمبات = *lampe* (mot provenant de l'Europe). Il n'y a pas de ة à عشر puisque le nom qui suit est féminin (inversion de la marque traditionnelle du féminin pour les nombres de 3 à 10).

• في وسط بيوت الطين والسعف التي كانت ... : l'antécédent de la relative est بيوت . Le pronom de rappel de la relative est à la fin de la phrase : c'est le pronom suffixe ها qui complète حجرات et خيام. Quand le pronom de rappel de l'antécédent est complément d'un nom (comme ici), on traduira souvent le relatif par *dont*.

• أشعلت : le verbe est ici au passif. Prononcez ['uš'ilat].

• غاز : il s'agit ici du pétrole (cf. *gaz*).

• كاد أن يعمي / لا تكاد تضيء ... : le verbe كاد ، يكاد suivi d'un verbe au muḍaâri' ou de أن suivi d'un verbe au manṣuwb signifie *être près de..., être sur le point de..., faillir,...* On le traduira souvent par *presque*.

• تضيء : muḍaâri' du verbe de forme 4 أضاء ، يضيء , dérivé du nom ضوء = *lumière*.

• عيني فطوم ['aynay faṭuwm] : rappelez-vous que le ن final du duel des noms disparaît devant un complément (que ce complément soit un nom ou un pronom suffixe).

عينَيْنِ + فطوم = عينَيْ فطوم

المقارنة الحزينة

فطوم الورد كانت تبتئس حينما تقارن بين زوجها النجّار بنحوله وقصر قامته وسعاله المتكرر وعينيه الذابلتين ، و « حامد حمدان » بقامته الطويلة وجسده الممتلئ ولكن بدون بدانة واضحة ووجهه المستدير والمتورّد وشواربه الطويلة والكثيفة ، في عمر زوجها ولكنّه يبدو وكأنّه أحد إخوته الصغار ، ملابسه دائماً معطّرة ومكويّة (أوّل مكواة تعمل على الفحم كانت في البيت الكبير) ، لا يخرج من البيت إلاّ في وقت الضحى وتودّعه زوجته إلى باب البيت الكبير . كلّ يوم كانت زوجته تستحمّ مرّتين في الصباح وفي وقت العصر .

• تبتئس : muḍaâri' du verbe de forme 8 ابتأس (racine بأس). Remarquez la modification du support de la hamza.

• ذابلتين : le participe actif ذابل est au duel féminin puisqu'il est épithète de عينيه (duel féminin).

• إخوة ['iḫwa] est le pluriel du nom أخ , *frère*. Le pluriel de أخت , *sœur* est أخوات ['aḫawaât].

• صغار : pluriel interne de l'adjectif صغير . Sur le même schème de pluriel interne (فِعال) est formé le pluriel de quelques adjectifs en فَعيل.

Ex. : طويل ج طوال / كبير ج كبار ,...

Triste comparaison
Fatoum Al-Ward était malheureuse quand elle faisait la comparaison entre son mari le menuisier, avec sa maigreur, sa petite taille, sa toux fréquente et ses yeux battus et Hamed Hamdane, avec sa haute taille, son corps bien en chair mais sans embonpoint apparent, son visage rond et rose et ses longues moustaches épaisses, qui avait le même âge que son mari mais qui semblait être un de ses jeunes frères, portant des habits toujours parfumés et repassés - le premier fer à repasser fonctionnant au charbon fit son apparition dans la grande maison. Il ne sortait de la maison qu'au milieu de la matinée, sa femme le saluant [en l'accompagnant] jusqu'à la porte de la grande maison. Chaque jour, sa femme se baignait deux fois, le matin et au milieu de l'après-midi.

Au féminin, le pluriel serait externe.

Ex. : أخواته الصغيرات .

• لا يخرج من البيت إلاّ ... : la négation لا suivie de إلاّ se traduit par *ne... que...*

• الضحى : c'est en principe le moment où le soleil a accompli le quart de sa course, donc le *milieu de la matinée*. Dans l'après-midi lui correspond العصر = *milieu de l'après-midi*.

• تودّعه إلى باب البيت : l'utilisation de la préposition إلى indique un mouvement, comme si était sous-entendu un verbe comme *en l'accompagnant*.

• مرّتين : le nom مرّة est ici au duel, cas direct puisque complément direct (sans préposition).

Sens de la forme 2

La forme 2 peut noter :

- une intensité ou répétition de l'action,
- ou un sens factitif (un peu comme la forme 4),
- ou l'idée de prononcer une formule.

C'est cette dernière nuance qu'on trouve dans le verbe ودّع qui signifie *dire adieu* (وداعاً = *adieu*).

De même سلّم = *dire* السلام عليكم ou حمّد = *dire* الحمد لله .

كيف حدثت الحادثة

في أحد أيّام الخريف ، قالت زوجة « حامد حمدان » لفطوم الورد ، وهي تضحك بفرح ، إنّ زوجها اشترى آلة عرض سينمائيّة وإنّها يجب أن تأتي في تلك الليلة لتشاهد أوّل فيلم يعرضونه . بعد العشاء ، جاءت فطوم الورد وجلست على الأرض بجانب باب حجرة الجلوس التي جلس على الكراسي الجلديّة في صدرها «حامد حمدان » وزوجته ووالده المصاب بشلل نصفيّ ووالدته السمينة وأخته العانس . أطفئ النور وساد الظلام .

• Le sujet et le verbe du titre sont tous les deux de la même racine, ce qui ne pose pas de problème en arabe (mais qui aurait l'air d'une répétition en français).

• وهي تضحك بفرح : cette phrase est introduite par un و qui indique un complément d'état (الحال « و »).

• آلة عرض سينمائيّة : l'annexion est indéfinie puisque le deuxième terme (عرض) n'a pas d'article. Voilà pourquoi l'épithète سينمائيّة (qui se rapporte à آلة) est aussi indéfinie (sans article).

• تأتي : muḍaâri' du verbe أتى ، يأتي , synonyme du verbe جاء ، يجيء .

Comment arriva l'incident

Un jour d'automne, la femme de Hamed Hamdane dit à Fatoum Al-Ward en riant de joie que son mari avait acheté un appareil de projection cinématographique et qu'elle voulait qu'elle vienne ce soir-là (cette nuit-là) pour voir le premier film qu'ils allaient projeter. Après le dîner, Fatoum Al-Ward est venue et s'est assise par terre à côté de la porte du salon au centre duquel étaient assis sur les fauteuils en cuir Hamed Hamdane, sa femme, son père qui était atteint d'hémiplégie, sa mère plantureuse et sa sœur toujours vieille fille. On éteignit la lumière et l'obscurité régna.

• Le verbe شاهد est utilisé dans le sens de *voir (un film)* ou *regarder (la télévision* ou *un spectacle)*. Son sens d'origine est *assister à...*

• العشاء ['al-ʻašaâ'] est le repas du soir (*dîner*), الغداء ['al-ġadaâ'] le *déjeuner*. Quant au *petit-déjeuner*, c'est الفطور ['al-fuṭuwr]. A noter que ce dernier mot est utilisé pour le repas de la rupture du jeûne durant le mois de Ramadhan (repas qui se prend à l'heure du coucher du soleil). Dans les deux cas, il s'agit de rompre le jeûne (de la nuit ou de la journée de Ramadhan).

• ... التي جلس على الكراسي : l'antécédent de cette relative est حجرة الجلوس repris dans la relative par le pronom suffixe ها complément de صدر.

• في صدرها : le mot صدر signifie *la poitrine, le cœur*. Ici, صدر الحجرة indique le centre de la pièce, la place d'honneur.

• العانس : bien que ce participe semble être masculin, il ne s'applique qu'à des femmes puisqu'il signifie *vieille fille, femme célibataire*.

• شلل نصفيّ = mot à mot *paralysie de moitié* = *hémiplégie*.

• أطفئ : passif du verbe أطفأ au passé. Lire ['uṭfi'a].

بدأ « حامد حمدان » بتشغيل آلة العرض السينمائيّ . موضوع الفيلم كان قصّة عاطفيّة ميلودراميّة . لاحظت فطوم الورد أنّ « حامد » كان يغافل أفراد عائلته الذين تسمّرت عيونهم على جدار الحجرة الذي يظهر عليه الفيلم ، ويقوم بسرقة قبلات خاطفة من على فم وخدود زوجته التي كانت عيناها الخضراوان تبرقان في الظلام بسعادة .

• آلة العرض السينمائيّ : remarquez qu'ici l'adjectif سينمائيّ se rapporte au nom عرض . C'est donc la projection qui est cinématographique alors que dans la leçon précédente, on trouvait آلة عرض سينمائيّة : c'était l'appareil qui était cinématographique.

• ميلودرامية : cf. *mélodramatique*. Quand un mot étranger est repris en arabe, on aura tendance à transcrire chaque voyelle avec une voyelle prolongée par une semi-consonne. C'est le cas ici, comme pour le mot فيلم que nous avions rencontré avec l'écriture فلم. L'orthographe de ces mots étrangers (notamment des transcriptions de noms propres) n'est pas toujours très uniforme d'un pays à l'autre, voire d'un journal à l'autre et même suivant l'auteur du texte.

• كان يغافل : le verbe غافل est transitif comme la plupart des verbes dérivés de forme 3. Il signifie *profiter de l'inattention de..., tromper la vigilance de...*

• الذين تسمّرت عيونهم : l'antécédent de la relative est أفراد العائلة repris dans la relative par le pronom suffixe

Hamed Hamdane commença à mettre l'appareil de projection cinématographique en marche. Le sujet du film était une histoire sentimentale mélodramatique. Fatoum Al-Ward remarqua que Hamed profitait de l'inattention des membres de la famille dont les yeux restaient fixés sur le mur de la pièce, là où était projeté le film, pour voler des baisers furtifs sur la bouche et les joues de sa femme dont les yeux verts brillaient de bonheur dans l'obscurité.

هم complément du nom عيون. On traduira donc la relative par *dont les yeux...*

• بسرقة قبلات ... من على فم ... : la succession des deux prépositions من على s'explique par la présence des mots سرقة et قبلات. La préposition من indique l'origine du vol et على la localisation des baisers.

• فم وخدود زوجته : on sent dans cette construction - très courante aujourd'hui - l'influence des langues européennes. D'après les règles classiques, rien ne doit en principe séparer les deux termes d'une annexion. On devrait donc dire فم زوجته وخدودها.

• التي كانت عيناها .. : l'antécédent de la relative est زوجته repris par la pronom suffixe ها complément du nom عينان (qui devient عينا à cause du pronom suffixe). On traduira là aussi par *dont les yeux...*

• تبرقان : le verbe est à la 3e personne du féminin duel du muḍaâri' (le sujet étant عيناها, féminin duel).

Sens des formes 5 et 6

Ces deux formes notent un sens réfléchi-passif :

- la forme 5 : de la forme 2 (à laquelle on préfixe un ت).

Ex. : زوّج, *marier* → تزوّج, *se marier,*

- la forme 6 : de la forme 3 (à laquelle on préfixe un ت).

Ex. : قاتل, *combattre* → تقاتل, *se combattre,*

avec alors souvent une nuance d'action réciproque.

De plus, la forme 6 peut noter le sens de *faire semblant de...*

Ex. : تضاحك = *faire semblant de rire.*

عندما رجعت فطوم الورد في تلك الليلة إلى بيتها ، كان زوجها قد جرح إصبعين من أصابع يده اليمنى . وضعت عليهما « الأيودين » الأحمر وربطتهما . لم تستطع النوم من أنين زوجها المتواصل وبكاء طفلين من أطفالها : عندما يسكت الأوّل ، يبكي الثاني وعندما يسكت الثاني ، يبكي الأوّل .

في صباح اليوم التالي ، كانت فطوم الورد منهكة ومتعبة . بعد أن خرج زوجها ، أخذت تعدّ الخبز لأطفالها . دخلت عليها جارتها عوشة الدلالة .

• جرح : le verbe est transitif. Là où l'arabe dit "blesser deux doigts de *sa* main", le français préfèrera dire "*se* blesser deux doigts de la main".

• كان زوجها قد جرح : se traduira par un plus-que-parfait (كان + قد + passé).

• إصبعين من أصابع يده = *deux doigts des doigts de sa main = deux doigts de sa main*. De même un peu plus loin, on trouve طفلين من أطفالها = *deux enfants de ses enfants = deux de ses enfants.*

• يده اليمنى : le mot يد est féminin (partie double du corps).

• «الأيودين» الأحمر = sorte de teinture d'iode. Le mot

Quand Fatoum Al-Ward revint cette nuit-là chez elle, son mari s'était blessé deux doigts de la main droite. Elle mit dessus de l'iode rouge et les banda. Elle ne put dormir à cause des gémissements continuels de son mari et des pleurs de deux de ses enfants : quand le premier se taisait, le deuxième pleurait et quand le deuxième se taisait, le premier pleurait.
Le lendemain matin, Fatoum Al-Ward était exténuée. Après que son mari fut sorti, elle se mit à préparer le pain pour ses enfants. Sa voisine 'Aoucha Al-Dalala vint la trouver.

أيودين vient de l'anglais *iodine* (= *iode* en français).

• في صباح اليوم التالي = mot à mot *le matin du jour suivant* = *le lendemain matin*. Cf. ci-dessous.

• تعدّ : ce verbe hors contexte peut se lire soit [taʻuddu] soit [tuʻiddu]. Dans le premier cas, il s'agirait du verbe عدّ = *compter* et dans le deuxième cas du verbe أعدّ = *préparer*. Seul le contexte permettra le plus souvent de trancher de façon définitive entre le verbe simple et celui de forme 4 de la même racine au muḍaaâriʻ. Ici, il s'agit de أعدّ et il faut donc lire [tuʻiddu].

• دخلت عليها : la préposition على introduit l'idée d'entrer *subitement* ou parfois de *se précipiter*.

Se situer dans le temps

أمْسِ / بالأمسِ *hier*	اليَوْمَ *aujourd'hui*	غَداً *demain*
في اليوم السابق *la veille*	ذلك اليوم *ce jour-là*	الغَد / في اليوم التالي *le lendemain*

• *le lendemain matin* = في صباح اليوم التالي

• *ce soir* = مساء اليوم

• etc.

شـربت خـمـسـة فنـاجين من دلّة القـهـوة ، تشكّت من الضباب الكثيف في ذلك الصباح الذي سيـؤخّر ذهابها إلى السوق ، تكلّمت في مـا يزيد على عـشـرة مـواضيع . بعد ذلك ، ولسـبب مـجـهـول ، بدأت تحكي قـصّة زوجـة الرجل الغنيّ الحزينة وزوجـة الرجل الفـقـير التي تسـتـحمّ كلّ يوم . وبالرغم من أنّ فطوم الورد كانت قد سمعت تلك القصّة عدّة مـرّات من فم عـوشـة الدلالة بالذات إلاّ أنّهـا في تلك المرّة لم تتمالك نفسها . بعد أن مسحت بطرف ثوبها العرق الذي مـلأ جبـهـتـهـا ووجـهـهـا من حرارة الفحم الذي تخبز عليه ، أمسكت بدلّة القهوة ورمتها بقوّة على رأس عوشة الدلالة .

• دلّة القهوة : sorte de cafetière utilisée dans cette région.

• تشكّت : le verbe de forme 5 تشكّى a le même sens que le verbe simple شكى de même racine.

• يؤخّر : muḍaâri‘ du verbe أخّر . Remarquez le support de la hamza.

• ذهابها : ذهاب est le maṣdar du verbe ذهب . La plupart des autres verbes simples de mouvement forment leur maṣdar sur le schème فعول (cf. : وصول / دخول / خروج / حلول / جلوس / غروب / طلوع / etc.).

• ما يزيد على : suivi de la préposition على , le verbe زاد signifie *dépasser* ; sinon, il a le sens de *augmenter*.

Elle but cinq tasses de la cafetière, se plaignit de l'épaisse brume qu'il y avait ce matin et qui allait retarder son départ au marché, parla de plus de dix sujets et ensuite, pour une raison inconnue, elle commença à raconter l'histoire de la femme triste de l'homme riche et de celle de l'homme pauvre, qui se baigne chaque jour. Bien que Fatoum Al-Ward eût déjà entendu cette histoire de nombreuses fois de la bouche même de 'Aoucha Al-Dalala, cette fois-ci, cependant, elle ne se maîtrisa pas. Après avoir essuyé avec un morceau de vêtement la sueur qui couvrait son front et son visage, du fait de la chaleur du charbon sur lequel elle faisait son pain, elle se saisit de la cafetière et la jeta avec force sur la tête de 'Aoucha Al-Dalala.

• بالرغم من أنّ = *bien que, malgré le fait que...*

• عدة مرّات [ʻiddata marraât] = *de nombreuses fois, souvent*. Le nom عدّة est ici le 1er terme d'une annexion.

• بالذات = *en personne* / إلاّ أنّ = *cependant, et pourtant....*

• تتمالك نفسها : le complément نفس rend ici notre sens pronominal (cf. وجد نفسه = *se trouver*).

• أمسكت بدلّة القهوة : notez la construction du verbe أمسك avec la préposition بـ .

Sens des formes 7, 8 et 10

• La forme 7 note le passif de la forme 1.

Ex. : قطع , *couper* → انقطع , *être coupé.*

• La forme 8 note parfois un sens réfléchi-actif de la forme 1.

Ex. : عذر , *excuser* → اعتذر , *s'excuser.*

Elle peut aussi exprimer une action que le sujet fait à son profit.

Ex. : استلم , *recevoir, prendre possession de...*

• La forme 10 exprime parfois une notion d'effort du sujet.

Ex. : استغاث , *appeler à l'aide, chercher secours.*

Et la forme 9 ?

Son schème : افْعَلَّ ، يَفْعَلُّ .

Elle est formée à partir des adjectifs de couleur ou de particularités physiques et signifie *devenir...*

Ex. : احمرّ = *devenir rouge, rougir* / ابيضّ = *blanchir.*

D'emploi donc très limité, nous ne l'avons pas rencontrée ici.

90 LEXIQUE DE LA NOUVELLE

Vous trouverez ici tout le vocabulaire de la nouvelle classé par racines.

1 : ordre alphabétique
2 : racines par ordre alphabétique
3 : numéro de la forme dérivée (rien pour une forme simple)
4 : mot et traduction
5 : précision

bil. = *racine de 2 lettres (bilitère)*
coul. = *couleur*
étr. = *mot d'origine étrangère*
fém. = *féminin*
lieu = *nom de lieu*
mét. = *nom de métier*
nis. = *nisba*
p.a. = *participe actif*
pas. = *passif*
p.p. = *participe passif*
quad. = *racine de 4 lettres (quadrilitère)*

NB. : quand vous trouverez une voyelle sous la chadda, il s'agit d'une kasra. On peut en effet écrire soit متعهِّد soit متعهّد.

5	4		3	2	1
	venir	أَتَى ـِ		(أتي)	ء
	salaire	أُجْرة		(أجر)	
	retarder	أخَّرَ	2	(أخر)	
	frère	أخ ج إِخْوَة		(أخو)	
fém.	*terre*	أرْض		(أرض)	
	gémissement	أنين		(أنّ)	
	gens, famille	أهْل		(أهل)	
	machine	آلة		(أول)	

	être malheureux	اِبْتَأَسَ	8	(بأس)	ب
	début, commencement	بَدْء		(بدء)	
	début, commencement	بِداية			
	embonpoint	بَدانة		(بدن)	
	paraître, sembler	بَدا ـُ		(بدو)	
	exhiber	أَبْرَزَ	4	(برز)	
	briller	بَرَقَ ـُ		(برق)	
	gaieté, joie	اِنْبِساط	7	(بسط)	
fém.	ventre	بَطْن		بطن)	
p.a.	restant	باقٍ (الباقي)		(بقي)	
	pleur	بُكاء		(بكي)	
	exagération	مُبالَغة ج ات	3	(بلغ)	
	fils	اِبْن ج أَبْناء		(بنو)	
pas.	être construit	بُنِيَ ، يُبْنى		(بني)	
	construction	بِناء			
p.a.	éblouissant	باهِر		(بهر)	
p.a.	commerçant	تاجِر		(تجر)	ت
p.p.	fatigué	مُتْعَب	4	(تعب)	
	riche	ثَرِيّ		(ثري)	ث
	glace, neige	ثَلْج		(ثلج)	
	réfrigérateur	ثَلّاجة		(ثلث)	
	habit	ثَوْب ج ثِياب		(ثوب)	

	front	جَبْهة		(جبه)	ج
	mur	جِدار		(جدر)	
	blesser	جَرَحَ ــَ		(جرح)	
	corps	جَسَد		(جسد)	
	mettre en mesure de	جَعَلَ ــَ		(جعل)	
nis.	en cuir	جِلْديّ		(جلد)	
	fait d'être assis	جُلُوس		(جلس)	
	à côté de	بِجانِبِ ...		(جنب)	
p.p.	inconnu	مَجْهُول		(جهل)	
	pièce, chambre	حُجْرة ج ات		(حجر)	ح
	volume	حَجْم		(حجم)	
p.a.	incident	حادِثة		(حدث)	
	chaleur	حَرارة		(حرّ)	
	triste	حَزِين		(حزن)	
	raconter	حَكَى ــِ		(حكي)	
	histoire	حِكاية ج ات			
	bijou	حَلْي ج حِليّ		(حلي)	
	fait de se baigner	اِسْتِحمام	10	(حمّ)	
mét.	porteur, portefaix	حَمَّال		(حمل)	
	se transformer	تَحَوَّلَ	5	(حول)	
	quand, lorsque	حِينَما		(حين)	
	faire le pain	خَبَزَ ــِ		(خبز)	خ
	pain	خُبْز			

	joue	خَدّ ج خُدود		(خدّ)	
	automne	خَريف		(خرف)	
nis.	en bois	خَشَبيّ		(خشب)	
coul.	vert	أَخْضَر ج خَضْراء		(خضر)	
p.a.	ici : furtif	خاطِف		(خطف)	
p.a.	vide	خالٍ (الخالي)		(خلو)	
	ici : baraque	خَيْمة ج خِيام		(خيم)	
pas.	être appelé	دُعِيَ ، يُدْعَى		(دعو)	د
	boutique	دُكّان		(دكن)	
	sorte de cafetière	دَلّة		(دلّ)	
p.a.	rond	مُسْتَدِير	10	(دور)	
p.a.	toujours	دائِماً		(دوم)	
p.a.	fané - ici : fatigué	ذابِل		(ذبل)	ذ
	départ	ذَهاب		(ذهب)	
nis.	en or	ذَهَبيّ			
	montrer, faire voir	أرَى ، يُرِي	4	(رأي)	ر
	attacher, bander	رَبَطَ ـُ		(ربط)	
	nourrisson	رَضيع		(رضع)	
	malgré	بِالرَّغْمِ مِنْ		(رغم)	
lieu	bateau	مَرْكَب ج مَراكِب		(ركب)	
	raconter	رَوَى ـِ		(روي)	

	dépasser	زادَ ـِ على		(زيد)	ز
	secret	سِرّ		(سرّ)	س
	vol	سَرِقة		(سرق)	
	palme	سَعَف		(سعف)	
	toux	سُعال		(سعل)	
	bateau	سَفينة ج سُفُن		(سفن)	
	se taire	سَكَتَ ـُ		(سكت)	
	s'immobiliser	تَسَمَّرَ	5	(سمر)	
	entendre	سَمِعَ ـَ		(سمع)	
	fait d'écouter	اِسْتِماع	8		
	gros	سَمين		(سمن)	
fém.	dent	سِنّ ج أسْنان		(سنّ)	
	veiller	سَهِرَ ـَ		(سهر)	
	dominer, régner	سادَ ـُ		(سود)	
	boire	شَرِبَ ـَ		(شرب)	ش
	moustache	شارِب ج شَوارِب			
pas.	être allumé	أُشْعِلَ ، يُشْعَلُ	4	(شعل)	
	occuper	شَغَلَ ـَ		(شغل)	
	faire marcher	شَغَّلَ	2		
	mise en marche	تَشْغيل	2		
	s'affairer	اِنْشَغَلَ	7		
	se plaindre	تَشَكَّى	5	(شكو)	
	hémiplégie	شَلَل نِصْفِيّ		(شلّ)	

	regarder	شاهَدَ	3	(شهد)	
	lampe	مِصْباح ج مَصابيح		(صبح)	ص
	doigt	إِصْبَع ج أصابِع		(صبع)	
p.a.	*ami*	صاحِب ج أصْحاب		(صحب)	
	rocher	صَخْرة ج صُخور		(صخر)	
	poitrine	صَدْر		(صدر)	
	jeune, petit	صَغير ج صِغار		(صغر)	
coul.	*jaune*	أصْفَر م صَفْراء		(صفر)	
quad.	*coffre*	صُنْدوق		(صندق)	
	brume, brouillard	ضَباب		(ضبّ)	ض
	milieu de la matinée	ضُحًى		(ضحو)	
	frapper	ضَرَبَ ـِ		(ضرب)	
	opprimer	اضْطَهَدَ	8	(ضهد)	
	lumière	ضَوْء		(ضوء)	
	éclairer	أضاءَ	4		
	morceau	طَرَف		(طرف)	ط
pas.	*être éteint*	أُطْفِئَ ، يُطْفَأُ	4	(عطو)	
	dominer	أطَلَّ	4	(طلّ)	
	lever (du soleil)	طُلوع		(طلع)	
	s'attarder à	أطالَ	4	(طول)	
	terre, argile	طِين		(طين)	

	obscurité	ظَلام		(ظلم)	ظ
	apparaître	ظَهَرَ ـَ		(ظهر)	
	fait de compter	عَدّ		(عدّ)	ع
	nombreux, plusieurs	عِدّة			
	préparer	أَعَدَّ	4		
	projeter (film)	عَرَضَ ـِ		(عرض)	
	projection	عَرْض			
	sueur	عَرَق		(عرق)	
	dîner	عَشاء		(عشو)	
	milieu de l'après-midi	عَصْر		(عصر)	
	jus	عَصير			
p.p.	*parfumé*	مُعَطَّر	2	(عطر)	
nis.	*sentimental*	عاطِفِيّ		(عطف)	
p.p.	*la plupart*	مُعْظَم	4	(عظم)	
nis.	*du haut, supérieur*	عُلْوِيّ		(علو)	
	aveugler	أَعْمَى	4	(عمي)	
p.a.	*vieille fille*	عانِس		(عنس)	
p.a.	*entrepreneur*	مُتَعَهِّد	5	(عهد)	
étr.	ici : *pétrole*	غاز			غ
	chambre, pièce	غُرْفة ج غُرَف		(غرف)	
	profiter de l'inattention de	غافَلَ	3	(غفل)	
	riche	غَنِيّ ج أَغْنِياء		(غني)	

	charbon	فَحْم		(فحم)	ف
	joie	فَرَح		(فرح)	
	individu	فَرْد ج أفْراد		(فرد)	
p.a.	particularisé	مُتَفَرِّد	5		
nis.	en argent	فِضّيّ		(فضّ)	
	pauvre	فَقير ج فُقَراء		(فقر)	
bil.	bouche	فَم		(فم)	
quad.	tasse	فِنْجان ج فَناجين		(فنجن)	
	baiser	قُبْلة ج ات		(قبل)	ق
p.a.	capable	قادِر		(قدر)	
	comparer	قارَنَ	3	(قرن)	
	comparaison	مُقارَنة	3		
	histoire	قِصّة ج قِصَص		(قصّ)	
	petitesse (taille)	قِصَر		(قصر)	
	court	قَصير			
	café	قَهْوة		(قهو)	
	taille	قامة		(قوم)	
	force	قُوّة		(قوي)	
	s'attrister	اكْتَأَبَ	8	(كأب)	ك
	bloc, masse	كُتْلة		(كتل)	
	important (en quantité)	كَثير		(كثر)	
	épais	كَثيف		(كثف)	
	mensonge	أُكْذوبة ج أكاذيب		(كذب)	

p.a.	*répété*	مُتَكَرِّر	5	(كرّ)	
	chaise, fauteuil	كُرْسِيّ ج كَراسٍ		(كرس)	
	faillir (presque)	كادَ ـَ		(كود)	
p.p.	*formé, composé*	مُكَوَّن	2	(كون)	
	fer à repasser	مِكْواة		(كوي)	
p.p.	*repassé*	مَكْوِيّ			
	habit	مَلْبَس ج مَلابِس		(لبس)	ل
	trouver agréable	اِسْتَلْطَفَ	10	(لطف)	
	briller	لَمَعَ ـَ		(لمع)	
	nuit	لَيْلة		(ليل)	
étr.	*citron*	لَيْمون			
	ressembler à	ماثَلَ	3	(مثل)	م
	essuyer	مَسَحَ ـَ		(مسح)	
	se saisir de	أَمْسَكَ	4	(مسك)	
	remplir	مَلأَ ـَ		(ملأ)	
p.a.	ici : *corpulent*	مُمْتَلِئ	8		
	se maîtriser	تَمالَكَ نَفْسَهُ	6	(ملك)	
	mettre au monde	أَنْجَبَ	4	(نجب)	ن
mét.	*menuisier*	نَجّار		(نجر)	
	maigreur	نُحول		(نحل)	
	palmiers (collectif)	نَخيل		(نخل)	
p.a.	*rarement*	نادِراً ما		(ندر)	

	activité, ardeur	نَشاط		(نشط)	
nis.	demi-	نِصْفيّ		(نصف)	
	hémiplégie	شَلَل نِصْفيّ			
p.p.	milieu	مُنْتَصَف	8		
p.a.	adapté, en ordre	مُنْتَظِم	8	(نظم)	
	argent, monnaie	نَقْد ج نُقود		(نقد)	
p.p.	exténué	مُنْهَك	4	(نهك)	
	fait de dormir	نَوْم		(نوم)	
	visage	وَجْه		(وجه)	و
	un	واحِد		(وحد)	
	unique	وَحيد			
	saluer, dire adieu	وَدَّعَ	2	(ودع)	
p.a.	rose	مُتَوَرِّد	5	(ورد)	
	milieu	وَسْط		(وسط)	
p.a.	continuel	مُتَواصِل	6	(وصل)	
p.a.	apparent	واضِح		(وضح)	
p.p.	sujet (de discussion)	مَوْضوع ج مَواضيع		(وضع)	
nis.	journalier, quotidien	يَوْمِيّ		(يوم)	ي

Corrigé

des

exercices

Leçon 1

A. تونس se retrouve 3 fois.

B. Le mot تونس est souligné (on le trouve 3 fois) :

1. يسكن أخي في تونس . 2. ذهبت إلى تونس مع أخي يونس . 3. لعبت التنس في باريس . 4. هذا الولد تونسيّ .
5. إنّ مدينة تونس أصغر من مدينة باريس .

E. تُـ تِـ نُـ نِـ سُ سِ

Leçon 2

A. تونس et باريس se retrouvent chacun 2 fois.

B. Les mots تونس (2 fois) et باريس (4 fois) sont soulignés :

1. إنّ باريس عاصمة فرنسا . 2. مدينة باريس بعيدة عن مدينة تونس . 3. لا تقع مدينة تونس على شاطئ البحر .
4. يسكن ياسين التونسيّ في باريس . 5. متى تسافرون إلى باريس ؟

E. بِـ بَـ بُـ رِ رَ رُ

Leçon 3

B. Les mots تونس (2 fois), باريس (1 fois), بيروت (1 fois) et لبنان (1 fois) sont soulignés :

1. اجتماع لوزراء الخارجيّة العرب عن لبنان . 2. تأجيل بطولة تونس للشبّان إلى آخر الشهر الحاليّ . 3. جديد : ربط تونس بالعالم عن طريق المينيتيل . 4. الرئيس اللبنانيّ يغادر باريس اليوم . 5. إلين حاجّ : أجمل وجه تيليفيزيونيّ في بيروت .

D. A2 / B5 / C6 / D4 / E1 / F3 / G7.

Leçon 4

B. 1. سيل - سلي - يسل - يلس - لسي - ليس / 2. بني - بين - يبن - ينب - نبي - نيب / 3. بنت - بتن - تبن - تنب - نبت - نتب / 4. ستر - سرت - رست - رتس - ترس - تسر

C. Prénoms : Nabil [nabiyl] - Yacine [yaâsiyn] - Nouri [nuwriy]. Lieux : Libye [liybiyaâ] - Bonn [buwn] - Russie [ruwsiyaâ] - Libéria [liybiyriyaâ] - Lyon [liyuwn]

D. A4 / B9 / C2 / D7 / E8 / F10 / G3 / H5 / I6 / J1

Leçon 5

Oui/Non 1. kariyma fiy suwsa : *non* 2. kariym fiy baâriys : *oui* 3. kariyma fiy baâriys : *oui* 4. kariym fiy bayruwt : *non* 5. kariyma lubnaâniyya : *non* 6. kariym lubnaâniy : *oui* 7. kariyma min suwsa : *oui* 8. kariyma wa-kariym fiy baâriys : *oui* 9. bayruwt fiy lubnaân : *oui* 10. suwsa fiy lubnaân : *non*

B. 1. كلم - كمل - مكل - ملك - لكم - لمك 2. مرس - مسر - سمر - سرم - رمس - رسم 3. كوب - كبو - بكو - بوك - وكب - وبك 4. نمي - نيم - يمن - ينم - مني - مين

C. 1. كلبة / 2. ملك / 3. تونسيّ / 4. لبنانيّة / 5. سميرة 6. كاتب / 7. كبير / 8. سليم .

D. 1. Rome [ruwmaâ] - 2. Marseille [marsiyliyaâ] - 3. Moscou [muwskuw] - 4. Monaco [muwnaâkuw] - 5. Roumanie [ruwmâniyaâ] - 6. Syrie [suwriyaâ] - 7. Colombo [kuwluwmbuw] - 8. Kyoto [kiyuwtuw] - 9. Pékin [bikiyn] - 10. Tlemcen [tilimsaân] - 11. Mali [maâliy] - 12. Kénya [kiyniyaâ] - 13. Panama [banamaâ] - 14. Namibie [naâmiybiyaâ] - 15. Cuba [kuwbaâ] - 16. Lima [liymaâ] - 17. Colombie [kuwlumbiyaâ] - 18. Costa-Rica [kustaâriykaâ].

Leçon 6

Tableau à compléter : 1 et 4 : تسكن [taskunu] / 2 et 3 : تسكنين [taskuniyna] / 5 : un nom féminin et 6 : un nom masculin / 5 et 6 - la réponse : أسكن ['askunu]

B. 1. فرد – فدر – دفر – درف – رفد – ردف / 2. رود – ردو – دور – درو – ورد – ودر / 3. فلك – فكل – كفل – كلف – لكف – لفك / 4. أمن – أنم – مأن – منأ – نمأ – نأم

C. 1. Dakar [daâkaâr] - 2. France [firansaâ] - 3. Allemagne ['almaâniyaâ] - 4. Danemark [daânimaârk] - 5. Finlande [fiynlandaâ] - 6. Iran ['iyraân] - 7. Amsterdam ['amstardaâm] - 8. Andorre ['anduwraâ] - 9. Irlande ['iyrlandaâ] - 10. Londres [lundun].

D. أَدْرُسُ – تَدْرُسُ – تَدْرُسِينَ / أَكْتُبُ – تَكْتُبُ – تَكْتُبِينَ أَسْكُنُ – تَسْكُنُ – تَسْكُنِينَ / أَتَكَلَّمُ – تَتَكَلَّمُ – تَتَكَلَّمِينَ

Leçon 7

Vrai/Faux 1. taskunu saliyma fiy firansaâ : *non* 2. ya'malu 'aliy fiy liybyaâ : *oui* 3. tadrusu nafiysa fiy 'amiyriykaâ : *oui* 4. yaskunu 'aliy ma'a saliyma : *non* 5. taskunu nafiysa ma'a 'aliy : *non*

C. 1. عمل – علم – لمع – لعم – معل – ملع / 2. عود – عدو – دعو – دوع – ودع – وعد / 3. فعل – فلع – لفع – لعف – عفل – علف / 4. خدم – خمد – مخد – مدخ – دمخ – دخم / 5. خيل – خلي – لخي – ليخ – يخل – يلخ

D. 1. Saïd [sa'iyd] - 2. Omar ['umar] - 3. Amman ['ammaân] - 4. Khaled [ḫaâlid] - 5. Sidi Bel Abbès [siydiy bal'abbaâs] - 6. Mokhtar [muḫtaâr] - 7. Saïda [sa'iyda] - 8. Baalbek [ba'albak] - 9. Naïma [na'iyma] - 10. Mouammar [mu'ammar].

E. 1. أَلْعَبُ – تَلْعَبِينَ – يَلْعَبُ – تَلْعَبُ 2. أَدْخُلُ – تَدْخُلِينَ – يَدْخُلُ – تَدْخُلُ 3. أَسْمَعُ – تَسْمَعِينَ – يَسْمَعُ – تَسْمَعُ 4. أَفْعَلُ – تَفْعَلِينَ – يَفْعَلُ – تَفْعَلُ

Leçon 8

B. 1. أنتَ تونسيّ ؟ 2. أنتِ تونسيّة ؟ 3. أنتَ فرنسيّ ؟ 4. أنتَ لبنانيّ ؟ 5. أنتِ من لبنان ، يا كريمة ؟ 6. أنتَ من لبنان ، يا كريم ؟ 7. وأنتَ ، تتكلّم العربيّة ؟ 8. وأنتِ ، تتكلّمين الفرنسيّة ؟

C. 1. باريسيّ / باريسيّة 2. ألمانيّ / ألمانيّة 3. إسبانيّ / إسبانيّة 4. أميريكيّ / أميريكيّة 5. ليبيّ / ليبيّة

D. 1. فريد سوريّ . يسكن في عنّابة . يتكلّم العربيّة والفرنسيّة 2. سليمة لبنانيّة . تسكن في باريس . تتكلّم العربيّة والفرنسيّة . 3. عليّ سعوديّ . يسكن في بون . يتكلّم العربيّة والألمانيّة . 4. مليكة أردنّيّة . تسكن في عمّان . تتكلّم العربيّة .

Leçon 9

Vrai/Faux 1. majiyd huwa 'aẖuw jamaâl : *non* 2. jamaâl fi-l-ẖaliyj : *oui* 3. ya‘malu jamaâl fi-l-ẖaliyj : *on ne sait pas* 4. yaskunu 'abuw jamaâl fiy firansaâ : *on ne sait pas* 5. yarji‘u jamaâl ba‘da 'usbuw‘ : *oui* 6. kamaâl huwa 'aẖuw jamaâl : *non* 5. jamaâl lubnaâniy : *on ne sait pas*

B. 1. جيل – جلي – لجي – ليج – يلج – يجل / 2. عجم – عمج – معج – مجع – جمع – جعم / 3. رجل – رلج – لجر – لرج – جلر – جرل

C. 1. Moussa [muwsaâ] - 2. Nejma [najma] - 3. Jeddah [jadda] - 4. Jerba [jarba] - 5. Bejaïa [bijaâya] - 6. Oujda [wujda] - 7. Genève [jiniyf] - 8. Khadija [ẖadiyja] - 9. Jamila [jamiyla] - 10. Leïla [laylaâ].

D.
1. تَسْ | كُ | نِي | نَ — o/ | / | o/ | /
2. سَيْ | يِ | دِي — o/ | / | o/
3. تُو | نِ | س — o/ | / | ?
4. كَ | مَا | ل — / | o/ | ?
5. مُ | نِي | رَ | ة — / | o/ | / | ?
6. أَلْ | خَ | لِي | ج — o/ | / | o/ | ?

Leçon 10

B. 1. ملأ – مأل – أمل – ألم – لأم – لمأ / 2. خبز – خزب – زبخ – زخب – بزخ – بخز / 3. زبل – زلب – لبز – لزب – بلز – بزل / 4. ألف – أفل – فلأ – فأل – لأف – لفأ 5. عجز – عزج – زعج – زجع – جعز – جزع

C. 1. الأب - 2. الأخت - 3. الأخ - 4. الأمير

D. 1. Zoulikha [zulayḫa] - 2. l'Argentine ['al-'arjantiyn] - 3. Malaisie [maâliysiyaâ] - 4. Tanzanie [taânzaânyaâ] - 5. le Brésil ['al-baraâziyl] - 6. Aziz ['aziyz] - 7. New-Zealand [niyuwziylandaâ] - 8. Alexandrie ['al-'iskandariyya] - 9. Milan [miylaânuw] - 10. Zina [ziyna].

E. 1. تعمل أختُ كمال * في دولةِ الكويت

2. يزور أميرُ الكويت * مدينةَ تونس

3. زيارةُ أميرِ الكويت * في مدينةِ تونس

Leçon 11

D. 1. غرب - غبر - رغب - ربغ - بغر - برغ / 2. وصل - ولص - صول - صلو - لوص - لصو / 3. صغر - صرغ - غصر - غرص - رغص - رصغ / 4. رغم - رمغ - غرم - غمر - مرغ - مغر

E. 1. Mansour [manṣuwr] - 2. Ghardaïa [ġardaâya] - 3. Ghâna [ġaânaâ] - 4. Mossoul ['al-mawṣil] - 5. Sanaa [ṣan'aâ'] - 6. Afghanistan ['afġaânistaân] - 7. Mostaghanem [mustaġânim] - 8. Sofia [ṣuwfiyaâ] - 9. Zaïre [zaâ'iyr] - 10. Bassora ['al-baṣra].

Leçon 12

Erreurs : 1. الرئيس الجزائريّ / 2. المملكة المغربيّة / 5. المملكة العربية السعوديّة / 6. الجمهوريّة العربيّة السوريّة / 11. الرئيس السوريّ.

B. 1. فهم - فمه - هفم - همف - مهف - مفه / 2. عهد - عده - هعد - هدع - دهع - دعه / 3. شهر - شره - هشر - هرش - رشه - رهش / 4. هشم - همش - شمه - شهم - مهش - مشه

C. 1. Hédi ['al-haâdiy] - 2. Oran [wahraân] - 3. Hollande [huwlandaâ] - 4. Hambourg [haâmbuwrġ] - 5. Chéhérazade [šahrazaâd] - 6. Ispahan ['isfahaân] - 7. Rachid [rašiyd] - 8. Tchad [tšaâd] - 9. Johannesbourg [juwhaânasbuwrġ].

D. 1. ['aṣ-ṣuwmaâl] - 2. ['aṣ-ṣiyn] - 3. ['al-hind] -

4. ['as-siniġaâl] - 5. ['an-niyjir] - 6. ['al-maksiyk].

Leçon 13

Erreurs : 2. سلطان عمان/ 4. الرئيس المصريّ /
5. دولة الكويت / 6. عاصمة عمان هي مسقطٌ .

B. 1. طرق – طقر – رطق – رقط – قرط – قطر / 2. طهر – طره – هرط – هطر – رهط – رطه / 3. قلم – قمل – لقم – لمق – ملق – مقل / 4. طلب – طبل – لطب – لبط – بطل – بلط / 5. قفل – قلف – فقل – فلق – لفق – لقف .

C. 1. Sfax [ṣafaâqus] - 2. Fatima [faâṭima] - 3. Constantine [qasanṭiyna] - 4. Damas [dimašq] - 5. Rabat ['ar-ribaâṭ] - 6. Abderrazak [ʻabda-r-razzaâq] - 7. Kader [qaâdir] - 8. Tanger [ṭanja] - 9. Gabès [qaâbis] - 10. Louksor ['al-'uqṣur] - 11. Nouakchott [nawaâkšuwṭ] - 12. Istanboul [ʻisṭanbuwl] - 13. Palestine [filasṭiyn] - 14. Téhéran [ṭahraân] - 15. Tétouan [taṭwaân] - 16. Aïcha [ʻaâ'iša] - 17. Ankara ['anqara] - 18. Laghouat ['al-'aġwaâṭ]

Leçon 14

B. 1. ذهب – ذبه – هذب – هبذ – بذه – بهذ / 2. ذكر – ذرك – كرذ – كذر – ركذ – رذك / 3. عذب – عبذ – ذبع – ذعب – بذع – بعذ / 4. قذف – قفذ – ذقف – ذفق – فقذ – فذق .

C. 1. Abdelqader [ʻabda-l-qaâdir] - 2. Abdelkarim [ʻabda-l-kariym] - 3. Abdelaziz [ʻabda-l-ʻaziyz] - 4. Abdesslam [ʻabda-s-salaâm] - 5. Abdelmalik [ʻabda-l-malik] - 6. Noureddine [nuwra-d-diyn] - 7. Khireddine [ḫayra-d-diyn] - 8. Azzeddine [ʻizza-d-diyn] - 9. Jamaleddine [jamaâla-d-diyn] - 10. Badreddine [badra-d-diyn].

D. Phrases complétées par هذا هو : 1, 3, 7, 8 et 10.

Leçon 15 - TEST

A. 1. بيروت / *Beyrouth* 2. وصول / *une arrivée*
3. أميريكا / *Amérique* 4. إسبانيا / *Espagne* 5. أوروبا /
Europe 6. أسبوع / *une semaine* 7. زيارة / *une visite*
8. الجزائر / *Algérie* ou *Alger* 9. الوزراء / *les ministres*

10. بغداد / *Bagdad* 11. سعوديّ / *saoudien* 12. جمهوريّة / *une République* 13. شركة / *une société* 14. سلطان / *un sultan* ou *un roi* 15. رئيس / *un président* 16. مملكة / *un Royaume* 17. عاصمة / *une capitale* 18. الأردنّ / *la Jordanie* 19. سلطنة / *un Sultanat* 20. مدينة / *une ville*

B. a : 15 / b : 7 / c : 3 / d : 13 / e : 2 / f : 11 / g : 14 / h : 10 / i : 9 / j : 5 .

C. ١ : 4 / ٢ : 6 / ٣ : 8 / ٤ : 5 / ٥ : 1 / ٦ : 10 / ٧ : 9 / ٨ : 3 / ٩ : 2 / ١٠ : 7 .

D. 1 : 8.35 / Tunis-Air 2 : 2 / Tunis-Air et Alitalia 3 : Milan 4 : 2 / Tunis-Air et Air France 5 : non 6 : Tunis-Air / 8.05 7 : Lufthansa /Francfort 8 : Marseille et Lyon 9 : oui (à 13.30) / non (escale au Caire) 10 : Djerba

E.
1. أَرْجِعُ / تَرْجِعُ / تَرْجِعِينَ / يَرْجِعُ / تَرْجِعُ
2. أُسافِرُ / تُسافِرُ / تُسافِرِينَ / يُسافِرُ / تُسافِرُ
3. أَتَكَلَّمُ / تَتَكَلَّمُ / تَتَكَلَّمِينَ / يَتَكَلَّمُ / تَتَكَلَّمُ

F. 1. le père de Karim (A) 2. le Président algérien (E) 3. la ville d'Alger (A) 4. une ville algérienne (E) 5. un homme d'affaires (A) 6. la sœur de Kamal (A) 7. un ministre koweïtien (E) 8. une société américaine (E) 9. la République française (E) 10. la capitale de l'Egypte (A).

Leçon 16

B.
1. ثوم - ثمو - وثم - ومث - موث - مثو /
2. ثبت - ثتب - بثت - بتث - تبث - تثب .

C.
1. هما مهندسان / 2. هي مع الولدين /
3. الابنان الكبيران طالبان / 4. البنتان الصغيرتان مع المهندسين / 5. السفيران مع الوزيرين .

D.
1. تَدْرُسُ - تَدْرُسانِ - يَدْرُسْنَ
2. يَعْرِفُ - يَعْرِفانِ - يَعْرِفونَ / 3. يَفْعَلُ - يَفْعَلانِ - يَفْعَلونَ
4. تَرْجِعُ - تَرْجِعانِ - يَرْجِعْنَ / 5. تَعْمَلُ - تَعْمَلانِ - يَعْمَلْنَ

6. يُسافِرُ - يُسافِرانِ - يُسافِرونَ .

Leçon 17

B. 1. حمد - حدم - محد - مدح - دمح - دحم /
2. روح - رحو - ورح - وحر - حور - حرو .

C. 1. أنتِ / 2. أنا / 3. أنتنّ / 4. أنتما (ou هما) / 5. أنتم /
6. نحن

D. 1. تَفْعَلينَ - تَفْعَلانِ - تَفْعَلْنَ
2. أَتَعَلَّمُ - نَتَعَلَّمُ - نَتَعَلَّمُ / 3. تَدْرُسينَ - تَدْرُسانِ - تَدْرُسْنَ
4. أَسْكُنُ - نَسْكُنُ - نَسْكُنُ / 5. تَعْمَلُ - تَعْمَلانِ - تَعْمَلونَ
6. تُسافِرُ - تُسافِرانِ - تُسافِرونَ .

Leçon 18

B. 1. ضرب - ضبر - ربض - رضب - برض - بضر /
2. مرض - مضر - رمض - رضم - ضرم - ضمر .

C. 1. ابنك / 2. ابنتك / 3. مدينتك / 4. بيتك /
5. مدرستك / 6. أولادك .

D. 1. ابني / 2. ابنتي / 3. مدينتي / 4. بيتي /
5. مدرستي / 6. أولادي .

E. 1. أخت / 2. أمّ / 3. سيّد / 4. أب / 5. أخ / 6. بلاد
7. عودة / 8. مملكة / 9. شركة / 10. بيت / 11. سيّدة .

F. 1. Que fais-tu dans ton bureau ?

(ماذا تَفْعَلينَ في مَكْتَبِكِ ؟)

2. Que fais-tu dans ton bureau ? (ماذا تَفْعَلُ في مَكْتَبِكَ ؟)

3. C'est votre fils, Monsieur ? (هٰذا ٱبْنُكَ يا سَيِّدي ؟)

4. C'est votre fils, Madame ? (هٰذا ٱبْنُكِ يا سَيِّدَتي ؟)

5. Quel est ton nom, garçon ? (ما ٱسْمُكَ يا وَلَد ؟)

6. Quel est votre nom, Madame ? (ما ٱسْمُكِ يا سَيِّدَتي ؟)

Leçon 19

B. 1. 1515 / 2. 732 / 3. 1940 / 4. 1945 / 5. 1914 / 6. 1956 / 7. 2000 / 8. 1492 / 9. 1789 / 10. 1802.

C. 1. لا ، لا أسكن .../ 2. لا ، لا يتكلّم .../
3. لا ، لا أشتغل .../ 4. لا ، لا تبحث .../ 5. لا ، لا نبحث .../
6. لا ، لا أعرف ... ou لا ، لا تعرف ... .

D. 1. هل تتعلّم (ou تتعلّمين) شيئا (ou العربيّة ...) ؟
2. هل تدرسون (ou تدرسن) الألمانيّة ؟ / 3. هل تشتغل أمّك ؟ / 4. هل يسكن أحد (ou سمير ...) هنا ؟ / 5. هل يعرف ابنك أحدا (ou سميرة ...) ؟

E. 1. - هَلْ تَبْحَثِينَ عَنْ أَحَدٍ يا كَرِيمة ؟ - لا ، لا أَبْحَثُ عَنْ أَحَدٍ : أَذْهَبُ إِلى مَكْتَبي . / 2. - هَلْ يَشْتَغِلُ أخوك ؟ - لا ، لا يَفْعَلُ شَيْئاً . - وَأَنْتُمْ ، ماذا تَفْعَلونَ (ou وأَنْتُنَّ ، ماذا تَفْعَلْنَ)؟ - لا نَفْعَلُ شَيْئاً . / 3. - هَلْ تُسافِرُ (ou تُسافِرينَ) لِعَمَلِك ؟ - لا ، لا أُسافِرُ أَبَداً .

Leçon 20

B. 1. ظلم - ظمل - لظم - لمظ - ملظ - مظل /
2. ظرف - ظفر - رفظ - رظف - فرظ - فظر .

C. 1. هذا مَكْتَبُ الْمُديرِ . هذا مَكْتَبُهُ › هذا مكتب المديرة . هذا مكتبها . / 2. الْمُديرُ لَيْسَ في مَكْتَبِهِ › المديرة ليست في مكتبها . / 3. يَعْرِفُ الْمُديرُ مَكْتَبَهُ الْجَديدَ › تعرف المديرة مكتبها الجديد .

D. 1. أَنْتَ ٱسْمُكَ كَريم / 2. هِيَ ٱسْمُها سَميرة /
3. أنا ٱسْمي جَميلة / 4. أَنْتِ ٱسْمُكِ فَريدة /
5. هُوَ ٱسْمُهُ مُحَمَّد / 6. أنا ٱسْمي عُمَر .

E. 1. Tu n'es pas dans ton bureau aujourd'hui :
(أنتِ) لَسْتِ في مَكْتَبِكِ ou (أنتَ) لَسْتَ في مَكْتَبِكَ ٱلْيَوْمَ

2. Je ne suis pas dans mon bureau aujourd'hui :

(أنا) لَسْتُ في مَكْتَبِي

3. Elle n'est pas dans son bureau : (هي) لَيْسَتْ في مَكْتَبِها

4. Son école est en Amérique : (هي) مَدْرَسَتُها في أميرِكا

5. Sa fille s'appelle Jamila : (هو) اِبْنَتُهُ ٱسْمُها جَميلة

6. Son directeur s'appelle Monsieur Ali :

(هي) مُديرُها ٱسْمُهُ ٱلسَّيِّدُ عَليّ

Leçon 21

B. Voici des exemples de solutions :

1. الكاتبة في مكتب المديرة / 2. لا يعرف سمير المدير / 3. لا يعرف المدير الكاتبة الجديدة / 4. ينتظر محمّد المدير / 5. ليست الكاتبة مع المدير / 6. مدرسة سمير في أميركا / 7. يدرس محمّد مع سمير / 8. يتكلّم الرجل مع أختي / 9. يعود سمير من المدرسة / 10. يشتغل جمال في المكتب .

C. 1. لا ، لا أذهب معك .../ 2. لا ، ليست في بيتي ./ 3. لا ، لا ينتظرني ./ 4. لا ، لا أعرفها ./ 5. لا ، لستُ معه .

D. 1. في الجَزائِرِ (هُناكَ) رَئِيسٌ وَفي الأُرْدُنِّ (هُناكَ) مَلِكٌ ./ 2. في الشّارِعِ أوْلادٌ ./ 3. في شَرِكَتِي كاتِبَةٌ لا تَشْتَغِلُ ./ 4. في مَدْرَسَتِي (هُناكَ) فِرَنْسِيٌّ يَعْرِفُ الْعَرَبِيَّةَ ./ 5. هُناكَ رَجُلٌ يَبْحَثُ عَنِ ابْنِه ./ 6. أنْتِ وَحْدَكِ ؟ لَيْسَتْ أُخْتُك مَعَكِ ؟ / 7. في مَدينَتِي (هُناكَ) مَدْرَسَةٌ أميرِكِيَّةٌ ./ 8. في مَكْتَبِي رَجُلٌ لا أعْرِفُهُ ./ 9. هَلْ تَنْتَظِرُني ؟ أذْهَبُ مَعَكَ (ou هل تنتظرينَني ؟ أذهب مَعَكِ) .

Leçon 22

B. 1. أبي في البيت / 2. أنا في تونس / 3. هي في مكتبها / 4. أختي في العراق / 5. أنتَ مع .../ 6. الرئيس في ...

C. 1. سيكون أبي في البيت / 2. سأكون في تونس / 3. ستكون في مكتبها / 4. ستكون أختي في العراق / 5. ستكون مع .../ 6. سيكون الرئيس في ...

D. 1. كانت أختي في .../ 2. كانت في مصر / 3. كنتُ في .../ 4. كانت ملكة .../ 5. كان رئيس .../ 6. كنتِ مع المدير .

E. 1. هِيَ في ٱلْمَصْنَعِ ./ 2. كُنْتُ في مَكْتَبِي ./ 3. سَأَكونُ في ٱلْبَيْتِ قَبْلَ رُجوعِك ./ 4. عِنْدَهُمْ بَيْتٌ في ٱلْجَزائِرِ ./ 5. عِنْدِي ٱبْنَةٌ تَشْتَغِلُ في ٱلْمَصْنَعِ ./ 6. كانَتْ هُنا ./ 7. كانَ ٱلْمُديرُ في مَكْتَبِه ./ 8. كانَتْ مَعَهُ كاتِبَةٌ لا تَعْرِفُ ٱلْعَرَبِيّةَ ./ 9. لا أعْرِفُ أيْنَ سَيَكونُ بَعْدَ ساعةٍ ./ 10. هَلْ سَتَكونُ أُمُّكَ في ٱلْبَيْتِ في ٱلصَّباحِ ؟/ 11. لا أعْرِفُ هَلْ كانَتِ ٱلْمُديرةُ هُنا في ٱلصَّباحِ .

Leçon 23

Commentaire : يشتغل منير في باب الإعلانات .
كلّ يوم ، ينشر إعلانا يطلب فيه عملا .

1. نعم / 2. لا / 3. إعلانات / 4. عملا / 5. لا .

B. 1. جزائريّون / 2. تونسيّات / 3. زيارات / 4. مطارات / 5. فرنسيّون / 6. مذكّرات .

C. 1. ب ل د / 2. د و ل / 3. م ل ك / 4. ر ء س / 5. م د ن / 6. ط ل ب / 7. ج و ب / 8. س ء ل / 9. ع م ل / 10. ش غ ل .

D. 1. كُلَّ يَوْمٍ ، نَنْشُرُ شَيْئاً في ٱلصُّحُفِ ./ 2. لا يَكْتُبُ ٱلْمُديرُ شَيْئاً في ٱلصُّحُفِ ./ 3. كانَ إعْلانِي في صَحِيفَةِ ٱلصَّباحِ ./
4. لا أعْرِفُ هَلْ يَكْتُبُ ٱلْمُديرُ كُلَّ يَوْمٍ في ٱلصَّحِيفَةِ ./
5. لا نَعْرِفُ ما يَنْشُرُهُ مُنير كُلَّ يَوْمٍ في صَحِيفَتِهِ ./
6. يَعْرِفُ كُلُّ مُديرٍ ما في صَحِيفَتِهِ .

Leçon 24

Vrai/Faux : Phrases vraies : 2 et 4 / fausses : 1, 3 et 6.

B. 1. اللقب : الشامي / زوجة محمّد بن عليّ / الاسم : فاطمة
2. : 51/9/5 / 3. : عمّان / 4. : أردنيّة / 5. : مديرة شركة /
6. : شارع الحرّيّة رقم 87 تونس / 7. : نزل السلام (فاس)

C. 1. الجِنْسِيَّة / 2. تاريخُ الوِلادَة / 3. مَكانُ الوِلادَة / 4. اللَقَب /
5. ذاهِبٌ إِلى / 6. المِهْنَة / 7. العُنْوان .

Leçon 25

B. *Le trait entre le mubtada' et le ḫabar se met après* هذا *dans les phrases 1, 2, 4 et 6 et après* فلسطيني *dans les autres phrases. Traduction :* 1. C'est un voyageur. / 2. C'est un voyageur palestinien. / 3. Ce voyageur palestinien habite à Tunis (*ou* en Tunisie). / 4. C'est un Palestinien. / 5. Ce Palestinien voyage vers la Jordanie. / 6. C'est un Palestinien qui voyage vers la Jordanie.

C. 1. أنا مهندس . عمري 30 سنة . أسافر إلى أميريكا .
2. هي مديرة شركة . اسمها مريم . تسكن في عمّان .

D. 1. كانت مهندسة . كان اسمها دليلة . كانت تسكن بروما . كانت تسافر إلى مصر ./ 2. كنتُ مدير شركة . كان عمري 45 سنة . كنتُ أسكن في دمشق . كنتُ أسافر إلى الجزائر .

E. 1. هي مديرة شركة . اسمها فاطمة . تسكن في تونس . تسافر إلى فاس . / كانت مديرة شركة . كان اسمها فاطمة . كانت تسكن في تونس . كانت تسافر إلى فاس . /
2. هو مهندس . اسمه محمّد . يسكن في الإسكندريّة . يسافر إلى مرّاكش . / كان مهندسا . كان اسمه محمّد . كان يسكن في الإسكندريّة . كان يسافر إلى مرّاكش .

Leçon 26

B. 1. أنا موظّف . عمري ٤٥ سنة . أنا قطريّ . أحبّ ...
2. كان حسن محمّد عليّ موظّفاً . كان عمره ٤٥ سنة . كان قطريّاً . كان يحبّ ... / 3. فاطمة محمّد عليّ موظّفة . عمرها ٤٥ سنة . هي قطريّة . تحبّ ...

C. 1. سميرة إبراهيم محمّد بدون عمل (لا تشتغل) . عمرها ١٧ سنة . هي سودانيّة . تحبّ المراسلة والقراءة وجمع الطوابع

D. 1. صحيفة / 2. صحيفتان / 3. 5 صحف / 4. 15 صحيفة

E. 1. هٰذا ٱلرَّجُلُ ٱسْمُهُ عَليّ . هُوَ مُوَظَّفٌ . يُحِبُّ كُرَةَ ٱلْقَدَمِ وَٱلْقِراءَةَ . / 2. كُنْتُ في ٱلسُّودانِ بِدُونِ عَمَلٍ . / 3. – ما هِيَ مِهْنَةُ ٱبْنِكَ ؟ – هُوَ مُهَنْدِسٌ . – ما هِيَ هِوايَتُهُ ؟ – يُحِبُّ جَمْعَ ٱلطَّوابِعِ .

Leçon 27

Fiche : الاسم : هيثم / اللقب : الشاميّ / تاريخ الولادة : 1963 / الجنسيّة : لبنانيّة / الخبرة : عامان / العمل السابق : مدير إعلانات / العمل المطلوب : محرّر في صحيفة / العنوان : ص ب ١٤١ – بيروت .

B. 1. ينشر : ناشِر – مَنْشور / 2. يعرف : عارِف – مَعْروف / 3. يفتح : فاتِح – مَفْتوح / 4. يدرس : دارِس – مَدْروس / 5. يكتب : كاتِب – مَكْتوب .

C. Verbes simples : 2, 3, 7 et 9 / Dérivés : 1, 4, 5, 6 et 8.

D. 1. هٰذا شابٌ لُبْنانِيٌ مَعَ خِبْرَةِ عامَيْنِ . / 2. هٰذا الشّابُّ مُحَرِّرٌ في صَحيفَةِ «ٱلْجُمْهورِيّة»./ 3. لا أعْرِفُ عَمَلَهُ ٱلسّابِقَ . / 4. – ما هُوَ عُنْوانُهُ ؟ – صُنْدوقُ ٱلْبَريدِ 350 في بَيْروت .

Leçon 28

B. مهندس جزائريّ يبلغ من العمر 42 سنة – مع خبرة 15 سنة – العمل السابق : مهندس في صناعة الحديد – يرغب في أيّ عمل في الصناعة – رقم هاتفه : 912-305 . عبداللّه التلمساني – 16 شارع الزيتون – وهران .

C. Ce qui ne correspond pas à l'annonce :
جزائريّة / أيّ – لها خبرة عامين / حاصلة على البكالوريا / بوهران / ٢٣ / ٥٥٢-٠٧٢

D. 1. La jeune fille n'est pas algérienne mais marocaine. / 2. Elle n'a pas deux ans d'expérience dans l'informatique mais elle a un diplôme en informatique. / 3. Elle n'a pas le baccalauréat mais seulement le niveau du baccalauréat. / 4. Nous ne savons pas si elle désire n'importe quel travail. / 5. Elle n'a pas 23 ans mais 24 ans. / 6. Son numéro de téléphone n'est pas 552-072 mais 556-072. / 7. Elle n'habite pas Oran mais Casablanca.

Leçon 29 - TEST

A. 1 : 3 (1, 3 et 6) / 2 : 8 (30 ans) / 3 : 6 (28 ans) /
4 : أسماء - رياض - عائشة - عبد العزيز - عليّ - فريدة -
جديدة - بليدة - بغداد - الإسكندريّة : 5 / يحيى et منير
فاس et عمّان - روما - جزيرة .

B. 1 : 1 et 6 / 2 : 7 / 3 : 4, 5 et 8 / 4 : 3 / 5 : 3 / 6 : 4 / 7 : 6 / 8 : 5 et 8 / 9 : 5 / 10 : 7

C.
1. طالب – عمره – يحبّ – يسكن – هو
2. يشتغل – لا – عمره – لا يحبّ – يسكن – عربيّة
3. موظّفة – عمرها – تحبّ – الصور – هي – تسكن – عاصمة

D.
1. نَرْجِعُ / تَرْجِعونَ / تَرْجِعْنَ / يَرْجِعونَ / يَرْجِعْنَ
تَرْجِعانِ / يَرْجِعانِ / تَرْجِعانِ
2. نُسافِرُ / تُسافِرونَ / تُسافِرْنَ / يُسافِرونَ / يُسافِرْنَ
تُسافِرانِ / يُسافِرانِ / تُسافِرانِ
3. نَتَكَلَّمُ / تَتَكَلَّمونَ / تَتَكَلَّمْنَ / يَتَكَلَّمونَ / يَتَكَلَّمْنَ
تَتَكَلَّمانِ / يَتَكَلَّمانِ / تَتَكَلَّمانِ

E.
1. كُنْتُ أسافر لعملي / 2. كُنْتِ تسافرين لعملكِ /
3. كان المهندس يسافر لعملهِ / 4. كُنْتَ تسافر لعملكَ /
5. لَسْتِ في مكتبكِ / 6. لَيْست المديرة في مكتبها /
7. لَسْتُ في مكتبي / 8. لَسْتَ في مكتبكَ .

F.
1. كان عندها موعد / 2. سيكون عندها موعد /

3. سأكون في السينما / 4. أنا في السينما /

5. أنتِ مع أمّك / 6. كُنْتِ مع أمّك .

G. 1. C'est lui le directeur. 2. C'est elle la mère de Karima. 3. Ce garçon est le fils du médecin. 4. C'est une fille de médecin. 5. Ce garçon n'est pas mon fils. 6. Ce voyageur est le directeur de la société pétrolière saoudienne. 7. Cette voyageuse n'est pas directrice de société. 8. Cet homme se rend au Maroc. 9. Il n'a pas de rendez-vous avec le ministre français. 10. Connais-tu la fille aînée du directeur ?

H. Racine درس : 1, 5, 7, 10, 12, 17 et 20 / Racine طلب : 2, 3, 6 et 8 / Racine سفر : 4, 9, 14 et 19 / Racine كتب : 11, 13, 15, 16 et 18

I.

1. عام – سنة / 2. يبلغ / 3. شابّ / 4. خبرة / 5. رقم

6. شهادة / 7. يرغب / 8. الجمعة / 9. مستوى / 10. عائلة /

11. بعد / 12. صغير / 13. أسبوع / 14. يتعلّم / 15. هناك /

16. جواب / 17. حديث / 18. مطار / 19. تفضّل / 20. شكراً /

21. يبحث / 22. قليلاً / 23. أيضاً / 24. ينتظر / 25. يريد /

26. مساعد / 27. يقول / 28. صباح / 29. إعلان / 30. وُلِدَ .

Leçon 30

B. شابّ أردنيّ يبلغ من العمر ٢٦ عاما – متديّن – حسن الأخلاق والسمعة – جميل – أبيض البشرة – لا يزال يتابع دراسته – يرغب في الزواج من فتاة عربيّة لا يتجاوز عمرها ٣٨ عاما ، مثقّفة ، لها عمل مهمّ ، حسنة الأخلاق والسمعة ، بيضاء البشرة .

C.

1. أنتَ حسن السمعة / 2. هي بيضاء البشرة /

3. أنتِ سوداء البشرة / 4. أنا حسن (ou حسنة) السمعة .

D.

1. لا أزال أتابع .. / 2. لا تزال تسكن .. / 3. لا يزال يشتغل .. / 4. لا أزال أبحث .. / 5. لا تزالين تنتظرين ..

1. Je poursuis toujours mes études à l'Université. / 2. Elle

habite toujours avec sa mère. / 3. Il travaille toujours dans le jounalisme. / 4. Je cherche toujours un jeune cultivé. / 5. Tu attends encore l'adjointe du directeur.

E. 1. كُرَة حَمْراء / 2. أَلدّار ٱلْبَيْضاء ou أَلْبَيْت ٱلأَبْيَض
3. لا يَزالُ يَرْغَبُ في ٱلزَّواجِ مِنْ فَتاةٍ أُرْدُنِيَّةٍ . / 4. عِنْدِي عَمَلٌ حَسَنٌ في ٱلْبِتْرُول .

Leçon 31

B. 1. نحن في بيتنا / 2. هم في مدرستهم / 3. أنتنّ مع عمكنّ / 4. هنّ مع أختهنّ / 5. أنتم مع أمكم .

C. 1. تسكن مع أمّها في بيت عمّها . / 2. يسكنون مع أمّهم في بيت عمّهم . / 3. تسكنون مع أمّكم في بيت عمّكم . / 4. يسكنّ مع أمّهنّ في بيت عمّهنّ . / 5. تسكنّ مع أمّكنّ في بيت عمّكنّ . / 6. نسكن مع أمّنا في بيت عمّنا .

D. 1. هو شابّ يشتغل معي . / 2. هي فتاة تشتغل معي . / 3. هم المهندسون الذين يشتغلون معي . / 4. هي الفتاة التي تشتغل معي . / 5. هنّ المهندسات اللواتي يشتغلن معي . / 6. هم مهندسون يشتغلون معي .

E. 1. هُوَ شابٌّ غادَرَ وَطَنَهُ لِلْبَحْثِ عَنْ عَمَلٍ . /
2. يَتَوَجَّهُونَ إِلَيْنا بِهٰذا ٱلنِّداءِ لِلْبَحْثِ عَنْ عَمِّهِمِ ٱلْمَفْقودِ . /
3. مَنْ هٰذِهِ ٱلْفَتاةُ ٱلَّتي تَتَوَجَّهُ إِلَيْهِمْ بِهٰذا ٱلنِّداءِ ؟

Leçon 32

B. 1. أدرس في تلك المدرسة . / 2. هذا الرجل مفقود . /
3. هل تعرف هذه الفتاة ؟ / 4. ذلك الشابّ مثقّف . / 5. ما في تلك الإعلانات ؟

1. J'étudie dans cette école(-là). / 2. Cet homme(-ci) est disparu. / 3. Est-ce que tu connais cette fille(-ci) ? / 4. Ce jeune homme(-là) est cultivé. / 5. Qu'y a-t-il dans ces annonces(-là) ?

C. 1. طلب / 2. تابعت / 3. رجع / 4. درس / 5. فعلت / 6. تعلّم / 7. علمت / 8. تكلّمت / 9. عرف / 10. كتب .

D. 1. هذه البيوت الكبيرة بيضاء . / 2. لا أعرف تلك العناوين ... هل تعرفها ؟ / 3. يشتغلون في هذه المكاتب الصغيرة . / 4. لا أحبّ هذه الأيّام التي تعود كلّ عام .

E. 1. مُنْذُ ذٰلِكَ الْيَوْمِ ، انْقَطَعَتْ عَنْهُمْ أَخْبارُ عَمِّهِمْ . / 2. ماذا تَعْرِفُ عَنْهُمْ ؟ / 3. دَخَلَ وَتَوَجَّهَ إِلَيْها وَتَكَلَّمَ . / 4. في هٰذا ٱلشّارِعِ (هُناكَ) بَيْتِي وَفي ذٰلِكَ ٱلشّارِعِ مَدْرَسَتِي .

Leçon 33

B. Au passé : 1, 3, 5, 7, 8, 10, 13, 15 et 16.

C. 1. بحث / 2. غادرتَ / 3. بلغتُ / 4. سافرتِ / 5. عملتْ / 6. فعلتُ / 7. رجع / 8. رغبتْ / 9. تكلّمتَ / 10. عرفتِ .

D. 1. فَعَلَ ، يَفْعَلُ / 2. دَرَسَ ، يَدْرُسُ / 3. فَتَحَ ، يَفْتَحُ / 4. تَعَلَّمَ ، يَتَعَلَّمُ / 5. تَجاوَزَ ، يَتَجاوَزُ / 6. أَخَذَ ، يَأْخُذُ / 7. تَحَدَّثَ ، يَتَحَدَّثُ / 8. سَكَنَ ، يَسْكُنُ / 9. رَجَعَ ، يَرْجِعُ / 10. طَلَبَ ، يَطْلُبُ .

E. 1. تَحَدَّثَ مَعِي ساعَةً . / 2. كَتَبَتْ ثُمَّ ٱنْتَظَرَتْ أُسْبُوعاً . / 3. - يا رَشِيدة ، مَتَى ٱسْتَلَمْتِ هٰذِهِ ٱلرِّسالَةَ ؟ - اسْتَلَمْتُها أَمْسِ . / 4. - هَلْ وَجَدْتِ أَخِيراً رَجُلَ أَحْلامِكِ ؟ - نَعَمْ ، وَجَدْتُهُ . - كَيْفَ فَعَلْتِ ؟ - نَشَرْتُ طَلَبَ زَواجٍ في مَجَلَّةٍ . / 5. - يا سَعِيد ، أَيْنَ وَجَدْتَ هٰذِهِ ٱلصُّورَةَ ؟ - وَجَدْتُها في ٱلْمَكْتَبِ .

Leçon 34

B. 1. كتبنا / 2. بحثن / 3. بلغوا / 4. غادرتم / 5. تكلّمتنّ / 6. سكنوا / 7. طلبتم / 8. وصلتنّ / 9. عرفن / 10. رجعنا .

C. 1. نعمل / 2. سافرتَ / 3. فعلن / 4. طلبتم / 5. وصلتْ /

6. يجدون / 7. علمتُ / 8. تحدّثتِ / 9. ترجع / 10. يفتح /
11. ذهبوا / 12. أدرس / 13. تتعلّمين / 14. توجّهنا /
15. تجاوز / 16. تنشرن / 17. تصلون / 18. رغبتنّ /
19. تتعرّف / 20. يأخذن .

D. Verbes à racine malade : 1, 2, 4, 5, 7, 8 et 10

E. 1. – هَلْ وَصَلُوا ؟ – لا : سَيَصِلُونَ بَعْدَ ساعةٍ . /
2. – هَلْ وَجَدْنَ شَيْئاً جَدِيداً ؟ – لا : بَحَثْنَ فِي كُلِّ مَكانٍ دُونَ فائِدَةٍ . / 3. – مَتَى وَصَلْتُنَّ إِلَى ٱلْقاهِرَة ؟ – وَصَلْنا أَمْسِ . /
4. – مَتَى سافَرْتُمْ إِلَى ٱلسُّودان ؟ – سافَرْنا عامَ 1987 . /
5. اتَّصَلْنا بِمُدِيرِ ٱلْجَرِيدَةِ : لا يَعْرِفُ شَيْئاً ! / 6. غادَرْنَ فِعْلاً ٱلْجَزائِرِ إِلَى فِرَنْسا أَمْسِ .

Leçon 35

B. Voir le texte de la leçon.

C. 1. كان الرجل يسوق .../ 2. كانت هذه الفتاة تشتغل .../
3. كان الشابّ يركب .../ 4. كنتُ أدرس .../ 5. كنتُ أنشر .../
6. كنتَ تسافر إلى ليبيا .

D. 1. يَبْلُغُ / 2. يَبْحَثُ / 3. يَعْرِفُ / 4. يَسْكُنُ / 5. يَأْخُذُ /
6. يَرْجِعُ .

E. 1. زُرْتُ المدينة ثمّ عُدْتُ إلى نزلي . / 2. زُرْنا .. ثمّ عُدْنا إلى نزلنا . / 3. زارت ... ثمّ عادت إلى نزلها . / 4. زاروا ... ثمّ عادوا إلى نزلهم .

F. 1. قُلْتُمْ ou قُلْتُنَّ / 2. كانَ يَدْخُلُ / 3. قالُوا / 4. كُلَّ يَوْمٍ ، كُنْتُ أَبْحَثُ عَنْ عَمَلٍ . / 5. كُلَّ صَباحٍ ، كانَتِ الْفَتاةُ تَنْتَظِرُ مُدِيرَها .

Leçon 36

B. 1. نظرت الفتاة إلى صورة ثلاثة أولاد . / 2. أخذ هذا الشابّ صحيفة مقلوبة . / 3. في الصحيفة خمسة إعلانات .

C. 1. ... إلى صورتها / 2. ... إلَيْها / 3. فيها ... / 4. ... إلَيْهِ / 5. ... عنها ...

D. 1. أخذ الرجل الأمّيّ ... / 2. أخذ الرجل الأمّيّ الصحيفة المقلوبة . / 3. أخذ الرجل الأمّيّ الصحف المقلوبة . /
4. أخذت الفتاة الأمّيّة ... / 5. أخذت فتاة أمّيّة ...

E. 1. أرْبَعُ سَيَّاراتٍ / 2. عَشْرَةُ مُهَنْدِسِينَ / 3. سَبْعَةُ أوْلادٍ / 4. ثَمانِيَةُ رِجالٍ / 5. ثَلاثُ صُحُفٍ / 6. خَمْسَةُ إعْلاناتٍ / 7. تِسْعُ صُوَرٍ / 8. الْمُدِيرُ وَالْكاتِبَةُ وَالْمُهَنْدِسُ في الْمَصْنَعِ . / 9. نَظَرَ إلَيْها بِٱهْتِمامٍ ثُمَّ ذَهَبَ . / 10. عِنْدَهُمْ ثَلاثُ سَيَّاراتٍ أُخْرَى .

Leçon 37

B. 1. أَنْتَظِرُ / 2. انْقَلَبَتْ / 3. تَشْتَغِلُونَ / 4. اسْتَلَمْنا .

1. - Que fais-tu ici ? - J'attends mon amie ! / 2. La voiture de mon oncle s'est renversée hier dans la rue de Tunis. / 3. Dans ces jours-là, vous travailliez dans une société syrienne. / 4. - Avez-vous des nouvelles ? - Oui, nous avons reçu une lettre hier.

C. 1. ابْتَعَدَ ، يَبْتَعِدُ / 3. اجْتَمَعَ ، يَجْتَمِعُ /
4. انْصَرَفَ ، يَنْصَرِفُ / 8. انْكَسَرَ ، يَنْكَسِرُ /
9. انْفَتَحَ ، يَنْفَتِحُ / 10. اعْتَقَدَ ، يَعْتَقِدُ .

D. 1. نظر الرجل الأمّيّ ... / 2. ... فقالت له صديقته . /
3. نظرت فتاة أمّيّة .. لها صديقتها / 4. نظرت الفتاة الأمّيّة ..

E. 1. خَبَرٌ مُؤْلِمٌ / 2. أَخْبارٌ مُؤْلِمَةٌ / 3. الرَّجُلُ أُمِّيٌّ . /
4. هٰذا رَجُلٌ أُمِّيٌّ . / 5. هٰذا ٱلرَّجُلُ أُمِّيٌّ . / 6. أَخَذَ ٱلرَّجُلُ صَحِيفَةً . / 7. أَخَذَتِ ٱلْفَتاةُ ٱلصَّحِيفَةَ . / 8. نَظَرَتِ ٱلْفَتاةُ إِلَى

صُورَةِ سَيَّارَةٍ .

Leçon 38

B. 1. دخل طفل على عمّه وهو يتكلّم مع صديقة له . قال له ... قال له : " اذهب الآن ! أنا مشغول " . فذهب الطفل ثمّ عاد بعد ساعة وكان عمّه قد انتهى . / 2. دخل ابني عليّ وأنا أتكلّم مع صديقة لي . قال لي ... قلت له : " اذهب الآن ! أنا مشغولة " . فذهب ابني ثمّ عاد بعد ساعة وكنت قد انتهيت . / 3. دخلت طفلة على أمّها وهي تتكلّم مع صديقة لها . قالت لها ... قالت لها : " اذهبي الآن ! أنا مشغولة " . فذهبت الطفلة ثمّ عادت بعد ساعة وكانت أمّها قد انتهت . / 4. دخلت على أمّي وهي تتكلّم مع صديقة لها . قلت لها ... قالت لي : " اذهب الآن ! أنا مشغولة " . فذهبت ثمّ عدت بعد ساعة وكانت قد انتهت .

C. 1. اِبْحَثْ / اِبْحَثي / 2. اُدْخُلْ / اُدْخُلي / 3. اُدْرُسْ / اُدْرُسي / 4. اِعْرِفْ / اِعْرِفي / 5. اِرْكَبْ / اِرْكَبي .

D. 1. مشَتْ وهي تتحدّث مع صديقها . / 2. مشَيْتُ وأنا أتحدّث مع صديقي . / 3. مشَوا وهم يتحدّثون مع صديقهم . / 4. كُنْتَ قد انتهَيْتَ . / 5. كُنّا قد انتهَيْنا .

E. 1. قُلْتُ لَها . / 2. قالَتْ لِي . / 3. قُلْنا لَكَ ou لَكِ . / 4. صَدِيقي ٱلْعَزِيز / 5. أُخْتِي ٱلْعَزِيزَة / 6. أُخْتُهُ ٱلصَّغِيرَة / 7. اُدْخُلْ وٱكْتُبْ ، يا فَرِيد !

Leçon 39

B.: 1-١٠ / 2-٩ / 3-٥ / 4-٨ / 5-٣ / 6-٧ / 7-١ / 8-١٢ / 9-١١ / 10-١٤.

C. 1. لا يسوقُ / 2. لم يجدْ / 3. لم ترغبْ / 4. لا يعودون / 5. لا نذهبُ / 6. لم نعلمْ / 7. لا يزرن / 8. لم تدخلْ / 9. لم تعُدْ / 10. لم يصلْ .

D. 1. يسوق / 2. نزور / 3. أكون / 4. يعُدْنَ / 5. تقُلْنَ .

E. 1. فكّرَتْ طويلا ولم تجد الجواب . / 2. فكّرتُ .. ولم أجد ..
3. فكّرنا طويلا ولم نجد الجواب .

F. 1. قال عائداً / 2. سافر زائراً / 3. قال سائقاً .

G. 1. سائِقُ ٱلسَّيَّارَةِ / 2. سائِقُ سَيَّارَةٍ / 3. وَجَدْتُ ٱلْحَلَّ . /
4. لَمْ أَجِدِ ٱلْحَلَّ . / 5. كانَ لأُمِّهِ طِفْلٌ . / 6. لَمْ تَكُنْ هٰذِهِ ٱلطِّفْلَةُ صَدِيقَتِي .

Leçon 40

B. 1. لم يكتبوا / 2. لم يجدن / 3. لا يبحثون / 4. لم تقُلْ /
5. لم تفتحن / 6. لم تطلبوا / 7. لم يعملْ / 8. لم يقولوا /
9. لا أرجعُ / 10. لم تسكني .

C. 1. ضحكوا / 2. يقول / 3. قُلْنَ / 4. سقطتِ / 5. وجدتم /
6. يشتغل / 7. اشتغلتُ / 8. ساق / 9. استلمتِ / 10. أخذتُ .

D. 1. لمّا عادَتْ إلى قريتها ، ألقَتِ السؤال على أصدقائها .
2. لمّا عدتُ إلى قريتي ، ألقَيْتُ السؤال على أصدقائي .
3. لمّا عادوا إلى قريتهم ، ألقَوا السؤال على أصدقائهم .
4. فكّرنا طويلا ولكنّنا لم نجد الجواب . / 5. فكّرتِ طويلا ولكنّكِ لم تجدي الجواب . / 6. فكّرتْ طويلا ولكنّها لم تجد ...

E. 1. دخل الطفل على أمّه ولكنّها كانت مشغولة . /
2. بحث عنها في كلّ مكان ولكنّه لم يجدها . / 3. وصل في الصباح ولكنّ صديقه كان قد ذهب . / 4. سافرنا إلى تونس ولكنّنا لم نزر عمّي

F. 1. لَمّا ٱنْتَهَتْ ، أَلْقَى عَلَيْها ٱلسُّؤالَ . / 2. كَتَبَ لَهُمْ وَلٰكِنَّهُمْ لَمْ يَسْتَلِمُوا رِسالَتَهُ . / 3. لِماذا لَمْ يَذْهَبُوا مَعَكَ إِلَى ٱلْقَرْيَةِ ؟

Leçon 41

B. 1. خرجتُ من منزلي ومعي طفل عليه قميص أحمر

فحملتُه على عاتقي ثمّ نسِيتُه . / 2. خرجَتْ فتاة من منزلها ومعها طفلة عليها قميص أحمر فحملَتْها على عاتقها ثمّ نسِيَتْها .

C. 1. أخذتْ تقول لكلّ من رأتْه / 2. أخذتُ أقول لكلّ من رأيْتُه / 3. أخذوا يقولون لكلّ من رأوه / 4. هل رأيْتم ... / 5. هل رأيتِ طفلة عليها ... / 6. هل رأيْتنّ طفلة عليها ... / 7. نسُوا الطفلة ومشَوا / 8. نسِيَتْ .. ومشَتْ / 9. نسِيتِ .. ومشَيْتِ / 10. نسِينَ .. ومشَيْنَ

D. 1. أمشي / 2. تنسى / 3. يرَون / 4. تمشين / 5. ينسَيْنَ / 6. ترَون / 7. تمشي / 8. ينسى / 9. ترَيْن / 10. نمشي .

E. 1. أخَذُوا يَتَحَدَّثُونَ . / 2. هَلْ رَأَيْتُمْ هذا ٱلْقَمِيصَ ٱلأَحْمَرَ ؟ 3. أَخَذَتْ تَتَحَدَّثُ مَعَ كُلِّ مَنْ رَأَتْهُ . / 4. نَسُوا طِفْلاً عَلَيْهِ قَمِيصٌ جَمِيلٌ .

Leçon 42

B. 1. ليست هذه المرأة مشغولة / كانت هذه المرأة مشغولة / 2. ليس هذا الرجل أمّيّاً / كان هذا الرجل أمّيّاً / 3. ليس هذا الخبر مهمّاً / كان هذا الخبر مهمّاً / 4. ليس هذا الشابّ جميلاً / كان هذا الشابّ جميلاً / 5. ليست هذه الفتاة في بيتها / كانت هذه الفتاة في بيتها / 6. ليس هذا القميص جميلاً / كان هذا القميص جميلاً .

C. 1. دَخَلَتْ عَلَيْهِ امْرَأَةٌ فَابْتَعَدَ عَنْها . / 2. لَيْسَ هذا الرَّجُلُ الْمُهَنْدِسَ الَّذِي سافَرَ مَعِي . / 3. كانَ اسْمُهُ عَبْدَ الرَّحْمن .

1. Une femme vint le trouver et il s'éloigna d'elle. / 2. Cet homme n'est pas l'ingénieur qui a voyagé avec moi. / 3. Son nom était Abdarrahman.

D. 1. كتبت منيرة الرسالة التي وصلتني اليوم . /

2. يبحث عنك الرجل الذي وصل أمس . / 3. ذهبت إلى باريس مع الفتاة التي تخرج من المصنع . / 4. هل رأيت السيّارات التي انقلبت في شارع تونس ؟

E. 1. أَلَيْسَ كَذٰلِكَ ؟ / 2. سَيَبْتَعِدُ عَنْكَ . / 3. رَفَعْتُ رَأْسِي قائلاً : " لَسْتُ طِفْلاً ! " / 4. كانَ ٱلرَّجُلُ مُثَقَّفاً وَلٰكِنَّ أُخْتَهُ كانَتْ أُمِّيَّةً .

Leçon 43

B. 1. أخذ الرجال يذبحون ... / 2. أخذت النساء يذبحن ... / 3. أخذت المرأة تذبح ... / 4. كان الأطفال يهتمّون به . / 5. كان الطفل يهتمّ به . / 6. اشتريْتُ خروفا لأذبحَه . / 7. اشترَوا خروفا ليذبحوه . / 8. اشترَيْن خروفا ليذبحنه . / 9. اشترَيْتِ خروفا لتذبحيه .

C. 1. ... عنهم / 2. ... عنه / 3. ... علَيْها / 4. ... إلَيْها .

D. 1. توجّه إليه ليلطمَه . / 2. سافر إلى القاهرة ليزورَ ... / 3. غادروا العاصمة ليرجعوا ... / 4. فكّرنا طويلا لنجدَ ...

E. 1. بَقِيَ ٱلأَطْفالُ مَعَ ٱلضُّيوفِ وَٱهْتَمُّوا بِهِم . / 2. تَحَدَّثُوا طَوِيلاً مَعِي لِيَتَعَرَّفُوا عَلَيَّ .

Leçon 44

B. 1. قال إنّ خروفَه لا يسبّب نجاسة . / 2. قال إنّ صوتَه في أذنه أحلى ... / 3. قال إنّ صوتَ الخروف يسبّب ... / 4. قالت إنّ أطفالَها اهتمّوا به . / 5. قال إنّ سيّارةَ عمّه قد انقلبت . / 6. تقول فريدة إنّ أمّها ليست في البيت .

C. 1. ولكنّ تلك الموسيقى أحلى منها . / 2. ولكنّ ذلك البيت أصغر منه . / 3. ولكنّ ذلك الصوت أحلى منه . / 4. ولكنّ تلك المدينة أجمل منها .

D. 1. ذبحنا الخروف الذي اشتريناه أمس . / 2. كتبت منيرة الرسالة التي استلمتها اليوم . / 3. تصل النساء اللواتي ينتظرهنّ أحمد . / 4. يرجعون من هذه البلاد التي زاروها .

E. 1. مَنْ هٰذا ٱلرَّجُلُ ٱلَّذِي رَأَيْتَهُ أَمْسِ ؟ / 2. قالَ إِنَّهُ سَيَذْهَبُ مَعَ أُمِّهِ . / 3. ما دُمْتُمْ تُحِبُّونَهُ فَصَوْتُهُ فِي أُذُنِي أَحْلَى مِنْ (صَوْتِ) ٱلْمُوسِيقَى .

Leçon 48

B. 1. قصدت إحدى القرويّات دار الشيخ . / 2. سألت امرأة الشيخ القرويّ . / 3. يا رجل ، لماذا تدقّ باب الشيخ ؟ / 4. لمّا رأت امرأة الشيخ ذلك الرجل سألته ... / 5. قال القرويّ إنّه ضيف اللّه .

C. a : 1, 5, 9 et 15 / b : 6 et 12 / c : 3, 8 et 14 / d : 2, 4, 10, 11 et 13 / e : 7 et 10.

D. 1. يُرْكِبُ / 2. يُجِيبُ / 3. يُدْخِلُ / 4. يُصِيبُ / 5. يُرِيدُ / 6. يُصْبِحُ .

E. 1. لمّا رأى جحا تلك المرأة ، سألها : " ماذا تريدين ؟"

2. لمّا رآني جحا ، سألني : " ماذا تريد (تريدين) ؟"

3. لمّا رآنا جحا ، سألنا : " ماذا تريدون (تردن / تريدان) ؟"

4. لمّا رآكنّ جحا ، سألكنّ : " ماذا تردن ؟"

Leçon 49

B. 1. تبعتها حتّى وصلتا إلى أمام باب الجامع . / 2. لقد جاء القرويّ إلى دار جحا غلطاً . / 3. قال له إنّه جاء إليه غلطاً.

C. 1. اتبعوني / 2. اتبعيني / 3. اتبعاني / 4. اتبعنني

D. 1. لقد جاء ... / 2. جاؤوا / 3. جاءت / 4. جئتم / 5. جئن

E. 1. تبعا / 2. جئتما / 3. يقولان / 4. نزلتا / 5. دقّا / 6. أجابا / 7. تذهبان / 8. تسألان / 9. اطلبا / 10. ضحكتا / 11. نعرف / 12. علمنا / 13. افتحا / 14. افعلا / 15. رجعنا .

A. 1 : + / 2 : ? / 3 : + / 4 : ? / 5 : - / 6 : - / 7 : ? / 8 : + / 9 : - / 10 : + / 11 : ? / 12 : - / 13 : - / 14 : - / 15 : -.

B. 1. سودانيّ - خرطوميّ / 2. مسلّحون - مسدّسات / 3. لصوص - أعمال - رجال / 4. قائم - فاقدة / 5. موجودة / 6. أوثق - أدخلوا

C. Après avoir ligoté la femme qui était dans la maison, les voleurs la firent entrer, inconsciente, dans la salle de bains. Puis, ils fouillèrent la maison et volèrent l'argent... La police continue de rechercher les voleurs.

D. 1. كان الأولاد يمشون وحدهم . / 2. كُنْتُ أمشي وحدي / 3. كانت الفتيات يمشين وحدهنّ . / 4. كُنْتُم تمشون وحدكم . / 5. كان الرجل يمشي وحده . / 6. أخذت الفتيات يقلن لكلّ من رأينه ... / 7. أخذتِ تقولين لكلّ من رأيته ... / 8. أخذنا نقول لكلّ من رأيناه ... / 9. أخذتنّ تقلن لكلّ من رأيتنّه ... / 10. درسوا ليفهموا . / 11. درستِ لتفهمي . / 12. درسن ليفهمن . / 13. درسنا لنفهمَ . / 14. قال إنّ رجلا قد دخل . / 15. قال إنّ المهندسين قد دخلوا . / 16. قال إنّ الرجلين قد دخلا . / 17. قال إنّها قد دخلت . / 18. قال إنّكنّ قد دخلتنّ .

E. 1. لم يكن ... / 2. لم يغادروا ... / 3. لا نعلم ... / 4. لم تجدْ ... / 5. ليس هذا الرجل مهندساً . / 6. لم تَعُدْ ... / 7. لم تنقلبْ ... / 8. لم تتكلّمي ... / 9. لم تُجِبْه . / 10 . ليس هذا الطفل صغيراً جداً .

F. 1. أُنْظُرْ - أُنْظُري - أُنْظُرا - أُنْظُروا - أُنْظُرْنَ /
2. اِنْزِلْ - اِنْزِلي - اِنْزِلا - اِنْزِلوا - اِنْزِلْنَ /
3. اِرْكَبْ - اِرْكَبي - اِرْكَبا - اِرْكَبوا - اِرْكَبْنَ.

G. 1. أحبّ (4) / 2. انقطع (7) / 3. عاد (C) / 4. وجد (A) /
5. انتظر (8) / 6. نسي (D) / 7. أطلق (4) / 8. التفت (8) /
9. ساق (C) / 10. وصل (A) / 11. عدّ (S) / 12. قطع (R) .

Leçon 51

B. 1. ليست اللغة العربيّة صعبة جداً . /
2. لماذا تريدين أن تتعلّمي هذه اللغة ؟ /
3. يا أولاد ، هل تستطيعون أن تفهموا الصينيّة ؟

C. 1. لماذا يريد أن يتعلّمها ؟ / 2. لماذا يريدون أن يتعلّموها ؟
3. لماذا تريدون أن تتعلّموها؟ / 4. لماذا تريدين أن تتعلّميها ؟
5. لماذا يردن أن يتعلّمنها ؟

D. 1. لا ! قرّروا أن يرجعوا ... / 2. ... قرّرن أن يعدن ...
3. ... قرّرت أن تجيبها ... / 4. ... قرّرنا أن نأكل ...

E. 1. Il a conduit jusqu'à ce qu'il arrive à la maison de son ami. 2. J'apprends l'arabe afin de pouvoir parler avec mon ami Mohammad. 3. Jusqu'à présent, il n'a pas décidé d'apprendre la langue de sa mère.

F. 1. نَتَوَقَّعُ أَنْ يَصِلُوا بَعْدَ ساعَةٍ . /
2. يا جَميلة ، هَلْ تُريدينَ أَنْ تَذْهَبي إِلى ٱلسّينِما مَعِي ؟

Leçon 52

B. 1. يقال إنّ الفتيات يبقين في البيوت . /
2. هل تريدين أن تستمعي إلى الأخبار ؟ /
3. قرّر فريد أن يشتغل أكثر من صديقته اليوم .

C. 1. عيون / 2. جفون / 3. جهود / 4. شعوب / 5. نجوم /
6. أحيان / 7. أحلام / 8. أسعار / 9. أعمال / 10. أسماك .

D. 1. يُريدُ أَنْ يَفْهَمَ ٱلْفَتَيات ٱلْعَرَبِيّات .
2. رَجَعْتُ مِنَ ٱلْمَصْنَعِ لِأَسْتَمِعَ إِلى خِطابِ ٱلرَّئِيسِ .
3. يُقالُ إِنَّ مُهَنْدِساتِ هٰذا ٱلْمَصْنَعِ يَشْتَغِلْنَ جَيِّداً .

1. Il veut comprendre les jeunes filles arabes. 2. Je suis revenu de l'usine pour écouter le discours du Président. 3. On dit que les femmes ingénieurs de cette usine travaillent très bien.

E. 1 : 93 / 2 : 136 / 3 : 104 / 4 : 150 / 5 : 67 / 6 : 28 .

F. 1. يُقالُ إِنَّهُ يَسْكُنُ في هٰذا ٱلْبَيتِ . / 2. يا كريم ، هَلِ ٱسْتَمَعْتَ إِلى أَخْبارِ ٱلْيَوْمِ ؟ / 3. هٰذا يَعودُ إِلى وُجودِهِم في ٱلْعَديدِ مِنَ ٱلأَوْقاتِ في ٱلْبُيوتِ . / 4. لَمْ يُريدوا أَنْ أَسْتَمِعَ إِلَيْهِمْ . / 5. يا فَريدة ، هَلْ تَسْتَطيعِينَ أَنْ تَقولي لي ما رَأَيْتِهِ ؟

Leçon 53

B. 1. درست حتّى السنة السادسة للتعليم الابتدائيّ . /
2. لا تعجبه هذه المهنة كثيراً . /
3. هل تسمح لي بأن أواصل القراءة ؟

C. 1. لا أريد أن أقرأ هذه ... / 2. لا يستطيع أن يصلَ ...
3. كان عليهم أن يبحثوا ...

D. 1. ... لأنّ أمّي لا تريد ... / 2. ... لأنّ صديقتها تنتظرها . /
3. ... لأنّه تكلّم ... / 4. لأنّها لم تكن ... / 5. ... لأنّني لم أكتبها .

E. 1. لماذا لَمْ تَسْمَحْ لِٱبْنَتِكَ بِمُواصَلَةِ دِراسَتِها ؟ /
2. لَمْ يُريدوا زِيارَةَ هٰذِهِ ٱلْمَدينَةِ . / 3. سَمَحَ لي بِزِيارَةِ هٰذا ٱلْجامِعِ ٱلْجَميلِ . 4. عَمِلْتُ مُهَنْدِساً في هذِهِ ٱلشَّرِكَةِ .

Leçon 54

B. 1. إنّ هذا الرجل يشكو من حياته . /
2. إذا قرّرت أن تذهب فأنا أبقى هنا . /
3. أراد أن يتزوّج والآن يشكو من الزواج .

C. 1. كان هذا الشابُّ مهندساً . / إنّ هذا الشابَّ مهندسٌ .
2. كنتُ حلّاقاً . / إنّني حلّاقٌ . 3. كان مشغولاً . / إنّه مشغولٌ .

4. كانت هذه المرأةُ المصريّةُ طبيبةً . / إنّ هذه المرأةَ المصريّةَ طبيبةٌ . 5. كانت السيّارةُ مقلوبةً . / إنّ السيّارةَ مقلوبةٌ .

D. 1. يشكو / 2. نسي / 3. شكونا / 4. تبقى / 5. مشوا / 6. تشكو / 7. تمشي / 8. تشكين / 9. شكوا / 10. نسوا .

E. 1. جاءَ لِيَشْكُوَ مِنْ سَيَّارتِه . / 2. هٰذا أوَّلُ مَنْ واصَلَ دِراسَتَهُ حَتَّى ٱلسَّنةِ ٱلسَّادِسةِ لِلتَّعْليمِ ٱلثَّانَويِّ . / 3. كانَتِ ٱلْحَياةُ صَعْبةً قَبْلَ أَرْبَعةِ آلافِ سَنة . / 4. إِذا وَجَدْتَ ٱلْمُديرَ فَقُلْ لَهُ إِنَّني أَنْتَظِرُهُ . / 5. تَشْكو مِنْ كُلِّ شَيْءٍ ، حَتَّى مِنْ زَوْجِها !

Leçon 55

B. 1. هل هناك مكتبة عموميّة في حيّكم ؟ /
2. لا أعرف عدد سكّان مصر . /
3. ما هي التجهيزات الأساسيّة الموجودة في حيّك ؟

C. 1. تجهيز / 2. انقلاب / 3. تعليم / 4. ابتعاد / 5. استلام / 6. تمكين / 7. تسبيب / 8. التفات / 9. انتظار / 10. تقرير .

D. 1. يُفَكِّرُ / 2. يُمَكِّنُ / 3. يُشَغِّلُ / 4. يُجَهِّزُ / 5. يُعَرِّفُ / 6. يُعَلِّمُ .

E. 1. Ils sont venus demander du travail. 2. Y a-t-il beaucoup d'étudiants dans votre pays? 3. Le Président se plaint des habitants de ce quartier. 4. Beaucoup d'écrivains du pays habitent dans cette ville.

F. 1. لَيْسَ حَيُّنا كَبيراً مِنْ ناحيةِ عَدَدِ ٱلسُّكّانِ وَرَغْمَ ذٰلِكَ نَجِدُ فيهِ كُلَّ ٱلتَّجْهيزاتِ ٱلأساسيَّةِ .

Leçon 56

B. 1. فتح وزير الثقافة مكتبة في كلّ قرية . /
2. ضيّعت هذه التلميذة مستقبلها هدراً . /

3. أريد أن أقنعه بأنّه يضيّع مستقبله .

C. 1. إطلاق / 2. تضييع / 3. إدمان / 4. إدخال / 5. إخراج / 6. إعادة .

D. 1. ما هي المقاهي التي يضيّع فيها ابنك وقته ؟ / 2. طالبه بإحضار الفتيات اللواتي ذهب معهنّ إلى السينما . / 3. ها هم الطلاّب الذين يشكو منهم المدير . / 4. من هو الرجل الذي تكلّمت معه أمس ؟ / 5. هل أعجبتك الفتاة التي تعرّفت عليها في المعهد ؟

E. 1. لو كان هنا لذهب معنا . / 2. لو درست فريدة جيّداً لنجحت . / 3. لو استمعتُ جيّدا لفهمتُ .

F. 1. مَنْ هٰذا ٱلرَّجُلُ ٱلَّذي تَنْظُرُ إِلَيْهِ ؟ / 2. لَوْ جاءَ مَعَكُمْ لَتَعَرَّفَ عَلَيَّ . / 3. طالَبَ كُلَّ تِلْميذٍ بِإِحْضارِ والِدِهِ .

Leçon 57

B. 1. قال وزير الشغل إنّ عدد العاطلين عن العمل ارتفع . / 2. لأوّل مرّة تجاوز عدد العاطلين المليون. /
3. أعلن الوزير أنّ عدد العاطلين عن العمل أصبح أقلّ من المليون .

C. 1. قائل – قائلة / 2. شاكٍ – شاكية / 3. قاضٍ – قاضية / 4. عالم – عالمة / 5. زائر – زائرة / 6. باقٍ – باقية .

D. 1. ارتفاع / 2. انخفاض / 3. إعلان .

E. 1. أعلن أنّه سيزور ... / 2. أعلن أنّ المهندسين الفرنسيّين وصلوا أمس . / 3. أعلن أنّه رأى ...

F. 1. لا تزال مهندسة . / 2. لا أزال طالباً . /
3. لا يزالون جزائريّين .

G. 1. أَعْلَنَ أَنَّهُ سَيَنْشُرُ هٰذِهِ ٱلأَخْبارَ في جَريدَتِهِ .

2. بَيْنَما تَرْتَفِعُ نِسْبَةُ ٱلْبِطالةِ ، يَزورُ ٱلْوَزيرُ فِرَنْسا .

Leçon 58

B. 1. تقسيم / 2. تكلُّم / 3. إضافة / 4. تعرُّف / 5. تخصيص

C. 1. يَتَعَرَّفُ / 2. يُضيفُ / 3. يَتَفَضَّلُ / 4. يُفَضِّلُ /
5. يُعْلِنُ / 6. يَتَحَدَّثُ

D. 1. أمّا سمير فهو طالب .. / 2. أمّا الأقارب فسأزورهم .. / 3. أمّا العمل المنزليّ فهو نشاط .. / 4. أمّا بنات الجيران فقد ألتقي بهنّ .. / 5. أمّا أمّي فهي مع ..

E. 1. Quant à la deuxième semaine, je la passerai peut-être en Tunisie (*ou* à Tunis). 2. J'ai fait sa connaissance aux dernières vacances. 3. Le nombre des chômeurs avait dépassé le million. 4. Le nombre des chômeurs dépassera peut-être le million dans un mois.

F. 1. بِٱلنِّسْبةِ لَها قَدْ تَقْضي ٱلأُسْبوعَ ٱلأوَّلَ مَعَ عائلَتِها . / 2. لِمـاذا يُريدُ أنْ يَلْتَقِيَ بِي ؟ / 3. كَيْفَ أَسْتَطيعُ أنْ أتَعَرَّفَ عَلَيْهِ دُونَ أنْ أراهُ ؟

Leçon 59

B. 1. مسكن ج مساكن (habitation) / 2. مجلس ج مجالس (siège, conseil) / 3. مدخل ج مداخل (entrée, accès) / 4. مخرج ج مخارج (sortie, issue) / 5. مركب ج مراكب (bateau) / 6. معمل ج معامل (usine, atelier) .

C. 1. كيف استطاعوا أن يدخلوا البيت ؟ / 2. هل تريدين أن ترجعي .. / 3. سافرنا لنبحث عن .. / 4. أنتظر هنا حتّى تغرب الشمس . / 5. لا تستطيع الشركة أن تنقل كلّ المسافرين . / 6. قرّرتُ أن أتعلّم العربيّة .

D. 1. حسنى / 2. بيضاء / 3. فضلى / 4. حمراء

E. 1. يتناول الغداء بمنزله ويضطّره هذا إلى ... /

2. تتناول الغداء بمنزلها ويضطرّها هذا إلى ... /
3. تتناولين الغداء بمنزلك ويضطرّك هذا إلى ...

F. 1. تَقْطَعُ هٰذِهِ ٱلْمَسافَةَ ذَهاباً وإِياباً أَرْبَعَ مَرّاتٍ كُلَّ يَوْمٍ . /
2. عادَتْ إِلى مَنْزِلِها بَعْدَ غُروبِ ٱلشَّمْسِ بِكَثيرٍ . /
3. يَضْطَرُّنا هٰذا إِلى ٱلرُّجوعِ مَرَّةً أُخْرى .

Leçon 60

B.

1. ما العمل الذي تقومين به اليوم ؟ /
2. لا يمكنه أن ينتظرك تحت المطر . /
3. هل لاحظت أنّ هذا العدد غير كاف ؟

C. 1. تشكيل / 2. إمكان / 3. اطّلاع / 4. اضطرار .

D. 1. يمكنه أن يلاحظَ ذلك بنفسه لو حاول أن يطّلعَ ... /
2. يمكنك أن تلاحظي ذلك بنفسك لو حاولتِ أن تطّلعي ... /
3. يمكنها أن تلاحظَ ذلك بنفسها لو حاولتْ أن تطّلعَ ... /
4. يمكنني أن ألاحظَ ذلك بنفسي لو حاولتُ أن أطّلعَ ...

E. 1. تُحاوِلُ / 2. أَمْكَنَ / 3. يُسافِرون / 4. أُطالِبُ / 5. أَطْلُبُ /
6. أَعْلَنْتَ / 7. اطَّلَعْنا / 8. يُشَكِّلُ / 9. يُغادِرْنَ .

F. 1. صَحيحٌ أَنَّكَ دَرَسْتَ كَثيراً وَلٰكِنَّ هٰذا غَيْرُ كافٍ . /
2. هٰذا هُوَ أَكْبَرُ مَصْنَعٍ رَأَيْتُهُ في حَياتي . / 3. يُمْكِنُهُ أَنْ يَطَّلِعَ بِنَفْسِهِ عَلى وَضْعِ ٱلطّالِباتِ وَهُنَّ يَنْتَظِرْنَ تَحْتَ ٱلشَّمْسِ .

Leçon 61

B.

1. بقيت مكانها منتظرة الحافلة . /
2. عليّ أن أغادر المنزل في ساعة مبكّرة لأحصل على مكان. /
3. يتقاتل المسافرون للحصول على مكان في الحافلة .

C. 1. مُحاوَلة / 2. تأخُّر / 3. مُطالَبة / 4. مُتابَعة .

D. 1. مُفَكِّر / 2. مُتَأَخِّر / 3. مُطالِب / 4. مُتابِع / 5. مُتَوَجِّه / 6. مُنْخَفِض / 7. مُسْتَمِع / 8. مُدْمِن / 9. مُمْكِن / 10. مُطَّلِع

E.
1. كثيراً ما تصل متأخّرةً رغم مغادرتها المنزل ... /
2. كثيراً ما يصلون متأخّرين رغم مغادرتهم المنزل ... /
3. كثيراً ما يصل متأخّراً رغم مغادرته المنزل ... /
4. كثيراً ما يصلن متأخّراتٍ رغم مغادرتهنّ المنزل ...

F. 1. - لِماذا وَصَلْتِ مُتَأَخِّرَةً ؟ - رَجَعْتُ إِلى ٱلْمَنْزِلِ لأنَّني قَدْ نَسِيتُ شَهادَتي . / 2. كثيراً ما يُضْطَرُّ إِلى ٱنْتِظارِ أُخْتِهِ تَحْتَ ٱلْمَطَرِ . / 3. رَأَيْتُ بَعْضَ ٱلْمُسافِرِينَ يَتَقاتَلُونَ لِلْحُصولِ عَلى مَكانٍ في ٱلْحافِلَةِ .

Leçon 62

B.
1. كان لا يشكو من الألم حتّى تلك السنة . /
2. أصيب هذا الرجل بشلل الأطفال في طفولته . /
3. هل يمكنك أن تمشي بصورة عاديّة ؟

C. 1. يُسْأَلُ / 2. حُمِلَتْ / 3. تُفْتَحُ / 4. يُلاحَظُ / 5. يُعْلَنُ

D. 1. مُشَكَّل / 2. مُراد / 3. مُعْجَب / 4. مُقَرَّر / 5. مُخَصَّص

E.
1. كانت لا تشكو من الألم ولكنّ حالتها ساءت ... /
2. كُنْتِ لا تشكين من الألم ولكنّ حالتكِ ساءت ... /
3. كان لا يشكو من الألم ولكنّ حالته ساءت ... /

F.
1. - قَدَمي ٱلْيُمْنَى / 2. أَلْحَرب ٱلْعالَمِيّة /
3. أَلشَّمْسُ حَمْراءُ . / 4. عَيْني ٱلْيُمْنَى أَكْبَرُ مِنَ ٱلأُخْرَى . /
5. يُقالُ إِنَّهُ أُصيبَ بِشَلَلِ ٱلأَطْفالِ في طُفولَتِهِ . /
6. قِيلَ إِنَّ حالَتَه ساءَتْ شَيْئاً فَشَيْئاً .

Leçon 63

B.

1. لحسن الحظّ تستطيعون أن تمشوا . /
2. أمّا المصابة بهذا المرض فلا يمكن معالجتها. /
3. يضطرّني هذا المرض إلى استعمال كرسيّ متحرّك .

C.

1. طالِبْ - طالِبي / 2. اِسْتَمِعْ - اِسْتَمِعي /
3. تَكَلَّمْ - تَكَلَّمي / 4. تَجاوَزْ - تَجاوَزي / 5. قَرِّرْ - قَرِّري

D.

1. عالج / 2. ضمر / 3. أصاب / 4. غادر / 5. ذكّر /
6. تذكّر / 7. تحرّك / 8. حرّك / 9. بقي / 10. أراد

E. 1. هل تعرف مهندسي الشركة ؟ / 2. المصابون بشلل الأطفال يحدث لهم ضمور ... / 3. أريد أن ألتقي بمسؤولي المصنع . / 4. كان السائقون عاطلين عن العمل . / 5. من هم معلّمونا ؟

F. 1. لاحِظوا أنَّ هُناكَ ٱلْكَثيرَ مِنَ ٱلْمُوَظَّفينَ ٱلْمُصابينَ بِنَفْسِ ٱلْمَرَضِ . / 2. لِحُسْنِ ٱلْحَظِّ ، يَسْتَطِعْنَ أَنْ يَمْشِينَ .

Leçon 64

B.

1. هؤلاء الطلاّب كلّهم أصدقائي . /
2. وجدوا أنفسهم مضطرّين إلى الوعد بنشر ما تبقّى . /
3. من الممكن أن ينشروا رسائلنا في الأسابيع القادمة .

C. 1. أريد أن ألتقي بهؤلاء الموظّفين . / 2. سافرت مع هؤلاء الفتيات الجزائريّات . / 3. هل نستطيع أن ندخل هذه المنازل . / 4. في تلك الأيّام ، كنت أسكن وحدي . / 5. هل تعرف أولائك الرجال الذين وجدوا أنفسهم مضطرّين إلى ...

D. 1. Tu ne peux pas rencontrer le Président lui-même. 2. Mohammad a reçu la même lettre. 3. Essayez de vous connaître vous-mêmes ! 4. Tous les étudiants sont arrivés en même temps.

E. 1. لا أَفْهَمُ تِلْكَ ٱلاتِّهامات . / 2. تَأَكَّدي أَنَّنا سَنَنْشُرُ رَسائِلَكِ . / 3. وَجَدَتْ نَفْسَها مُضْطَرَّةً إِلى ٱلْوَعْدِ بِٱلرُّجوعِ مَرَّةً أُخْرى . / 4. لا أُريدُ أَنْ تَخْرُجَ مَعَ أُولائِكَ ٱلأَصْدِقاءِ .

Leçon 65

B.

1. أحتاج إلى أداة أخرى للعمل . /
2. بقيت في نفس الشركة أكثر من أربعة أشهر. /
3. يرميه لأنّه لا يحتاج إليه .

C.

1. يَسْتَعْمِلُ – اسْتِعْمال / 2. يُهَدِّدُ – تَهْديد /
3. يَتَأَكَّدُ – تَأَكُّد / 4. يَتَّهِمُ – اِتِّهام / 5. يَجِدُ – وُجود

D. 1 : مع ذلك /2 : لذلك /3 : كذلك /4 : عند ذلك .

E. 1. Il a deux ans d'expérience et, malgré cela, il ne trouve pas de travail. 2. Fatima travaille chez ses voisins. 3. Je suis arrivé au moment où ils sortaient du travail. 4. Il mangeait lorsque son fils est entré.

F. 1. لا يُريدُ أَنْ يَبْقى أَكْثَرَ مِنْ ثَلاثِ ساعاتٍ . / 2. هٰؤُلاءِ ٱلْعُمّالُ عِنْدَهُمْ كَثيرٌ مِنَ ٱلْخِبْرَةِ . آمَلُ أَنْ أُصْبِحَ مِثْلَهُمْ . / 3. لِماذا يَحْتاجُ إِلى ٱسْتِعْمالِ هٰذِهِ ٱلأَداةِ .

Leçon 66

B.

1. فأخذت خيط التلفاز وأدخلته في المنشبة الكهربائيّة ناسيةً أنّها ما زالت مبلّلةً بمياه البحر فقتلها ...

C.

1. نسيت أنّني ما زلت مبلّلا بمياه البحر . /
2. بعد أن رجعت من المدرسة أرادت مشاهدة التلفزة . /
3. أدخلت سميرة ابنها الصغير المدرسة .

D. 1 : f / 2 : i / 3 : e / 4 : a / 5 : b / 6 : d / 7 : g / 8 : c / 9 : j / 10 : h.

E.

1. لا أزال / 2. ما زِلْنَ / 3. ما زِلْتِ / 4. لا يزالون /
5. ما زِلْتُنَّ / 6. لا تزال / 7. لا نزال / 8. ما زالا .

F. 1. يَذْهَبُ إِلى ٱلْبَحْرِ باكياً لأَنَّ أُخْتَهُ أَخَذَتْ كُرَتَهُ . /
2. بَعْدَ أَنْ فَكَّرَ ٱلْمُديرُ ، أَدْخَلَ عُمّالَهُ .

Leçon 67

B.
1. إنّ الجريمة لا تزال مستمرّة . /
2. ما هو سبب تدمير ثروة البحيرة السمكيّة ؟ /
3. ما هي أغنى بحيرات مصر ؟

C. 1. تَدْمير / 2. تضاعُف / 3. اِرتِكاب / 4. إدخال /
5. اِسْتِحْمام / 6. مُشاهَدة .

D. 1. فتحت الشركة مَكاتِبَ جديدةً ... / 2. هل رأيت مَساجِدَ أغنى ... / 3. اشترى مَنازِلَ صغيرةً ... /
4. ارتكب هذا الرجل جَرائِمَ كبيرةً .

E. 1. ضِعْتُ / 2. كانَ / 3. نَعودُ / 4. تَضيعُ / 5. يَحْتاجُ /
6. يُريدُ / 7. يُضَيِّعونَ / 8. تُجيبُ / 9. اِسْتَطاعَ / 10. يَضيعونَ.

F. 1. هل أَسْتَطيعُ أَنْ أَجِدَ عَمَلاً في ٱلْوَقْتِ ٱلَّذي تَرْتَفِعُ فيهِ نِسْبَةُ ٱلْبِطالَةِ . / 2. هذِهِ ٱلْبُحَيْرَةُ أَكْبَرُ ثَرْوَةِ ٱلْبِلادِ .

Leçon 68

B.
1. لا أريد أن أتزوّج إلاّ هذا الرجل . /
2. ماذا عرض عليها وزيرنا السابق ؟ / 3. أراد كلّ هؤلاء الرجال أن يتزوّجوني ولكنّني رفضت أيديهم الممدودة .

C. 1 : في - على / 2 : إلى / 3 : بـ / 4 : إلى / 5 : بـ / 6 : على /
7 : على .

D. 1. لا ، قرّروا ألاّ يرجعوا . / 2. لا ، قرّرنا ألاّ نتقدّمَ إليه . /
3. لا ، قرّرتُ ألاّ أطلبَ يدها . / 4. لا ، قرّرن ألاّ يسافرن .

E. 1. لَيْسَ في ٱلْمَصْنَعِ إِلاّ ٱلْعُمّال . / 2. طَلَبَ يَدَها وَلٰكِنَّها

رَفَضَتْ هٰذا ٱلزَّواجَ . / 3. قِيلَ إِنَّها كانَتْ تَرفُضُ ٱلزَّواجَ .

Leçon 69

B.

1. متى توفّيت هذه المطربة الكبيرة ؟ /

2. ما زال صوته حيّاً في قلبي . / 3. عندما توفّي أخذت كلّ شعوب العالم تبكيه .

C. 1. يُغَنِّي / 2. أَلْقى / 3. تَتَبَنَّى / 4. نَنْتَهي / 5. أُعْطي / 6. غَنَّيْنا / 7. يَشْتَرُونَ / 8. يَتَبَقَّى / 9. تَبْقَيْنَ / 10. شَكَوْتِ .

D. 1. بَحّار / 2. حفّار / 3. خَيّاط / 4. سَمّاك .

E. 1. أسماك / 2. السمك / 3. السمكة .

1. J'ai acheté trois poissons au marché. 2. Est-ce que tu aimes le poisson ? 3. Mon ami m'a donné ce poisson.

F. 1. مُنْذُ هٰذا ٱلْيَوْمِ لا يَزالُ حَزيناً . / 2. كانَتْ كُلُّ ٱلشُعوبِ ٱلْعَرَبيَّةِ تَعْشَقُ هٰذا ٱلْفَنّانَ . / 3. تَعْشَقُهُ . / 4. اِنْقَلَبَتْ سَيّارَتُها فَماتَتْ .

Leçon 70

B.

1. اكتشفت الأمّ أنّ ابنها مهرّب مخدّرات . /

2. ليس الدور الذي أقوم به صعباً جدّاً . /

3. هل أقنعت أخاها بأنّ هذا العمل خطر ؟

C. 1. كان أبوه ينتظره . / 2. ذهب مع أخيه محمّد . /

3. أقنعته أخته عائشة . / اكتشف أنّ أخاه أحمد ...

D. 1 : من / 2 : بـ / 3 : إلى / 4 : على / 5 : بـ / 6 : عن / 7 : بـ .

E.

1. لا أرى أخاكَ . أَيْنَ هُوَ ؟ /

2. هَلِ ٱلْتَقَيْتُمْ بِمُمَثِّلي هٰذا ٱلفيلم ؟ /

3. اِكْتَشَفَتِ ٱلشُّرْطَةُ أَنَّ أخا فَنّانَةٍ كَبيرَةٍ كانَ مُهَرِّبَ مُخَدِّراتٍ .

Leçon 71

B.

1. من قال له إنّ ابنه لن يرجع أبداً ؟ /
2. عليك أن تفكّري كثيراً في مستقبلك . /
3. لم أنسك ولن أنساك أبداً .

C. 1. نسي / 2. لم تغنِّ / 3. لم أشكُ / 4. تبقّى / 5. لم تلتقِ / 6. أعطينا / 7. لم تتبنَّ / 8. لم تمشي / 9. لم يبقَ / 10. مضى .

D. 1. لا ترجعْ / 2. اِجلسي / 3. لا تسافروا / 4. لا تستمعن / 5. أُدخل / 6. لا تتكلّموا / 7. اِبْتَعِدْ / 8. لا تُجيبي / 9. اِشْتَغِلْ .

E. 1. لعب / 2. سيسكن / 3. أفتح / 4. سيمضي / 5. قال / 6. سيكون / 7. حقّقي / 8. وصلتُ .

F. 1. لن نجدَ / 2. لم تسمحوا / 3. لم تعُدْ / 4. لا تَمْشِ / 5. لن نستمعَ / 6. لا يركبون / 7. لم تُشَكِّلْ / 8. لم تفهموا / لن تتزوّجي .

G.

1. لا بُدَّ مِنَ ٱحْتِرامِ مَسْؤُولِيّاتِكَ . /
2. عَجَزْتُ عَنْ إِقْناعه . /
3. لا تَقولوا لَها إنّ صَديقَها لَنْ يُسافِرَ مَعَها !

Leçon 72

B.

1. لا أثق بالرجل الذي جاء أمس . /
2. دعاني صديقي إلى رحلة ولكنّني رددت دعوته . /
3. مدّي يدك لأصدقائك الذين يمرّون في فترة صعبة .

C. 1. أمرّ / 2. أحْبَبْتِ / 3. نعدّ / 4. مَدَدْنَ / 5. تدقّ / 6. تردّ / 7. قرّرتِ / 8. يمرّون / 9. تُحِبُّ / 10. لم أَرُدَّ .

D. 1. عُدَّ – عُدّي / 2. خَفْ – خافي / 3. ثِقْ – ثِقي / 4. اُشْكُ – اُشْكي / 5. خُذْ – خُذي / 6. رُحْ – روحي / 7. اِرْمِ – اِرْمي /

8. اِبْقَ – اِبْقَيْ / 9. اِلْعَبْ – اِلْعَبي / 10. اِحْتَرِمْ – اِحْتَرِمي .

E. 1. Aie confiance en ta mère ! 2. Laisse-moi te dire que le bonheur arrive. 3. N'invite pas le frère de Mohammad car il n'aime pas les randonnées.

F. 1. يا سَعيد ، لا تَخَفْ ، ثِقْ بي (كُنْ واثِقاً بي) ! / 2. لا تَدَعُوهُ يَذْهَبُ ! / 3. خُذْ يَدي ! / 4. مَدَدْتُ لَها يَدي ولٰكِنَّها رَدَّتْها . / 5. لَمْ يَدُقّ ٱلبابَ .

Leçon 73 - TEST

A. 1. maṣdar / 2. participe actif - assimilée - وَعَظَ ، يَعِظُ / 3. participe passif - forme 4 - أَتْعَبَ ، يُتْعِبُ / 4. participe actif - forme 2 - défectueuse - صَلَّى ، يُصَلِّي / 5. participe actif - assimilée - وَجَبَ ، يَجِبُ / 6. maṣdar - forme 3 - ساعَدَ ، يُساعِدُ / 7. maṣdar.

B. 1 : réussite, succès / 2 : prédicateur / 3 : fatigué / 4 : qui prie / 5 : devoir (*nom*) / 6 : fait d'aider, aide / 7 : fait d'accepter.

C. 1 : + / 2 : - / 3 : ? / 4 : - / 5 : + / 6 : - / 7 : + / 8 : + / 9 : ? .

D. Demi-succès ! Le prédicateur posa son corps fatigué sur la chaise et dit à sa femme : - Aujourd'hui, j'ai essayé de convaincre ceux qui priaient qu'il était du devoir des riches d'aider les pauvres. Sa femme l'interrogea : - Et as-tu réussi à les convaincre ? - A moitié... J'ai réussi à convaincre les pauvres d'accepter l'aide...!

E. 1. حاول الواعظ أن يُقْنِعَ المصلّين . / 2. من واجب الأغنياء أن يساعدوا الفقراء . / 3. ... إنّك تستطيعين أن تنجحي ؟ / 4. من واجبهنّ أن يقبلن المساعدة .

F. 1. ... الطفل الذي تبنّيناه . / 2. درس الشابّ الذي يبحث عن عمل حتّى ... / 3. انتظرت الحافلة التي لم تصل . / 4. خرج مع فتاة لا أعرفها . / 5. ... الرسائل التي استلمتها اليوم . /

6. ... الفتيات اللواتي كنت تتكلّم معهنّ أمس . / 7. كلّ العمّال الذين لا يشتغلون جيّداً مهدّدون بالطرد . 8. هذه ذكرى حزينة تبكيها كلّ ... / 9. هذا أخوه الذي تحاول أن تعالجه . / 10. كانت الأخبار التي استمعت إليها حزينة .

G. 1. قالت الفتيات إنّهنّ سيصلن بعد أسبوع . /

2. تريد الفتيات أن يصلن ... / 3. أعلنت الفتيات أنّهنّ سيصلن ... / 4. لا يستطيع الرجال أن ينسوا الماضي . / 5. قال الرجال إنّهم نسوا الماضي . / 6. أعلن الرجال أنّهم نسوا الماضي . / 7. قلت إنّني سأعود وحدي . / عليّ أن أعود وحدي . / 9. حاولي أن تنجحي في دراستك . / قال لك إنّك نجحت ...

H. 1 : C10 / 2 : B4 / 3 : C3 / 4 : A7 / 5 : B2 / 6 : B6 / 7 : D7 / 8 : A8 / 9 : B10 / 10 : A4 / 11 : C4 / 12 : C7 / 13 : D8 / 14 : A5 / 15 : A3 / 16 : B3 / 17 : D3 / 18 : A6 / 19 : A2 / 20 : B8 / 21 : D8 / 22 : D6 / 23 : D4 / 24 : C2 / 25 : C5 / 26 : B7 / 27 : A10 / 28 : D5 / 29 : D2 / 30 : B5 / 31 : D10 .

Leçon 74

A.

1. زوجة عشقت شابّاً في سنّ ابنها /

2. رجل أعمال عمره 12 سنة / 3. القهوة تساعد على التركيز / 4. لماذا يضيع الأطفال ولا يعودون أحياناً ؟

1. Une épouse amoureuse d'un jeune homme de l'âge de son fils. 2. Un homme d'affaires âgé de 12 ans. 3. Le café aide à la concentration. 4. Pourquoi les enfants disparaissent et parfois ne reviennent pas ?

B. 1. اشتريت هذه السلعة من السوق السوداء . /

2. هل زار الرئيس كلّ البلدان المغاربيّة ؟ /

3. لم يزر وزيرنا المغرب ولا الجزائر .

C. 1. تضاعُف / 2. تقدُّم / 3. تمثيل / 4. اكتشاف /

5. عِلاج - مـعـالجـة / 6. تـهـريب / 7. تناوُل / 8. تـسـديد /
9. تـخزين .

D. 1. لَيْسَ لَهُ لا أخ ولا أُخْت . / 2. أُنْظُرْ إِلى طَوابيرِ ٱلانْتِظارِ ! هَلْ هٰذِهِ ٱلزِّيارةُ ضَرورةٌ حَتْمِـيَّةٌ ؟ / 3. عَلَيْكَ أَنْ تَبْقى ساعَةً ، لا أَكْثَرَ ولا أَقَلَّ !

Leçon 75

A.

كيف تكتب أجمل الرسائل .

Comment tu écris les plus belles lettres.

B. البيان في جولة رمضانيّة وسط أحياء القاهرة الشعبيّة .

C. 1. هذا السائق يشتغل في الشركة التونسيّة للنقل العمـوميّ . / 2. من هو المدير العامّ لهذا المصنع ؟ / 3. هذه السنة تدخل ابنتي المدرسة الابتدائيّة للفتيات .

D. 1. أعمّ / 2. أعزّ / 3. أحدث / 4. أصعب / 5. أصحّ /
6. أقدم / 7. أجدّ / 8. أسبق .

E. 1. تَشْتَغِلُ في ٱلْمَعْهَدِ ٱلْعَرَبيِّ لِدِراسَةِ ٱلتَّلَوُّثِ . /
2. هَلْ تَقَدَّمَ بِتَمَنِّياتِهِ بِمُناسَبَةِ رَأْسِ ٱلسَّنَةِ ؟

Leçon 76

A. 1. من كلّ مكان قصّة / 2. الإنڤليز لا يعرفون الحمّام في القديم . / 3. تخفّف الرجال من مسؤوليّاتهم وألقوا بها على أكتاف المرأة ..

1. Une histoire de chaque endroit. 2. Dans les temps anciens, les Anglais ne connaissaient pas le hammam. 3. Les hommes se sont déchargés de leurs responsabilités et les ont rejetées sur les épaules de la femme.

B. 1. ازدان فراش والدي فاطمة بمولود . /
2. عليكما أن تقولا له : مبروك ! /

3. كيف سمّيتما مولودكما ؟

C. 1. قال الطفل لوالدَيْهِ : " هل أستطيع أن أذهب معكما ؟" / 2. جاء العروسان متأخّرَيْنِ فكانت العائلة تنتظرهما . / 3. كتب الوالدانِ ليشكرا ابنهما . / 4. طلب الولد يدَيْ أمّه فمدّتهما له .

D. 1. اضطرب / 2. اتّجه / 3. ازدوج / 4. اصطنع / 5. اتّفق / 6. اطّلع .

E. 1. بِمُناسَبةِ عَقْدِ زَواجِكُما أَتَمَنّى لَكُما حَياةً سَعيدةً . / 2. يا كَريم ، أَعْطِني كُرَتَيَّ !

Leçon 77

A.

1. غلق شارعي باريس وقرطاج ابتداء من جوان . /
2. تاريخ المغرب العربي الحديث .

1. Fermeture des (deux) rues de Paris et de Carthage à partir de juin. 2. Histoire du Maghreb (arabe) contemporain.

B. 1. يبدأ التسجيل على الساعة الخامسة مساءً . /

2. يمكنك أن ترى المدينة كلّها من أعلى هذا المسجد .

C. 1. مُسْتَطيع / 2. مُشْتَرٍ / 3. مُريد / 4. مُحْتاج / 5. باقٍ / 6. قابِل / 7. قائِل / 8. مُحاوِل / 9. مُمْكِن / 10. مُعْطٍ .

D. 1. مُسَمّى / 2. مُزدان / 3. مُلْتَقًى / 4. مُتَوَفًّى / 5. مُراد / 6. مُنْتَهًى / 7. مَفْقود / 8. مُعْطًى / 9. مَوْلود / 10. مُسَجَّل .

E. 1. لَيْسَتْ هٰذهِ ٱلسَّيّارةُ قابِلةً لِلْبيعِ . / 2. سيَبْدَأُ ٱلفيلمُ في ٱلسّاعَةِ ٱلْعاشِرةِ مَساءً . / 3. أَلسّاعَةُ ٱلآنَ ٱلثّامِنةُ وعَشْرُ دَقائِقَ .

Leçon 78

A.

1. جديد : ربط تونس بالعالم عن طريق المينيتال . /
2. اللقاء الثاني للرسّامين المغاربة الشباب .

1. Nouveau : liaison de la Tunisie avec le monde par le Minitel.
2. Deuxième rencontre des jeunes dessinateurs marocains.

B. 1 : o / 2 : j / 3 : g / 4 : h / 5 : m / 6 : c / 7 : l / 8 : a / 9 : e / 10 : f / 11 : i / 12 : n / 13 : d / 14 : k / 15 : b .

Leçon 79

A.

1. قد يزور ولدي فرنسا / لعلّ ولدي يزور فرنسا / من الممكن أن يزور ولدي فرنسا / 2. قد يعودون اليوم / لعلّهم يعودون اليوم / من الممكن أن يعودوا اليوم .

B.

1. كُلُّ بِلادٍ / 2. اَلبِلادُ كُلُّها / 3. كُلُّ ٱلبُلْدانِ /
4. بَعْضُ ٱلبُلْدانِ / 5. بَعْضُ ٱلْخِبْرَةِ /
6. مَهْما فَعَلْتَ اِنْتَظَرْناكَ (نَحْنُ في انْتِظارِكَ) . /
7. عَلَى كُلِّ حالٍ ، انْتَهِزِ ٱلْفُرصةَ لِتَذْهَبَ بَعيداً عَنْهُمْ .

Leçon 80

A.

1. إيصال / 2. تسمية / 3. تبنٍّ / 4. استيجاب / 5. إلقاء .

B.

1. ذَهَبْتُ إِلى ٱلسّوقِ بِٱلبِنْتَيْنِ ٱللَّتَيْنِ ٱلْتَقَيْتَ بِهِما أَمْسِ / 2. أَيَّتُهـا ٱلأُخْتُ ٱلْعَزيزة ، أَرْجـوكِ ، سـاعِديني ! / 3. اسْتَغـاثَ بي . مـا ٱلْعَمَلُ ؟ / 4. مَنْ جـاءَ بِٱلسَّمَكةِ ٱلَّتي نَأْكُلُها ؟ / 5. يَجِبُ أَنْ تَبْذُلَ جُهوداً لِتَفْهَمَ .

Leçon 81

1. لَوْلا هٰذِهِ ٱلْمُشْكِلة لَكُنْتُ بِخَيـرٍ . / 2. لَوْلا مُسـاعَدة أَبيكَ ، لَبَقيتَ هُنا . / 3. ما أَنْ جَلَسَتْ حَتّى دَخَلَ ٱلْمُدير . / 4. كَما تَرَى وَصَلْتُ بِٱلسَّلامةِ . / 5. تَذْهَبُ حَيْثُ يَسْكُنُ خالُها .

Leçon 82

1. يَسرُّنا أَنْ نُبلِّغَكُمْ سَلامَ كُلِّ أَفْرادِ ٱلْعائِلة . / 2. ما هُوَ تاريخُ عيدِ ميلادِك ؟ / 3. تَكَلَّمَتْ مَعي كَأَنَّني أَحَدُ أَصْدِقائِها . / 4. لَمْ يَذْهَبوا وَلَنْ يَذْهَبوا أَبَداً .

Leçon 83

A.

1. اِجْلِسْ / 2. لِيَفْتَحْ / 3. أُخْرُجي / 4. اِبْتَعِدوا / 5. لِتَتَقَبَّلْ / 6. لِنَبْعَثْ / 7. اِعْتَذِرْنَ / 8. قُلْ / 9. لِيُعَوِّضوا / 10. لِيَدْعُ .

B.

1. كم رجلاً رأت ؟ / 2. كم ساعة قضى ؟ / 3. كم بيتاً اشتريتم ؟ / 4. كم قرية زار ؟ / 5. كم قميصاً اشترى ؟

C.

1. أُخْتي ٱلْعَزيزة ،

تَحيَّةً طَيِّبةً وَسَلاماً حاراً وَبَعْدُ

أَتَمَنّى أَنَّكِ بِخَيْرٍ . اِسْتَلَمْتُ رِسالَتَكِ وَأَشْكُرُكِ . يَسُرُّني أَن أُخْبِرَكِ بِأَنَّني سَأَصِلُ إِلى ٱلْجَزائِرِ ٱلأُسْبوعَ ٱلْقادِمَ (يَوْمَ ٱلْخَميسِ في ٱلسّاعةِ ٱلْخامِسةِ بَعْدَ ٱلظُّهْرِ). هَلْ يُمْكِنُكِ أَنْ تَنْتَظِريني في ٱلْمَطارِ ؟

بَلِّغي كُلَّ أَفْرادِ ٱلْعائِلةِ سَلامي .

وَ إِلى ٱللِّقاءِ !

أَخوكِ

Mémento grammatical

Sommaire :

Page

Alphabet arabe et phonétique 428
Article 430
Les trois sortes de mots - Récapitulation générale 431
Pronoms (isolé et suffixe) 435
Verbe simple sain régulier :
- Passé.. 436
- Muḍaâri' (marfuw' - manṣuwb - majzuwm) . 437
- Impératif et participes 439
Formes dérivées - verbe sain régulier 440
Verbes irréguliers ou malades :
- Présentation des tableaux 441
- Verbes sourds 442
- Verbes hamzés 443
- Verbes assimilés 445
- Verbes concaves 446
- Verbes défectueux 448
- Formes dérivées - v. malades - récapitulation 451
Pluriel externe du nom 453
Pluriel interne du nom 454
Déclinaisons du nom 455
Emploi des cas et principales fonctions 457
Phrase nominale :
- analyse (identification et localisation)........... 458
- conjugaison de ليس 459
Nombre et objet compté en arabe littéral 460

Alphabet arabe

Tableau alphabétique et transcription phonétique

Nom de la lettre et transcription		*lettre solaire*	*Ecriture de la lettre selon qu'elle est en position :* isolée	finale	médiane	initiale
hamza	'		ء	ء		
'alif *	â		ا	ـا		
baâ'	b		ب	ـب	ـبـ	بـ
taâ'	t	☼	ت	ـت	ـتـ	تـ
ṯaâ'	ṯ	☼	ث	ـث	ـثـ	ثـ
jiym	j		ج	ـج	ـجـ	جـ
ḥaâ'	ḥ		ح	ـح	ـحـ	حـ
ḫaâ'	ḫ		خ	ـخ	ـخـ	خـ
daâl *	d	☼	د	ـد		
ḏaâl *	ḏ	☼	ذ	ـذ		
raâ' *	r	☼	ر	ـر		
zaây *	z	☼	ز	ـز		
siyn	s	☼	س	ـس	ـسـ	سـ
šiyn	š	☼	ش	ـش	ـشـ	شـ
ṣaâd	ṣ	☼	ص	ـص	ـصـ	صـ
ḍaâd	ḍ	☼	ض	ـض	ـضـ	ضـ
ṭaâ'	ṭ	☼	ط	ـط	ـطـ	طـ
ẓaâ'	ẓ	☼	ظ	ـظ	ـظـ	ظـ

lettre et transcription		solaire	isolée	finale	médiane	initiale
ʻayn	ʻ		ع	ـع	ـعـ	عـ
ġayn	ġ		غ	ـغ	ـغـ	غـ
faâ'	f		ف	ـف	ـفـ	فـ
qaâf	q		ق	ـق	ـقـ	قـ
kaâf	k		ك	ـك	ـكـ	كـ
laâm	l	☼	ل	ـل	ـلـ	لـ
miym	m		م	ـم	ـمـ	مـ
nuwn	n	☼	ن	ـن	ـنـ	نـ
haâ'	h		ه	ـه	ـهـ	هـ
waâw *	w		و	ـو		
yaâ'	y		ي	ـي	ـيـ	يـ

* : lettres qui n'accrochent pas la lettre qui suit.

☼ : les 14 lettres *solaires* = qui assimilent le ـل de l'article (les autres étant *lunaires* : elles n'assimilent pas le ـل de l'article. Cf. page suivante).

- Autres écritures de certaines lettres (cf. aussi page 198) :
  - taâ' marbuwṭa ة - ـة
  - 'alif maqṣuwra ى - ـى / 'alif mamduwda آ
- Hamza et son support : ئ ؤ إ أ ء
- Voyelles et autres signes :

ḍamma	u	ـُ	tanwiyn	un	ـٌ ـُ	šadda	ـّ
fatḥa	a	ـَ	tanwiyn	an	اً ـً	sukuwn	ـْ
kasra	i	ـِ	tanwiyn	in	ـٍ	waṣla	ـٱ

Article

• Il n'y a qu'un seul article en arabe correspondant à notre article défini : ال .

• L'article invariable (masculin et féminin, singulier et pluriel) *définit* le nom (ou l'adjectif) auquel il s'accroche.

• Le 'alif de l'article est le support d'une hamza instable portant une fatḥa. Cette hamza et sa voyelle ne se prononcent qu'en début de phrase ou après une pause. Autrement, la liaison est obligatoire et le ل de l'article (ou la consonne qui a pris sa place - cf. ci-dessous le phénomène d'assimilation) vient fermer la dernière syllabe du mot précédent. Cette liaison est marquée parfois par la waṣla.

Ex. : خرجَ ٱلولد [ḫa / ra / jal / wa / lad]

• Si le mot qui précède l'article se termine par une consonne portant un soukoun, on remplacera alors ce dernier par une voyelle de liaison (pour éviter la rencontre de 2 soukouns). Cette voyelle de liaison sera :

- une ḍamma après les pronoms : هم / أنتم / كم et après le suffixe تم du passé,
- une fatḥa après la préposition من ,
- une kasra dans la plupart des autres cas: suffixe تْ du passé, majzuwm et impératif aux personnes se terminant par un soukoun, différentes particules (عن / بل / قد / هل / لكن / ...).

Ex. : قالتِ ٱلبنت / كتبتمُ ٱلرسالة / منَ ٱلمدينة

• Si le mot qui précède l'article se termine par une voyelle prolongée (ـَا / ـُو / ـِي / ـَى), la voyelle est abrégée dans la prononciation.

Ex. : في ٱلمدينة se prononcera [fi-l-madiyna] au lieu de [fiy] .

• Quand le ل de l'article est suivi d'une des 14 lettres *solaires* (cf. liste page précédente), il est *assimilé* par cette lettre qui est redoublée et prend sa place pour fermer la syllabe qui précède. Les autres lettres dites *lunaires* n'assimilent pas le ل de l'article. Ces noms de *solaire* et *lunaire* sont donnés à cause des deux exemples traditionnels donnés dans la grammaire arabe à partir des noms *soleil* (شمس) et *lune* (قمر).

Ex. : الشّمس ['aš-šams] / القْمر ['al-qamar], *la lune*.

Les trois sortes de mots

La grammaire arabe distingue 3 sortes de mots :
le verbe (الفعل), le nom (الاسم) et la particule (الحرف).

Le verbe - الفعل

• **Temps - modes**

Le verbe se conjugue suivant trois temps :

1. le passé, appelé parfois *accompli* (الماضي),
2. le muḍaâri‘, appelé parfois *inaccompli* (المضارع), qui existe sous trois formes :
   - muḍaâri‘ marfuw‘ ou *indicatif* (المضارع المرفوع),
   - muḍaâri‘ manṣuwb ou *subjonctif* (المضارع المنصوب),
   - muḍaâri‘ majzuwm ou *apocopé* (المضارع المجزوم),
3. l'impératif (الأمر).

• **Trilitère / quadrilitère**

Un verbe a une racine *trilitère* (ثلاثي) si elle est composée de 3 lettres et *quadrilitère* (رباعي) si elle est composée de 4 lettres. Les verbes quadrilitères sont peu nombreux.

• **Simple / dérivé**

Un verbe est *simple* (مجرّد) si aucune lettre n'a été ajoutée à sa racine pour former son radical et *dérivé* (مزيد) - littéralement : *augmenté* - si on a ajouté une, deux ou trois lettres à sa racine pour former son radical. Pour les verbes trilitères, il existe neuf formes dérivées usuelles.

• **Verbes sains**

Un verbe est *sain* (صحيح) si sa racine est saine, c'est-à-dire formée de trois (ou parfois quatre) consonnes. Il existe trois catégories de verbes sains :

- si les deux dernières lettres de la racine sont deux consonnes différentes et qu'aucune des lettres de la racine n'est une hamza, le verbe est *régulier* (سالم),
- si les deux dernières lettres de la racine sont la même consonne, le verbe est *sourd* (مضاعف),
- si une des lettres de la racine est une hamza, le verbe est *hamzé* (مهموز).

• **Verbes malades**

Un verbe est *malade* (معتلّ) si sa racine est malade, c'est-à-dire si une des lettres de la racine est une semi-consonne (un و ou un ي). Il existe trois catégories de verbes malades suivant la place de la semi-consonne :

- si la semi-consonne est la 1re lettre de la racine, le verbe est dit *assimilé* (المثال),
- si la semi-consonne est la 2e lettre de la racine, le verbe est dit *concave* (الأجوف),
- si la semi-consonne est la 3e lettre de la racine, le verbe est dit *défectueux* (الناقص).

• **Actif / passif**

• Le verbe peut être construit à la voix *active* (المعلوم) ou - sauf s'il est *intransitif* (لازم) - à la voix *passive* (المجهول).

Le nom - الاسم

• **Catégories de nom**

Sous le terme de *nom*, l'arabe réunit de nombreux groupes de mots qui ne sont pas classés comme tels en français. En effet, en plus du nom proprement dit et des schèmes de nom de lieu, d'abondance, de métier,... l'arabe classe dans cette catégorie les mots suivants :

- le *maṣdar* (المصدر) ou *nom d'action* (ou *nom verbal*),
- le *participe actif* (اسم الفاعل) et *passif* (اسم المفعول),
- l'*adjectif* (الصفة),
- le *comparatif* (اسم التفضيل),
- la *nisba* ou adjectif/nom de *relation* (النسبة),
- le *pronom isolé* (الضمير المنفصل),
- le *pronom suffixe* (الضمير المتّصل),
- le *démonstratif* (اسم الإشارة),
- le *relatif* (اسم الموصول),
- l'*interrogatif* (اسم الاستفهام) sauf هل et أ ,
- un certain nombre de *prépositions* (ظرف) sauf celles indiquées dans la catégorie "particules",
- les *nombres* (اسم العدد) cardinaux et ordinaux,...

• **Déclinaison des noms**

Il existe trois cas de déclinaison pour les noms en arabe :

- le *cas sujet* (الرفع),
- le *cas direct* (النصب),
- et le *cas indirect* (الجرّ).

Presque tous les noms sont *déclinables* (معرّب) et se mettent à l'un des trois cas suivant leur fonction dans la phrase sauf les pronoms, les démonstratifs, les relatifs (excepté au duel), les interrogatifs et certaines prépositions qui sont *indéclinables* (مبنيّ).

La marque d'un nom *au cas sujet* (مرفوع) est généralement la ḍamma finale, mais cela peut être aussi

- un و (pour des mots comme أخو ou pour le pluriel externe masculin)
- ou un ا (pour le duel).

La marque d'un nom *au cas direct* (منصوب) est généralement la fatḥa finale, mais cela peut être aussi

- un ا (pour des mots comme أخو),
- un ي (pour le pluriel externe masculin ou le duel),
- ou une kasra (pour le pluriel externe féminin).

La marque d'un nom *au cas indirect* (مجرور) est généralement la kasra finale, mais cela peut être aussi :

- un ي (pour des mots comme أخو , pour le pluriel externe masculin ou le duel),
- une kasra (pour le pluriel féminin externe),
- ou une fatḥa (pour les diptotes).

Cette marque de déclinaison est sous-entendue dans les noms qui se terminent par un ا ou un ى , ou qui sont suivis du pronom suffixe ي , ou qui sont de racine défectueuse (sauf au cas direct).

• **Marque du féminin**

La marque du féminin (علامة التأنيث) peut être :

- ة (التاء المربوطة) - marque la plus courante - cf. كريمة ,
- ى (الألف المقصورة) - cf. كبرى ,
- ou اء (الألف والهمزة) - cf. بيضاء .

• **Singulier - duel - pluriel**

Il existe trois nombres en arabe :

- le singulier (المفرد),
- le duel (المثنّى),
- et le pluriel (الجمع).

• **Pluriels externes et internes (ou brisés)**

Il existe deux catégories de pluriels des noms en arabe :

- ceux qui se forment en ajoutant une marque du pluriel à la fin du singulier sans changer la structure du nom. Il s'agit du *pluriel externe* ou *régulier* (الجمع السالم) :
  - le *pluriel externe masculin* (جمع المذكّر السالم) se forme en ajoutant ون (au cas sujet) ou ين (aux autres cas) au singulier.
  - le *pluriel externe féminin* (جمع المؤنّث السالم) se forme en ajoutant ات au singulier (duquel on aura retiré si nécessaire le ة).
- ceux qui se forment en changeant la structure du nom (par l'ajout de lettres devant ou au cœur du mot). Il s'agit du *pluriel interne* ou *brisé* (جمع التكسير).

La particule - الحرف

Sous ce terme, l'arabe regroupe tout mot (indéclinable) qui n'est ni verbe ni nom. C'est le cas notamment :

- des *prépositions* (حروف الجرّ) : من - في - إلى - على - عن - بـ - لـ - منذ - etc. (elles sont au nombre de 19),
- des *négations* (أحرف النفي),
- de إنّ et ses sœurs (إنّ وأخواتها),
- des *particules du subjonctif* (أحرف النصب) comme أن ,...
- des *coordinations* (أحرف العطف),
- des *interrogatifs* هل et أ , des *particules du futur* سـ et سوف , de قد , des *particules hypothétiques* إن et لو , du يا *vocatif*, de أمّا , de نعم , etc.

Pronoms

1. Pronom isolé - الضمير المنفصل

الضمير المنفصل		3e personne الغائب	2e personne المخاطب	1re personne المتكلّم
singulier	masc.	هُوَ	أَنْتَ	أنا
	fém.	هِيَ	أَنْتِ	
duel	masc./fém.	هُما	أَنْتُما	نَحْنُ
pluriel	masc.	هُمْ	أَنْتُمْ	
	fém.	هُنَّ	أَنْتُنَّ	

2. Pronom suffixe - الضمير المتّصل

الضمير المتّصل		3e personne الغائب	2e personne المخاطب	1re personne المتكلّم
singulier	masc.	هُ **	كَ	ي / ني *
	fém.	ها	كِ	
duel	masc./fém.	هُما **	كُما	نَحْنُ
pluriel	masc.	هُمْ **	كُمْ	
	fém.	هُنَّ **	كُنَّ	

* après un nom ou une préposition, le pronom suffixe de la 1re personne est ي et après un verbe ني .

Ex. : معي , بيتي mais وجدني .

** la ḍamma du ه se transforme en kasra si le ه est précédé du son [i]. Ex. : مَعَهُ , معهُم mais بِهِ , بِهِمْ .

• Pas de préfixe au passé.

• Il exprime l'équivalent du passé-composé, du passé-simple ou même parfois un autre temps du passé français (passé-antérieur). Précédé de كان au passé et de قد, il exprime le plus-que-parfait.

• A tous les temps, le verbe conjugué comprend son pronom sujet. Ce pronom est :

- soit un véritable pronom suffixe (l'arabe appelle ainsi les suffixes du passé : تُ / تَ / ت / ا / نا / etc.),

- soit il est sous-entendu (on dit en arabe qu'il est *caché* مستتر) ce qui est le cas pour la 3e personne du singulier lorsque le sujet n'est pas énoncé sous la forme d'un nom après le verbe.

Là donc où le français énoncera un pronom et un verbe, l'arabe se suffira du verbe conjugué (sans ajouter de pronom isolé sauf si l'on veut insister).

الماضي		*3e personne* الغائب	*2e personne* المخاطب	*1re personne* المتكلّم
singulier	*masc.*	فَعَلَ	فَعَلْتَ	فَعَلْتُ
	fém.	فَعَلَتْ	فَعَلْتِ	
duel	*masc.*	فَعَلا	فَعَلْتُما	فَعَلْنا
	fém.	فَعَلَتا		
pluriel	*masc.*	فَعَلُوا	فَعَلْتُمْ	
	fém.	فَعَلْنَ	فَعَلْتُنَّ	

- en blanc : les formes qui ont un soukoun sur la dernière lettre du radical,

- en gris : les formes qui ont une voyelle sur la dernière lettre du radical.

• La marque du muḍaâri‘ est le préfixe : أ - تـ - يـ - نـ .

• Il existe trois modalités du muḍaâri‘ :

1. le muḍaâri‘ marfuw‘ exprime le présent ou le futur. Il sera parfois précédé dans ce dernier cas de la particule سـ ou سوف. Précédé de كان au passé, il exprime l'imparfait ;

2. le muḍaâri‘ manṣuwb :

- suit les particules du subjonctif comme أن , كي , لـ , لكي et parfois حتّى (et dans certains cas après فـ),

- sert aussi à la négation du futur (après لن);

3. le muḍaâri‘ majzuwm sert :

- à la négation du passé après لم (et لمّا - d'usage classique),

- à exprimer l'ordre aux 1re et 3e personnes (après لـ , ولـ ou فلـ)

- à exprimer la défense (après لا),

- au conditionnel (non étudié dans ces leçons).

1. Muḍaâri‘ marfuw‘ *(indicatif)*

المضارع المرفوع		*3e personne* الغائب	*2e personne* المخاطب	*1re personne* المتكلّم
singulier	*masc.*	يَفْعَلُ	تَفْعَلُ	أَفْعَلُ
	fém.	تَفْعَلُ	تَفْعَلِينَ	
duel	*masc.*	يَفْعَلاَنِ	تَفْعَلاَنِ	نَفْعَلُ
	fém.	تَفْعَلاَنِ		
pluriel	*masc.*	يَفْعَلُونَ	تَفْعَلُونَ	
	fém.	يَفْعَلْنَ	تَفْعَلْنَ	

- en blanc : les *formes simples* (sans lettre suffixe),
- en gris : les *cinq verbes* (suffixe de deux lettres),
- dans la cadre gris : les *féminin pluriel* (suffixe d'une lettre).

2. Muḍaâri‘ manṣuwb *(subjonctif)*

المضارع المرفوع		*3e personne* الغائب	*2e personne* المخاطب	*1re personne* المتكلّم
singulier	*masc.*	يَفْعَلَ	تَفْعَلَ	أَفْعَلَ
	fém.	تَفْعَلَ	تَفْعَلِي	
duel	*masc.*	يَفْعَلا	تَفْعَلا	نَفْعَلَ
	fém.	تَفْعَلا		
pluriel	*masc.*	يَفْعَلُوا	تَفْعَلُوا	
	fém.	يَفْعَلْنَ	تَفْعَلْنَ	

- les *formes simples* se terminent par une fatḥa,
- aux *cinq verbes*, le nuwn final disparaît,
- au *féminin pluriel*, pas de modification.

3. Muḍaâri‘ majzuwm *(apocopé)*

المضارع المرفوع		*3e personne* الغائب	*2e personne* المخاطب	*1re personne* المتكلّم
singulier	*masc.*	يَفْعَلْ	تَفْعَلْ	أَفْعَلْ
	fém.	تَفْعَلْ	تَفْعَلِي	
duel	*masc.*	يَفْعَلا	تَفْعَلا	نَفْعَلْ
	fém.	تَفْعَلا		
pluriel	*masc.*	يَفْعَلُوا	تَفْعَلُوا	
	fém.	يَفْعَلْنَ	تَفْعَلْنَ	

Comme le manṣuwb sauf aux *formes simples* qui se terminent par un soukoun.

• L'impératif n'existe qu'à la 2e personne.

• L'impératif se forme à partir du majzuwm. On retire le préfixe تـ et si le verbe commence alors par une lettre portant un soukoun (ce qui est ici le cas des verbes sains réguliers simples), on préfixe une hamza instable (qui ne se prononce pas à la liaison).

الأمر		2e personne المخاطب
singulier	masc.	اِفْعَلْ
	fém.	اِفْعَلِي
duel	masc./fém.	اِفْعَلا
pluriel	masc.	اِفْعَلُوا
	fém.	اِفْعَلْنَ

• La voyelle de la hamza est une ḍamma si le verbe a une ḍamma sur la 2e lettre du radical. Ex. :

le verbe سكت ، يسكُت
fera à l'impératif : أُسكُتْ .
Sinon, c'est une kasra.

Participes

Verbe simple sain régulier

• Participe actif (اسم الفاعل) : فاعِل

• Participe passif (اسم المفعول) : مَفْعول

Remarques

• Le modèle proposé est le verbe فَعَلَ ، يَفْعَلُ . La voyelle de la 2e lettre du radical peut être une kasra ou une ḍamma suivant le verbe. A part cette voyelle, la conjugaison ne change pas d'un verbe simple sain régulier à un autre.

• De même, ce sont uniquement les voyelles de la 1re et de la 2e lettre du radical qui marquent le passif : فُعِلَ ، يُفْعَلُ .

• Pour la conjugaison des autres verbes, il suffira de retenir 2 personnes du passé (une dont le radical se termine par un soukoun et une dont le radical se termine par une voyelle) et 3 personnes pour le muḍaâri' (une *forme simple*, un des *cinq verbes* et un *féminin pluriel*).

Maṣdar	*Participe*	*Impératif*	*Muḍaâri‘*	*Passé*		
تَفْعِيل ou	مُفَعِّل	فَعِّلْ	يُفَعِّلُ	فَعَّلَ	*Act.*	2
تَفْعِلة	مُفَعَّل		يُفَعَّلُ	فُعِّلَ	*Pass.*	
مُفاعَلة ou	مُفاعِل	فاعِلْ	يُفاعِلُ	فاعَلَ	*Act.*	3
فِعال	مُفاعَل		يُفاعَلُ	فوعِلَ	*Pass.*	
إِفْعال	مُفْعِل	أَفْعِلْ	يُفْعِلُ	أَفْعَلَ	*Act.*	4
	مُفْعَل		يُفْعَلُ	أُفْعِلَ	*Pass.*	
تَفَعُّل	مُتَفَعِّل	تَفَعَّلْ	يَتَفَعَّلُ	تَفَعَّلَ	*Act.*	5
	مُتَفَعَّل		يُتَفَعَّلُ	تُفُعِّلَ	*Pass.*	
تَفاعُل	مُتَفاعِل	تَفاعَلْ	يَتَفاعَلُ	تَفاعَلَ	*Act.*	6
	مُتَفاعَل		يُتَفاعَلُ	تُفوعِلَ	*Pass.*	
اِنْفِعال	مُنْفَعِل	اِنْفَعِلْ	يَنْفَعِلُ	اِنْفَعَلَ	*Act.*	7
	مُنْفَعَل		يُنْفَعَلُ	اُنْفُعِلَ	*Pass.*	
اِفْتِعال	مُفْتَعِل	اِفْتَعِلْ	يَفْتَعِلُ	اِفْتَعَلَ	*Act.*	8
	مُفْتَعَل		يُفْتَعَلُ	اُفْتُعِلَ	*Pass.*	
اِفْعِلال	مُفْعَلّ	اِفْعَلَّ	يَفْعَلُّ	اِفْعَلَّ	*Act.*	9
	—	*non utilisé*	—	—	*Pass.*	
اِسْتِفْعال	مُسْتَفْعِل	اِسْتَفْعِلْ	يَسْتَفْعِلُ	اِسْتَفْعَلَ	*Act.*	10
	مُسْتَفْعَل		يُسْتَفْعَلُ	اُسْتُفْعِلَ	*Pass.*	

Pour chaque classe de verbes, on donnera :

A. un (ou plusieurs) modèle(s) de verbes simples avec :

1. pour le passé et le muḍaâri' : une forme de chaque catégorie (deux pour le passé et trois pour le muḍaâri'). A partir de chacune d'entre elles, vous pourrez reconstituer l'ensemble de la conjugaison.

Ex. : au passé, on vous donnera la personne هو sur le modèle de laquelle vous pourrez conjuguer toutes les personnes dont la dernière lettre du radical porte une voyelle, donc هي , هما , et هم et l'on vous donnera la personne هنّ sur le modèle de laquelle vous pourrez conjuguer toutes les autres personnes (dont la dernière lettre du radical porte un soukoun). De même pour le muḍaâri' pour lequel on vous donnera les personnes هو (à partir de laquelle vous pourrez conjuguer les *formes simples*), هم (pour les *cinq verbes*) et هنّ (pour les *féminin pluriel*);

2. la conjugaison complète de l'impératif;

3. le passif (passé et muḍaâri' à la 3e personne du masculin singulier);

4. les deux participes (actif et passif).

N.B. :

- Dans le cas où d'autres irrégularités se produisent, on vous indiquera d'autres personnes (ce sera le cas notamment des verbes défectueux pour lesquels on ajoutera au passé les personnes هي , هما et هم et au muḍaâri' la personne أنتِ et هما).
- Si une forme n'est pas vraiment usuelle vu le sens du verbe, elle sera mise entre parenthèses.

B. des précisions - si nécessaire - concernant :

1. la conjugaison des formes dérivées, notamment toutes les particularités par rapport aux verbes sains réguliers,

2. la formation du maṣdar de chaque forme dérivée (si elle diffère de celle des verbes sains réguliers).

A. Verbe simple - Modèle : مَرَّ ، يَمُرُّ , *passer*

Les deux dernières lettres de la racine de ces verbes sont semblables :

- on les contracte sous une chadda quand la dernière lettre du radical porte une voyelle,
- on les écrit séparées si la dernière lettre du radical porte un soukoun.

De plus, le majzuwm se conjugue comme le manṣuwb, même aux *formes simples.*

1. Passé et muḍaâri' :

Muḍaâri'		*Passé*	
Manṣuwb et Majzuwm	*Marfuw'*		
يَمُرَّ	يَمُرُّ	مَرَّ	هو
يَمُرُّوا	يَمُرُّونَ		هم
يَمْرُرْنَ		مَرَرْنَ	هنَّ

2. Impératif : مُرَّ / مُرِّي / مُرَّا / مُرُّوا / اُمْرُرْنَ

3. Passif : مُرَّ ، يُمَرُّ

4. Participe actif : مارّ / Participe passif : (مَمْرور)

B. Formes dérivées

1. Conjugaison :

- se conjuguent comme مرّ les verbes dérivés aux formes 3, 4, 6, 7, 8 et 10 (cf. : أعدّ / اهتمّ / استحمّ),
- se conjuguent comme un verbe régulier les verbes dérivés aux formes 2 et 5 (cf. : قرّر).

2. Maṣdar : comme les verbes réguliers.

Ex. : إعداد / اهتمام / استحمام / تقرير / ...

Une des lettres du radical est une hamza. Il existe trois catégories suivant la place de cette hamza :

- type يأخذ ، أخذ , *prendre* (hamza en 1re lettre);
- type يسأل ، سأل, *interroger* (hamza en 2e lettre);
- type يبدأ ، بدأ , *commencer* (hamza en 3e lettre).

Le problème est celui du support de la hamza (et parfois de sa disparition).

On ne signalera ici que les formes où la hamza n'a pas comme support 'alif ou qui présentent d'autres particularités.

1er type : يأخذ ، أخذ (cf. : أكل / أمل)

1. Au passé : aucun problème.

2. Au muḍaâri' : aucun problème sauf à la 1re personne du singulier où l'on a : آخُذُ (la hamza de la racine précédée de la hamza du préfixe se transforme en 'alif mamduwda).

3. A l'impératif, la hamza disparaît : ... / خُذِي / خُذْ

4. Au muḍaâri' du passif, le support de la hamza est و : يُؤْخَذُ

5. Participe actif : آخِذ / Participe passif : مَأْخُوذ

6. Formes dérivées. Voici les verbes dérivés hamzés en 1re lettre étudiés dans ce livre :

Maṣdar	Participe	Impératif	Muḍaâri'	Passé		
تَأْخِير	مُؤَخِّر	أَخِّرْ	يُؤَخِّرُ	أَخَّرَ	Act.	2
	مُؤَخَّر		يُؤَخَّرُ	أُخِّرَ	Pass.	
مُؤَاخَذَة	مُؤَاخِذ	آخِذْ	يُؤَاخِذُ	آخَذَ	Act.	3
	مُؤَاخَذ		يُؤَاخَذُ	أُوخِذَ	Pass.	
تَأَكُّد	مُتَأَكِّد	تَأَكَّدْ	يَتَأَكَّدُ	تَأَكَّدَ	Act.	5
	(مُتَأَكَّد)		(يُتَأَكَّدُ)	(تُؤُكِّدَ)	Pass.	

2e type : سأل ، يسأل

1. Au passé : aucun problème.

2. Au muḍaâri' : aucun problème.

3. A l'impératif, on trouve à côté de la forme normale اِسْأَلْ la forme سَلْ. Ceci n'est valable que pour certains verbes à connaître à l'usage.

4. Au passé du passif, le support de la hamza est ى : سُئِلَ

5. Participe actif : سائِل / Participe passif : مَسْؤُول

6. Formes dérivées. Voici les verbes dérivés hamzés en 2e lettre étudiés dans ce livre :

Maṣdar	Participe	Impératif	Muḍaâri'	Passé		
مُلاءَمة	مُلائِم (مُلاءَم)	لائِمْ	يُلائِمُ (يُلاءَمُ)	لاءَمَ (لُوئِمَ)	Act. Pass.	3
اِبْتِئاس	مُبْتَئِس (مُبْتَأَس)	اِبْتَئِسْ	يَبْتَئِسُ (يُبْتَأَسُ)	اِبْتَأَسَ (أُبْتُئِسَ)	Act. Pass.	8

3e type : بدأ ، يبدأ , *commencer* / ملأ ، يملأ , *remplir*

Aux trois temps de l'actif, ainsi qu'au muḍaâri' du passif, le support de la hamza est :

- un و quand la hamza porte une ḍamma et est suivie d'un و.

Ex. : ... / بَدَؤُوا / يَبْدَؤُون / اِبْدَؤُوا

- un ى quand la hamza porte une kasra et est suivie d'un ي.

Ex. : ... / تَبْدَئِين / اِبْدَئِي

Aux autres formes, le support est toujours ا (avec apparition du 'alif mamduwda quand la hamza est suivie du ا du duel) :

Ex. : ... / بَدَأَتْ / تَبْدَأُ / يَبْدَأْنَ / اِبْدَأْ / بَدَآ / يَبْدَآنِ

Au passé du passif, le support est toujours ى : مُلِئَ

Participe actif : بادِئ / Participe passif : مَمْلُوء

A. Verbe simple - Modèle : وَجَدَ ، يَجِدُ , *trouver*

La première lettre de la racine de ces verbes est une semi-consonne (très souvent un و) qui disparaît la plupart du temps au muḍaâri' (sauf au passif).

1. Passé et muḍaâri' :

Muḍaâri'			*Passé*	
Majzuwm	Manṣuwb	Marfuw'		
يَجِدْ	يَجِدَ	يَجِدُ	وَجَدَ	هو
يَجِدوا		يَجِدونَ		هم
يَجِدْنَ			وَجَدْنَ	هنّ

2. Impératif : جِدْ / جِدي / جِدا / جِدوا / جِدْنَ

3. Passif : وُجِدَ ، يُوجَدُ

4. Participe actif : واجِد / Participe passif : مَوْجُود

B. Formes dérivées

1. Conjugaison :

- à la forme 8, le و disparaît, assimilé par le ت de la forme qui prend alors une chadda.

Ex. : اتّصل forme 8 de la racine وصل .

- aux autres formes, pas de problèmes. Le و se maintient même au muḍaâri'.

Ex. : أوْضَحَ ، يُوضِحُ

2. Maṣdar : le و se transforme en ي aux formes 4 et 10, et bien sûr en ت à la forme 8.

Ex. : إيضاح / اتّصال / ...

Aux autres formes, le و se maintient. Ex. : تَوصيل / ...

A. Verbe simple

La deuxième lettre de la racine de ces verbes est une semi-consonne qui disparaît quand elle est suivie d'une lettre portant soukoun (pour éviter la rencontre de deux soukouns) et se transforme parfois en 'alif (aux formes du passé dont la dernière lettre du radical porte une voyelle ou pour certains verbes au muḍaâri'). Il existe trois catégories principales suivant la deuxième lettre du radical du muḍaâri' : و , ي ou ا .

1. Passé et muḍaâri' :

1er modèle : قالَ ، يَقولُ , *dire*

Muḍaâri' en و - Voyelle du passé : ḍamma

Muḍaâri'			*Passé*	
Majzuwm	*Manṣuwb*	*Marfuw'*		
يَقُلْ	يَقولَ	يَقولُ	قالَ	هو
يَقولوا		يَقولونَ		هم
يَقُلْنَ			قُلْنَ	هنّ

2e modèle : باعَ ، يَبيعُ , *vendre*

Muḍaâri' en ي - Voyelle du passé : kasra

Muḍaâri'			*Passé*	
Majzuwm	*Manṣuwb*	*Marfuw'*		
يَبِعْ	يَبيعَ	يَبيعُ	باعَ	هو
يَبيعوا		يَبيعونَ		هم
يَبِعْنَ			بِعْنَ	هنّ

3e modèle : خافَ ، يَخافُ, *avoir peur*

Muḍaâri' en ا - Voyelle du passé : kasra

Muḍaâri'			*Passé*	
Majzuwm	*Manṣuwb*	*Marfuw'*		
يَخَفْ	يَخافَ	يَخافُ	خافَ	هو
يَخافوا		يَخافونَ		هم
يَخَفْنَ			خِفْنَ	هنَّ

2. Impératif : قُلْ / قولي / قولا / قولوا / قُلْنَ

بِعْ / بيعي / ... / بِعْنَ   خَفْ / خافي / ... / خَفْنَ

3. Passif : tous sur le modèle قِيلَ ، يُقالُ

4. Participe actif : tous sur le modèle قائِل

Participe passif : مَخوف / مَبيع / مَقول

B. Formes dérivées :

1. Conjugaison :

- les formes 2, 3, 5, 6 et 9 se conjuguent comme des verbes sains (la semi-consonne jouant le rôle d'une consonne).
- aux autres formes (4, 7, 8 et 10), la voyelle du passé est toujours une fatḥa. Quant au muḍaâri', il est en ي aux formes 4 et 10 et en ا aux formes 7 et 8

2. Maṣdar : la semi-consonne est toujours un ي aux formes 7 et 8 et disparaît aux formes 4 et 10 mais on ajoute un ة à la fin.

3. Participes : le participe passif des formes 4,7,8 et 10 prend un 'alif. Aux formes 7 et 8, le participe actif se confond avec le participe passif. Aux formes 4 et 10, il prend un yaâ'.

- 4 : أرادَ ، يُريدُ - maṣd. : إرادة - participes : مُراد / مُريد

- 8 : اِحْتاجَ ، يَحْتاجُ - maṣd. : اِحْتِياج - participes : مُحْتاج

A. Verbe simple

La dernière lettre de la racine de ces verbes est une semi-consonne. Cette semi-consonne se transforme en 'alif dans certains cas. Il existe trois catégories principales suivant les voyelles de la 2e lettre du radical du passé et du muḍaâri‘ :

- type فَعَلَ ، يَفْعِلُ (fatḥa au passé et kasra au muḍaâri‘):

  modèle مَشَى ، يَمْشِي (racine م ش ي).

- type فَعِلَ ، يَفْعَلُ (kasra au passé et fatḥa au muḍaâri‘):

  modèle بَقِيَ ، يَبْقَى (racine ب ق ي).

- type فَعَلَ ، يَفْعُلُ (fatḥa au passé et ḍamma au muḍaâri‘):

  modèle دَعَا ، يَدْعُو (racine د ع و).

Suivant les suffixes ajoutés, la dernière lettre du radical se transforme ou disparaît. De plus, elle disparaît aux *formes simples* du majzuwm. Enfin, la voyelle de la 2e lettre du radical change parfois suivant le suffixe qui la suit.

1. Passé et muḍaâri‘ :

1er modèle : مَشَى ، يَمْشِي , *avancer, marcher*

Muḍaâri‘			*Passé*	
Majzuwm	*Manṣuwb*	*Marfuw‘*		
يَمْشِ	يَمْشِيَ	يَمْشِي	مَشَى	هو
			مَشَتْ	هي
تَمْشِي		تَمْشِينَ		أنتِ
يَمْشِيَا ...		يَمْشِيَانِ ...	مَشَيَا / مَشَتَا	هما
يَمْشُوا		يَمْشُونَ	مَشَوْا	هم
يَمْشِينَ			مَشَيْنَ	هنّ

2e modèle : يَبْقَى ، بَقِيَ , *rester*

Majzuwm	Manṣuwb	Marfuw'	Passé	
Muḍaâri'				
يَبْقَ	يَبْقَى	يَبْقَى	بَقِيَ	هو
			بَقِيَتْ	هي
تَبْقَيْ		تَبْقَيْنَ		أنتِ
يَبْقَيَا ...		يَبْقَيَانِ ...	بَقِيَا / بَقِيَتَا	هما
يَبْقَوْا		يَبْقَوْنَ	بَقُوا	هم
يَبْقَيْنَ			بَقِينَ	هنّ

3e modèle : يَدْعُو ، دَعَا , *appeler, inviter*

Majzuwm	Manṣuwb	Marfuw'	Passé	
Muḍaâri'				
يَدْعُ	يَدْعُوَ	يَدْعُو	دَعَا	هو
			دَعَتْ	هي
تَدْعِي		تَدْعِينَ		أنتِ
يَدْعُوَا ...		يَدْعُوَانِ ...	دَعَوَا / دَعَتَا	هما
يَدْعُوا		يَدْعُونَ	دَعَوْا	هم
يَدْعُونَ			دَعَوْنَ	هنّ

2. Impératif : اِمْشِ / اِمْشِي / اِمْشِيَا / اِمْشُوا / اِمْشِينَ
اِبْقَ / اِبْقَيْ / اِبْقَيَا / اِبْقَوْا / اِبْقَيْنَ
أُدْعُ / أُدْعِي / أُدْعُوَا / أُدْعُوا / أُدْعُونَ

3. Passif : tous sur le modèle دُعِيَ ، يُدْعَى

4. Participe actif : tous sur le modèle ماشٍ (الماشي)

Participe passif : (مَمْشِيّ) / (مَبْقِيّ) / مَدْعُوّ

B. Formes dérivées :

1. Conjugaison :

- le passé de toutes les formes dérivées se conjugue comme مشى.

- le muḍaâri' des formes 2, 3, 4, 7, 8 et 10 se conjugue comme يمشي et celui des formes 5 et 6 se conjugue comme يبقى.

Ex. : اشترى ، يشتري / أعطى ، يعطي / غنّى ، يغنّي

mais : تمنّى ، يتمنّى / تبقّى ، يتبقّى

2. Maṣdar :

- forme 2 : ajout d'un ة .

تَرْبِيَة (du verbe ربّى) / تَسْمِيَة (du verbe سمّى)

- forme 3 :

مُلاقاة et لِقاء (du verbe لاقى)

- formes 4, 7, 8 et 10 : ajout d'une hamza. Ex. :

4 : إِعْطاء (du verbe أعطى) / إِلْقاء (du verbe ألقى)

8 : اِلْتِقاء (du verbe التقى) / اِنْتِهاء (du verbe انتهى)

- formes 5 et 6 : terminaison en [in] .

5 : تَمَنٍّ - التمنّي (du verbe تمنّى).

3. Participes :

• tous les participes actifs ont une terminaison en [in]. Ex . :

المُعْطي - مُعْطٍ / المُرَبّي - مُرَبٍّ / etc.

• tous les participes passifs ont une terminaison en [an]. Ex. :

المُعْطَى - مُعْطًى / المُرَبَّى - مُرَبًّى / etc.

1. Verbes assimilés et concaves

(ne sont récapitulées que les formes ayant des particularités)

Maṣdar	*Participe*	*Impératif*	Muḍaari'	*Passé*		
Verbes assimilés - formes dérivées (اتَّهم = *accuser* / استوطن = *se fixer*)						
إِيضاح	مُوضِح	أَوْضِحْ	يُوضِحُ	أَوْضَحَ	*Act.*	4
	مُوضَح		يُوضَحُ	أُوضِحَ	*Pass.*	
اِتِّهام	مُتَّهِم	اِتَّهِمْ	يَتَّهِمُ	اِتَّهَمَ	*Act.*	8
	مُتَّهَم		يُتَّهَمُ	أُتُّهِمَ	*Pass.*	
اِسْتِيطان	مُسْتَوْطِن	اِسْتَوْطِنْ	يَسْتَوْطِنُ	اِسْتَوْطَنَ	*Act.*	10
	مُسْتَوْطَن		يُسْتَوْطَنُ	أُسْتُوطِنَ	*Pass.*	
Verbes concaves - formes dérivées (أصاب = *atteindre* / انقاد = *être conduit* / اختار = *choisir*)						
إِصابة	مُصِيب	أَصِبْ	يُصِيبُ	أَصابَ	*Act.*	4
	مُصاب		يُصابُ	أُصِيبَ	*Pass.*	
اِنْقِياد	مُنْقاد	اِنْقَدْ	يَنْقادُ	اِنْقادَ	*Act.*	7
	(مُنْقاد)		(يُنْقادُ)	(أُنْقِيدَ)	*Pass.*	
اِخْتِيار	مُخْتار	اِخْتَرْ	يَخْتارُ	اِخْتارَ	*Act.*	8
	مُخْتار		يُخْتارُ	أُخْتِيرَ	*Pass.*	
اِسْتِطاعة	مُسْتَطِيع	(اِسْتَطِعْ)	يَسْتَطِيعُ	اِسْتَطاعَ	*Act.*	10
	مُسْتَطاع		يُسْتَطاعُ	(أُسْتُطِيعَ)	*Pass.*	

2. Verbes défectueux - formes dérivées - récapitulation

(لاقى = *rencontrer* / تعالى = *s'élever* / انقضى = *s'achever*
استدعى = *convoquer*)

(ne sont récapitulées que les formes ayant des particularités)

Maṣdar	Participe	Impératif	Muḍaâri‘	Passé		
تَسْمِيَة	مُسَمٍّ	سَمِّ	يُسَمِّي	سَمَّى	*Act.*	2
	مُسَمًّى		يُسَمَّى	سُمِّيَ	*Pass.*	
مُلاقاة	مُلاقٍ	لاقِ	يُلاقِي	لاقَى	*Act.*	3
ou لِقاء	مُلاقًى		يُلاقَى	(لُوقِيَ)	*Pass.*	
إِعْطاء	مُعْطٍ	أَعْطِ	يُعْطِي	أَعْطَى	*Act.*	4
	مُعْطًى		يُعْطَى	أُعْطِيَ	*Pass.*	
تَبَنٍّ	مُتَبَنٍّ	تَبَنَّ	يَتَبَنَّى	تَبَنَّى	*Act.*	5
	مُتَبَنًّى		يُتَبَنَّى	تُبُنِّيَ	*Pass.*	
تَعالٍ	مُتَعالٍ	تَعالَ	يَتَعالَى	تَعالَى	*Act.*	6
	(مُتَعالًى)		(يُتَعالَى)	(تُعُولِيَ)	*Pass.*	
اِنْقِضاء	مُنْقَضٍ	اِنْقَضِ	يَنْقَضِي	اِنْقَضَى	*Act.*	7
	(مُنْقَضًى)		(يُنْقَضَى)	(اُنْقُضِيَ)	*Pass.*	
اِشْتِراء	مُشْتَرٍ	اِشْتَرِ	يَشْتَرِي	اِشْتَرَى	*Act.*	8
	مُشْتَرًى		يُشْتَرَى	(اُشْتُرِيَ)	*Pass.*	
اِسْتِدْعاء	مُسْتَدْعٍ	اِسْتَدْعِ	يَسْتَدْعِي	اِسْتَدْعَى	*Act.*	10
	مُسْتَدْعًى		يُسْتَدْعَى	أُسْتُدْعِيَ	*Pass.*	

Pluriel externe du nom

Il existe deux types de pluriel externe :

• le pluriel externe *masculin* en ون (cas sujet) et ين (aux deux autres cas).

C'est ainsi que forment leur pluriel les noms suivants utilisés au masculin :

- les participes (notamment quand ils ont une valeur verbale).

  Ex. : مفقودون

- les noms et adjectifs de relation.

  Ex. : جزائريّون

- les noms de métier du type فعّال.

  Ex. : فنّانون

- certains adjectifs comme كثير.

  Ex. : كثيرون

• le pluriel externe dit *féminin* en ات.

- C'est ainsi que forment leur pluriel de nombreux noms se terminant au singulier par ة.

  Ex. : شركات

- C'est aussi le pluriel des noms cités pour le pluriel externe masculin quand ils sont utilisés au féminin.

  Ex. : جزائريّات

- C'est enfin ainsi que se forme la grande majorité des pluriels du maṣdar (utilisé alors avec une valeur nominale) des verbes dérivés (alors qu'il est généralement masculin au singulier).

  Ex. : إعلانات

Les autres mots ont un pluriel interne ou brisé. Il existe de nombreux schèmes de pluriel interne. On trouvera à la page suivante les principaux schèmes rencontrés dans les textes de ce livre avec des exemples.

Pluriel interne du nom

Principaux schèmes de pluriel interne rencontrés dans ce livre (les schèmes suivis d'un * sont diptotes) :

Exemples :	Schème :
ولد ج أوْلاد / عمل ج أعْمال	أفْعال
بيت ج بُيوت / رأس ج رؤوس	فُعول
رجل ج رِجال / كبير ج كِبار	فِعال (1)
عامل ج عُمّال / طالب ج طُلاّب	فُعّال (2)
حمار ج حَمير	فَعِيل
سفينة ج سُفُن / طريق ج طُرُق	فُعُل
صورة ج صُوَر / غرفة ج غُرَف	فُعَل
قصّة ج قِصَص / قطّ ج قِطَط	فِعَل
شهر ج أشْهُر / نفس ج أنْفُس	أفْعُل
قميص ج أقْمِصة / سؤال ج أسْئِلة	أفْعِلَة
صبيّ ج صِبْيان / خروف ج خِرْفان	فِعْلان
فقير ج فُقَراء / وزير ج وُزَراء	فُعَلاء *
صديق ج أصْدِقاء / غنيّ ج أغْنِياء	أفْعِلاء *
منزل ج مَنازِل / مكتب ج مَكاتِب	مَفاعِل *
مصباح ج مَصابيح	مَفاعيل *
أجنبيّ ج أجانِب / إصبع ج أصابِع	أفاعِل *
أسبوع ج أسابيع / أكذوبة ج أكاذيب	أفاعيل *
جريمة ج جَرائِم / حديقة ج حَدائِق	فَعائِل *
شارب ج شَوارِب	فَواعِل *

(1) pluriel de nombreux adjectifs du type فعيل
(2) pluriel du participe quand il a une valeur nominale.

Déclinaisons du nom

1. Déclinaison de base à trois cas.

Cas :	*Indéfini*	*Défini*
Sujet	مهندسٌ / مهندسةٌ	المهندسُ / المهندسةُ
Direct	مهندساً / مهندسةً	المهندسَ / المهندسةَ
Indirect	مهندسٍ / مهندسةٍ	المهندسِ / المهندسةِ

2. Déclinaison du duel.

Cas :	*Indéfini ou défini par l'article*	*Défini par un complément (nom ou pronom)*
Sujet	مهندسَانِ	مهندسَا الشركة
Direct et indirect	مهندسَيْنِ	مهندسَيِ الشركة *

* la kasra à la fin de مهندسيِ est une voyelle de liaison.

Devant un pronom, on aurait : مهندسَيْها.

N.B. : au féminin, on aurait eu مهندستَانِ / مهندستَيْنِ

3. Déclinaison du pluriel externe masculin.

Cas :	*Indéfini ou défini par l'article*	*Défini par un complément (nom ou pronom)*
Sujet	مهندسُونَ	مهندسُو الشركة
Direct et indirect	مهندسِينَ	مهندسِي الشركة

4. Déclinaison du pluriel externe féminin

Cas :	*Indéfini*	*Défini*
Sujet	مهندساتٌ	مهندساتُ
Direct et indirect	مهندساتٍ	مهندساتِ

5. Déclinaison des diptotes

Cas :	*Indéfini*	*Défini*
Sujet	أبيضُ	الأبيضُ
Direct	أبيضَ	الأبيضَ
Indirect		الأبيضِ

Sont diptotes :

- les adjectifs en أفعل (comparatif et couleur) ainsi que le féminin des couleurs (فعلاء),
- un certain nombre de noms propres (pays, prénoms,etc.),
- les pluriels internes marqués par un * dans la liste de la page 454 (ils sont tous composés de quatre syllabes) ainsi que le pluriel de شيء : أشياء .

6. Déclinaison des *cinq noms* (comme أخ)

Cas :	*Indéfini*	*Défini par l'article*	*Défini par un complément (nom ou pronom)*
Sujet	أخٌ	الأخُ	أخو محمّد
Direct	أخاً	الأخَ	أخا محمّد
Indirect	أخٍ	الأخِ	أخي محمّد

Cinq mots suivent cette déclinaison dont أخ et أب .

6. Déclinaisons des noms de racine défectueuse.

• participes actifs (toutes formes) et maṣdar des formes 5 et 6 ainsi que pluriels de quatre syllabes à terminaison défectueuse.

Cas :	*Indéfini*	*Défini*
Sujet	ماضٍ	الماضي
Direct	ماضياً	الماضيَ
Indirect	ماضٍ	الماضي

• participes passifs des formes dérivées, des noms simples, des maṣdar-s de verbes simples ainsi que leurs noms de lieu.

Cas :	*Indéfini*	*Défini*
Sujet, direct et indirect	مَعْنًى	المَعْنَى

Emploi des cas

Principales fonctions

<table>
<tr><th>Cas :</th><th>Phrase nominale</th><th>Phrase verbale</th></tr>
<tr><td>Sujet</td><td>- mubtada'
- ism de كان et ses sœurs
- ism de ليس
- ḫabar d'identification
- ḫabar de إنّ et ses sœurs</td><td>- sujet du verbe</td></tr>
<tr><td rowspan="2">Direct</td><td>- ism de إنّ et ses sœurs
- ḫabar de كان et ses sœurs
- ḫabar de ليس</td><td>- compl. d'objet direct</td></tr>
<tr><td colspan="2">- complément circonstanciel direct</td></tr>
<tr><td rowspan="2">Indirect</td><td>- ḫabar de localisation</td><td>- compl. d'objet indirect</td></tr>
<tr><td colspan="2">- complément circonstanciel indirect
- complément du nom</td></tr>
</table>

Phrase nominale

1. Phrase d'identification (ou de qualification)

Ce travail est difficile	صعبٌ ḫabar *cas sujet*	هذا العملُ mubtada' *cas sujet*		1
Ce travail était difficile	صعباً ḫabar كان *cas direct*	هذا العملُ ism كان *cas sujet*	كان *	2
Ce travail n'est pas difficile	صعباً ḫabar ليس *cas direct*	هذا العملُ ism ليس *cas sujet*	ليس	3
Ce travail est difficile	صعبٌ ḫabar إنّ *cas sujet*	هذا العملَ ism إنّ *cas direct*	إنّ **	4

* d'autres verbes ont la même influence sur la phrase nominale. Il s'agit des *sœurs* de كان ou *verbes d'état*, comme أصبح , *devenir* / لا يزال , *être toujours* / etc.
** toutes les *sœurs* de إنّ (particules du cas direct) ont la même influence sur la phrase nominale : أنّ / لكنّ / لأنّ / لعلّ / etc.

Le mubtada' peut être :
- un nom défini (du point de vue du sens). Ex. : محمّد تونسيّ
- ou un pronom isolé. Ex. : هو تونسيّ
- ou un démonstratif. Ex. : هذا تونسيّ
- ou encore un interrogatif ou une phrase introduite par أن .

Si le ḫabar est un groupe introduit par une préposition, on a alors une phrase de localisation.

2. Phrase de localisation

Le ẖabar est un groupe introduit par une préposition.
Il se met donc naturellement au cas indirect.
Comme pour la phrase d'identification, l'introduction de كان, de ليس ou de إنّ entraîne les mêmes changements pour le mubatada' (qui devient ism).
Mais, à la différence de la phrase d'identification, le mubtada' peut être indéfini. Dans ce cas, il y a inversion des groupes et l'on place le ẖabar devant le mubtada'. On pourra utiliser alors le mot هناك (ou parfois ثمّة) que l'on traduira par *il y a*.
Ex. :

L'homme est dans la maison. — الرجل في البيت .

Il y a un homme dans la maison.
- في البيت رجل .
- في البيت هناك رجل .
- هناك رجل في البيت .

3. Conjugaison de ليس

		3e personne الغائب	*2e personne* المخاطب	*1re personne* المتكلّم
singulier	masc.	لَيْسَ	لَسْتَ	لَسْتُ
	fém.	لَيْسَتْ	لَسْتِ	
duel	masc.	لَيْسَا	لَسْتُمَا	لَسْنَا
	fém.	لَيْسَتَا		
pluriel	masc.	لَيْسُوا	لَسْتُمْ	
	fém.	لَسْنَ	لَسْتُنَّ	

Bien que ليس ne soit pas un vrai verbe, il se conjugue comme un passé. Il a cependant un sens de *présent* : *ne pas être.*

بنتانِ / ولدانِ : 2/٢ بنتٌ واحِدةٌ / ولدٌ (واحِدٌ) : 1/١

Avec un nom féminin			Avec un nom masculin	
بناتٍ	ثَلاثُ	٣ / 3	أولادٍ	ثَلاثَةُ
"	أرْبَعُ	٤ / 4	"	أرْبَعَةُ
"	خَمْسُ	٥ / 5	"	خَمْسَةُ
"	ستُّ	٦ / 6	"	ستَّةُ
"	سَبْعُ	٧ / 7	"	سَبْعَةُ
"	ثَمانِي	٨ / 8	"	ثَمانِيَةُ
"	تِسْعُ	٩ / 9	"	تِسْعَةُ
"	عَشْرُ	١٠ / 10	"	عَشَرَةُ
بنتاً	إِحْدَى عَشْرَةَ	١١ / 11	ولداً	أَحَدَ عَشَرَ
"	اثْنَتا عَشْرَةَ	١٢ / 12	"	اثْنا عَشَرَ
"	ثَلاثَ عَشْرَةَ	١٣ / 13	"	ثَلاثَةَ عَشَرَ
"	أرْبَعَ عَشْرَةَ	١٤ / 14	"	أرْبَعَةَ عَشَرَ
"	خَمْسَ عَشْرَةَ	١٥ / 15	"	خَمْسَةَ عَشَرَ
"	ستَّ عَشْرَةَ	١٦ / 16	"	سِتَّةَ عَشَرَ
"	سَبْعَ عَشْرَةَ	١٧ / 17	"	سَبْعَةَ عَشَرَ
"	ثَمانِيَ عَشْرَةَ	١٨ / 18	"	ثَمانِيَةَ عَشَرَ
"	تِسْعَ عَشْرَةَ	١٩ / 19	"	تِسْعَةَ عَشَرَ
"	عِشْرونَ	٢٠ / 20	"	عِشْرونَ
"	* إِحْدَى وَعِشْرونَ	٢١ / 21	"	* أَحَدٌ وَعِشْرونَ
"	اثْنَتانِ وَعِشْرونَ	٢٢ / 22	"	اثْنانِ وَعِشْرونَ
"	ثَلاثٌ وَعِشْرونَ	٢٣ / 23	"	ثَلاثَةٌ وَعِشْرونَ

* On trouvera maintenant واحد وعشرون et واحدة وعشرون.

• Les dizaines :

سِتُّونَ	٦٠	/ 60	عِشْرونَ	٢٠	/ 20
سَبْعونَ	٧٠	/ 70	ثَلاثونَ	٣٠	/ 30
ثَمانونَ	٨٠	/ 80	أَرْبَعونَ	٤٠	/ 40
تِسْعونَ	٩٠	/ 90	خَمْسونَ	٥٠	/ 50

• Les centaines : 100 s'écrit مائة ou parfois مِئَة mais se prononce toujours [mi'a].

ستُّمائة	٦٠٠	/ 600	مائَتانِ	٢٠٠	/ 200
سَبْعُمائة	٧٠٠	/ 700	ثَلاثُمائة	٣٠٠	/ 300
ثَمانمائة	٨٠٠	/ 800	أَرْبَعُمائة	٤٠٠	/ 400
تِسْعُمائة	٩٠٠	/ 900	خَمْسُمائة	٥٠٠	/ 500

Les centaines sont parfois écrites en deux mots : ثلاثُ مائة . Le nom compté qui suit se met au singulier au cas indirect indéfini.

Ex. : ثلاثُمائةِ ولدٍ / مائتا ولدٍ / مائةُ ولدٍ .

• Les milliers : 1 000 s'écrit أَلْف (pluriel : آلاف).

Pour 2 000, on utilisera le duel : ألفان . 3 000 = ثَلاثَةُ آلافٍ ,..

11 000 = أَحَدَ عَشَرَ أَلْفاً / 30 000 = ثلاثون أَلْفاً

500 000 = خَمْسُمائةِ أَلْفٍ /1 000 000 = مَلْيُونٌ (pl. : مَلايِين).

N.B. :

- les dizaines, les centaines et les milliers ne s'accordent pas en genre avec le nom compté.

- les nombres de 11 à 19 sont indéclinables (sauf اثنا et اثنتا qui se déclinent et peuvent devenir اثْنَيْ et اثنتَيْ). Les autres nombres se mettent au cas voulu par leur fonction dans la phrase (pour les nombres composés comme ثلاثمائة , ثلاث se mettra au cas voulu, مائة restant au cas indirect comme complément de ثلاث).

L'arabe donne le chiffre des unités avant celui des dizaines en coordonnant chaque chiffre par و .

564 se dira donc : خمسمائة وأربعة وستّون

Dans un nombre complexe, le nom compté suivra les règles propres au chiffre qui le précède immédiatement. Ex. :

1213 garçons = ألفٌ ومائتانِ وثلاثةَ عشرَ ولداً

2425 filles = ألفانِ وأربعُمائةٍ وخمسٌ وعشرونَ بنتاً

7005 garçons = سبعةُ آلافٍ وخمسةُ أولادٍ

6400 filles = ستّةُ آلافٍ وأربعُمائةِ بنتٍ

Récapitulation : cas et nombre de l'objet compté		
Après un chiffre	*Le nom compté se met au :*	
	Cas :	*Nombre :*
• de 3 à 10	indirect	pluriel
• de 11 à 19	direct	singulier
• de dizaine	"	"
• de centaine	indirect	"
• de millier	"	"

• Ensemble défini :

Si on veut pouvoir dire *les* 40 garçons ou *les* 5 filles, plusieurs possibilités existent. Signalons une des façons les plus simples et très usuelle aujourd'hui : on met le nom de nombre précédé de l'article après le nom compté (en apposition). Il n'y a plus alors de difficultés : le nom se met au pluriel et le nombre s'accorde en cas (et en genre si nécessaire) avec le nom. Ex :

les 40 garçons = الأولادُ الأربعونَ

les 5 filles = البناتُ الخمسُ

Entre 11 et 19, on construira plutôt ainsi (ensemble indéclinable) :

les 14 filles = الثلاثَ عشرةَ بنتاً

Lexique

Vous trouverez ici tous les mots des 90 LEÇONS. Le chiffre qui suit le mot indique la leçon où le mot apparaît. Les mots de la nouvelle sont suivis du chiffre 90 ainsi que du numéro de la page de la leçon 90 où l'on trouvera le mot (lexique de la nouvelle en 10 pages classées de 1 à 10).

A

abondance (être en -) (77)
abondant (32)
absence de (55)
absolu (74)
accident (37)
accomplir (60)
accusation (64)
acheter (43)
acteur (70)
activité (58/90-10)
adapté (90-10)
adéquat (83)
adhère (qui -) (78)
adieu (dire -) (90-10)
adonner (s'- à) (54)
adopter (51)
adresse (24)
aéroport (17)
affairer (s'-) (90-5)
affaires (homme d'-) (14)
âge (25)
agenda (22)
agneau (43)
agréable (79)
agréable (trouver -) (90-9)
aider (80)
aime (qui -) (80)
aimer (26/44)
ainsi (42)
aisance (75)
Algérie (11)
allant (24)
aller (s'en -) (45)
aller à pied (35)
aller et retour (59)
allumé (être -) (90-5)
alors (49)
ambassadeur (11)
âme (45/64)
Amérique (6)
ami (37/40/90-6)
amour (71)
amoureux (être - de) (69)
ampleur (55)
analphabète (36)
ancien (54)
âne (35)
animal (43)
animation (55)
année (25/27)
année (début de l'-) (75)
anniversaire (69/82)
annonce (23)
annoncer (57)
apparaître (90-7)
apparence (76)
apparent (90-10)
appel (31)
appelé (être -) (90-4)
appeler au secours (80)
apprendre (17)
après (16)
après (9)
après-midi (milieu d'-) (90-7)
arabe (8/69)
arc (72)
ardeur (90-10)
argent (68/90-10)
argent (en -) (90-8)
argile (90-6)
arrêter qqn (70)
arrivée (11/75)
arriver (11/34/63)
artisan (53)
artiste (69)
artistique (69)

asiatique (78)
asseoir (s'-) (42)
assis (être -) (42)
assis (fait d'être -) (90-3)
assistant (22)
atrophie (63)
attacher (90-4)
attarder (s'- à) (90-6)
atteindre (27/61)
atteint (62)
atteint (être -) (62)
atteint (fait d'être -) (78)
attendre (20)
attendre (qui attend) (61)
attendre (s'- à) (51)
attente (59)
attention (36)
attrister (s'-) (90-8)
au lieu de (56)
augmenter (57)
aujourd'hui (10/37)
auprès de (76)
aussi (20)
aussitôt (66)
automne (90-4)
autre (36)
avant (22)
avenir (56)
aveugler (90-7)
avoir (il y a) (81)
avoir besoin de (65)

B

Bagdad (11)
baigner (fait de se -) (90-3)
baigner (se -) (66)
baiser (90-8)
balance (47)
bander (90-4)
baraque (90-4)
bateau (90-4/90-5)
beau (30)
beaucoup (52/53/63)
bénédiction (76)
besoin (65)
besoin (avoir - de) (65)
Beyrouth (3)
biais (par le - de) (52)
bibliothèque (55)
bicyclette (83)
bien (56/75/81)
bienvenue! (18)
bijou (90-3)
blanc (30)
blesser (90-3)
bloc (90-8)
boire (90-5)
bois (en -) (90-4)
boîte postale (26)
bon (30/79)
bonheur (72)
bonjour! (18)
bouche (90-8)
boutique (90-4)
briller (90-2/90-9)
brouillard (90-6)
brume (90-6)
bureau (18)
bus (59)

C

café (90-8)
cafés (lieu) (56)
cafetière (90-4)
cancer (71)
capable (90-8)
capitale (11)
car (59)
carte (24)
cas (en tout -) (79)
cause (à - de) (67)
causer (44)
ce (32)
cent (52)
centre (77)
certain (sûr) (46)
certain (être -) (64)
certain(s) (61)
chaise (63/90-9)
chaleur (90-3)
chambre (90-3/90-7)
chance (par -) (63)
chanter (69)
chanteur (69)
chaque (23)
charbon (90-8)
chat (44)
château (77)
chaud (79)
chauffeur (39)
Cheikh (48)
chemin (52/80)
chemise (41)
cher (plus -) (76)
chercher (19)
chéri (38)
cheveux (45)
chien (44)

chinois (51)
choix (de -) (77)
chômage (57)
chômeur (57)
chose (46)
ciel (45)
cimetière (74)
circonstances (53)
citoyen (43)
citron (90-9)
clé (46)
coffre (90-6)
coiffeur (53)
collection (26)
combien (81)
comme (43/65/81)
comme si (82)
commencement (90-2)
commencer (41/51)
comment (58/80)
commerçant (90-2)
comparaison (90-8)
comparer (90-8)
complet (80)
composé (90-9)
comprendre (45/51)
compter (35/45)
compter (fait de -) (90-7)
concerne (en ce qui -) (58)
conducteur (39)
conduire (35)
confiance (avoir - en) (72)
confiant en (72)
conformément à (65)
connaissance (faire la -) (33)
consacrer (58)
considération (haute -) (83)
constituer (60)
construction (90-2)
construit (être -) (90-2)
contacter (34)
continuel (90-10)
continuer (fait de -) (53)
contrat (65)
contre (52/67)
convaincre (70)
convaincre (fait de -) (56)
convenir à (78)
coopération (74)
corbeille à papiers (64)
cordial (79)
corps (90-3)
corpulent (90-9)
correspondance (26)
côté (à - de) (90-3)
coucher (soleil) (59)
coup (sur le -) (66)
courant (66)
court (90-8)
coût (83)
cri (44)
crime (67)
cuir (en -) (90-3)
cuisine (lieu) (47)
cultivé (30)
culture (56)
cœur (68/90-6)

D

Damas (75)
danger (70)
date (24)
début (90-2)
début de l'année (75)
décéder (69)
décider (51)
découvrir (70)
défunt (74)
déjeuner (59)
demande (27)
demandé (27)
demander (23/48)
demander la main (fait de-) (68)
demeure (41)
demeurer (43)
demi- (90-10)
dent (90-5)
départ (90-4)
dépasser (30/90-5)
déplacement (59)
depuis (32)
dès lors que (44)
descendre (35)
désirer (28/51)
détériorer (se -) (62)
détruire (67)
deuxième (57)
devant (49)
devenir (57)
diamètre (78)
Dieu (48)
Dieu Puissant et Majestueux (82)
difficile (51)
difficile (plus -) (60)

diminuer (57)
dîner (90-7)
diplôme (28)
dire (22/35/37)
dire (on a dit que) (68)
dire (on dit que) (52)
dire (qui dit) (39)
dire adieu (90-10)
directeur (20)
diriger (se -) (31/48)
discours (40)
discussion (17)
disparaître (67)
disparu (31)
distance (59)
diviser (58)
doigt (90-6)
domestique *(adj.)* (43/58)
dominer (90-5/90-6)
donc (20/25)
donner (34/82)
donner à qqn le nom de (43)
dormir (fait de -) (90-10)
doubler (67)
doucement (64)
douleur (62)
doux (plus - que) (44)
dramatique (37)
drame (67)
drogues (70)
droite (62)
durée (65)
durer (44)

E

eau (66)
éblouissant (90-2)
éclairer (90-6)
école (16)
écouter (fait d'-) (90-5)
écouter (52)
écrire (23)
éducation (80)
éduquer (80)
effectivement (34)
effectuer (60)
effort (80)
égorger (43)
Egypte (11)
égyptien (54)
électricité (66)
électrique (66)
élève (56)
élever (80)
éloigner (s'- de) (42)
embonpoint (90-2)
émir (13)
endommagé (83)
endroit (77)
enfance (62)
enfant (16/38/42)
enfin (33)
énorme (81)
énormité (55)
enseignant (51)
enseignement (53)
entendre (90-5)
entier (80)
entre (59)
entrée (24)
entrepôt (74)
entrepreneur (90-7)
entrer (38)
entretuer (s'-) (61)
envers (à l'-) (36)
envoyer (83)
épais (90-8)
épaisseur (63)
épaule (41)
épouse (76)
épouser (68)
époux (24)
équipement (55)
erreur (49)
Espagne (6)
espérer (65)
esprit (45)
essayer (60)
essuyer (90-9)
et (33)
Etat (10)
état (62/82)
etc. (54)
été (81)
éteint (être -) (90-6)
étoile (45)
étranger (69/74)
être *(nom)* (64)
être en abondance (77)
étroitesse (78)
étude (30)
étude (d'-) (28)
étudiant (16)
étudier (7/16)
Europe (7)
exagération (90-2)
excepté (68)

excuser (83)
excuser (s'-) (83)
exhiber (90-2)
exiger de (56)
expérience (27)
explication (80)
expliquer (80)
exposé
(fait d'être -) (78)
expulsion (65)
exténué (90-10)

F
fabriqué (78)
faiblesse (63)
faillir (presque)
(90-9)
faire (17)
faire (que - ?) (80)
faire des efforts
(80)
faire la connaissance
de (33)
faire un discours
(40)
falloir (il faut que)
(71/78)
familial (53)
familier (43)
famille (16/90-1)
fané (90-4)
fatigué (90-2/90-4)
fauteuil (63/90-9)
félicitations (76)
femme (42)
femme (épouse) (76)
fer (à repasser) (90-9)
fertile (plus -) (67)
fête (82)
fidèle (82)
fil (66)
file (74)
fille (58)
fille (jeune -)
(28/52)
fille (vieille -) (90-7)
fils (16/90-2)
fin (79)
fixé (rester-) (90-5)
fois (57)
fonctionnaire (26)
fondamental (55)
football (26)
force (90-8)
formé (90-9)
fort (plus -) (78)
français (8)
France (8)
franchise (60)
frapper (48/90-6)
frère (7/90-1)
front (90-3)
frontières (34)
fuir (80)
furtif (90-4)
futilement (56)

G
gâcher (56)
gagner (35)
gaieté (90-2)
garçon (42)
gardien (74)
gémissement (90-1)
gêne (44)
génie (68)
gens (81/90-1)
gifler (42)
glace (90-2)
golfe (9)
grand (16)
grand (plus) (69)
gros (90-5)
guerre (57)
guerre (faire la - à)
(70)

H
habit (90-2/90-9)
habitant (55)
habiter (6)
haut (du -) (90-7)
haut (plus -)
(62/77)
hémiplégie (90-5)
heure (22/38)
heureux (76)
heureux (rendre -)
(82)
hier (33)
histoire (90-3/90-8)
homme (14/35)
homme (jeune -) (27)
homme d'affaires
(14)
hôte (43/48)
hôtel (24)

I
ici (22)
image (36)
immédiatement (79)
implorer (79/82)
important (30/37)
(plus -) (64)
importe (n'- quel)
(28)

inattention (profiter de l'-) (90-7)
incapable (être - de) (71)
incident (90-3)
inconnu (90-3)
individu (81/90-8)
information (37)
informatique (17)
informer (82)
informer (fait d'-) (32)
informer (s'- sur) (60)
ingénieur (16)
inscription (77)
institut (56)
instrument (65)
insuffisant (60)
interroger (48)
interrompre (s' -) (32)
introduire (66)
invitation (72)
invité (43/48)
inviter (72)

J

jalousie (72)
jamais (71)
jambe (62)
jardin (38)
jaune (90-6)
jeter (40/65)
jeudi (27)
jeune (90-6)
jeune fille (28/52)
jeune homme (27/55)
joie (90-2/90-8)
joli (plus -) (75)
Jordanie (10)
joue (90-4)
jouer (70)
jour (37)
journal (23/27/34)
journalier (90-10)
journaliste (27)
jus (90-7)
jusqu'à (ce que) (49)

K

Koweït (10)

L

là-bas (17)
lac (67)
lâcher (43)
laisser (72)
laisser (fait de -) (61)
laisser partir (43)
lampe (90-6)
lancer (65)
langue (parlée) (51)
lecture (26)
lentille (78)
lettre (33/64)
lever (42)
lever (du soleil) (90-6)
Liban (3)
libanais (5)
Libye (7)
lieu (24/77)
lieu (au - de) (56)
lion (71)
lit (76)
local *(adjectif)* (67)
loin de (79)
long (39)
longtemps (39)
lors (dès - que) (44)
lorsque (40/65)
lumière (46/90-6)

M

machine (90-1)
magasin (83)
maghrébin (74)
maigreur (90-9)
main (68)
main (fait de demander la -) (68)
maintenant (21)
mais (22/40/68)
maison (16/41/52)
maître (48)
maîtriser (se -) (90-9)
maladie (63)
mâle (52)
malgré (55/90-4)
malheureux (être -) (90-2)
manger (47)
manière (d'une -) (62)
marchandise (74)
marché (74)
marche (mise en -) (90-5)
marcher (35)
marcher (faire -) (90-5)
marcher (fait de -) (63)
mariage (30/76)

marié (jeune -) (76)
Maroc (11)
masse (90-8)
matière (78)
matin (22)
matin (tôt le -) (59)
matinal (61)
matinée (milieu de -) (90-6)
maudit (47)
médecin (25)
meilleur (46/75)
membres de la famille (81)
même (moi, lui -) (54)
menacé (65)
mensonge (90-8)
menuisier (90-9)
mer (66)
merci (18/32)
mère (7/16)
mettre (se - à) (41)
mettre au monde (90-9)
mettre en mesure de (90-3)
midi (77)
mieux (44/46)
milieu (90-10)
milieu de l'après-midi (90-7)
milieu de la matinée (90-6)
mille (54)
ministère (55)
ministre (11/14)
mobile (63)
moderne (54)
moins (57)
mois (57/65)
moitié (58)
moment (32/52/61)
moment (à ce -là) (49)
monde (ici-bas) (76)
mondial (57)
monnaie (90-10)
monsieur (9/14/83)
montant (83)
monter (sur un animal) (35)
montrer (90-4)
morceau (90-6)
morceau de viande (47)
mort (54/74)
mosquée (49/81)
mouillé (66)
mourir (69)
moustache (90-5)
mouton (43)
moyen (80)
municipalité (22)
mur (90-3)
muscle (63)
musicien (68)
musique (44)
myopie (78)
mœurs (30)

N

naissance (24/82)
naître (il est né) (25)
nationalité (24)
né (nouveau -) (76)
nécessité (74)
négociation (77)
neige (90-2)
niveau (28)
noble (49)
noir (74)
nom (18/24)
nom (donner le -) (43)
nombre (45/55)
nombreux (90-7/90-8)
nommer (76)
normal (62)
nourrisson (90-4)
nouveau (34/54)
nouveau-né (76)
nouvelle (32/37)
nuit (90-9)
numéro (28)

O

objet (71)
obligé (64)
obligé (être - de) (61)
obliger à (59)
obscurité (90-7)
obtenir (28/61)
occasion (75/79)
occasion (à l'- de) (75)
occasionner (44)
occupé (38)
occuper (90-5)
occuper (s'- de) (43)
œil (78)
olives (28)
oncle maternel (81)
oncle paternel (31)

opprimer (90-6)
or (en -) (90-4)
ordre (en -) (90-10)
oreille (44)
orner (s'-) (76)
où (81)
oublie (qui -) (66)
oublier (41)
ouvrier (53/65)
ouvrir (22)

P
pain (90-3)
pain (faire le -) (90-3)
palme (90-5)
palmier (90-9)
papier (corbeille à) (64)
paraître (90-2)
paralysie (62)
parce que (53)
parcourir (fait de -) (59)
pardon (9)
parent (16)
parents proches (58)
parfumé (82/90-7)
Paris (2)
parler (8/33/39)
paroles (51)
particularisé (90-8)
partir (25/45)
partir (à - de) (77)
partir (laisser -) (43)
passager (60)
passé (57)
passer (58/71/72)
passion (26)
paupière (78)
pauvre (90-8)
payer (74)
pays (11/74)
peau (30)
peine (à - que) (81)
pèlerin (hajj) (26)
penser (39)
perdre (fait de -) (56)
perdu (31)
père (7/16)
période (53)
période de (57)
permanent (58)
permettre (53)
perpétré (être -) (67)
petit (16/90-6)
petit (plus -) (78)
petitesse (taille) (90-8)
pétrole (14)
peu (un -) (20)
peu à peu (62)
peuple (69)
peur (avoir -) (72)
peut-être (que) (79)
photo (36)
pièce (chambre) (90-3/90-7)
pied (62)
pied (aller à -) (35)
pieux (30)
plaindre (se -) (54/90-5)
plainte (54)
plaire à (53)
plaisir (avoir le - de) (82)
plaît (s'il te -) (20)
pleur (90-2)
pleurer (69)
pluie (60)
plupart (la -) (90-7)
plus (52)
plus (en - de) (58)
poids (47)
poils (45)
point (83)
point (du - de vue de) (55)
poisson (67/71)
poitrine (90-6)
police (34)
poliomyélite (62)
politique *(adj.)* (52)
pollution (67)
porte (23)
portefaix (90-3)
porter (41)
porteur (90-3)
poser (47)
poser une question (40)
position (68)
possible (être -) (60/64)
postale (boîte) (26)
poste (26/68)
pour (70)
pour que (70)
pourquoi ? (17)
pourvoir de (55)
pouvoir (51)
pratiquer avec assiduité (54)

précédent (27)
préférable à (44)
préférer (79)
premier (51)
prendre (33/36/59)
prendre (un véhicule) (35)
prendre soin de (43)
préparer (90-7)
près de (56)
présence (52/76)
présent (38)
présenter (se - à) (68)
présenter qqch (75)
président (11)
presque (90-9)
presse (23)
prier (je vous en prie) (18)
prier de (79)
prière de... (32)
prince (13)
prise (66)
prix électrique (67)
prix (74/77/83)
problème (59)
prochain (64)
proche (plus -) (79)
proche (parent) (58)
procurer (82)
profession (24)
profiter de l'inattention (90-7)
profiter de l'occasion (79)
projection (90-7)
projeter (film) (90-7)
promener (fait de se -) (58)
promesse (64)
proportion (57)
propos (à - de) (44)
proposer à (68)
public *(adj.)* (26/55)
publier (23)
puis (33)
puisque (55)
puits (38)

Q
qu'est-ce que? (17)
quand (40/65/90-3)
quand ? (9)
quant à (58)
quartier (55)
quatrième (53)
que (il a dit -) (44)
que (mieux -) (44)
que (tant -) (44)
quel (83)
quelque chose (19)
question (17/40)
question (poser une -) (40)
qui (31)
quitter (31)
quitter (fait de -) (61)
quoi ? (17/18)
quoique (79)
quotidien (90-10)
quotidiennement (60)

R
raconter (90-3/90-4)
radio (52)
randonnée (72)
rappeler (se -) (63)
rarement (90-9)
réaliser (71)
réaliser (fait de -) (71)
recevoir (33/83)
recherche (31)
rédacteur (27)
réfléchir (39)
réfrigérateur (90-2)
refuser (68/72)
regarder (36/90-6)
regarder (fait de -) (66)
régions du monde (69)
régner (90-5)
remarquable (77)
remarquer (60)
remplacer (83)
remplir (90-9)
rencontre (68)
rencontrer (58)
rendez-vous (22)
rendre heureux (82)
renversé (36)
renverser (se -) (37)
renvoi (65)
repassé (90-9)
repasser (fer à) (90-9)
répété (90-9)
répondre (48)
réponse (17/39)
repousser (72)
représenter (69)
république (12)

réputation (30)
respectable (49)
respecté (83)
respecter (fait de -) (71)
responsabilité (71)
responsable (56)
ressembler à (90-9)
restant (90-2)
reste (ce qui -) (71)
rester (43/64)
rester (fait de -) (61)
rester fixé (90-5)
retard (en -) (61)
retarder (90-1)
retour (11)
retour (aller et -) (59)
revenir (9/11/40)
revenir (fait de faire -) (80)
rêves (33)
revoir (au -) (81)
revue (33)
riche (90-2/90-7)
riche (plus -) (67)
richesse (67/68)
rien (19)
rire (39)
Riyad (77)
riyal (77)
rocher (90-6)
roi (10/13)
rôle (70)
rôle (premier -) (70)
rond (90-4)
rose (90-10)
rouge (41)
route (52)
royaume (12)
rubrique (23)
rue (17)

S

Sagittaire (72)
sain (63)
sain et sauf (81)
saisir (47)
saisir (se - de) (90-9)
salaire (90-1)
saleté (44)
salle (56)
saluer (90-10)
salut (79/82)
salutation (79)
sans (26/34)
sans doute (22)
sans que (58)
santé (82)
sauf (68)
savant (45)
savoir (9/32)
scorpion (72)
se transformer (90-3)
secondaire (53)
secours (appeler au -) (80)
secours (au - !) (80)
secret (90-5)
secrétaire (20)
semaine (9/16/64)
sembler (90-2)
sens (45)
sentimental (90-7)
service (77)
seul (21)
si (54/56/82)
signification (45)
silence (82)
sincère (82)
sincérité (60)
situation (60/62/82)
société (14)
sœur (7)
soigner (fait de -) (63/70)
soin (36)
soin (prendre - de) (43)
soir (11)
soleil (59)
somme (83)
son (44)
sortir (41)
souhait (75)
souhaiter (76)
sourire *(nom)* (51)
sous (60)
Sousse (5)
souvenir (69)
souvent (61)
splendide (76)
stockage (74)
sueur (90-7)
suffisant (60)
suivant (83)
suivre (30/49)
suivre (à -) (31)
sujet (71/90-10)
sujet (au - de) (44)
sultan (13)
supérieur (90-7)
sûr (46)
sûrement (22)

survenir (63)
susceptible de (77)
Syrie (8)
syrien (8)

T
taille (90-8)
taire (se -) (90-5)
tandis que (57)
tant (en - que) (43)
tant que (44)
tasse (90-8)
taureau (71)
taux (57)
téléphone (27/38)
téléviseur (66)
télévision (66)
tendre *(verbe)* (72)
tendu (68)
terminer (38)
terre (90-1/90-6)
tête (42)
timbres (26)
titre (74)
tomber (38/46)
tôt le matin (59)
totalité (82/77)
toujours (90-4)
tourner (se -) (47)
tout (23/77/82/90-5)
toxicomane (70)
toxicomanie (70)
trafiquant (70)
tragédie (67)
transmettre (82)
transport (59)
travail (17/18)
travailler (7/16/19)
trempé (66)
très (51)
triste (69)
trou (38)
trouver (33/35)
trouver (se -) (64)
trouver agréable (90-9)
tuer (66)
tuer (s'entretuer) (61)
Tunis (1)
Tunisie (1)
tunisien (5)

U
un (48/90-10)
unique (90-10)
université (16)
usine (22)
utiliser (65)
utiliser (fait de) (63)
utilité (34)

V
vacances (58)
valeur (74/83)
veiller (90-5)
vendredi (28)
venir (37/90-1)
venir (à -) (64)
venir (fait de faire -) (56)
vente (77)
ventre (90-2)
vert (90-4)
viande (47)
viande (morceau de -) (47)
vide (90-4)
vie (54)
vieille fille (90-7)
vierge (72)
village (40)
villageois (39)
visage (90-10)
vision (78)
visite (10)
visiter (10)
vivant (69)
vœu (75)
voir (41)
voir (faire -) (90-4)
voisin (58)
voiture (36)
voix (44)
vol (90-5)
volume (90-3)
vouloir (21/51)
vouloir (en - à) (83)
voyage (72)
voyager (14)
voyageur (25)
vrai (60)
vue (78)
vue (du point de -) (55)

Index grammatical

• Le chiffre indique la leçon où le point est traité.

*• Si ce point est repris dans le mémento grammatical, un * vous le signale. Reportez-vous alors au sommaire du mémento (page 427) et vous y trouverez la page où ce point est abordé.*

• Le premier index en français est suivi d'un complément en arabe (p. 480).

Accord :
- épithète- nom 12
- nom compté-chiffre 26
- pluriels "inanimés" 32
- verbe-sujet 43

Adjectif :
- comparatif 44
- couleur 30
- superlatif 44

Adverbes : 18

Annexion :
- 13
- indéfinie 14
- de qualification 30

Article * :
- 8
- devant lettres solaires et lunaires 12
- après la préposition ل 31

Assimilés (verbes) * :
- racine 34
- forme 8 : 64
- maṣdar - dérivés 80

Avoir : 22

Calendrier :
- jours et mois 28 / 45

Cas direct * :
- 10
- particules du - 40 / 82

Cas indirect * : 10

Cas sujet * : 10

Certain(s) : 79

Chaque : 79

Chiffres * :
- arabes/indiens 19
- dizaines 25
- de 11 à 19 : 26
- de 20 à 100 : 52

Collectif : 69

Combien ? : 83

Comparaison : 78

Comparatif :
- 44
- féminin 59
- comme superlatif 60

Complément :
- absolu 80
- d'état 38
- du masdar 61
- du nom (annexion) 13
- du nom (avec préposition) 75
- de temps 11

Complétives :
- introd. par ['an] 51
- introd. par ['inna] 44
- introd. par ['anna] 56
Concaves (verbes) * :
- en و 35 / 39
- en ا 66
- en ي 67
- majzuwm 39
- participe actif 39
- dérivés 67
- participes - dérivés 77
- maṣdar - dérivés 78
Coordination : 36
Couleurs : 30
Déclinaison * :
- les trois cas 10
- nom au duel 16 / 76
- pluriel externe en ات 52
- pluriel externe en ون 63
- diptotes 67
- de أب et أخ 70
- participe actif défectueux 57
Défectueux (verbes) * :
- type مشى 38 / 41
- type نسي 41
- type شكا 54
- majzuwm 71
- participe actif 57
- dérivés 69
- maṣdar - dérivés 75/79/80
- participes - dérivés 77
Défense : 71
Démonstratifs :
- singulier (هذا) 14
- adjectif/pronom 25
- proximité/éloignement 32
- singulier/pluriel 64
- sens de ذلك 65
- duel 82
Deuxième : 57
Dictionnaire : 27 / 84 / 90
Diptotes * : 67
Dire que : 44
Duel * :
- nom 16
- déclinaison du nom 76
- muḍaâriʿ 16 / 17
- passé 49
- pronoms isolés 16 / 17
- pronoms suffixes 76
Ecriture de la hamza *: 49
Encore : 30
Epithète : 12 / 13
Exclamation : 78
Formes dérivées * :
- et schèmes 24
- récapitulation 68
- concaves 67
- défectueux 69
- impératif 63
- participes 61 / 62
Forme dérivée 2 :
- verbe et maṣdar 55
- sens 87
Forme dérivée 3 :
- verbe 60
- maṣdar 61 / 70
- sens : 70
Forme dérivée 4 :
- verbe 48
- maṣdar 56

- sens 66
Forme dérivée 5 :
- verbe et maṣdar 58
- sens 88
Forme dérivée 6 :
- verbe 61
- maṣdar 74
- sens 88
Forme dérivée 7 :
- verbe 37
- maṣdar 55
- sens 89
Forme dérivée 8 :
- verbe 37
- particularités 59/60/64/76
- maṣdar 55
- sens 89
Forme dérivée 9 : 89
Forme dérivée 10 :
- verbe et maṣdar 65
- sens 89
Futur : 17 / 71
Genre des noms : 62
ḫabar * :
- 5
- de كان : 25 / 42 / 54
- de ليس : 42
- de إنّ : 54
Hamza : 49
Heure : 77
Il y a : 21 / 81
Imparfait : 35
Impératif des verbes *:
- simples et sains 38
- simples et irréguliers 72
- dérivés 63
"Inanimé" (pluriel) : 32
Inchoatifs : 41
Indéfinition :
- 14
- من / أحد : 48
Infinitif :
- énoncer un verbe 33
Interrogatifs :
- récapitulation 17
- *combien ?* 83
- *quel ?* 83

Ism * :
- de ليس 42
- de كان 42 / 54
- de إنّ 54
Jours (semaine) : 28
Liaison (voyelle de -) : 37
Localisation *:
- phrase de - 21
Majzuwm * :
- conjugaison 39 / 40 / 71
- négation du passé 39
- défense 71
- ordre 83
Malade (racine -) * : 34
Manṣuwb * :
- conjugaison 43
- après أن 51
- négation du futur 71
Maṣdar * :
- sens 26 / 53
- formation 53
- des verbes simples 59
- de forme 2 : 55
- de forme 3 : 61 / 70

- de forme 4 : 56
- de forme 5 : 58
- de forme 6 : 74
- de formes 7 et 8 : 55
- de forme 10 : 65
- v. assimilés 80
- v. concaves 78
- v. défectueux 75/79/80
- compléments du - 61
- complément absolu 80
Mois : 28 / 45
Mot graphique : 11
Mubtada' * : 5
Muḍaâri' * :
- conjugaison 6 / 7 / 16 / 17
- classification des formes 39
Ne... que... : 68
Négation :
- phrase nominale * 20
- du présent avec لا 19
- du passé avec لم 39
- du passé avec لما 66
- du futur avec لن 71
- défense 71
- récapitulation 71
Ni... ni... : 74
Nisba : 8
Nom :
- genre du - 62
- d'abondance 74
- de lieu (simples) 59
- de lieu (dérivés) 77
- de métier 69
- d'unité 69
Nombres * : 23
Objet compté * : 26 / 36 / 85
Oncle... : 81
Ordinaux :
- premier 51
- deuxième 57
- de 3 à 10 : 53
- de 11 à 19 : 85
Ordre (expression de l'-) : 83
Ordre de la phrase verbale : 43
Participe * :
- actif 24 / 39 / 57 / 61
- passif 27 / 62
- dérivés concaves 77
- dérivés défectueux 77
- pluriel du participe actif 55
Particules du cas direct :
- 40 / 56 / 82
Passé * :
- singulier 32 / 33
- duel 49
- pluriel 34
- 2e pers. du pluriel 83
- négation 39 / 66
Passif * : 62
Pause : 10 / 46
Peut-être : 79
Phrase :
- hypothétique 54 / 56 / 82
- identification * 42
- localisation * 21
- nominale * 5 / 22 / 42
- verbale 7
Pluriel * :
- externe/interne 23
- externe en ات 52
- externe en ون 63

- interne 52 / 55
- interne quadrisyllabique 64
- "inanimé" 32
Plus-que-parfait 38
Possession : 22
Premier : 51
Préposition :
- لـ : 30 / 31
- إلى et على : 31
- عند : 65
Pronom isolé * : 8 / 16 / 17
Pronom suffixe * :
- après un nom 18 / 20
- après une préposition 21
- après un verbe 21
- pluriel 31
- duel 76
- usage de إيّا 86
Prosodie : 9 / 10
Quant à... : 58
Quel ? : 83
Quelque : 79
Quelqu'un : 19
Quelque chose : 19
Racine * :
- et schème 24 / 31
- saine/malade 34
- sourde 48
- de 2 ou 4 lettres 68
Relatif :
- personnel 31 / 80
- impersonnel 32
Relative : 32 / 42 / 44 / 56
Rien : 19
Schème : 24 / 52
Semaine (jours) : 28
Semi-consonnes : 9
Soukoun :
- rencontre de deux - 37
Sourds (verbes) * :
- racine 48
- conjugaison 72
Spécificatif : 78
Subordonnée :
- sujet ou ḫabar 60
- complétive 44 / 51 / 56
- temps 40 / 66
- but 43
Superlatif : 60
Syllabes : 9
Tant que... : 44
Tanwiyn : 14 / 18
Temps :
- indication de - 11
- se situer dans le - 89
Tout : 79
Toujours : 30
Très : 51
Verbes * :
- d'état 57
- de mouvement + بـ 80
- simples/dérivés 27
- simples (voyelles) 35
- hamzés 36
- inchoatifs 41
Voyelles :
- de liaison 37
- verbes 35 / 37
Waṣla : 12

Index grammatical en arabe

أب * 70
أحد 48
أخ * 70
أخذ * 41
إذا 54
أفعل 75
إلاّ 68
إلى 31
أمّا... فـ ... 58
أن + منصوب 51
أنّ 56
إن 82
إنّ 40 / 44
إيّا 86
بـ (جاء بـ) 80
بعض 79
جاء ، يجيء 49
جدّاً 51
حتّى 51
ذلك 65
رأى ، يرى 41
زال ، يزال 66
شكا ، يشكو 54
ضاع ، يضيع 67
على 31
عند 65
فـ 36 / 58
قال ، يقول * 35 / 39
قال إنّ 44
قد 58
كان 22 / 25 / 35 / 38 / 57
كلّ 79
لـ 30 / 83
لا 19 / 71
لا يزال 30
لأنّ 53
لكنّ 40
لم 39
لمّا 40
لن 71
لو 56
لولا 81
ليس * 20
ما 17 / 32 / 66 / 78
ما دام 44
مرّ ، يمرّ * 72
مشى ، يمشي * 38 / 41
من 17 / 32
نسي ، ينسى 41
نفس 64
و 36
«و» الحال 38

APPRENEZ L'ARABE AVEC LE LIVRE DE POCHE

- ***Pratique de base***
  Coffret livre + 2 cassettes
- ***Grammaire active de l'arabe***
  (M. Neyreneuf et G. El Hakkak)

Imprimé en France sur Presse Offset par

BRODARD & TAUPIN

GROUPE CPI

La Flèche (Sarthe).
N° d'imprimeur : 22133 – Dépôt légal Édit. 43383-02/2004
LIBRAIRIE GÉNÉRALE FRANÇAISE - 43, quai de Grenelle - 75015 Paris.
Édition 3
ISBN : 2 - 253 - 08097 - 7

30/8097/5